"十四五"国家重点出版物出版规划项目

转型时代的中国财经战略论丛

空间异质性视角下长江经济带生态效率评价及提升路径研究

Research on Eco-efficiency Evaluation and
Promotion Path of Yangtze River Economic Belt from
the Perspective of Spatial Heterogeneity

陈明华　等著

中国财经出版传媒集团

经济科学出版社
Economic Science Press

图书在版编目（CIP）数据

空间异质性视角下长江经济带生态效率评价及提升路径研究/陈明华等著. —北京：经济科学出版社，2021.11

（转型时代的中国财经战略论丛）

ISBN 978 - 7 - 5218 - 2985 - 3

Ⅰ. ①空…　Ⅱ. ①陈…　Ⅲ. ①长江经济带 – 生态经济 – 经济评价 – 研究　Ⅳ. ①F127.5

中国版本图书馆 CIP 数据核字（2021）第 216171 号

责任编辑：于　源
责任校对：隗立娜
责任印制：范　艳

空间异质性视角下长江经济带生态效率评价及提升路径研究

陈明华　等著

经济科学出版社出版、发行　新华书店经销

社址：北京市海淀区阜成路甲 28 号　邮编：100142

总编部电话：010 – 88191217　发行部电话：010 – 88191522

网址：www. esp. com. cn

电子邮箱：esp@ esp. com. cn

天猫网店：经济科学出版社旗舰店

网址：http://jjkxcbs. tmall. com

北京季蜂印刷有限公司印装

710×1000　16 开　24.75 印张　400000 字

2022 年 1 月第 1 版　2022 年 1 月第 1 次印刷

ISBN 978 - 7 - 5218 - 2985 - 3　定价：96.00 元

（图书出现印装问题，本社负责调换。电话：010 – 88191510）

（版权所有　侵权必究　打击盗版　举报热线：010 – 88191661

QQ：2242791300　营销中心电话：010 – 88191537

电子邮箱：dbts@ esp. com. cn）

总　序

《转型时代的中国财经战略论丛》是山东财经大学与经济科学出版社合作推出的"十三五"系列学术著作，现继续合作推出"十四五"系列学术专著，是"'十四五'国家重点出版物出版规划项目"。

山东财经大学自 2016 年开始资助该系列学术专著的出版，至今已有 5 年的时间。"十三五"期间共资助出版了 99 部学术著作。这些专著的选题绝大部分是经济学、管理学范畴内的，推动了我校应用经济学和理论经济学等经济学学科门类和工商管理、管理科学与工程、公共管理等管理学学科门类的发展，提升了我校经管学科的竞争力。同时，也有法学、艺术学、文学、教育学、理学等的选题，推动了我校科学研究事业进一步繁荣发展。

山东财经大学是财政部、教育部、山东省共建高校，2011 年由原山东经济学院和原山东财政学院合并筹建，2012 年正式揭牌成立。学校现有专任教师 1688 人，其中教授 260 人、副教授 638 人。专任教师中具有博士学位的 962 人。入选青年长江学者 1 人、国家"万人计划"等国家级人才 11 人、全国五一劳动奖章获得者 1 人，"泰山学者"工程等省级人才 28 人，入选教育部教学指导委员会委员 8 人、全国优秀教师 16 人、省级教学名师 20 人。学校围绕建设全国一流财经特色名校的战略目标，以稳规模、优结构、提质量、强特色为主线，不断深化改革创新，整体学科实力跻身全国财经高校前列，经管学科竞争力居省属高校领先地位。学校拥有一级学科博士点 4 个，一级学科硕士点 11 个，硕士专业学位类别 20 个，博士后科研流动站 1 个。在全国第四轮学科评估中，应用经济学、工商管理获 B＋，管理科学与工程、公共管理获 B－，B＋以上学科数位居省属高校前三甲，学科实力进入全国财经高校前十。工程学进入 ESI 学科排名前 1%。"十三五"期间，我校聚焦内涵式发展，全面实施了科研强校战略，取得了一定成绩。获批国家级课题项目 172 项，教育部及其他省部级课题项目 361 项，承担各级各类横向课题 282 项；教师共发表高水平学术论文 2800 余篇，出版著作 242 部。同时，新增了山东省重点实验室、省重点新型智库和研究基地等科研平台。学校的发展为教师从事科学研究提供了广阔的平台，创造了更加良好的学术生态。

"十四五"时期是我国由全面建成小康社会向基本实现社会主义现代化迈进的关键时期，也是我校进入合校以来第二个十年的跃升发展期。2022 年也将迎来建校 70 周年暨合并建校 10 周年。作为"十四五"国家重点出版物出版规划项目，《转型时代的中国财经战略论丛》将继续坚持以马克思列宁主义、毛泽东思想、邓小平理论、"三个代表"重要思想、科学发展观、习近平新时代中国特色社会主义思想为指导，结合《中共中央关于制定国民经济和社会发展第十四个五年规划和二〇三五年远景目标的建议》以及党的十九届六中全会精神，将国家"十四五"期间重大财经战略作为重点选题，积极开展基础研究和应用研究。

与"十三五"时期相比，"十四五"时期的《转型时代的中国财经战略论丛》将进一步体现鲜明的时代特征、问题导向和创新意识，着力推出反映我校学术前沿水平、体现相关领域高水准的创新性成果，更好地服务我校一流学科和高水平大学建设，展现我校财经特色名校工程建设成效。通过对广大教师进一步的出版资助，鼓励我校广大教师潜心治学，扎实研究，在基础研究上密切跟踪国内外学术发展和学科建设的前沿与动态，着力推进学科体系、学术体系和话语体系建设与创新；在应用研究上立足党和国家事业发展需要，聚焦经济社会发展中的全局性、战略性和前瞻性的重大理论与实践问题，力求提出一些具有现实性、针对性和较强参考价值的思路和对策。

山东财经大学校长

2021 年 11 月 30 日

前　言

当前，长江经济带正面临着污染排放基数大、环境风险隐患突出、生态功能退化严重等诸多问题的严峻考验，高投入、高消耗、偏重数量扩张的发展模式已经难以为继。为此，党的十九大报告提出要以"共抓大保护、不搞大开发"为导向推动长江经济带发展。2018 年习近平总书记进一步强调："推动长江经济带发展，要正确把握生态环境保护和经济发展的关系，探索协同推进生态优先和绿色发展新路子。"① 由此可见，大力推进生态文明建设，不断提升生态效率水平，将资源利用和环境污染控制在承载力水平之内，是促进长江经济带实现绿色高质量发展的关键所在。

为准确掌握长江经济带生态效率的总体发展形势，探寻有效促进区域增长动能转换、推动绿色高质量发展的实现路径，本书利用可靠翔实的数据与多样化的研究方法，对长江经济带生态效率水平进行科学测度，在掌握测度结果的基础上，深入探究了整体层面、上中下游地区、沿江与非沿江两大地区及三大城市群生态效率的空间格局、空间差异、空间收敛、分布动态演进、长期趋势预测、影响因素和差异成因等问题。具体包括：

（1）在数据包络分析框架下，基于空间异质性视角构建非期望产出 SBM 模型，同时有效解决变量松弛、跨期可比等关键问题，科学测度长江经济带及其各地区生态效率。相较已有研究，该模型具有以下三个优点：一是充分考虑了变量松弛和非期望产出，更能体现经济活动的实际过程；二是基于全局基准技术构建生产前沿，使得测度结果具有跨

① 习近平：《在深入推动长江经济带发展座谈会上的讲话》，人民出版社 2018 年版。

期可比性；三是由于 DEA 模型的应用条件要求投入产出变量不宜过多，因此采用熵值法将工业废水与工业二氧化硫降维合成污染指数，提高了数据包络分析方法的识别能力，使测度结果更加可信准确。

（2）从时间和空间耦合视角，基于差异来源、收敛检验、分布动态演进、长期趋势预测等多个维度，运用多样化研究方法全面揭示长江经济带生态效率的空间差异特征及动态演变规律。具体而言，首先，本书利用效率均值对比详细刻画了长江经济带生态效率的空间分布格局；其次，采用 Dagum 基尼系数及其分解方法以及绝对 β 收敛检验方法，对长江经济带生态效率的空间差异及收敛性进行实证全面检验；最后，运用 Kernel 密度估计、Markov 链分析方法，揭示长江经济带及各地区生态效率的动态演进规律与长期转移趋势。此外，本书还采用了多尺度的区域划分标准，具体包括上中下游地区、沿江与非沿江地区和三大城市群，在此基础上的研究结论更加全面、更加客观。

（3）借助无效率分解、分位数回归和地理探测器等方法，全面揭示长江经济带不同时期不同区域生态效率的影响因素及空间异质性成因，为探寻长江经济带生态效率协同提升路径提供实证支持。本书基于内源与外源双重视角，首先，利用生态无效率分解结果，探寻长江经济带及各地区生态效率的内部影响因素及可提升短板；其次，深入剖析产业结构、技术进步、对外开放水平、环境规制等因素的作用机制，通过分位数回归方法深入探究长江经济带整体及上中下游地区、沿江与非沿江两大地区、三大城市群生态效率在不同时期的外部影响因素；最后，借助地理探测器方法对长江经济带生态效率的空间差异成因进行有效识别，探寻因地制宜的生态效率提升路径，结合国际先进经验从制度重构、创新驱动、绿色金融、环境规制、空间联动等方面提出切实可行的对策建议。

本书研究价值在于：理论层面，一是基于资源与环境双重约束构建非期望产出 SBM 模型，有效解决变量松弛、跨期可比等关键问题，丰富了长江经济带生态效率的评价研究；二是从空间差异、空间收敛、分布动态、长期趋势等多维度视角出发，全面刻画长江经济带生态效率的空间差异及其演变规律，以拓展长江经济带绿色发展领域的空间统计研究；三是基于内源与外源双重视角，识别不同地区和不同水平下生态效率及其差异的影响因素，以拓展长江经济带绿色发展领域的计量研究。

应用层面，一是基于对生态效率的科学测度，揭示绿色理念引领下长江经济带不同地区生态效率的现状与提升潜力；二是基于对长江经济带生态效率的空间差异特征及动态演变规律的探究，为制定差别化的区域生态效率提升对策提供基本依据；三是基于对长江经济带生态效率及其空间差异的成因探析，探寻因地制宜、因时制宜的生态效率提升路径，为最终形成同环境资源承载力相匹配、生产生活生态相协调的长江经济带绿色发展新格局提供思路和建议。

目　录

第1章 导　　论

1.1　研究背景及意义

改革开放以来，长江流域社会经济迅猛发展，综合实力快速提升，成为我国经济重心所在、活力所在。但是长江经济带在快速发展的同时，也面临着污染排放基数大、环境风险隐患突出、生态功能退化严重等问题。加之长江经济带地域狭长，上中下游地区在要素禀赋、资源消耗、经济发展、环境污染等方面均存在显著的空间异质性，这为长江经济带生态效率的协同提升带来严峻挑战。

1.1.1　现实背景

中国经济已由高速增长阶段转向高质量发展阶段，作为我国横跨东中西、连接南北方的重要经济走廊，长江经济带无疑已经成为引领全国经济高质量发展的主力军。根据发展经济学的观点，经济增长与经济发展之间既有联系又有区别。经济增长是指产出数量的简单增加，而经济发展除了重视产出增加外，还强调经济增长的质量，涉及全要素生产率的提高、生态环境的改善、经济结构的优化等多个领域。"生态优先、绿色发展"是长江经济带高质量发展的核心内涵，是其最高层次的目标追求（杨文举、文欢，2019），因而生态环境改善对于长江经济带实现高质量发展尤为重要。如表1-1所示，中共中央高度重视长江经济带发展，从2013年开始着手系统规划长江经济带发展以来已出台多项政策文件，习近平总书记在深入推动长江经济带发展座谈会及十九大报告中作出重要指示，涵盖农业、工业等多个领域，涉及交通、创新等多个主题，充分体现出长江经济带在引领中国经济高质量发展和生态环境保护修复中的重要地位。

表1-1　　　　　关于推动长江经济带发展的相关文件

年份	主要内容
2013	《依托长江建设中国经济新支撑带指导意见》 长江经济带成为我国继中部崛起、京津冀一体化战略之后，又一国家层面的重大战略部署，2013年也成为长江经济带的开局之年
2014	《国务院关于依托黄金水道推动长江经济带发展的指导意见》 依托长江黄金水道，高起点高水平建设综合交通运输体系，推动上中下游地区协调发展，沿海沿江沿边全面开放，构建横贯东西、辐射南北、通江达海、经济高效、生态良好的长江经济带
2016	《习近平在深入推动长江经济带发展座谈会上的讲话》 推动长江经济带发展必须从中华民族长远利益考虑，走生态优先、绿色发展之路，使绿水青山产生巨大生态效益、经济效益、社会效益
2016	《长江经济带发展规划纲要》 提出了"生态优先、流域互动、集约发展"的思路，规划了"一轴、两翼、三极、多点"的格局，要求必须坚持生态优先、绿色发展，共抓大保护，不搞大开发
2016	《长江经济带创新驱动产业转型升级方案》 根据区域资源禀赋条件、生态环境容量和主体功能定位，引导沿江各省市坚持创新驱动、协同发展，加快提升区域布局、产业结构和创新能力
2017	《习近平：决胜全面建成小康社会　夺取新时代中国特色社会主义伟大胜利——在中国共产党第十九次全国代表大会上的报告》 以共抓大保护、不搞大开发为导向推动长江经济带发展
2018	《习近平在深入推动长江经济带发展座谈会上的讲话》 新形势下，推动长江经济带发展，关键是要正确把握整体推进和重点突破、生态环境保护和经济发展、自身发展和协同发展等关系，坚持新发展理念，使长江经济带成为引领我国经济高质量发展的主力军
2019	《交通运输部关于推进长江航运高质量发展的意见》 坚持新发展理念，以供给侧结构性改革为主线，以"共抓大保护、不搞大开发""生态优先、绿色发展"为根本遵循，以改革创新为动力，着力将长江航运打造成交通强国建设先行区、内河水运绿色发展示范区和高质量发展样板区

资料来源：笔者整理并绘制。

2016年1月，习近平总书记强调："推动长江经济带发展必须从中华民族长远利益考虑，走生态优先、绿色发展之路，使绿水青山产生巨大生态效益、经济效益、社会效益，使母亲河永葆生机活力。"[1] 此后，有关长江经济带生态保护的政策文件相继出台。2016 年 3 月，发展改革委和国家林业局在《关于加强长江经济带造林绿化的指导意见》中指出，要以增加森林面积、提高森林质量为主攻方向，以增强森林水源涵养功能、防治水土流失为重点，着力建设长江经济带绿色生态廊道。

如表 1 - 2 所示，2017 年 7 月，环境保护部、发展改革委、水利部编制的《长江经济带生态环境保护规划》对各区域的保护重点进行了系统总结，并因地制宜提出了生态保护的具体措施和目标。2018 年 6 月，中共中央、国务院在《关于全面加强生态环境保护坚决打好污染防治攻坚战的意见》中进一步强调要打好长江保护修复攻坚战，从严实施生态环境风险防控措施，到 2020 年生态环境保护水平同全面建成小康社会目标相适应。

表 1 - 2　　　　关于长江经济带生态保护的会议和政策

年份	颁布机关（会议）	政策文件（内容）
2016	推动长江经济带发展座谈会	当前和今后相当长一个时期，要把修复长江生态环境摆在压倒性位置，共抓大保护，不搞大开发
2016	国家发展改革委、国家林业局	《关于加强长江经济带造林绿化的指导意见》
2017	工业和信息化部、发展改革委、科技部等五部门	《关于加强长江经济带工业绿色发展的指导意见》
2017	环境保护部、国家发展改革委、水利部	《长江经济带生态环境保护规划》
2017	交通运输部	《关于推进长江经济带绿色航运发展的指导意见》
2018	中共中央、国务院	《关于全面加强生态环境保护坚决打好污染防治攻坚战的意见》
2018	农业农村部	《关于支持长江经济带农业农村绿色发展的实施意见》
2018	国务院办公厅	《关于加强长江水生生物保护工作的意见》

[1] 习近平：《在深入推动长江经济带发展座谈会上的讲话》，人民出版社 2018 年版。

续表

年份	颁布机关（会议）	政策文件（内容）
2018	发展改革委生态环境部水利部等五部门	《关于加快推进长江经济带农业面源污染治理的指导意见》
2019	推动长江经济带发展领导小组全体会议	要牢牢把握推动高质量发展的要求，坚持走生态优先、绿色发展之路，推动长江经济带共抓大保护取得新进展
2020	发展改革委生态环境部等五部门	《关于完善长江经济带污水处理收费机制有关政策的指导意见》

资料来源：笔者整理并绘制。

  2018年9月和10月，《农业农村部关于支持长江经济带农业农村绿色发展的实施意见》和《关于加快推进长江经济带农业面源污染治理的指导意见》，指出要优化农业农村发展布局、深入推进化肥农药减量增效、促进农业废弃物资源化利用，从而实现农业农村发展与资源环境相协调，助力长江经济带高质量发展。2019年11月召开的推动长江经济带发展领导小组全体会议指出，长江经济带生态环境突出问题整改工作取得了明显成效，但长江生态环境形势依然严峻，因此要始终坚持问题导向，压实整改责任，严肃追责问责，坚持标本兼治，扎实推进生态环境污染治理工程。由此可见，加强长江经济带生态保护治理、提升生态效率、推动绿色发展，既是长江经济带生态环境问题在倒逼之下的客观要求，也是其实现高质量发展的迫切需要。

  生态效率最早由德国学者沙尔泰格和斯特姆（Schaltegger & Sturm，1990）提出，是指以较小的生态投入，得到较大的经济产出，且使得经济发展过程中产生的环境污染产出较小的生产过程（侯孟阳、姚顺波，2018）。在日益严峻的资源环境约束下，提升生态效率有助于促进长江经济带提质增效升级，是未来推动经济绿色发展的重要举措。因此，在长江经济带发展上升为国家战略的背景下，如何最大限度地减轻资源环境约束对经济发展的负向影响、充分挖掘增长潜力、通过提高生态效率以实现高质量发展已经成为当下亟待研究的重要课题。

1.1.2 长江经济带经济发展成就

  "十一五"规划以来，长江经济带着力优化沿江产业结构，推进产业转型升级，努力提升开放型经济水平，构建对外开放新格局，加快建设综合立体交通走廊，充分挖掘和发挥长江黄金水道的潜力和优势，沿江省市的经济社会发展质量和效益得到显著提升。长江经济带经济发展成就主要表现在三个方面。

第一，经济保持中高速增长，总量稳步提升，发展动力逐渐由第二产业转向第三产业。如图 1-1（a）所示，2006～2018 年，长江经济带实际 GDP 自 9.32 万亿元增加至 30.40 万亿元，总计增长 326%，年均增速高达 10.35%。其中，2009～2010 年，长江经济带实际 GDP 增速出现小幅上升；自 2010 年中国经济进入"增长速度换挡期"以来，长江经济带实际 GDP 由高速增长逐渐转向中高速增长，增速呈现连年下滑趋势。除此之外，创新引领下产业结构不断升级，第三产业撑起长江经济带"半边天"。2006～2018 年，长江经济带第二产业增加值占 GDP 比重由 46.66% 下降至 39.32%，年均增速为 -1.42%，第三产业增加值占 GDP 比重由 40.52% 增长至 53.06%，年均增速为 2.27%。其中，自 2010 年以来，长江经济带三产比重持续上升，于 2015 年首次超过二产比重，成为经济增长主动力，之后于 2018 年首次突破 50% 大关，成为支撑长江经济带发展的"半边天"，如图 1-1（b）所示。

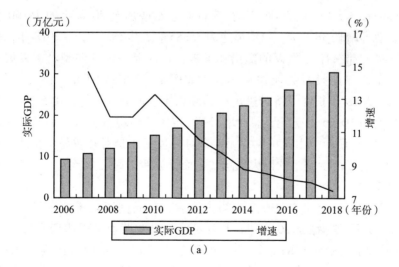

（a）

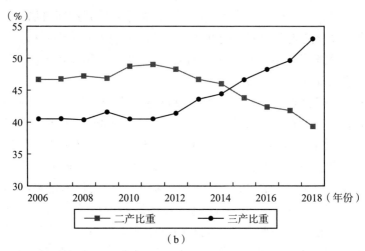

图 1-1 长江经济带实际 GDP 和第二、第三产业增加值占 GDP 比重

注：GDP 数据以 2006 年为基期进行了平减，下同。

资料来源：笔者根据国家统计局数据绘制。

第二，双向投资规模显著扩大，进出口总额屡创新高，对外开放不断深化。截至 2018 年，长江经济带外商直接投资（Foreign Direct Investment，FDI）达到了 15.98 万亿元，比 2006 年的 6.45 万亿元增长了 248%，年均增速为 7.85%，对外直接投资（Outward Foreign Direct Investment，OFDI）由 2006 年的 358.04 亿元增加至 2018 年的 14150 亿元，总计增长 3852%，年均增速为 35.85%。其中，2014~2018 年，得益于"一带一路"倡议的提出和推进，长江经济带外向型经济发展势头迅猛，双向投资数额快速增长，如图 1-2（a）所示。除此之外，2006~2018 年长江经济带进出口总额总体呈现上升趋势，由 5.68 万亿元上升至 10.05 万亿元，总计增长达 177%，年均增速为 4.87%，如图 1-2（b）所示。由此可见，无论是对外投资还是对外贸易，长江经济带均实现了由少到多的巨大飞跃，全面开放新格局逐渐形成，对外开放不断深化。

第三，综合立体交通走廊初步形成，交通网络规模持续扩大。如图 1-3 所示，截至 2018 年，长江经济带铁路营业里程达到了 3.91 万公里，相比 2006 年的 2.2 万公里增长了 176%，年均增速为 4.91%。2006~2018 年，长江经济带内河航道里程自 8.78 万公里增加至 9.04 万公里，总计增长 103%，年均增速为 0.24%。公路里程由 2006 年的

143.89 万公里增加至 2018 年的 211.72 万公里，总计增长 147%，年均增速为 3.27%。由此可见，长江经济带交通基础设施建设成效显著，路网规模持续扩大，运输能力不断增强，初步形成了以长江黄金水道为依托，水路、铁路、公路等多种运输方式协同发展的综合立体交通走廊。

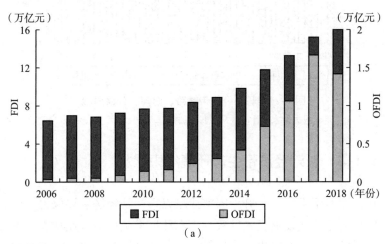

（a）

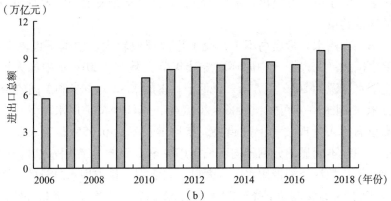

（b）

图 1-2　长江经济带 FDI、OFDI 和进出口总额（以 2006 年为基期平减）

资料来源：笔者分别根据《中国对外直接投资统计公报》和国家统计局数据绘制。

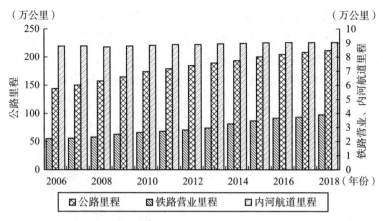

图 1 - 3 长江经济带铁路、内河、公路里程

资料来源：笔者根据国家统计局数据绘制。

1.1.3 长江经济带生态环境约束状况

自长江经济带发展上升为国家战略以来，其经济发展取得了巨大成就，但长期粗放式发展模式导致其生态环境承载压力日益加大，发展与保护之间的矛盾十分突出。新形势下，长江经济带发展面临着资源与环境的双重约束。

第一，用水总量居高不下，废水排放规模较大。中国是世界上 13 个贫水国之一，根据《中国环境统计年鉴》数据，2014 年中国人均可再生淡水资源为 2062 立方米，远低于日本的 3382 立方米和美国的 8836 立方米。由图 1 - 4 可知，2006～2018 年，长江经济带用水总量一直保持高位运行，呈现波动上升趋势，年均增长率为 0.65%，工农业用水量增长趋势不明显，分别年均增长 0.07% 和 0.50%。在用水结构方面，农业部门是长江经济带用水第一大户，农业用水量占用水总量的比例从 2006 年的 53.27% 波动下降至 2018 年的 52.31%，年均仅下降 0.15%，这在一定程度上表明长江经济带农业用水量较为平稳。工业部门是长江经济带用水第二大户，工业用水量占用水总量的比例从 2006 年的 32.87% 逐渐下降至 2018 年的 30.66%，年均仅下降 0.58%。

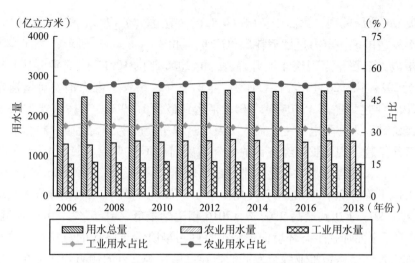

图1-4　工农业用水量占长江经济带用水总量比例

资料来源：笔者根据国家统计局数据绘制。

　　随着长江经济带快速发展，长江流域开发与保护之间的矛盾日益凸显，水生态环境形势不容乐观，其主要表现为废水排放量较高。因此，优化用水结构，严格控制高耗水产业规模，加强废水排放源头治理，对于长江经济带绿色发展具有重要意义。在政府有关部门的大力推动下，长江经济带积极优化产业结构，加快传统制造业绿色化改造升级。如图1-5所示，长江经济带工业废水排放量呈现逐年下降趋势，由2006年的107.16亿吨减少至2018年的52.96亿吨，年均减少5.70%。但是应注意到，尽管工业废水排放的下降趋势较为明显，但总量仍维持较高水平，且下降速度近年来出现回升现象，因此需持续关注和推进废水减排进程。

　　第二，经济发展过度依赖电力，大气污染较为严重。《中国能源统计年鉴》数据显示，2016年中国发电量居全球第一，总计为6187107百万千瓦小时，占世界总发电量的24.78%，排名第二的美国为4299595百万千瓦小时，占世界总发电量的17.22%，其他发达国家诸如日本、德国等的发电量占世界总发电量比重均低于5%。此外，在2016年国内生产总值电耗（2010年价）这一项数据统计中，中国以

0.621 位居前列，远高于英国（0.120）、法国（0.170）、美国（0.245）等发达国家，电力过度消耗现象严重。如图1-6（a）所示，长江经济带电力消费量呈现逐年上升趋势，由2006年的10915亿千瓦小时上升至2018年的26348亿千瓦小时，年均上升7.62%，电力消费量增速在2010年达到最高15.06%，2015年达到最低1.09%。考虑到当前长江经济带以火力发电为主，而火力发电过程中会产生二氧化硫、粉尘等大气污染物，因此长江经济带的大气污染问题不容小觑。如图1-6（b）所示，长江经济带二氧化硫排放量呈现逐年减少趋势，由2006年的701万吨下降至2018年的157万吨，年均下降11.72%，二氧化硫排放量增速在2011年达到最高9.62%，2016年达到最低-41.67%。由此可见，《关于全面加强生态环境保护坚决打好污染防治攻坚战的意见》《关于加强长江经济带工业绿色发展的指导意见》等文件的颁布和实施在一定程度上缓解了二氧化硫的过度排放。但是还应注意到，长江经济带快速发展导致的能源高度消耗和大气污染问题在短期内仍未能有效解决，电力消耗造成的大气污染现象仍较为严重。

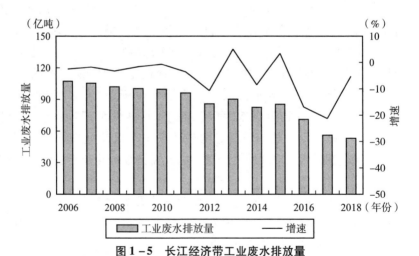

图1-5　长江经济带工业废水排放量

资料来源：笔者根据《中国城市统计年鉴》数据绘制。

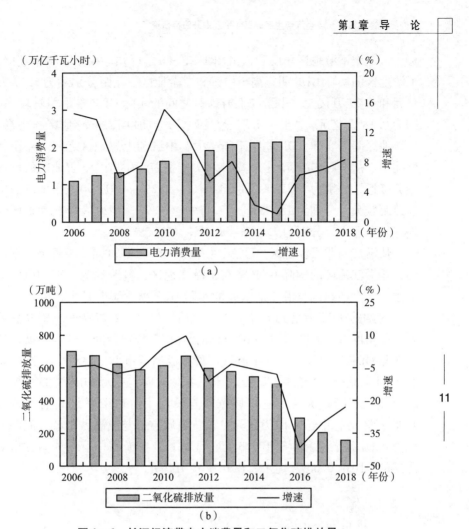

图1-6　长江经济带电力消费量和二氧化硫排放量

资料来源：笔者分别根据国家统计局和《中国城市统计年鉴》数据绘制。

1.1.4　长江经济带经济发展和生态环境的空间异质性

长江经济带地域狭长，上中下游、沿江与非沿江、三大城市群等地区在经济发展、要素禀赋、资源消耗、环境污染等方面均存在显著的空间异质性，这为统筹长江经济带协调发展带来严峻挑战。

1. 长江经济带经济发展的空间异质性

地区生产总值是反映一定时期内某个地区经济发展水平的重要指

标。从上中下游地区角度看，由图 1 - 7（a）可知，在整个样本期间，下游地区的实际 GDP 明显高于中游和上游地区，差距分别约为 6.19 万亿元和 6.37 万亿元；中游和上游地区之间的实际 GDP 差距相对较小，约为 0.18 万亿元。"十一五"至"十三五"时期，下游地区与中游、上游地区间的实际 GDP 差距不断扩大，中游和上游地区之间的差距逐渐缩小。从实际 GDP 增速来看，2007 年上游、中游、下游地区的增速十分接近，分别为 14.34%、14.42%、14.82%；2011 年三大地区的增速差距较大，分别为 15.05%、13.11%、10.21%；2018 年三大地区的增速趋于缩小，分别为 7.84%、8.01%、7.00%。

从沿江与非沿江地区角度看，由图 1 - 8（a）可知，在整个样本期间，非沿江地区的实际 GDP 略高于沿江地区，差距约为 1.17 万亿元。其中，非沿江地区与沿江地区间的实际 GDP 差距不断扩大，由"十一五"时期的 0.33 万亿元上升至"十三五"时期的 2.27 万亿元。从三大城市群角度看，由图 1 - 8（b）可知，在整个样本期间，长三角城市群的实际 GDP 依次大于长江中游城市群和成渝城市群，差距分别为 6.36 和 7.14 万亿元。"十一五"至"十三五"时期，三大城市群之间的实际 GDP 差距不断扩大，长三角城市群与长江中游城市群之间的差距由 4.06 万亿元上升至 9.40 万亿元，长三角城市群与成渝城市群之间的差距由 4.66 万亿元上升至 10.43 万亿元，长江中游城市群与成渝城市群之间的差距由 0.60 万亿元上升至 1.03 万亿元。

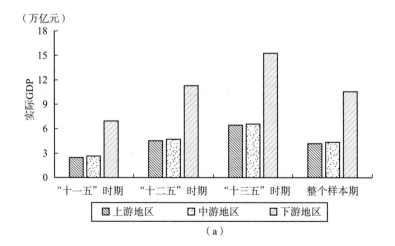

（a）

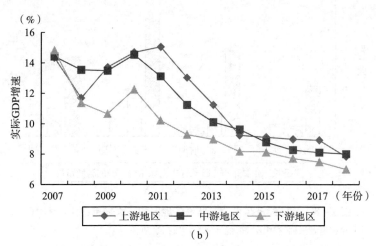

（b）

图1－7 长江经济带上中下游地区实际 GDP 及其增速

注："十三五"时期包含 2016～2020 年，由于样本数据限制，"十三五"时期本书仅考虑 2016～2018 年，下同。

资料来源：笔者根据国家统计局数据绘制。

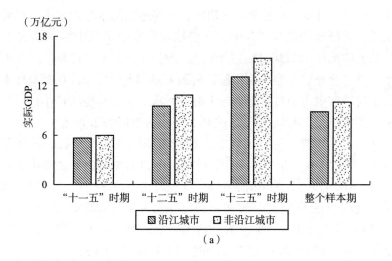

（a）

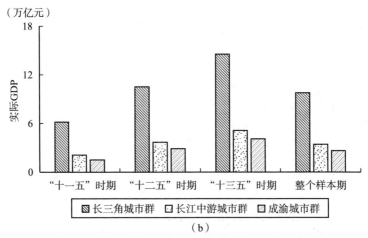

（b）

图 1-8　长江经济带沿江与非沿江地区和三大城市群实际 GDP

资料来源：笔者根据《中国城市统计年鉴》数据绘制。

2. 长江经济带生态环境的空间异质性

　　水、电等资源使用在促进经济发展的同时，对长江经济带的节能减排和生态保护事业也增添了一定难度。从上中下游地区角度看，由图 1-9（a）可知，在整个样本期间，下游地区用水总量最多，中游地区次之，下游地区最少；其中，下游地区用水总量是中游地区的 1.35 倍，是上游地区的 2.03 倍。"十一五"至"十三五"时期，三大地区用水总量情况与整个样本期相似。由图 1-9（b）可知，在整个样本期间，下游地区电力消费量最大，上游地区次之，中游地区最小；下游地区电力消费量是上游地区的 2.19 倍，是中游地区的 2.84 倍。"十一五"至"十三五"时期，三大地区电力消费量均实现大幅增长，其间差距也随之扩大。"十一五"时期，下游地区电力消费量比上游和中游地区分别高 3802.47 亿千瓦小时、4436.25 亿千瓦小时；"十二五"时期，下游地区电力消费量比上游和中游地区分别高 5572.80 亿千瓦小时、6747.15 亿千瓦小时；"十三五"时期，下游地区电力消费量比上游和中游地区分别高 6830.78 亿千瓦小时、8130.02 亿千瓦小时。

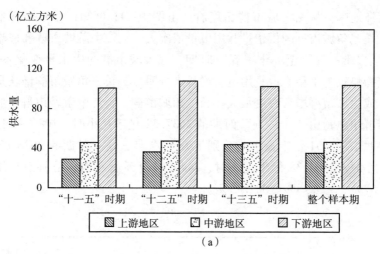

（a）

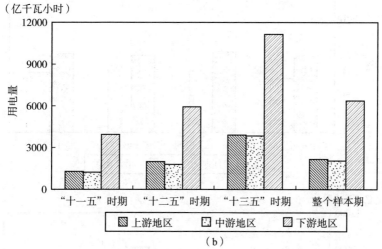

（b）

图1-9　长江经济带上中下游地区供水量和用电量

资料来源：笔者根据国家统计局数据绘制。

　　从沿江与非沿江地区角度看，由图1-10可知，在整个样本期间，沿江地区的供水量和用电量略高于非沿江地区，差距分别约为25.23亿立方米和731.82亿千瓦小时。其中，沿江地区与非沿江地区间的供水量差距不断缩小，由"十一五"时期的30.93亿立方米下降至"十三五"时期的14.29亿立方米。非沿江地区的用电量在"十一五"和"十二五"时期低于沿江地区，但在"十三五"时期实现迅猛增长并反超沿江地区。从三大城市群角度看，由图 1-11 可知，在整个样本期间，长三角城市群的供水量和用电量依次大于长江中游城市群和成渝城市群。"十一五"至"十三五"时期，三大城市群的供水量变化不大，演变趋势较为平稳。但是用电量增长十分明显，长三角城市群增长量最大，成渝城市群增长幅度最大。长三角城市群、长江中游城市群、成渝城市群用电量由"十一五"时期的 3537.32 亿千瓦小时、1089.91 亿千瓦小时、795.31 亿千瓦小时分别上升至"十三五"时期的 9676.87 亿千瓦小时、3304.38 亿千瓦小时、2443.14 亿千瓦小时，分别总计增长 273.57%、303.18%、307.19%。

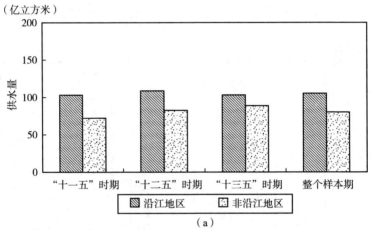

（a）

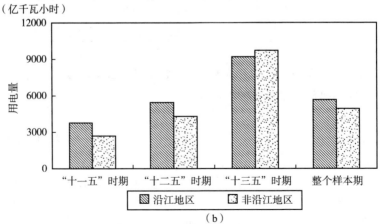

（b）

图 1-10　长江经济带沿江与非沿江地区供水量和用电量

资料来源：笔者根据《中国城市统计年鉴》数据绘制。

（亿立方米）

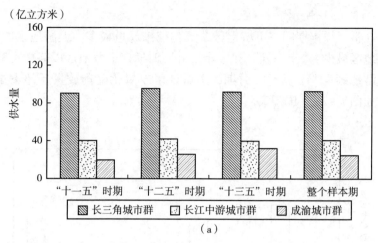

（a）

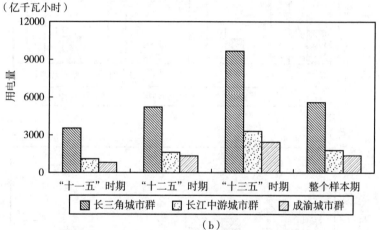

（b）

图 1 – 11　长江经济带三大城市群供水量和用电量
资料来源：笔者根据《中国城市统计年鉴》数据绘制。

　　水、电等资源使用会不可避免地产生废水废气等污染物排放。从
上中下游地区角度看，在整个样本期间，下游地区工业废水排放量最
大，中游地区次之，下游地区最小，"十一五"至"十三五"时期，
三大地区之间的工业废水排放量差距不断缩小。"十一五"时期，下
游地区工业废水排放量分别高于中游和上游地区 32.88 亿吨、38.73
亿吨；"十二五"时期，下游地区工业废水排放量分别高于中游和上
游地区 26.15 亿吨、35.75 亿吨；"十三五"时期，下游地区工业废
水排放量分别高于中游和上游地区 23.11 亿吨、24.81 亿吨，如

图 1 – 12（a）所示。

在整个样本期间，下游地区二氧化硫排放量最多，上游地区次之，中游地区最少。"十一五"和"十二五"时期，下游地区以略微态势领先上游地区；"十三五"时期，上游地区二氧化硫排放量反超下游地区，如图 1 – 12（b）所示。

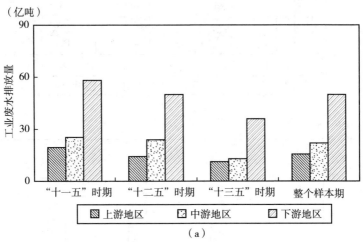

（a）

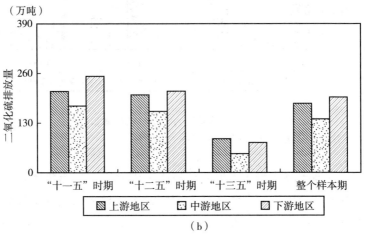

（b）

图 1 – 12   长江经济带上中下游地区工业废水和二氧化硫排放量

资料来源：笔者根据《中国城市统计年鉴》数据绘制。

从沿江与非沿江地区角度看，如图 1 – 13 所示，在整个样本期间，非沿江地区的工业废水和二氧化硫排放量略高于沿江地区，差距分别约为 5.69 亿吨和 48.52 万吨。沿江地区与非沿江地区间的工业废水排放量差距呈缩小趋势，"十一五"时期的 3.74 亿吨下降至"十三五"时期的 1.41 亿吨。沿江地区与非沿江地区的二氧化硫排放量在"十一五"和"十二五"时期下降缓慢，但在"十三五"时期实现大幅下降，最终仅为"十一五"时期水平的 27.77% 和 39.55%。

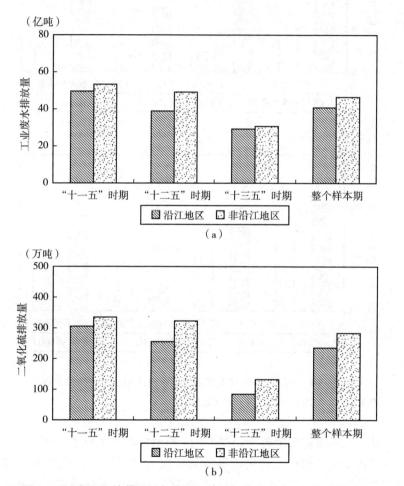

（a）

（b）

图 1-13 长江经济带沿江与非沿江地区工业废水和二氧化硫排放量

资料来源：笔者根据《中国城市统计年鉴》数据绘制。

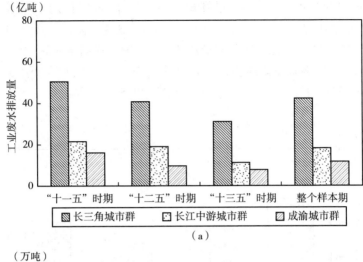

（a）

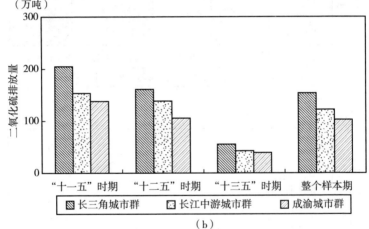

（b）

图 1–14　长江经济带三大城市群工业废水和二氧化硫排放量

资料来源：笔者根据《中国城市统计年鉴》数据绘制。

从三大城市群角度看，如图 1–14 所示，在整个样本期间，长三角城市群的工业废水和二氧化硫排放量依次大于长江中游城市群和成渝城市群。"十一五"至"十三五"时期，三大城市群的工业废水排放量稳步减少。二氧化硫排放量的演变趋势与沿江与非沿江地区相似，同样是在"十一五"和"十二五"时期缓慢下降，在"十三五"时期大幅下降，最终仅为"十一五"时期水平的 26.87%、27.64% 和 28.25%。

1.1.5　研究意义

生态环境保护是长江经济带发展的根本任务，提高生态效率关系着长江经济带的高质量发展。当前，长江经济带依然存在污染排放基数大、环境风险隐患突出、生态功能退化严重等现象，生态环境协同保护体制机制尚待建立健全，流域发展不平衡不协调问题较为突出。因此，从空间异质性视角出发全面探寻长江经济带生态效率的提升路径，已经成为长江经济带高质量发展的关键所在。

在长江经济带生态效率测度方面，已有研究多采用数据包络分析（Data Envelopment Analysis，DEA）方法对生态效率进行评价（李胜兰等，2014；黄建欢等，2014），但忽视了变量松弛、跨期可比等问题。针对现有研究不足，本书基于非径向、非角度 SBM 模型的测度研究能够克服变量松弛问题，运用全局基准技术方法解决测度结果的跨期可比问题。在长江经济带生态效率的空间差异研究方面，多数研究以直观比较为主，未能在考虑子样本分布情况下揭示空间差异来源，也没有对生态效率的长期演进趋势进行预测。针对现有研究不足，本书结合 Dagum 基尼系数、Kernel 密度估计、Markov 链、绝对 β 收敛检验等方法，从空间和时间耦合视角全面揭示生态效率的空间差异特征和动态演变规律。在长江经济带生态效率的影响因素研究方面，现有研究多运用传统面板模型或面板 Tobit 模型识别影响因素，忽视了生态效率的空间异质性问题，未能基于不同地区和不同水平下的生态效率识别其关键影响因素，也无法揭示长江经济带生态效率空间差异的形成原因。针对现有研究不足，本书借助无效率分解、分位数回归、地理探测器等方法展开进一步考察。

本书的理论意义在于：一是基于资源与环境双重约束构建非期望产出 SBM 模型，有效解决变量松弛、跨期可比等关键问题，丰富了长江经济带生态效率的评价研究；二是从空间差异、空间收敛、分布动态、长期趋势等多维度视角出发，全面刻画长江经济带生态效率的空间差异及其演变规律，以拓展长江经济带绿色发展领域的空间统计研究；三是基于内源与外源双重视角，识别不同地区和不同水平下生态效率及其差异的影响因素，以拓展长江经济带绿色发展领域的计量研究。本书的现实意义在于：一是基于对生态效率的科学测度，揭示绿色理念引领下长江经济带不同地区生态效率的现状与提升潜力；二是基于对长江经济带生态效率的空间差异及演变规律的探究，为制定差别化的区域生态效率提升对策提供基本依据；三是基于对长江经济带生态效率的影响因素及空间差异成因探析，探寻因地制宜的生态效率提升路径，为最终形成同环境资源承载力相匹配、生产生活生态相协调的长江经济带绿色发展新格局提供思路和建议。

1.2　研究内容及框架

本书遵循"提出问题、厘清问题、分析问题、解决问题"的基本思路，以"空间异质性视角下长江经济带生态效率评价及提升路径研究"为主线，制定本书的研究内容和研究框架。

1.2.1　研究内容

本书从空间异质性视角出发，以"长江经济带生态效率"为研究对象，通过科学评价长江经济带生态效率，深入揭示生态效率的空间差异及演进趋势，准确识别生态效率及其差异的影响因素，进而全面探寻长江经济带生态效率的提升路径，最终为推动长江经济带形成绿色发展新格局、实现高质量发展提供决策支持。具体内容如下：

（1）长江经济带生态环境约束现状及问题探寻。本部分旨在明确提升长江经济带生态效率的现实要求，是本书研究的逻辑起点。具体内容包括：①立足长江经济带高质量发展的现实背景，明确长江经济带高质量发展要求，从根本上提升生态效率；②对长江经济带经济发展成就，能源、水等资源利用情况，二氧化硫、废水等环境污染物排放情况进行分析，以定量描述长江经济带经济发展和生态环境约束现状；③基于长江经济带上中下游地区、沿江与非沿江地区、三大城市群的经济发展和生态环境数据，全面刻画长江经济带经济发展和生态环境约束的空间异质性特征；④根据长江经济带高质量发展的现实背景以及生态环境约束现状，阐明基于空间异质性视角提升长江经济带生态效率的理论及现实意义。

（2）文献综述。本部分旨在对现有关于长江经济带生态效率的相关研究进行梳理和回顾。围绕"长江经济带生态效率评价研究""长江经济带生态效率的空间差异研究""长江经济带生态效率及其差异的影响因素研究"三个方面进行综述。通过梳理文献，总结概括出现有研究做出的积极探索，对进一步深入理解和掌握长江经济带生态效率具有极大的参考价值，能够为其提供更加有益的信息。

（3）长江经济带生态效率评价。本部分旨在根据数据包络分析（DEA）框架，测度长江经济带生态效率，并对长江经济带生态效率的整体特征、区域特征、分时期特征进行考察。具体内容包括：①在环境生产技术分析框架下，根据全局基准技术设定生产前沿，构建非期望产出 SBM 模型，然后在此基础上选择资本、劳动力、能源、水资源等作为投入指标，地区生产总值作为期望产出指标，污染指数作为非期望产出指标，对 2006~2018 年长江经济带 108 个地级及以上城市生态效率水平进行评价；②基于效率均值对比详细刻画长江经济带生态效率的空间分布格局，以全面把握长江经济带生态效率的整体特征；③采用多样化的区域划分标准，进一步考察上中下游地区、沿江与非沿江地区、三大城市群生态效率的区域特征。

（4）长江经济带生态效率的空间差异及收敛性检验。本部分旨在从空间差异来源和空间收敛检验角度，明晰长江经济带生态效率的空间差异程度以及各地区差距是否出现相同收敛模式。第一，借鉴 Dagum 基尼系数及分解方法，从多种区域划分视角对长江经济带生态效率的空间差异进行测度，并将总体差异分解为区域内差异、区域间差异和超变密度，进而揭示长江经济带生态效率的空间差异来源及其贡献率；第二，采用绝对 β 收敛检验方法对长江经济带整体、上中下游地区、沿江与非沿江地区和三大城市群生态效率的空间收敛特征进行刻画。

（5）长江经济带生态效率的分布动态演进及长期趋势预测。本部分旨在从分布动态演进和长期趋势预测角度，全面刻画长江经济带生态效率的动态演变规律。第一，运用 Kernel 密度估计方法，揭示长江经济带整体、上中下游地区、沿江与非沿江地区、三大城市群生态效率的分布动态演进规律；第二，运用 Markov 链技术，揭示长江经济带整体、上中下游地区、沿江与非沿江地区、三大城市群生态效率在不同空间分布的内在流动性，并对其长期趋势进行预测。

（6）长江经济带生态效率的影响因素研究。本部分旨在识别长江经济带生态效率的影响因素。第一，根据非期望产出 SBM 模型的测度结果，将生态无效率分解为投入无效率、非期望产出无效率、期望产出无效率，以厘清长江经济带生态效率的内部影响因素；第二，分别取高、中、低水平的分位点，利用分位数回归模型展开检验，以期识别长江经济带不同地区和不同水平下生态效率的外部影响因素。

（7）长江经济带生态效率空间异质性的成因分析。本部分旨在剖析长江经济带生态效率空间异质性的成因。即分别从整体、上中下游地区、沿江与非沿江地区以及三大城市群层面出发，充分考察长江经济带生态效率空间异质性在全样本时期、"十一五"时期以及"十二五"和"十三五"时期的内部与外部成因。

（8）研究结论与提升路径。本部分旨在根据研究结论，全面探寻长江经济带生态效率的提升路径。具体内容包括：①贯彻落实长江经济带发展战略，深入推动经济发展与生态保护的有机融合；②基于区位比较优势，全面提高流域生态效率水平；③将提升生态效率贯穿到区域协调发展大局之中，推进长江经济带生态一体化。

1.2.2 研究框架

第一，根据高质量发展背景和生态环境约束现状，提出基于空间异质性提升长江经济带生态效率的理论与现实意义；第二，基于空间异质性视角采用科学模型及方法对长江经济带生态效率进行科学评价；第三，从差异来源、收敛检验、分布动态演进、长期趋势预测等方面刻画长江经济带生态效率的空间差异及其演变规律；第四，剖析长江经济带生态效率及其空间异质性的影响因素，并运用无效率分解、分位数回归和地理探测器方法就长江经济带整体、上中下游地区、沿江与非沿江地区、三大城市群等分别进行实证检验；第五，全面探寻长江经济带生态效率的提升路径。研究思路如图 1 - 15 所示。

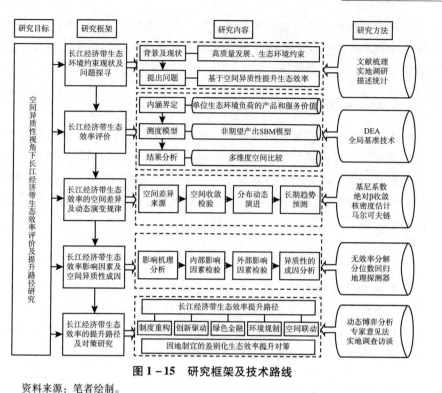

图1-15 研究框架及技术路线

资料来源：笔者绘制。

25

1.3 研 究 方 法

为科学有效解决研究内容的重点难点，本书综合使用了经济学、统计学等多种方法，在生态效率评价、空间差异及收敛性检验、分布动态演进及长期趋势预测、生态效率及其空间异质性的影响因素分析等环节建立了一套系统有效的研究方法体系。

1. 数据包络分析方法

数据包络分析是一种根据多项投入和产出指标，利用线性规划对具有可比性的同类型单位进行相对有效性评价的数量分析方法。本书通过数据包络分析方法构建非期望产出 SBM 模型，运用全局基准技术方法解决测度结果的跨期可比问题，进而对长江经济带及其各地区生态效率进行科学评价。需要注意的是，在数据包络分析框架下，测度生态效率需要严格控制投入产出变量的选择数量。对于非期望产出，本书选用二氧化硫和工业废水两项指标，通过熵值法将其合成为一个污染指数，从而使得测度结果更加稳健。

2. Dagum 基尼系数按子群分解方法

Dagum 基尼系数按子群分解是一种用以刻画空间差异程度的研究方法，其可以将总体基尼系数分解为区域内差异贡献、区域间差异贡献和超变密度贡献三部分，有效解决了空间差异的来源问题。本书利用 Dagum 基尼系数按子群分解方法测算长江经济带生态效率的空间差异并进行地区分解。

3. 绝对 β 收敛检验方法

绝对 β 收敛检验是一种考察空间差异敛散性的方法，本书运用绝对 β 收敛检验方法研究长江经济带生态效率空间差异的趋同或发散情况。如果生态效率水平较低地区的增长速度快于水平较高的地区，则认为生态效率存在绝对 β 收敛特征，即生态效率空间差异正在不断缩小。

4. Kernel 密度估计方法

Kernel 密度估计是一种利用连续的密度曲线描述随机变量分布形态的方法，目前已经成为研究空间分布非均衡的重要工具之一（刘华军、赵浩，2012）。本书通过 Kernel 密度估计分布图对长江经济带生态效率分布的位置、形态和延展性等进行分析。具体地，位置信息可用来说明生态效率的高低；形态信息可用来考察生态效率的绝对差异和极化程度，其中波峰的高度和宽度反映差异大小，波峰数量反映极化程度；延展性信息可用来刻画生态效率的空间差异大小，拖尾越长，则差异越大。

5. Markov 链方法

Markov 链是一种在时间和状态均为离散的条件下，通过将连续数据离散为 k 种类型，进而计算每种类型的概率分布和演变趋势的方法。本书将长江经济带各个城市按照生态效率水平的高低划分为低、中低、中高、高水平四种类型，使用 Markov 链对不同类型城市的长期转移趋势进行预测。

6. 分位数回归方法

分位数回归可以利用解释变量的多个分位数（例如四分位、十分位、百分位等）来得到被解释变量的条件分布的分位数方程，与传统的 OLS 只得到均值方程相比，它可以更详细地描述变量的统计分布。本书借鉴发展经济学、资源环境经济学的基本理论，从内、外部角度选取影响因素，从理论上阐释各影响因素对生态效率的作用机理；然后基于长江经济带生态效率影响因素的理论逻辑框架，构建面板数据计量回归模型，利用分位数回归方法对不同地区和不同水平下生态效率的影响因素进行识别。

7. 地理探测器方法

地理探测器是分析空间异质性问题、探索驱动因素的相对重要程度和交互作用强度的重要工具，目前被广泛应用于区域经济、生态环境和人口问题等多个领域。其原理是利用各因素层内方差与全局方差的关系探测自变量对因变量的驱动力，即因素 X 在多大程度上影响了 Y 的空间差异（Wang et al.，2010）。本书使用地理探测器考察长江经济带生态效率空间异质性的关键影响因素，并计算各因素对生态效率空间异质性的影响程度及其变化趋势。

1.4　研究特色及创新点

本部分通过对研究背景、研究内容、研究框架、研究方法的梳理和回顾，总结出本书的研究特色和创新点，具体内容如下。

1.4.1　研究特色

本书研究特色主要包括三个方面：第一，研究数据可靠且翔实；第二，多学科研究方法交叉运用；第三，多尺度下综合考察空间异质性。

1. 研究数据可靠且翔实

本书基于非期望产出 SBM 模型，测度资源环境约束下的长江经济带生态效率。生态效率测度充分考虑了劳动、资本、水、能源等多种投入，地区生产总值、废水、二氧化硫等多种产出。生态效率的影响因素和空间异质性的成因分析选取了产业结构、技术进步、对外开放水平、金融发展程度、人口密度、环境规制等多个变量。为了充分体现科学研究的可重复性、可验证性，我们报告了本书研究涉及的全部数据资料。

2. 多学科研究方法交叉运用

本书使用数据包络分析方法对长江经济带生态效率进行测度；并通过效率均值对比揭示生态效率的空间分布格局；采用 Dagum 基尼系数按子群分解方法和绝对 β 收敛检验方法考察生态效率的空间差异及收敛；利用 Kernel 密度估计方法和 Markov 链方法刻画生态效率的分布动态演进和长期转移趋势；通过无效率分解和分位数回归方法识别生态效率的内、外部影响因素，使用地理探测器方法分析生态效率空间异质性的成因。以上多学科研究方法的交叉运用，能够更大程度上保证研究结论更加丰富、更加稳健、更加可靠。

3. 多尺度下综合考察空间异质性

随着长江经济带上升为国家战略，长江上中下游、沿江与非沿江地区呈现出新特点和新问题。此外，长江三角洲城市群、长江中游城市群、成渝城市群等国家级城市群的先后确立，为实现生态效率协同提升带来了新视角。空间异质性是本书的出发点和切入点，本书不仅考察了长江经济带上中下游地区生态效率演进、差异及影响因素，还从沿江与非沿江地区和三大城市群比较视角就生态效率演进、差异及影响因素进行了分析，以期为探寻长江经济带生态效率差别化的提升路径提供支撑。

1.4.2 创新点

本书从空间异质性视角出发，在科学评价长江经济带生态效率的基

28

础上，考察流域整体、上中下游地区、沿江与非沿江地区和三大城市群生态效率的空间格局、空间差异及收敛检验、分布动态演进及长期趋势预测、影响因素、空间异质性成因等问题，进而全面探寻因地制宜的生态效率提升路径，为推动长江经济带形成绿色发展新格局、实现高质量发展提供决策支持。本书的创新点主要表现在以下三个方面：

第一，在数据包络分析框架下，基于空间异质性视角构建非期望产出 SBM 模型，同时有效解决变量松弛、跨期可比等关键问题，科学测度长江经济带及其各地区生态效率。相较已有研究，该模型具有以下三个优点：一是充分考虑了变量松弛和非期望产出，更能体现经济活动的实际过程；二是基于全局基准技术构建生产前沿，使得测度结果具有跨期可比性；三是由于 DEA 模型的应用条件要求投入产出变量不宜过多，因此采用熵值法将工业废水与工业二氧化硫降维合成污染指数，提高了数据包络分析方法的识别能力，使测度结果更加可信准确。

第二，从时间和空间耦合视角，基于差异来源、收敛检验、分布动态演进、长期趋势预测等多个维度，运用多样化研究方法全面揭示长江经济带生态效率的空间差异特征及动态演变规律。具体而言，首先，本书利用效率均值对比详细刻画长江经济带生态效率的空间分布格局；其次，采用 Dagum 基尼系数及其分解方法以及绝对 β 收敛检验方法，对长江经济带生态效率的空间差异及收敛性进行实证全面检验；最后，运用 Kernel 密度估计、Markov 链分析方法，揭示长江经济带及各地区生态效率的动态演进规律与长期转移趋势。此外，本书还采用了多尺度的区域划分标准，具体包括上中下游地区、沿江与非沿江地区和三大城市群，所以在此基础上的研究结论更加全面、更加客观。

第三，借助无效率分解、分位数回归和地理探测器等方法，全面揭示长江经济带不同时期不同区域生态效率的影响因素及空间异质性成因，为探寻长江经济带生态效率协同提升路径提供实证支持。本书基于内源与外源双重视角，首先，利用生态无效率分解结果，探寻长江经济带及各地区生态效率的内部影响因素及提升短板；其次，深入剖析产业结构、技术进步、对外开放水平、环境规制等因素的作用机制，通过分位数回归方法深入探究了长江经济带整体及上中下游地区、沿江与非沿江两大地区、三大城市群生态效率在不同时期的外部影响因素；最后，借助地理探测器方法对长江经济带生态效率的空间差异成因进行有效识别，探寻因地制宜的生态效率提升路径，结合国际先进经验从制度重构、创新驱动、绿色金融、环境规制、空间联动等方面提出切实可行的对策建议。

1.5 本章小结

本章主要介绍了本书的研究背景和意义，从空间异质性视角出发，立足于长江经济带高质量发展的现实背景，着重分析了长江经济带获得的经济发展成就和面临的生态环境约束。在此基础上依次介绍了本书的研究意义、研究内容、研究框架、研究方法、研究特色及创新点。

第 2 章 文 献 综 述

随着长江经济带发展战略的不断推进和生态环境问题的日益凸显，近年来学术界对长江经济带生态效率的研究逐渐增多。通过梳理和回顾文献资料，本书对长江经济带生态效率的研究主要集中在"长江经济带生态效率评价研究""长江经济带生态效率的空间差异研究""长江经济带生态效率及其差异的影响因素研究"等方面。为了更加细致地掌握已有研究，本章围绕以上三个方面对长江经济带生态效率的相关文献进行综述。

2.1 长江经济带生态效率评价研究

生态效率是指一定时期内产品和服务价值与生态环境负荷之比值，它强调以较少的资源消耗和环境污染获得较多的经济产出（Zhang et al.，2008）。早期关于长江经济带生态效率的评价主要基于单一比值法或指标体系法展开，后来学者采用了模型法中的数据包络分析方法对生态效率进行评价，由于该方法不受指标量纲影响，无须设定生产函数形式，因此可同时考虑多种投入和多种产出，在评价生态效率时更具优势（李胜兰等，2014；黄建欢等，2014）。

2.1.1 单一比值法

单一比值法以产品（或服务）的价值与环境影响的比值来表示，生命周期评价法、生态足迹、能值分析法等皆属于此类，适用于分析单个项目或技术对象（彭红松，2017）。1996 年，世界可持续发展工商业联合理事会（WBSCD）提出的生态效率比值法被学界普遍接受。此后，众多学者开始利用单一比值法对生态效率进行评价，例如，谢高地等（1998）通过计算中国耕地、开采的农用淡水和化肥等主要农业资源消耗系数，对我国农业资源效率进行深入考察；瓦克纳格尔等（Wackernagel et al.，1999）运用生态足迹法测算意大利等52国的生态承载力；张志强等（2001）对中国西部地区12个省（区市）1999年的生态足迹进行计算和分析；朱玉林等（2011）利用能值法对湖南省2008年农业生态效率进行测度；切鲁蒂等（Cerutti et al.，2013）基于多功能生态足迹法对意大利北部皮埃蒙特地区水果生产系统的可持续农业进行研究；顾程亮等（2016）在生命周期视角下，采用主成分分析法对中国省际生态效率进行测度；史丹和王俊杰（2016）测算了中国1991～2013年的人均生态足迹，以此为依据对中国整体的生态效率进行评价。就长江经济带而言，吴磊和熊英（2018）基于生态足迹法，测评了长江经济带各省份生态效率时空变化趋势。

2.1.2 指标体系法

单一比值法通常只能对独立的非连续的研究对象进行评价，而在实际应用中，评价对象如某一区域、行业或企业的资源消耗和环境影响往往涵盖多方面因素（靳京等，2005）。因此，学者们通过构建评价指标体系对生态效率进行测度，其优点在于：可以综合反映社会、经济、自然等各子系统的发展水平和协调程度，适用于分析较为复杂的对象（尹科等，2012）。例如，徐勇（2001）从农业自然再生产和经济再生产统一体和整体性的角度出发，构建了农业社会经济资源投入及利用效率评价指标体系。米切尔森等（Michelsen et al.，2006）选取能源消耗、水资源消耗、温室气体排放、重金属排放等9个环境指标，对挪威家具产品的生态效率进行测度。范卡内海姆（Van Caneghem et al.，2010）在考察钢铁产业的生态效率时，从环境维度选取挥发酸、富营养化、水资源利用等6个指标构建评价体系。除此之外，张妍和杨志峰（2007）、王飞儿和史铁锤（2008）、刘宁等（2008）、陈傲（2008）、毛建素等（2010）构建了包含物耗、能耗、水耗、土地、劳动力以及环境影响在内的指标体系，从行业、工业园、省际等视角对生态效率进行测度。

2.1.3 模型法

由于单一比值法不能有效区分不同环境对生态效率的影响，指标体系法难以克服人为主观因素的影响（孙欣等，2016），所以上述研究的测度结果准确性有待商榷。与单一比值法和指标体系法不同的是，查恩斯等（Charnes et al.，1978）提出的 DEA 模型法是一种系统性的评价方法，避免了人为赋权产生的主观偏差，故而被广泛应用于生态效率测度研究。例如，涂正革（2008）利用方向性环境距离函数方法，对1998～2005 年中国省际环境技术效率进行测算，分析得出东部沿海地区工业发展与环境关系较为和谐，但是中西部地区环境技术效率普遍较低。就长江经济带而言，黄磊和吴传清（2018）采用全局超效率方向性 SBM 模型，测算了 2011～2016 年长江经济带省际生态效率，并从长江经济带与全国平均水平、长江上中下游地区之间、长江经济带沿线11 个省市之间三个视角比较分析生态效率的绝对水平和相对地位。任胜钢等（2018）使用网络 DEA 模型，对 2009～2013 年长江经济带 9 省2 市的工业生态效率及三个子系统效率进行了评价，结果显示长江经济带工业生态效率水平整体呈上升趋势，且自上游至下游效率水平依次递增。李强和高楠（2018）利用投入导向的规模报酬不变 Malmquist -DEA 模型，测度了 2004～2014 年长江经济带 108 个城市生态效率，并从时间和空间两个维度探讨了长江经济带城市生态效率时空演变格局，分析得出长江经济带生态效率水平呈现出波动上升态势，上、中、下游地区城市生态效率依次递减。曹俊文和曾康（2019）运用以农业碳排放量为非期望产出的超效率 SBM 模型，测算了 2007～2016 年长江经济带农业生态效率，研究表明长江经济带农业生态效率未能长期达到有效值，各省份及上、中、下游地区间存在显著差异。陈明华等（2020b）构建基于非期望产出的全局至强有效前沿最近距离模型，对 2003～2016 年长江经济带 108 个城市生态效率进行了科学测度，分析得出长江经济带城市生态效率水平先降后升，下游生态效率水平明显高于上、中游地区。

上述有关生态效率测度方法的代表性文献如表 2-1 所示。

表 2 - 1   生态效率测度方法的相关研究：代表性文献

作者（年份）	时期跨度	样本点	方法（模型）
威克纳格等（1999）	1993～1997 年	意大利等 52 国	生态足迹法
张志强等（2001）	1999 年	西部 12 个省区市	生态足迹法
米克尔森等（2006）	2005 年	挪威家具产品	指标体系法
张妍和杨志峰（2007）	1998～2004 年	深圳市	指标体系法
陈傲（2008）	2000～2006 年	29 个省市区	指标体系法
刘宁等（2008）	2002～2004 年	江苏 3 个工业园	指标体系法
王飞儿和史铁锤（2008）	1996～2005 年	纺织业	指标体系法
涂正革（2008）	1998～2005 年	30 个省区市	方向性环境距离函数
毛建素等（2010）	2007 年	39 个工业部门	指标体系法
范卡内海姆等（2010）	1995～2005 年	钢铁产业	指标体系法
朱玉林等（2011）	2008 年	湖南省	能值分析法
切鲁蒂等（2013）	2009～2010 年	意大利北部皮埃蒙特地区	生态足迹法
史丹和王俊杰（2016）	1991～2013 年	中国	生态足迹法
顾程亮等（2016）	2007～2013 年	30 个省区市	生命周期法
李强和高楠（2018）	2004～2014 年	长江经济带 108 个城市	Malmquist - DEA 模型
任胜钢等（2018）	2009～2013 年	长江经济带 9 省 2 市	网络 DEA 模型
黄磊和吴传清（2018）	2011～2016 年	长江经济带 9 省 2 市	全局超效率方向性 SBM 模型
吴磊和熊英（2018）	2006～2014 年	长江经济带 9 省 2 市	生态足迹法
曹俊文和曾康（2019）	2007～2016 年	长江经济带 9 省 2 市	非期望产出 - 超效率 SBM 模型
陈明华等（2020b）	2003～2016 年	长江经济带 108 个城市	Min - DS 模型

资料来源：笔者整理绘制。

上述文献采用不同方法，实现对生态效率的科学测度。在评价方法及模型构建方面呈现出三大特征，具体如下：

（1）生态效率测度方法从单一比值法、指标体系法向模型法转变。目前对生态效率评价的方法主要分为三类：单一比值法、指标体系法和模型法。其中，单一比值法通常是对单因素进行评价，不利于发现阻碍整体资源潜力充分发挥的限制因素（靳京等，2005），因此适用于单个非连续对象，特别是对单个项目和技术的探讨。相较于单一比值法，指标体系法能够综合反映社会、经济、自然等各子系统的发展水平和协调程度，因此适用于分析较为复杂的对象（张子龙等，2014）。但是由于在衡量环境与经济效益时需要用权重表达，难以克服人为主观因素的影响，故该方法也存在一定的缺陷（孙欣等，2016）。在模型法中，最为常用的是数据包络分析方法，该方法在处理多投入、多产出方面具有优势，且在评价时无须预设函数关系，很大程度上减少了研究的主观争议性，适用于多投入、多产出的宏观评价，因而被现代学者广泛采用（王宝义、张卫国，2018）。

（2）投入产出改进角度从径向、角度向非径向、非角度转变。径向的 DEA 方法要求投入或产出同比例增长，角度的 DEA 方法需要基于产出不变或投入不变的假设。当存在投入过度或产出不足，即存在投入或产出的非零松弛（slack）时，径向的 DEA 效率测度会高估评价对象的效率，角度的 DEA 效率测度由于忽视了投入或产出的某一个方面，计算的效率结果会失准（王兵等，2010）。托恩（Tone，2001）提出了非径向、非角度的基于松弛的效率测度模型（Slack - Based Measure，SBM），有效克服了以上缺陷。

（3）最佳生产前沿的构造从相邻参比、序列参比向全局参比转变。最佳生产前沿的构造基于相邻参比，即利用 t + 1 期的投入产出数据来确定 t 期的最佳生产前沿使得生态效率测度结果不具有跨期可比性。基于序列参比，即利用 t 期及以前所有期的投入产出数据来确定 t 期的最佳生产前沿，虽然有效解决了无可行解问题，但仍未解决跨期可比问题（Shestalova，2003）。而基于全局参比，即利用所有时期内投入产出数据构造一个最佳生产前沿，每一期均将此作为参考系，则能够实现生态效率测度结果的跨期可比性（Pastor & Lovell，2005）。

2.2　长江经济带生态效率的空间差异研究

长江经济带绿色发展过程中所呈现的空间差异问题受到了广泛关注，在生态优先、绿色发展的战略定位下，如何促进绿色经济的区域协调发展成为了一个重要议题。长江经济带横跨我国东中西部，上中下游地区间的基础设施、产业结构和经济发展差距较大，而且区域合作虚多实少，城市群缺乏协同，使得生态效率的空间不平衡不协调问题突出，不利于长江经济带绿色经济的区域协调发展。为此，大量文献对长江经济带生态效率的空间差异展开了研究。

2.2.1　关于空间差异的研究尺度

中国自古推崇人与自然的和谐共生，进入新世纪更是重视经济发展与生态保护之间的关系，因此已有文献从多种角度对生态效率的研究尺度和研究对象进行了考察。梳理相关文献，在研究尺度方面，鉴于胡锦涛于 2003 年提出"统筹人与自然和谐发展"的科学发展观[1]，相关文献往往将研究起始时间设定在 2003 年前后。例如，李栋雁和董炳南（2010）将研究尺度设定为 2002～2008 年，孙欣等（2016）为 2003～2013 年，郝国彩等（2018）为 2003～2013 年，陈明华等（2020b）为 2003～2016 年，胡彪和付业腾（2016）设定为 2004～2012 年，汪克亮等（2016）的研究尺度为 2004～2012 年，任梅等（2019）为 2004～2017 年，吴义根等（2019）为 2004～2015 年。在样本方面，部分文献将研究样本设定为全国 30 个省区市（刘丙泉等，2011；成金华等，2014；张煊等，2014；胡彪、付业腾，2016；屈文波，2018；刘军等，2018；任梅等，2019；吴义根等，2019）或 31 个省区市（郑德凤等，2018）；另一部分文献则从长江经济带省际或者城市口径对生态效率展开研究（汪克亮等，2016；孙欣等，2016；邢贞成等，2018；郝国彩等，2018；陈明华等，2020b）。除此之外，也有学者对特定区域的生态

---

[1]　孙谦：《中国检察制度论纲》，人民出版社 2004 年版。

效率进行探究，如李栋雁和董炳南（2010）对山东省 17 个城市生态效率的空间差异进行研究，卡马雷罗等（Camarero et al.，2013）考察了22 个 OECD 国家的生态效率空间差异，杨桐彬等（2020）对长三角地区 41 个城市的生态效率空间差异进行全面探析。

2.2.2 关于空间差异的研究方法

对生态效率空间差异的准确考察依赖于成熟且多样的研究方法。通过整理已有文献可以发现，学者主要基于生态效率的空间分布以及区域差异等视角考察生态效率的空间差异。有关空间分布方面，文献大多采用统计分析和 GIS 可视化等方法对生态效率的空间分布特征进行探究。例如，成金华等（2014）、任宇飞和方创琳（2017）、邢贞成等（2018）、郑德凤等（2018）、林文凯和林璧属（2018）等。有关区域差异方面，对于生态效率差异问题的研究方法一般分为两类，第一类是利用不平等指数（变异系数、Theil 指数、Dagum 基尼系数等）直接测算生态效率的区域差异程度，其中变异系数一般用于初步分析生态效率差异程度，不可进一步分解，例如，刘丙泉等（2011）运用变异系数从全国及东中西三大经济带视角研究区域生态效率的差异性。而 Theil 指数与 Dagum 基尼系数不仅可以刻画生态效率的差异程度，更能说明区域差异的来源与构成。例如，刘军等（2018）采用 Theil 指数分析了中国省际生态效率差异产生的空间原因；杨桐彬等（2020）使用 Dagum 基尼系数测度了长三角地区生态效率的地区差异；陈明华等（2020b）运用 Dagum 基尼系数探究了长江经济带城市生态效率的空间差异及其来源。第二类是通过探究生态效率总体差异如何随时间进行演变的收敛问题以明确区域差异程度，此类方法主要包括 σ 收敛和 β 收敛。β 收敛是指对横截面数据或面板数据采用回归分析以考察收敛性的方法（Baumol，1986；陈晓玲、李国平，2007），运用该种方法考察生态效率收敛特征的研究学者有汪克亮等（2016）、孙欣等（2016）、何砚和赵弘（2018）等。还有学者把样本期内的全部研究对象按照水平高低进行划分，直接对各类研究对象的分布动态变化过程进行考察，以探究收敛问题（Quah，1993），该方法主要包括 Kernel 密度估计和 Markov 链分析。运用此类方法对生态效率的区域差异特征进行考察的研究有邢贞成等

（2018）、陈明华等（2020b）。

2.2.3 关于空间差异的区域划分及研究结论

区域划分是研究空间差异的前提，不同的区域划分会得出不同的空间差异结论。整理相关研究进展，三大地区和四大板块等多种区域划分标准已经被学者广泛采用（刘丙泉等，2011；成金华等，2014；郑德凤等，2018；刘军等，2018）。就长江经济带而言，已有文献对研究区域的划分以上中下游地区为主，例如孙欣等（2016）、汪克亮等（2016）、陈明华等（2020c），也有部分文献从某一特定区域入手，如林文凯和林璧属（2018）、杨桐彬等（2020）。在研究结论方面，汪克亮等（2016）基于 2004～2012 年长江经济带 9 省 2 市数据，对 5 类生态效率指标值进行测算，得出无论是长江经济带整体还是上游、中游、下游三大地区，内部省市生态效率之间的差距都有进一步扩大的趋势。孙欣等（2016）基于 σ 收敛和 β 收敛等方法揭示了长江经济带生态效率的空间差异特征，结果表明长江经济带具有"总体收敛，局部发散"的特点，上中下游地区均呈现出 σ 收敛和绝对 β 收敛趋势。邢贞成等（2018）利用 Kernel 密度估计等方法探究了长江经济带全要素生态效率的分布格局及演进特征，认为长江经济带各省市的全要素生态效率存在显著差异，大体呈现出由西向东逐步提升的分布态势，与各省市经济实力的梯次分布基本趋同，同时核密度估计结果表明生态效率的地区差距呈缩小趋势。郝国彩等（2018）采用统计分析方法和 Moran 指数对长江经济带城市绿色经济绩效的全局和局域的空间相关性进行检验，发现长江经济带绿色经济绩效的空间分布并不均衡，具有显著的空间依赖和空间集聚特征。陈明华等（2020b）基于 Dagum 基尼系数、Kernel 密度估计、Markov 链等方法对长江经济带城市生态效率的空间格局及演进趋势进行探究，认为长江经济带城市生态效率的相对差异逐渐缩小，但城市生态效率水平的空间非均衡现象依然显著，下游城市生态效率的区域内差异始终最大，上游与下游的区域间差异最大。

上述文献通过运用成熟且多样的研究方法，对中国和长江经济带的生态效率空间差异进行考察，为本书深入开展生态效率的相关研究奠定了基础，对于丰富生态效率的研究体系具有重大意义，但仍存在进一步拓展空间。

第一，区域划分应顺应国家发展形势、紧跟国家战略。已有文献大多采用上游、中游、下游三大地区的区域划分标准，对长江经济带生态效率的空间差异进行考察。而随着长江黄金水道的开发以及长三角城市群、成渝城市群、长江中游城市群等国家级城市群的相继确立，研究沿江与非沿江地区以及三大城市群的生态效率差异情况符合当前经济社会发展趋势。

第二，生态效率的空间差异研究体系亟待完善。在空间分布方面，已有文献大多采用统计分析方法或者 GIS 可视化方法以地图形式展现长江经济带生态效率的空间分布特征，未能体现其空间分布演变趋势。在区域差异方面，多数文献采用 σ 收敛检验、β 收敛检验、Moran 指数等方法对长江经济带生态效率的区域差异进行探究，虽能明晰差异演变趋势，但无法解释差异构成及来源情况。在通过考察生态效率的分布动态演进情况，进而对区域差异进行分析的研究中，多数文献仅仅对生态效率的分布动态进行了初步分析，未采用 Markov 链等方法考察其内部流动性，因而无法对长江经济带生态效率的长期转移趋势进行预测。

上述有关生态效率空间差异的代表性文献如表 2 - 2 所示。

表 2 - 2　　　　生态效率空间差异的相关研究：代表性文献

作者 （年份）	时期 跨度	样本点	区域划分	研究方法	研究结论
李栋雁和 董炳南 （2010）	2002 ~ 2008 年	山东省 17 个城市	东部半岛 城市群与 西部城市	统计分析方法 Mann - Whitney U 检验	东部半岛城市群与西部城市间的生态效率不存在显著差异
刘丙泉等 （2011）	2000 ~ 2009 年	30 个 省区市	东部 中部 西部	变异系数	中国各省份生态效率差异明显且有逐渐增大的趋势。其中，东部地区生态效率存在较大差距，且这种差距正日趋增大，而中西部地区内部各省份生态效率差异基本趋稳，甚至略有下降
卡马雷罗等 （2013）	1980 ~ 2008 年	22 个 OECD 国家	未分区域	俱乐部收敛	生态效率高的国家和生态效率低的国家均存在俱乐部收敛
成金华等 （2014）	2000 ~ 2011 年	30 个 省区市	东部 中部 西部	统计分析方法 GIS 可视化 Moran 指数	中国生态效率区域差异明显，东中西部三大经济带呈递减趋势，表现出明显的"俱乐部现象"

作者（年份）	时期跨度	样本点	区域划分	研究方法	研究结论
张煊等（2014）	2007～2012年	30个省区市	东部 中部 西部	统计分析方法 σ收敛	在经济层面，东部地区差异最小，其次是中部和西部；在社会、生态和整体层面，中部地区差异最小，其次是西部和东部
胡彪和付业腾（2016）	2004～2012年	30个省区市	未分区域	统计分析方法 Moran指数	中国生态效率相似水平的区域在空间上表现出波动性的集聚现象，生态效率的高高集聚区主要分布在京津环渤海带以及长江三角洲地带，低低集聚区主要分布在西北及西南一些省份
汪克亮等（2016）	2004～2012年	长江经济带9省2市	上游 中游 下游	统计分析方法 σ收敛 β收敛	不同省市与地区生态效率的差异特征较为明显，无论是长江经济带整体还是上游、中游与下游三大地区，内部省市生态效率之间的差距都有进一步扩大的趋势
孙欣等（2016）	2003～2013年	长江经济带9省2市	上游 中游 下游	统计分析方法 σ收敛 β收敛	生态效率区域差异性显著，省际间差异均明显高于上中下游间差异，但差异性趋势减缓。长江经济带生态效率σ收敛大体上呈现出"总体收敛，局部发散"的特点，上中下游地区呈现出σ收敛和绝对β收敛
任宇飞和方创琳（2017）	2006～2014年	京津冀城市群153个县级行政单元	未分区域	GIS可视化 Moran指数	生态效率各分类区间空间格局分异明显，随时间变化相对稳定
邢贞成等（2018）	2000～2014年	长江经济带9省2市	未分区域	GIS可视化 核密度估计	长江经济带各省份的全要素生态效率存在显著差异，大体呈现出由西向东逐步提升的分布态势，与各省份经济实力的梯次分布基本趋同，同时核密度估计表明地区差距呈缩小趋势
屈文波（2018）	2000～2014年	30个省区市	未分区域	统计分析方法 Moran指数	中国生态效率区域差异较大，生态效率较高的省份主要集中在经济发达的东部沿海地区，较低的省份以中西部落后地区为主。除此之外，区域生态效率的空间关联与集聚特征显著

续表

作者 (年份)	时期 跨度	样本点	区域划分	研究方法	研究结论
郝国彩等 (2018)	2003～ 2013年	长江 经济带 108个城市	未分区域	统计分析方法 Moran指数	长江经济带绿色经济绩效的空间分布并不均衡,具有显著的空间依赖和空间集聚特征
林文凯和 林璧属 (2018)	2011～ 2016年	江西省 11个城市	赣北 赣中 赣南	统计分析方法 GIS可视化 Moran指数	江西省旅游产业生态效率存在显著的空间负相关特征,空间集聚性呈现先增后减趋势,空间上表现出"赣北均衡、赣中聚强、赣南衰弱"的分布特征
郑德凤等 (2018)	2000～ 2015年	31个 省区市	东部 中部 西部 东北	统计分析方法 GIS可视化 标准差椭圆	中国生态效率空间分布格局的重心移动路径呈"西北—东南—西北—东南"趋势,生态效率空间分布范围经历了"分散—集聚"过程,空间分布格局由东北—西南逐渐趋向偏北—偏南格局
何砚和 赵弘 (2018)	2008～ 2015年	京津冀 城市群 13个城市	未分区域	统计分析方法 σ收敛 β收敛	京津冀城市可持续发展效率的σ收敛不存在,但津冀城市组存在σ收敛;京津冀城市可持续发展效率的β绝对收敛性不存在;京津冀、津冀和河北城市可持续发展效率的β条件收敛均存在
刘军等 (2018)	2000～ 2014年	30个 省区市	东部 中部 西部	Theil指数 Moran指数	东部地区各省的生态效率差异对中国生态效率总体差异贡献最大,西部地区没有扩大总体差异,反而在一定程度上平衡了总体差异,中部地区对总体差异由无到有,但仍低于西部地区
任梅等 (2019)	2004～ 2017年	30个 省区市	未分区域	统计分析方法 GIS可视化 NICH指数	中国生态效率空间格局从"过渡型"向"两极分化型"演变
吴义根等 (2019)	2004～ 2015年	30个 省区市	东部 中部 西部	统计分析方法 GIS可视化 σ收敛 β收敛	中国生态效率区域差异较大,但大部分区域的差异在缩小,表现出了收敛的趋势。在考虑空间互相关的情况下,中国省际生态效率存在β绝对收敛和条件收敛,生态效率在东中西部地区均存在"俱乐部趋同"现象

41

作者 （年份）	时期 跨度	样本点	区域划分	研究方法	研究结论
陈明华等 （2020b）	2003～ 2016年	长江 经济带 108个城市	上游 中游 下游	基尼系数 核密度估计 马尔可夫链	长江经济带城市生态效率的相对差异逐渐缩小，但城市生态效率水平的空间非均衡现象仍显著
杨桐彬等 （2020）	2005～ 2018年	长三角 地区 41个城市	东西南 北中五 大生态区	基尼系数 σ收敛 β收敛 俱乐部收敛	长三角地区整体的生态效率区域差异呈现波动下降的趋势。其中，西部和南部生态区的区域内差异呈下降趋势，东部、北部和中部生态区的区域内差异呈上升趋势。西部—北部、西部—中部和北部—中部生态区的区域间差异有所扩大，其他生态区的区域间差异均呈下降趋势

资料来源：笔者整理绘制。

2.3　长江经济带生态效率及其
差异的影响因素研究

基于空间异质性识别长江经济带生态效率及其差异的影响因素是探寻因地制宜、因时制宜的提升路径的前提，有助于为最终形成同环境资源承载力相匹配、生产生活生态相协调的长江经济带绿色发展新格局提供思路和建议。当前相关文献主要讨论长江经济带整体生态效率的影响因素，而较少根据不同区域划分下生态效率的影响因素展开研究，也较少对生态效率空间差异的成因进行考察。

2.3.1　关于影响因素的选择

目前，已有研究关于生态效率及其差异影响因素的选取主要集中在经济发展因素、技术因素、生产结构因素、对外开放因素、制度政策因素等方面。

1. 经济发展因素

经济发展因素主要包括经济规模、城镇化水平、公共投资、金融发展等方面。例如，陈傲（2008）的研究选取环保资金投入等变量考察中国区域生态效率的影响因素。李佳佳和罗能生（2016）的研究认为随着城市规模的不断扩大，各种闲置资源得到利用，集聚效应开始显现，生态效率有所提升，因此选取经济发展、城市规模等指标考察中国城市生态效率的影响因素。梁星和卓得波（2017）的研究选取经济发展水平、城镇化水平等指标探究中国区域生态效率的影响机理。施本植等（2018）的研究认为金融集聚可以通过"磁铁效应"与"外部效应"影响城市绿色经济发展的质量和水平，因此侧重考察金融集聚水平对中国城市绿色经济效率的作用渠道。方杏村等（2019）的研究选取经济发展水平、固定资产投资等变量考察中国城市绿色经济效率的影响因素。韩吉媛等（2019）的研究采用金融集聚程度等变量探究浙江省生态效率的影响因素。就长江经济带而言，汪克亮等（2015）的研究发现不同地区工业生态效率的差异特征明显且不存在明显收敛趋势，因此选取经济发展水平等考察工业生态效率的影响因素。陈明华等（2020c）认为长江经济带城市生态效率的空间分异归因于结构因素（内源）和经济社会因素（外源），因而将产业结构、技术进步、外商直接投资等作为外源因素对长江经济带生态效率的空间分异成因进行考察。

2. 技术因素

技术因素主要包括人力资本、科研投入、技术水平、创新能力等方面。例如，余珊和张文彬（2016）的研究选取环境技术进步等变量来考察中国省际生态效率的影响因素。梁星和卓得波（2017）的研究认为技术创新和教育发展可以提高资源利用效率、减少污染物排放以及增加经济活动产出，对生态效率有明显的促进作用，因此选取技术创新及平均受教育水平等指标考察中国区域生态效率的影响因素。就长江经济带而言，曹俊文和曾康（2019）的研究认为农业生产者接受了更多的素质教育，能够熟练掌握各类低碳农业技术的使用，进而会对农业生态效率产生积极影响，因此选取劳动力受教育水平、农业生产技术等变量来考察长江经济带农业生态效率的影响因素。彭静和何蒲明（2020）的研究认为科技进步和人力资本是影响农业生产率提高的重要因素，因此选取人力资本水平和科技投入强度作为考察长江经济带农业环境效率的影响因素。陈明华等（2020b）的研究选取技术创新、公众环保意识等因素来考察长江经济带城市生态效率的空间差异成因。

3. 生产结构因素

生产结构因素主要包括要素禀赋结构、产业结构、所有制结构、能源消费结构等方面。例如，初善冰和黄安平（2012）的研究认为结构变量能够通过经济侧面和生态侧面两条途径影响生态效率，因此着重讨论了要素禀赋结构、产业结构、所有制结构对中国区域生态效率的影响机理。李胜兰等（2014）的研究同样讨论了要素禀赋结构、产业结构、所有制结构对中国区域生态效率的影响作用。韩永辉等（2016）的研究认为经济增长与环境保护共融的关键在于产业的耦合协调与技术创新，在发展中国家则更为具体地体现为产业结构的优化升级，因而着重考察了产业结构合理化和产业结构高度化对中国省际生态效率的影响。陈明华等（2020a）选取产业结构、要素禀赋结构等因素探究了中国五大城市群绿色全要素增长率的空间差异成因。就长江经济带而言，李强和高楠（2018）的研究讨论了产业结构偏离度及产业升级对长江经济带生态效率的影响作用。马骏和周盼超（2019）的研究认为产业升级是产业结构比例的调整和生产效率的提升，因此考察了产业结构合理化和产业结构高级化对长江经济带生态效率的影响效应。邓霞（2019）的研究认为产业结构及与之相适应的能源消费结构可以通过影响资源配置、资源消耗和污染物排放程度来影响生态环境，因而考察了产业结构和能源消费结构等对长江经济带生态效率的影响作用。

4. 对外开放因素

对外开放因素主要包括贸易开放度、投资开放度等方面。例如，付丽娜等（2013）探究了外商直接投资对长株潭"3＋5"城市群生态效率的影响途径。李胜兰等（2014）认为开放程度变量是影响生态效率的重要因素，因此考察了贸易开放度、投资开放度等对中国区域生态效率的影响作用。就长江经济带而言，曾贤刚和牛木川（2020）探究了引进外资对于长江经济带生态效率的影响效果。董博（2020）选取外商投资企业投资总额和单位进出口总额作为衡量对外开放水平的代理变量，考察了对外开放对长江经济带生态效率的影响效应。

5. 制度政策因素

制度政策因素主要包括环境规制、环保财政支出、财政分权等方面。例如，李胜兰等（2014）认为环境规制对生态效率的影响，可以通过其对经济发展水平和生态环境状况两方面的作用实现，因此着重讨论了环境规制对中国区域生态效率的影响机制。王晓玲和方杏村（2017）的研究以工业固体废弃物综合利用率表示环境规制，考察其对东北老工业基地生态效率的影响效果。施本植等（2018）的研究认为政府可以通过对科技、教育等领域的财政支出提升科技人员从业的比重和人力资本水平，从而提升绿色经济效率，但当政府行为偏向于支持行政开支时，将会抑制绿色经济效率，因此着重探究了政府支出在生态效率中的作用。初善冰和黄安平（2012）的研究认为环境制度是影响生态效率的重要因素，因此着重讨论了环境规制完善程度、环境规制执行情况、民众环保意识对中国区域生态效率的影响效果。就长江经济带而言，王建民等（2019）的研究认为工业污染治理政策对工业绿色发展效率的提升会产生影响，因此考察了环境规制对长江经济带工业绿色发展效率的影响作用。

2.3.2 关于计量模型及估计方法的选择

以计量模型为代表的实证研究已经成为经济学研究的主要方法，已有文献主要采用普通面板数据、Tobit 面板数据、空间面板数据计量模型等，考察生态效率及其差异的影响因素。

1. 普通面板数据计量模型

面板数据指的是在一段时间内跟踪同一组个体（individual）的数据，它既有横截面维度（n 位个体），又有时间维度（T 个时期）。根据解释变量中是否包含被解释变量的滞后值，普通面板数据计量模型可分为静态面板数据模型和动态面板数据模型两种。与横截面数据与时间序列数据相比，面板数据计量模型具有解决遗漏变量问题、提供更多个体动态行为信息、样本容量较大等优点。从现有研究进展看，部分学者采用普通面板数据计量模型探究生态效率的影响因素，例如，陈傲

（2008）、梁星和卓得波（2017）使用普通面板数据计量模型对中国区域生态效率的影响因素进行了实证分析，李强和高楠（2018）运用个体、时间双控制静态面板模型对长江经济带生态效率的影响因素进行了检验估计。

2. Tobit 面板数据计量模型

Tobit 模型只是对可观测的样本信息进行回归分析，对于无法观测的数据信息不做处理，所以该模型称为限值因变量模型，或者叫截取回归模型。事实上，通过 DEA 方法（标准效率模型）测算的生态效率值分布在 0~1，大于 1 的数据被截断，如果直接用普通面板数据计量模型进行回归分析，在估计参数过程中有可能出现有偏且不一致的情况。而 Tobit 模型刚好解决了这个问题，因此该模型被广泛应用到生态效率研究中（张波，2016）。从现有研究进展看，大多数学者采用 Tobit 面板数据计量模型考察生态效率的影响因素，例如，初善冰和黄安平（2012）、方杏村等（2019）对中国区域生态效率的影响因素进行了实证分析，汪克亮等（2015）、曹俊文和曾康（2019）、邓霞（2019）、彭静和何蒲明（2020）、曾贤刚和牛木川（2020）、董博（2020）考察了长江经济带生态效率的影响因素。

3. 空间面板数据计量模型

空间面板数据计量模型是在普通面板数据模型的基础上考虑国家间、地区间的空间效应，其最大特色在于充分考虑横截面单位之间的空间依赖性。随着空间计量经济学的发展（Anselin，1988；LeSage & Pace，2009；Elhorst，2014），越来越多的研究开始通过构建空间计量模型，将空间关联及空间溢出效应纳入生态效率影响因素的考察中。从现有研究进展看，目前采用空间面板数据计量模型探究生态效率影响因素的研究较少，例如，李胜兰等（2014）使用广义空间三阶段最小二乘法（GS3SLS）考察了环境规制等因素对中国区域生态效率的影响；韩永辉等（2016）利用基于空间纠正系统 GMM 估计量的广义动态空间面板模型，检验了产业结构合理化和高度化对中国省域生态效率的影响效应；李佳佳和罗能生（2016）采用空间滞后模型（SLM）和空间误差模型（SEM）研究了城市规模等因素对中国城市生态效率的影响。

2.3.3　关于研究结论的异同

目前，已有研究关于生态效率及其差异的影响因素的研究结论主要分为正向影响和负向影响，同时部分研究结论仍存在争议，尚未达成一致性结论。

1. 促进生态效率提升的影响因素

根据现有研究，目前对于生态效率产生促进作用的影响因素主要包括人力资本、技术进步、经济发展等。例如，李佳佳和罗能生（2016）的研究发现经济发展是中国城市生态效率提升的重要原因。余珊和张文彬（2016）的研究认为环境技术进步和城镇化水平的提高能够显著促进中国省际生态效率提升。梁星和卓得波（2017）的研究发现经济发展、技术创新和教育水平提高有利于中国区域生态效率的持续增长。方杏村等（2019）的研究认为经济发展、教育水平提高及产业集聚多样化是提升中国城市生态效率的重要动力。就长江经济带而言，曹俊文和曾康（2019）的研究认为农业经济发展、农业生产技术、农业机械化水平等因素对长江经济带农业生态效率具有显著促进作用，从长期看，提高农业生产技术、改善农业基础设施是提高农业生态效率的重要突破点。邓霞（2019）的研究发现经济发展、科技进步及地区差异对长江经济带生态效率产生了显著的促进作用。陈明华等（2020c）的实证研究表明，金融发展、技术进步等因素能够显著扩大长江经济带生态效率的地区差异。

2. 阻碍生态效率提升的影响因素

根据现有研究，目前对于生态效率产生负向影响的因素主要包括产业结构、能源消费、资本深化等。例如，汪克亮等（2015）、余珊和张文彬（2016）、李佳佳和罗能生（2016）、王建民等（2019）的研究均发现以第二产业为主的产业结构对生态效率产生了显著负向影响。其中，余珊和张文彬（2016）、李佳佳和罗能生（2016）从省际或城市口径就产业结构如何影响中国生态效率进行了考察，汪克亮等（2015）、王建民等（2019）聚焦于长江经济带，分析了产业结构对生态效率的影响。此外，汪克亮等（2015）、李佳佳和罗能生（2016）、邓霞（2019）的研究发现能源消费对生态效率会产生显著负向影响。方杏村等（2019）、彭静和何蒲明（2020）的研究认为资本深化程度和固定资产投资会对生态效率产生显著负向影响。

3. 研究结论存在分歧的影响因素

目前学术界对某些影响因素的影响效应仍存争议。例如关于"环境规制"，余珊和张文彬（2016）、曹俊文和曾康（2019）的研究分别认为，政府的环境规制政策对于中国及长江经济带的生态效率提升均具有显著促进作用。初善冰和黄安平（2012）、李胜兰等（2014）、王建民等（2019）的研究则认为环境规制政策导致政府和企业的生态环保成本提高，抑制了产出扩张和经济增长，对中国及长江经济带生态效率的提升具有显著抑制作用。关于"对外开放"，初善冰和黄安平（2012）、汪克亮等（2015）、余珊和张文彬（2016）、施本植等（2018）、曾贤刚和牛木川（2020）的研究认为外资开放度越高、外商直接投资越多越有助于中国及长江经济带生态效率的提升，而付丽娜等（2013）、李胜兰等（2014）、邓霞（2019）的研究则认为提高外资开放度与外资利用水平对中国及长江经济带生态效率的提升会产生负向影响。由此可见，目前学术界对于部分因素的影响效应、机理及理论机制存在争议，这为探索生态效率的协同提升路径增加了难度。

上述有关生态效率影响因素的代表性文献如表 2-3 所示。

表 2-3　　　　生态效率影响因素的相关研究：代表性文献

作者（年份）	时间跨度	研究方法	促进作用	阻碍作用
陈傲（2008）	2000~2006 年	普通面板数据回归	环保资金投入产业结构	无
初善冰和黄安平（2012）	1997~2010 年	Tobit 面板回归	外商直接投资要素禀赋结构产业结构所有制结构	环境规制
付丽娜等（2013）	2005~2010 年	Tobit 面板回归	产业结构高级化研发强度	外商直接投资

续表

作者（年份）	时间跨度	研究方法	促进作用	阻碍作用
李胜兰等 （2014）	1997～2010 年	空间计量	产业结构	环境规制 要素禀赋结构 贸易开放度 投资开放度
汪克亮等 （2015）	2006～2012 年	Tobit 面板回归	经济发展 外资利用水平	工业结构 工业能源消费结构
韩永辉等 （2016）	1998～2012 年	空间计量	产业结构合理化 产业结构高度化	无
余珊和张文彬 （2016）	2000～2012 年	系统 GMM	环境技术进步 城镇化 环境规制 外商直接投资	产业结构
李佳佳和罗能生 （2016）	2003～2013 年	空间计量	经济发展	产业结构 单位 GDP 电耗
王晓玲和方杏村 （2017）	2004～2014 年	Tobit 面板回归	人口规模 经济规模 产业结构 环境规制	贸易开放度 科技水平
梁星和卓得波 （2017）	2006～2015 年	普通面板 数据回归	经济发展水平 技术创新 平均受教育水平	产业结构 环境政策 城镇化水平
李强和高楠 （2018）	2004～2014 年	普通面板 数据回归	创新能力 产业结构偏离度	经济增长 产业升级
施本植等 （2018）	2004～2015 年	系统广义矩 SGMM	金融集聚 基础设施 外资开放度	政府作用
方杏村等 （2019）	2005～2016 年	Tobit 面板回归	产业集聚多样化 经济发展 教育水平	财政分权 产业集聚专业化 产业结构 固定资产投资
马骏和周盼超 （2019）	2005～2016 年	动态广义系统 GMM	产业结构合理化 贸易开放水平	产业结构高级化 经济增长

作者（年份）	时间跨度	研究方法	促进作用	阻碍作用
曹俊文和曾康 （2019）	2007～2016 年	Tobit 面板回归	农业经济发展 农业公共投资 教育水平 农业机械化水平 政府规制 农业生产技术	农业化学化
韩吉媛等 （2019）	2010～2017 年	Tobit 面板回归	金融聚集程度 科技创新能力	无
邓霞（2019）	2005～2018 年	Tobit 面板回归	经济发展水平 产业结构 科技进步水平 地区差异	能源消费结构 外资开放度
王建民等 （2019）	2007～2016 年	改进灰色斜率关联模型	经济发展水平 城镇化 技术创新	工业产业结构 环境规制
陈明华等 （2020a）	2003～2016 年	分位数回归	产业结构 金融发展 要素禀赋 技术进步	无
彭静和何蒲明 （2020）	2004～2017 年	Tobit 面板回归	人力资本水平 科技投入强度	农业种植业结构 农业产业结构 资本深化程度
陈明华等 （2020b）	2003～2016 年	分位数回归	经济发展水平 资源禀赋 产业结构	技术创新 公众环保意识
曾贤刚和牛木川 （2020）	2007～2016 年	Tobit 面板回归	科研人员数量 政府人均环境投资 引进外资金额 劳动者报酬占比 人口密度	人均住房面积
董博（2020）	2011～2018 年	Tobit 面板回归	产业结构 高新技术产业水平 金融聚集程度 贸易开放度 城市化进程 政府环保投入	无

作者（年份）	时间跨度	研究方法	促进作用	阻碍作用
陈明华等 （2020c）	2003～2018 年	地理探测器	产业结构 技术进步 外商直接投资 金融发展 人口密度	无

资料来源：笔者整理并绘制。

上述文献针对生态效率及其差异的影响因素的考察是具有价值的，为本书在长江经济带高质量发展背景和资源环境约束下探究生态效率及其差异的影响因素提供了启发，但仍存在一定拓展空间。

1. 在影响因素的选取方面

已有研究分别考察了人力资本、技术进步、经济发展、产业结构、能源消费、资本深化、环境规制及对外开放等一系列变量对生态效率及其差异的影响效应，或者专门考察某一项因素对生态效率及其差异的影响效果，但是少有文献在资源环境约束下综合考察资本、劳动、能源等内源因素和技术进步、对外开放及环境规制等外源因素等对长江经济带生态效率及其差异的影响效应，这可能导致遗漏变量问题，无法系统揭示资源环境约束下长江经济带生态效率及其差异的影响因素。

2. 在计量模型及估计方法的选择方面

随着计量经济学的不断发展以及在经济学领域应用的不断深化，对于探究经济问题所采用的计量模型日益复杂。现有研究运用不同的计量模型针对生态效率的影响因素开展了一系列研究，例如，普通面板数据计量模型、Tobit 面板数据计量模型及空间面板数据计量模型等。但这往往容易忽视生态效率的空间异质性问题，无法基于不同地区和不同水平下的生态效率识别关键影响因素，也无法揭示长江经济带生态效率空间差异的成因。

3. 在研究结论方面

根据已有文献，目前对某些影响因素的影响效应仍存争议。例如，关于环境规制、外资开放度及贸易开放度等影响因素，许多学者得出的研究结论截然相反，从而影响了研究结论的有效性，无法在空间异质性视角下对长江经济带实现"生态优先、绿色发展"提出科学合理的政策建议。

2.4 本章小结

本章主要围绕"长江经济带生态效率评价研究""长江经济带生态效率的空间差异研究""长江经济带生态效率及其差异的影响因素研究"等三个方面，对长江经济带生态效率的相关研究进行综述。

通过综述发现：一是生态效率的测度方法上，基于DEA评价模型及前沿面构造技术不断优化；二是生态效率空间差异的研究上，区域划分的选择需顺应国家发展形势，生态效率的空间差异研究体系亟须拓展；三是生态效率及其差异的影响因素研究上，现有文献无法系统揭示在空间异质性视角下影响长江经济带生态效率的因素，对某些影响因素的影响效应仍存争议，对生态效率空间差异成因的研究也相对匮乏。

鉴于对已有研究的梳理和总结，本书在DEA框架下，基于空间异质性视角对长江经济带生态效率进行科学评价；揭示长江经济带整体、上中下游地区、沿江与非沿江地区、三大城市群生态效率的空间差异及演变趋势；进一步构建长江经济带生态效率影响因素的理论逻辑框架并探究其空间异质性的具体成因，进而探寻因地制宜、因时制宜的生态效率提升路径，为最终形成同环境资源承载力相匹配、生产生活生态相协调的长江经济带绿色发展新格局提供思路和建议。

第3章　长江经济带生态效率评价

本章在环境技术分析框架下，构建非期望产出 SBM 模型，同时运用全局基准技术等方法以解决跨期可比等关键问题，以资本、劳动力、能源和水资源作为投入指标，以地区生产总值作为期望产出指标，以污染指数作为非期望产出指标，对 2006~2018 年长江经济带 108 个地级及以上城市的生态效率水平进行测算。本章主要包括以下内容：首先，介绍长江经济带生态效率的测度方法；其次，说明投入产出指标的选取及处理过程；再次，考察投入产出指标的基本特征并对模型的适用性进行分析；最后，从整体特征、区域特征和分时期特征三个视角对长江经济带生态效率进行评价。

3.1　评价模型

科学合理的模型是评价长江经济带生态效率的基础，本节结构安排如下：首先，构建考虑资源环境约束的生产可能性集；其次，介绍非期望产出 SBM 模型；最后，引入全局基准技术以期能够对生态效率测度结果进行跨期比较。

3.1.1　生产可能性集的构建

生产可能性集的构建是对决策单元（decision making unit，DMU）进行效率分析的重要前提。为科学评价长江经济带生态效率，本书依据菲尔等（Färe et al.，2007）的方法，构造了一个包括期望产出和非期望产出的生产可能性集。假设有 $i(i=1, 2, \cdots, I)$ 个 DMU，每个 DMU 均包含 N 个投入指标 $x_n(n=1, 2, \cdots, N)$，M 个期望产出指标

y_m（$m=1$，2，$\cdots$，M）、K 个非期望产出指标 b_k（$k=1$，2，$\cdots$，K）。在 t（$t=1$，2，$\cdots$，T）时期，（x_i^t，y_i^t，b_i^t）为第 i 个决策单元投入指标、期望产出指标和非期望产出指标的真实值。在满足闭集与有界集、期望产出与投入指标可自由处置、零结合公理与产出弱可处置性公理假设下，基于全局基准技术的生产可能性集如式（3-1）所示。其中，ρ_k^t 表示权重向量，如果增加权重向量之和等于 1 的约束条件，表示生产技术属于可变规模报酬（variable return-to-scale，VRS）；如果不增加权重向量之和等于 1 的约束条件，则表示生产技术属于不变规模报酬（constant return-to-scale，CRS）。

$$P^G\{(x^t,\ y^t,\ b^t): \sum_{t=1}^{T}\sum_{i=1}^{I}\rho_i^t x_{in}^t \leqslant x_{in}^t;\ \sum_{t=1}^{T}\sum_{i=1}^{I}\rho_i^t y_{im}^t \leqslant y_{im}^t;$$

$$\sum_{t=1}^{T}\sum_{i=1}^{I}\rho_i^t b_{ik}^t \leqslant b_{ik}^t;\ \rho_i^t \geqslant 0\} \qquad (3-1)$$

3.1.2　非期望产出 SBM 模型

本书借鉴托恩（2001）提出的基于松弛变量的至前沿最远距离模型（slack based measure，SBM），非期望产出 SBM 模型设定如下：

$$\sigma = \min \frac{1 - \dfrac{1}{N}\sum_{n=1}^{N}\dfrac{s_n^x}{x_{in}}}{1 + \dfrac{1}{M+K}\left(\sum_{m=1}^{M}\dfrac{s_m^y}{y_{im}} + \sum_{k=1}^{K}\dfrac{s_k^b}{b_{ik}}\right)}$$

$$\text{s. t.}\begin{cases} x_i = X\lambda + s^x \\ y_i = Y\lambda - s^y \\ b_i = B\lambda + s^b \\ \lambda,\ s^x,\ s^y,\ s^b \geqslant 0 \end{cases} \qquad (3-2)$$

式（3-2）中，λ 表示决策单元的线性组合系数，（x_i，y_i，b_i）为第 i 个决策单元投入指标、期望产出指标和非期望产出指标的真实值，（s^x，s^y，s^b）分别为投入指标、期望产出指标和非期望产出指标的松弛值。σ 为生态效率值，其取值范围为 0~1。当 $\sigma=1$ 时，说明被评价 DMU 是有效率的；当 $0<\sigma<1$ 时，说明被评价 DMU 存在效率改进空间，可以通过优化投入产出配置来提高生态效率。

3.1.3　全局基准技术

本书运用全局基准技术对长江经济带生态效率测度结果进行跨期比较。全局基准技术的核心思想是对样本考察期内的所有投入产出数据构造一个共同的生产前沿面。基于全局基准技术的生产可能性集合的表达式如下：

$$EPT^{global} = (EPT^1 \cup EPT^2 \cup , \cdots, \cup EPT^P) \qquad (3-3)$$

式（3-3）中，EPT^{global} 表示基于全局基准技术的生产可能性集合，$EPT^P(p = 1, 2, \cdots, P)$ 表示 p 时期基于全局基准技术的生产可能性集合。

3.2　指　标　选　择

合理的投入产出指标体系是科学评价长江经济带生态效率的重要前提，生态效率不仅包括生态内涵，也包括经济内涵。因此，结合生态效率的内涵与 DEA 方法对投入与产出指标选取的要求，本书在构建投入产出指标体系时，既考虑了生产建设过程中生产资料的消耗情况，又考虑了反映经济效益增值的期望产出与反映污染排放对生态环境造成负面影响的非期望产出。

3.2.1　投入指标

投入指标包括资本投入、劳动力投入、能源投入和水资源投入，各项投入指标的选择依据和数据来源如下。

1. 资本投入

本书与单豪杰（2008）的做法一致，采用永续盘存法对资本存量进行估算，将计算得到的资本存量作为资本投入。由于各城市全社会固定资产价格指数和折旧率等数据不可得，因此本书选取各城市所在省份的数据作为相应的全社会固定资产投资价格指数，并以 2006 年为基期进行平减处理；选用考察期内城市全社会固定资产实际投资额的几何平均增长率表示增长率。借鉴吴延瑞（2008）的做法，本书选用各城市所在省份的折旧率作为城市折旧率；2006～2018 年长江经济带资本投入相关数据均来源于 2006～2018 年《中国城市统计年鉴》、各省统计年鉴及地级市统计年鉴。永续盘存法的计算方法如下：

$$K_{i,t} = (1 - \delta_{i,t})K_{i,t-1} + I_{i,t} \qquad (3-4)$$

$$K_0 = \frac{I_0}{g_i + \delta} \qquad (3-5)$$

式（3-4）中，$K_{i,t}$ 为 i 城市第 t 年的资本存量；K_0 为基期的资本存量；$I_{i,t}$ 为 i 城市以基期价格衡量的 t 时期全社会固定资产实际投资；I_0 为基期全社会固定资产实际投资；$\delta_{i,t}$ 为 i 城市第 t 年的资本折旧率；g_i 为样本考察期内全社会固定资产实际投资的几何平均增长率。

2. 劳动力投入

依据任宇飞等（2017b）的做法，本书选取个体从业人员、城镇私营与单位从业人员之和作为劳动力投入的代理变量。2006～2018 年长江经济带劳动力投入的相关数据来源于 2006～2018 年《中国城市统计年鉴》、各省统计年鉴及地级市统计年鉴。

3. 能源投入

能源消耗是城市发展的必备条件。本书将全社会用电量作为能源投入的代理变量，2006～2018 年长江经济带能源投入相关数据来源于 2006～2018 年《中国城市统计年鉴》、各省统计年鉴及地级市统计年鉴。

4. 水资源投入

依据任宇飞等（2017b）的做法，本书选取城市供水总量来表征水资源投入，2006～2018 年长江经济带水资源投入相关数据来源于 2006～2018 年《中国城市统计年鉴》、各省份统计年鉴及地级市统计年鉴。

3.2.2 期望产出

期望产出主要反映投入要素经过生产等经济活动所产生的经济效益，包括产品与服务的经济价值。借鉴李兰冰和刘秉镰（2015）、罗能生和王玉泽（2017）、侯孟阳和姚顺波（2018）等的做法，本书采用各地区经济发展总量即地区生产总值表示期望产出，并以2006年为基期进行平减。

3.2.3 非期望产出

本书根据李兰冰和刘秉镰（2015）、任宇飞等（2017b）、侯孟阳和姚顺波（2018）等的做法，通过废水排放量和二氧化硫排放量构建污染指数作为非期望产出指标，环境污染类指标的选取依据和数据来源如下。

1. 废水排放

本书选取工业废水排放量近似表征废水排放量，长江经济带工业废水排放相关数据来源于2006～2018年《中国城市统计年鉴》、各省统计年鉴及地级市统计年鉴。

2. 二氧化硫排放

本书选取工业二氧化硫排放量近似表征二氧化硫排放量，2006～2018年长江经济带工业二氧化硫排放相关数据来源于2006～2018年《中国城市统计年鉴》、各省统计年鉴及地级市统计年鉴。

3. 污染指数构建

本书利用改进熵权法对原始指标进行整合，通过赋权将工业废水排放量和工业二氧化硫排放量综合为一个熵指数。熵权是指信息在同一指标之间的竞争程度，同一指标当中包含的信息量与其数值差别呈正相关，数值差别越大，反映的信息就越多，该指标在综合评价中所起的作用也越大，所占权重则越高。由于熵权法仅依赖于数据本身的离散性，避免了人为主观因素对各评价指标的影响，从而使得评价结果更加客观有效（杨力等，2013）。具体计算过程如下：

①确定评价对象，建立评价指标体系，构造指标水平矩阵，设 m 个年份，n 个指标，进行标准化处理得矩阵 $R = (r_{ij})_{m \times n}$，见式（3-6）。

$$R = \begin{pmatrix} r_{11} & \cdots & r_{1n} \\ \vdots & \ddots & \vdots \\ r_{m1} & \cdots & r_{mn} \end{pmatrix} \qquad (3-6)$$

②将各指标同度量化，计算每一年各城市第 j 项指标的比重 P_{ij}，见式（3-7）。

$$P_{ij} = \frac{r_{ij}}{\sum r_{ij}} \tag{3-7}$$

③计算第 j 项指标的熵 e_j，τ 为城市数量，见式（3-8）。

$$e_j = -k \sum P_{ij} \ln P_{ij} \text{，其中 } k = \frac{1}{\ln \tau} \tag{3-8}$$

④计算第 j 项指标的差异性系数 a_j。熵值越大，指标间的差异性越小，指标的作用越小；而熵值越小，指标间的差异性越大，指标的作用越大，见式（3-9）。

$$a_j = 1 - e_j \tag{3-9}$$

⑤计算第 j 项指标的权重 g_j，见式（3-10）。

$$g_j = \frac{a_j}{\sum a_j} \tag{3-10}$$

⑥计算第 i 年城市污染排放指数 $RPEI_i$，见式（3-11）。

$$RPEI_i = \sum g_j P_{ij} \tag{3-11}$$

在熵权法计算过程中，本书运用了熵、对数等概念，所以必须遵守相应的运算规则，即负值不能直接参与计算，极值应做相应变动，因此对这类指标数据应进行一定的变换。根据已有研究，对熵值法进行改进的主要方法有功效系数法、标准化法。功效系数法在变换数据时，会人为增加 α 变量（由人为主观决定其取值大小），这往往会导致评价结果失准。标准化法则不需要增加任何主观信息，且有利于缩小极值对评价结果的不利影响，因此一些学者认为用标准化法对数据处理后的熵权法更具有合理性，本书借鉴了这一做法。

3.3 投入产出数据的描述性统计与等张性检验

本节对投入产出数据进行描述性统计，并采用 Pearson 相关系数方法对投入产出指标进行等张性检验，旨在分析投入产出指标的基本特征以及检验非期望产出 SBM 模型的合理性。

3.3.1　投入产出数据的描述性统计

表3-1报告了投入产出数据的描述性统计结果。从投入指标看，劳动力投入、资本投入、能源投入和水资源投入的平均值分别为121.6849万人、1150亿元、980983.2万千瓦时和17159.98万立方米。劳动力投入的最大值是最小值的158倍，资本投入的最大值是最小值的3.16倍，能源投入的最大值是最小值的1646倍，水资源投入的最大值是最小值的869倍。劳动力投入、资本投入、能源投入和水资源投入的标准差分别为169.3362万人、1330亿元、1788683万千瓦时和35723.42万立方米。从期望产出看，长江经济带108个地级及以上城市的国内生产总值的平均值为1720亿元、标准差为2560亿元、最小值为70.17亿元、最大值为26900亿元、最大值是最小值的383倍。从非期望产出看，污染指数的平均值为0.0314、标准差为0.0044、最小值为0.0198、最大值为0.0780，最大值是最小值的3.93倍。

表 3-1　　　　投入产出变量的描述性统计（2006～2018 年）

指标	变量	符号	单位	平均值	标准差	最小值	最大值
投入指标	劳动力投入	L	万人	121.6849	169.3362	9.7712	1551.44
	资本投入	K	亿元	1150	1330	4394	13900
	能源投入	E	万千瓦时	980983.2	1788683	9535	15700000
	水资源投入	W	万立方米	17159.98	35723.42	402	349481
期望产出指标	国内生产总值	GDP	万元	17200000	25600000	701749	269000000
非期望产出指标	污染指数	PI	—	0.0314	0.0044	0.0198	0.0780

注：面板数据包括长江经济带108个地级及以上城市的截面单元，时间跨度为2006～2018年，每个变量有1404个观测值。

资料来源：笔者测算并绘制。

3.3.2　等张性检验

等张性要求采用DEA模型进行效率评价时，增加任意一个DMU的投入，其产出必须维持在原有水平或相应增加。本书采用 Pearson 相关系数方法，对投入产出数据进行等张性检验，表 3 - 2 报告了投入产出的 Pearson 相关系数矩阵。在 1% 显著性水平上，所有有效 DMU 的投入产出变量均存在显著的正相关关系，即当任意一个 DMU 的投入增加时，产出也会相应增加，完全满足等张性要求。

表 3 - 2 投入产出的 Pearson 相关系数矩阵

相关系数 变量 \ 变量	GDP	L	K	E	W	PI
GDP	1					
L	0. 9156 ***	1				
K	0. 8518 ***	0. 8794 ***	1			
E	0. 9413 ***	0. 8638 ***	0. 7916 ***	1		
W	0. 8526 ***	0. 7910 ***	0. 6712 ***	0. 8520 ***	1	
PI	0. 6037 ***	0. 6350 ***	0. 5724 ***	0. 6199 ***	0. 5140 ***	1

注：统计量后带有 *** 表示对应变量在 1% 的显著性水平上拒绝存在单位根的原假设。投入产出的 Pearson 相关系数均通过 1% 的显著性水平检验。

资料来源：笔者测算并绘制。

3.4 长江经济带生态效率评价结果

生态效率是衡量经济绿色增长水平的重要指标，生态效率提高是实现长江经济带绿色发展的关键所在。为科学评价并全面考察长江经济带生态效率，本节从整体特征和区域特征两个方面揭示长江经济带生态效率的基本特征。此外，为更加深入地考察长江经济带生态效率在不同时期的改善情况，本书依据国家"五年规划"[①]的划分标准，分析长江经济带生态效率水平在"十一五"时期、"十二五"时期和"十三五"时期的变化过程。

---

① 依据国家"五年规划"的划分标准，"十一五"规划涵盖 2006 ~ 2010 年，"十二五"规划涵盖 2011 ~ 2015 年，"十三五"规划涵盖 2016 ~ 2020 年。基于样本数据的可行性，本书所涉及的"十三五"规划只包括 2016 ~ 2018 年，下同。

3.4.1　长江经济带生态效率整体特征分析

1. 整体特征

图 3-1 刻画了 2006~2018 年长江经济带生态效率的整体特征及演变过程。在样本考察期内，长江经济带生态效率整体水平有所提升，年均增长率为 1.85%，这说明作为中国经济的"金腰带"，长江经济带在经济社会发展中取得巨大成就的同时，以"共抓大保护，不搞大开发"为路径导向的生态环境治理保护工作也卓有成效，逐步形成了"在保护中发展，在发展中升级"的协同发展模式，生态效率得到有效提升。从变化过程看，2006~2009 年长江经济带生态效率呈"上升—下降"倒 U 型波动态势；2010~2012 年长江经济带生态效率水平显著提升；2013~2018 年长江经济带生态效率水平呈"上升—下降—上升"的波动趋势。其中，2013~2016 年生态效率水平稳步提升。在党的十八大正式将长江经济带定位为国家重点发展战略区域的背景下，长江经济带坚持走绿色、协调、永续发展之路，生态文明建设取得长足进展，生态效率逐步提高。分时期看，"十一五"时期，长江经济带生态效率经历了先上升后下降再上升的变化趋势，总体呈上升趋势并在 0.42~0.46 区间内小幅波动，年均增长率为 1.22%，说明在建设"资源节约型、环境友好型"社会的背景下，《"十一五"期长江黄金水道建设总体推进方案》的顺利实施，有力推动了长江黄金水道的建设，为全面提升长江经济带生态效率奠定了良好的基础；"十二五"时期是长江经济带生态效率显著提升的五年，在 0.48~0.55 区间内波动上升，年均增长率为 2.22%，通过发挥长江黄金水道的优势，在实现流域经济大力发展的同时，更加深入地促进了"资源节约型、环境友好型"社会建设，更有效地推动了全流域绿色发展格局的形成；"十三五"时期，长江经济带生态效率呈"下降—上升"的波动态势，生态效率仍保持在较高水平，说明"十三五"期间，以"生态优先、绿色发展"为战略定位的长江经济带绿色发展取得了长效进展，力争将长江经济带建设成为绿色生态廊道。

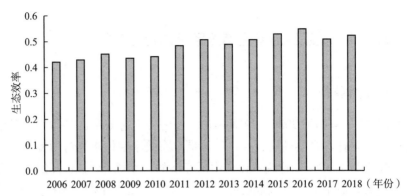

图 3 – 1　长江经济带 108 个地级及以上城市生态效率值（2006～2018 年）
资料来源：笔者测算并绘制。

图 3 – 2 报告了"十一五""十二五""十三五"时期长江经济带生态效率的变化过程。从中可知，"十一五"至"十三五"时期，长江经济带生态效率保持上升态势，"十一五"至"十二五"时期的增长率远高于"十二五"至"十三五"时期的增长率，说明自《"十一五"期长江黄金水道建设总体推进方案》颁布以来，长江经济带协调可持续绿色发展驶入"快车道"，为"十二五"至"十三五"时期生态效率保持在较高水平提供了重要保障。分时期看，"十一五""十二五""十三五"时期长江经济带生态效率均值分别为 0.4353、0.5108 和 0.5161，"十二五"和"十三五"时期生态效率水平较为接近且远高于"十一五"

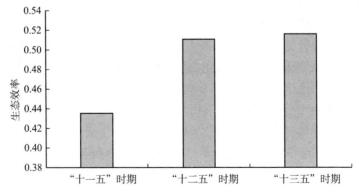

图 3 – 2　长江经济带分时期生态效率值

资料来源：笔者测算并绘制。

时期；"十一五""十二五""十三五"时期长江经济带生态效率年均变化率分别为 1. 22% 、2. 22% 和 − 2. 32% ，针对"十三五"时期生态效率水平下降的问题，需要把修复长江生态环境置于压倒性地位。

2. 空间分布特征

为考察长江经济带生态效率的空间分布格局，本书基于 2006 ~ 2018 年长江经济带 108 个地级及以上城市的生态效率测度结果，通过各时期城市效率均值对比对长江经济带生态效率的空间分布格局进行实证研究。

（1）全样本时期。表 3 – 3 给出了整个样本考察期内长江经济带各城市生态效率均值的空间分布格局，以反映长江经济带生态效率的时空分异特征。由表 3 – 3 可知，长江经济带生态效率在空间分布上存在显著的非均衡特征。长江经济带生态效率的空间分布表现为下游地区较高，中游和上游地区较低。具体来说，生态效率较高的城市大多位于中游和上游地区如金华、苏州、盐城、无锡等，而生态效率水平较低的城市大多位于中游和上游地区，如广元、鄂州、新余等，空间非均衡的分布现状与区域协调发展战略目标仍有较大差距，长江经济带生态效率的协同提升任重道远。

表 3 – 3　　　　　　全样本时期长江经济带城市生态效率均值

下游地区	效率值	中游地区	效率值	上游地区	效率值
金华	0. 9232	常德	0. 8587	资阳	0. 7869
苏州	0. 8774	长沙	0. 7273	德阳	0. 7153
盐城	0. 8362	黄冈	0. 6797	玉溪	0. 6969
无锡	0. 8169	上饶	0. 6517	内江	0. 5917
嘉兴	0. 7695	宜春	0. 5831	广安	0. 5907
泰州	0. 7557	孝感	0. 5483	临沧	0. 5884
南通	0. 7515	岳阳	0. 5357	成都	0. 5761
台州	0. 7254	郴州	0. 5237	自贡	0. 5574
绍兴	0. 7056	襄阳	0. 5149	绵阳	0. 5221
上海	0. 6735	吉安	0. 5093	曲靖	0. 5218

63

下游地区	效率值	中游地区	效率值	上游地区	效率值
宁波	0.6140	衡阳	0.5036	遵义	0.5132
扬州	0.5925	赣州	0.4971	宜宾	0.4531
温州	0.5924	益阳	0.4953	达州	0.4531
镇江	0.5851	娄底	0.4794	南充	0.4287
丽水	0.5709	武汉	0.4682	昆明	0.4243
徐州	0.5640	永州	0.4664	乐山	0.4087
杭州	0.5545	宜昌	0.4555	遂宁	0.4071
亳州	0.5382	南昌	0.4470	眉山	0.4068
湖州	0.5084	邵阳	0.4392	重庆	0.3967
常州	0.4697	怀化	0.4387	昭通	0.3918
滁州	0.4690	张家界	0.4244	泸州	0.3820
宿州	0.4645	株洲	0.4226	六盘水	0.3796
安庆	0.4410	鹰潭	0.4142	雅安	0.3755
舟山	0.4391	咸宁	0.4115	普洱	0.3684
南京	0.4390	九江	0.4050	保山	0.3678
六安	0.4243	抚州	0.4015	巴中	0.3309
合肥	0.4238	荆门	0.3887	攀枝花	0.3229
阜阳	0.4172	湘潭	0.3826	安顺	0.3221
宣城	0.4054	随州	0.3765	贵阳	0.3020
宿迁	0.4041	景德镇	0.3557	丽江	0.2725
连云港	0.3946	荆州	0.3539	广元	0.2360
淮安	0.3903	黄石	0.3297		
蚌埠	0.3781	十堰	0.3175		
衢州	0.3632	萍乡	0.2857		
芜湖	0.3551	新余	0.2707		
黄山	0.3358	鄂州	0.2510		
马鞍山	0.3324				
铜陵	0.3144				

下游地区	效率值	中游地区	效率值	上游地区	效率值
淮南	0.2721				
淮北	0.2639				
池州	0.2623				

资料来源：笔者测算并绘制。

（2）"十一五"时期。表3-4反映了"十一五"时期长江经济带各城市生态效率均值的空间分布格局。由表3-4可知，"十一五"时期，长江经济带生态效率空间分布的非均衡特征较为明显。生态效率水平较高的城市主要集中在下游地区，如金华、苏州、绍兴、台州等，生态效率水平较低的城市主要集中在中游和上游地区，如萍乡、新余、鄂州、新元等。但中游和上游同样存在生态效率水平较高的城市，如常德、玉溪、德阳等，这说明中游和上游地区内部生态效率呈现"极好"与"极坏"并存的现象。

表3-4　　　"十一五"时期长江经济带城市生态效率均值

下游地区	效率值	中游地区	效率值	上游地区	效率值
金华	0.8554	常德	0.8790	玉溪	0.7048
苏州	0.8380	孝感	0.6351	德阳	0.7025
绍兴	0.8319	宜春	0.6022	资阳	0.6164
台州	0.6932	黄冈	0.5886	临沧	0.6052
盐城	0.6703	长沙	0.5496	内江	0.5550
无锡	0.6664	娄底	0.5389	广安	0.5469
南通	0.6473	上饶	0.5384	曲靖	0.4894
泰州	0.6406	吉安	0.4874	成都	0.4836
嘉兴	0.6364	赣州	0.4725	自贡	0.4835
温州	0.5967	襄阳	0.4550	绵阳	0.4386
亳州	0.5729	衡阳	0.4492	达州	0.4287
扬州	0.5554	岳阳	0.4437	安顺	0.4123
宁波	0.5340	益阳	0.4380	巴中	0.4003
上海	0.5297	郴州	0.4320	南充	0.3848

下游地区	效率值	中游地区	效率值	上游地区	效率值
徐州	0.5048	邵阳	0.4132	宜宾	0.3826
丽水	0.4968	宜昌	0.4068	遵义	0.3777
镇江	0.4891	鹰潭	0.3992	遂宁	0.3625
杭州	0.4674	怀化	0.3964	泸州	0.3623
宿州	0.4605	南昌	0.3879	昭通	0.3570
湖州	0.4559	张家界	0.3872	眉山	0.3442
阜阳	0.4399	株洲	0.3836	保山	0.3395
滁州	0.4392	永州	0.3726	昆明	0.3387
六安	0.4184	武汉	0.3722	六盘水	0.3329
宣城	0.3960	荆门	0.3705	普洱	0.3317
宿迁	0.3793	随州	0.3552	重庆	0.3311
舟山	0.3775	抚州	0.3495	乐山	0.3140
南京	0.3756	咸宁	0.3481	雅安	0.2846
安庆	0.3723	荆州	0.3394	攀枝花	0.2817
合肥	0.3684	湘潭	0.3217	丽江	0.2353
常州	0.3661	九江	0.3171	贵阳	0.2311
蚌埠	0.3472	景德镇	0.3102	广元	0.2014
连云港	0.3243	十堰	0.3054		
马鞍山	0.3211	黄石	0.2948		
黄山	0.3177	萍乡	0.2296		
衢州	0.3088	新余	0.2276		
铜陵	0.3069	鄂州	0.2232		
淮安	0.3047				
芜湖	0.2979				
淮南	0.2554				
淮北	0.2466				
池州	0.2284				

资料来源：笔者测算并绘制。

（3）"十二五"时期。表3-5反映了"十二五"时期长江经济带各城市生态效率均值的空间分布格局。由表3-5可知，"十二五"时期，长江经济带生态效率空间分布的非均衡程度有所减轻。生态效率较高的城市依然主要分布在下游地区，如金华、盐城、无锡、苏州等，但中游和上游地区生态效率水平有所提升，常德、上饶、资阳、长沙等城市的排名相对靠前，说明"十一五"时期排名靠后的城市生态状况得到较大改善，但中游和上游地区仍有部分城市生态效率处于较低水平。

表3-5　　　　　　"十二五"时期长江经济带城市生态效率均值

下游地区	效率值	中游地区	效率值	上游地区	效率值
金华	0.9892	常德	0.8716	资阳	0.82945
盐城	0.9210	上饶	0.8633	玉溪	0.727527
无锡	0.8906	长沙	0.8079	德阳	0.703137
苏州	0.8873	黄冈	0.7763	成都	0.675096
嘉兴	0.8239	宜春	0.6359	内江	0.639434
南通	0.8118	赣州	0.5576	广安	0.588604
泰州	0.8031	吉安	0.5408	曲靖	0.56706
台州	0.7668	永州	0.5322	遵义	0.561463
绍兴	0.6954	岳阳	0.5221	临沧	0.552653
上海	0.6865	孝感	0.5198	自贡	0.552428
宁波	0.6209	襄阳	0.5159	绵阳	0.542305
镇江	0.6098	益阳	0.5144	宜宾	0.479362
扬州	0.5938	郴州	0.5068	达州	0.476699
温州	0.5904	武汉	0.4777	昆明	0.466188
丽水	0.5761	邵阳	0.4748	南充	0.46306
杭州	0.5659	怀化	0.4723	乐山	0.45534
徐州	0.5601	宜昌	0.4663	眉山	0.438885
湖州	0.5509	咸宁	0.4624	遂宁	0.432276
亳州	0.5390	南昌	0.4596	重庆	0.41037
常州	0.5010	张家界	0.4580	昭通	0.408792

续表

下游地区	效率值	中游地区	效率值	上游地区	效率值
滁州	0.4934	九江	0.4505	雅安	0.402086
安庆	0.4524	衡阳	0.4500	普洱	0.401862
六安	0.4497	鹰潭	0.4498	保山	0.39849
合肥	0.4469	抚州	0.4495	泸州	0.394036
南京	0.4456	株洲	0.4184	六盘水	0.383137
宿州	0.4356	娄底	0.4089	巴中	0.330362
连云港	0.4330	景德镇	0.3914	攀枝花	0.3238
舟山	0.4293	随州	0.3908	丽江	0.312936
阜阳	0.4284	湘潭	0.3778	贵阳	0.308598
宣城	0.4195	荆门	0.3733	安顺	0.252641
淮安	0.4155	荆州	0.3657	广元	0.239565
宿迁	0.3996	黄石	0.3374		
衢州	0.3955	十堰	0.3183		
芜湖	0.3807	萍乡	0.2919		
黄山	0.3511	新余	0.2867		
蚌埠	0.3404	鄂州	0.2585		
铜陵	0.3217				
马鞍山	0.3171				
池州	0.2898				
淮南	0.2821				
淮北	0.2652				

资料来源：笔者测算并绘制。

（4）"十三五"时期。表3-6反映了"十三五"时期长江经济带各城市生态效率均值的空间分布格局。可以看出，"十三五"时期，长江经济带108个地级及以上城市生态效率水平得到明显提升，其空间分布格局依然呈现出"东高西低"的空间特征。下游地区部分城市生态效率水平保持在较高水平，盐城、无锡、苏州、金华、上海等城市生态效率排名始终保持在较高位次，而中上游地区部分城市生态效率需得到进一步有效提升，如广元、安顺、鄂州、丽江、巴中等。

表 3 – 6　　　　"十三五"时期长江经济带城市生态效率均值

下游地区	效率值	中游地区	效率值	上游地区	效率值
盐城	0.9711	长沙	0.8894	资阳	1.0000
无锡	0.9446	常德	0.8033	德阳	0.7568
苏州	0.9264	岳阳	0.7115	自贡	0.6890
金华	0.9262	郴州	0.7047	广安	0.6671
嘉兴	0.9006	衡阳	0.6836	遵义	0.6585
上海	0.8918	黄冈	0.6705	玉溪	0.6326
泰州	0.8686	襄阳	0.6129	绵阳	0.6277
南通	0.8246	武汉	0.6122	临沧	0.6198
宁波	0.7361	益阳	0.5588	内江	0.5733
台州	0.7099	南昌	0.5244	成都	0.5652
镇江	0.7038	宜昌	0.5189	宜宾	0.5270
丽水	0.6855	永州	0.5130	曲靖	0.5003
杭州	0.6805	娄底	0.4980	昆明	0.4969
徐州	0.6694	株洲	0.4945	乐山	0.4887
扬州	0.6521	吉安	0.4932	重庆	0.4833
常州	0.5902	湘潭	0.4923	雅安	0.4825
温州	0.5885	上饶	0.4876	眉山	0.4578
舟山	0.5580	九江	0.4760	达州	0.4544
安庆	0.5365	宜春	0.4631	六盘水	0.4515
南京	0.5335	怀化	0.4530	南充	0.4448
湖州	0.5250	孝感	0.4514	遂宁	0.4392
宿州	0.5193	荆门	0.4447	昭通	0.4213
绍兴	0.5120	赣州	0.4374	贵阳	0.4092
蚌埠	0.4928	咸宁	0.4323	泸州	0.3949
淮安	0.4912	张家界	0.4306	攀枝花	0.3902
亳州	0.4789	邵阳	0.4231	普洱	0.3738
滁州	0.4781	抚州	0.4081	保山	0.3639
合肥	0.4774	随州	0.3882	广元	0.2880

续表

下游地区	效率值	中游地区	效率值	上游地区	效率值
宿迁	0.4528	鹰潭	0.3800	安顺	0.2877
连云港	0.4478	黄石	0.3752	丽江	0.2673
芜湖	0.4080	景德镇	0.3721	巴中	0.2159
衢州	0.4001	萍乡	0.3687		
宣城	0.3975	荆州	0.3584		
六安	0.3919	十堰	0.3364		
马鞍山	0.3765	新余	0.3159		
阜阳	0.3606	鄂州	0.2849		
黄山	0.3405				
铜陵	0.3148				
淮北	0.2905				
淮南	0.2834				
池州	0.2730				

资料来源：笔者测算并绘制。

3.4.2 长江经济带生态效率区域特征分析

1. 上中下游地区①

图 3-3 刻画了长江经济带上中下游地区的生态效率演变趋势，

---

① 根据《国务院关于依托黄金水道推动长江经济带发展的指导意见》（2014）的地区划分标准，上游地区包括 31 个城市：重庆、成都、攀枝花、自贡、泸州、绵阳、德阳、广元、内江、遂宁、乐山、宜宾、南充、眉山、达州、广安、雅安、资阳、巴中、贵阳、遵义、六盘水、安顺、曲靖、昆明、玉溪、昭通、保山、丽江、普洱、临沧；中游地区包括 36 个城市：南昌、景德镇、九江、萍乡、新余、赣州、鹰潭、吉安、抚州、宜春、上饶、黄石、武汉、襄阳、十堰、宜昌、孝感、鄂州、荆门、咸宁、荆州、黄冈、随州、株洲、长沙、湘潭、岳阳、衡阳、邵阳、益阳、常德、张家界、永州、郴州、怀化、娄底；下游地区包括 41 个城市：上海、无锡、南京、徐州、苏州、常州、南通、连云港、盐城、淮安、扬州、泰州、镇江、宁波、宿迁、杭州、嘉兴、温州、湖州、衢州、绍兴、金华、台州、舟山、芜湖、丽水、淮南、合肥、蚌埠、淮北、马鞍山、铜陵、黄山、安庆、滁州、宿州、阜阳、亳州、六安、池州、宣城。

表 3-7 报告了长江经济带三大地区的生态效率均值。

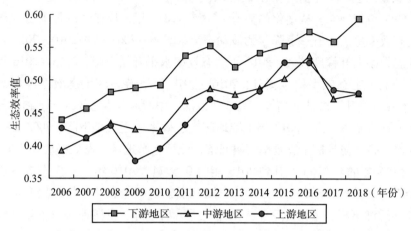

图 3-3　长江经济带上中下游地区生态效率演变趋势（2006～2018 年）

资料来源：笔者测算并绘制。

表 3-7　　　　　　　长江经济带上中下游地区生态效率均值

年份	下游地区	中游地区	上游地区
2006	0.4395	0.3925	0.4270
2007	0.4565	0.4114	0.4122
2008	0.4817	0.4344	0.4307
2009	0.4880	0.4252	0.3766
2010	0.4921	0.4227	0.3954
2011	0.5376	0.4683	0.4319
2012	0.5524	0.4871	0.4709
2013	0.5202	0.4784	0.4603
2014	0.5417	0.4877	0.4833
2015	0.5526	0.5028	0.5274
2016	0.5743	0.5374	0.5272
2017	0.5592	0.4719	0.4854
2018	0.5941	0.4797	0.4805

资料来源：笔者测算并绘制。

在样本考察期内，三大地区生态效率均有所提升，但年均增长率分级明显：上游、中游、下游地区依次递增，年均增长率分别为0.99%、1.69%和2.54%。从变化趋势看，2006~2013年，长江经济带下游地区生态效率呈"上升—下降"的波动态势，2006~2008年和2010~2011年生态效率上升幅度较大，2012年生态效率水平开始下降，2013~2016年下游地区生态效率稳步提升，2016~2018年下游地区生态效率经历了"下降—上升"的波动趋势；2016年以前，中游地区生态效率变动趋势与下游地区基本一致，2017年中游地区生态效率出现大幅下降；2008年长江经济带上游地区生态效率大幅回落，此后上游地区生态效率波动上升，从2009年的0.3766上升到2015年的0.5274，2016年以后生态效率逐渐下降。分时期看，"十一五"时期，下游地区生态效率持续提升但增长率逐渐下降，中游地区生态效率先上升后下降，上游地区生态效率则经历了"下降—上升—下降—上升"的波动趋势；"十二五"时期，下游地区经历了"上升—下降—上升"的波动趋势，中游和上游地区生态效率变化趋势与之基本一致；"十三五"时期，下游和中游地区生态效率由回落转为上升态势，但中游地区生态效率下降幅度较大，上游地区生态效率呈下降趋势。在三大地区对比视角下，长江经济带生态效率水平呈现出"东高西低"的空间分布格局。下游地区生态效率水平始终最高，均值为0.5223，中游和上游生态效率水平依次降低，均值分别为0.4615和0.4545，中游和上游地区生态效率水平较为接近，呈交替波动上升态势，其差值表现出"缩小—增大—缩小"趋势。

图3-4报告了"十一五""十二五""十三五"时期长江经济带上游、中游、下游地区生态效率的变化过程。"十一五"至"十三五"时期，长江经济带三大地区生态效率保持上升态势，其演变趋势与长江经济带整体基本一致。分时期看，"十一五"时期，上游、中游、下游地区生态效率均值依次为0.4084、0.4173和0.4716，年均变化率依次为-1.90%、1.87%和2.87%，此阶段上游地区生态效率提升潜力不足。"十二五"时期，上游、中游、下游地区生态效率均值依次为0.4748、0.4848和0.5409，年均增长率依次为5.12%、1.79%和0.69%，此阶段上游地区生态效率提升幅度较大。"十三五"时期，上游、中游、下游地区生态效率均值依次为0.4977、0.4963和0.5759，下游地区生态效率水平远高于中游、上游地区。从区域比较视角看，"十一五""十

二五""十三五"时期长江经济带三大地区生态效率均值由高到低依次为下游地区、中游地区和上游地区,中游地区和上游地区生态效率水平相近。下游地区作为长江经济带创新驱动发展的重要地区,无论是经济发展方式还是资源配置结构,均有利于城市生态效率改善,故其生态效率较高;而上游地区部分城市经济发展方式较为粗放,高耗能、高污染产业相对较多,其城市生态效率提升受到了一定程度的制约,故其生态效率较低。

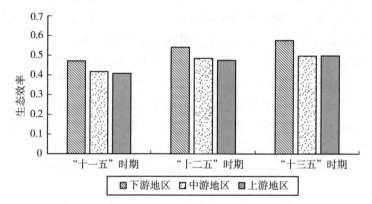

图 3-4   长江经济带三大地区分时期生态效率值

资料来源:笔者测算并绘制。

2. 沿江与非沿江地区①

图 3-5 刻画了长江经济带沿江与非沿江地区的生态效率演变趋势,表 3-8 报告了长江经济带沿江与非沿江地区的生态效率均值。在样本考察期内,沿江与非沿江地区生态效率均呈波动上升趋势,年均增长率

① 沿江地区包括 35 个城市:上海、南京、无锡、常州、苏州、南通、扬州、镇江、泰州、芜湖、马鞍山、铜陵、安庆、滁州、池州、九江、武汉、黄石、宜昌、鄂州、荆门、孝感、荆州、黄冈、咸宁、岳阳、重庆、自贡、攀枝花、泸州、乐山、宜宾、昆明、昭通、丽江;非沿江地区包括 73 个城市:徐州、连云港、淮安、盐城、宿迁、杭州、宁波、温州、湖州、嘉兴、绍兴、金华、衢州、舟山、台州、丽水、合肥、蚌埠、淮南、淮北、黄山、阜阳、宿州、六安、亳州、宣城、南昌、景德镇、萍乡、新余、鹰潭、赣州、吉安、宜春、抚州、上饶、十堰、襄阳、随州、长沙、株洲、湘潭、衡阳、邵阳、常德、张家界、益阳、郴州、永州、怀化、娄底、成都、德阳、绵阳、广元、遂宁、内江、南充、眉山、广安、达州、雅安、巴中、资阳、贵阳、六盘水、遵义、安顺、曲靖、玉溪、保山、普洱、临沧。

分别为2.74%和1.43%，沿江地区生态效率水平提升潜力高于非沿江地区。沿江地区凭借其重要区位优势成为长江流域运输体系的组成部分，这为沿江外向型经济发展和沿江生态治理保护提供了基础和保障。从变化过程看，2006～2009年，非沿江地区生态效率呈"上升—下降"倒U型波动态势；2009～2016年，非沿江地区生态效率水平波动上升，从2009年的0.4364上升到2016年的0.5459，2017年非沿江地区生态效率水平大幅降低，此后出现小幅回升；2006～2016年，沿江地区生态效率呈波动上升态势，从2006年的0.3914上升到2016年的0.5539，2016～2018年沿江地区生态效率水平呈"下降—上升"的波动态势。分时期看，"十一五"时期，沿江地区生态效率先平稳上升后小幅下降，非沿江地区经历了"上升—下降—上升"的演变趋势；"十二五"时期，沿江与非沿江地区生态效率大幅波动上升；"十三五"时期，沿江地区生态效率值超过非沿江地区，非沿江地区生态效率呈先降后升的小幅波动态势。在区域比较视角下，非沿江地区生态效率均值总体高于沿江地区，但沿江地区逐渐超过非沿江地区，沿江与非沿江地区的生态效率均值分别为0.4735和0.4869，两大地区生态效率差值呈现出"增大—缩小—增大"的波动态势。

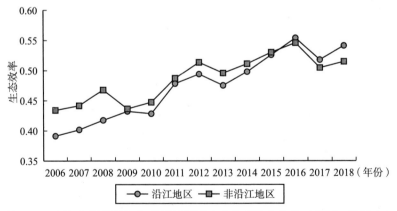

图3-5 长江经济带沿江与非沿江地区生态效率演变趋势（2006～2018年）
资料来源：笔者测算并绘制。

表 3 - 8　　　　　　长江经济带沿江与非沿江地区生态效率均值

年份	沿江地区	非沿江地区
2006	0.3914	0.4341
2007	0.4018	0.4417
2008	0.4175	0.4676
2009	0.4323	0.4364
2010	0.4284	0.4474
2011	0.4782	0.4870
2012	0.4940	0.5136
2013	0.4751	0.4958
2014	0.4980	0.5112
2015	0.5259	0.5301
2016	0.5539	0.5459
2017	0.5178	0.5046
2018	0.5412	0.5148

资料来源：笔者测算并绘制。

图 3 - 6 报告了"十一五""十二五""十三五"时期长江经济带沿江与非沿江地区生态效率的变化过程。"十一五"至"十三五"时期，长江经济带沿江与非沿江生态效率保持上升态势，沿江地区生态效率水平上升幅度高于非沿江地区。分时期看，"十一五"时期，沿江与非沿江地区生态效率均值依次为 0.4143 和 0.4454，此阶段沿江地区生态效率水平较低；"十二五"时期，沿江与非沿江地区生态效率均值依次为 0.4942 和 0.5075，此阶段两大地区生态效率差值逐渐缩小；"十三五"时期，沿江与非沿江地区生态效率均值依次为 0.5376 和 0.5218，此阶段沿江地区生态效率水平超过非沿江地区。经济发展和生态环境治理作为长江经济带可持续发展的两大战略任务，沿江地区应加快产业转型升级，更大力度推动沿江地区生态环境持续向好。

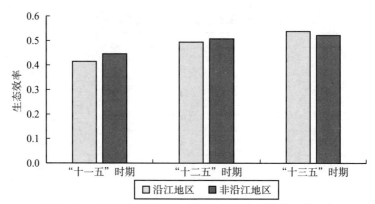

图 3-6　长江经济带沿江与非沿江地区分时期生态效率值

资料来源：笔者测算并绘制。

3. 三大城市群①

图 3-7 刻画了长江经济带三大城市群的生态效率演变趋势，表 3-9 报告了长江经济带三大城市群的生态效率均值。

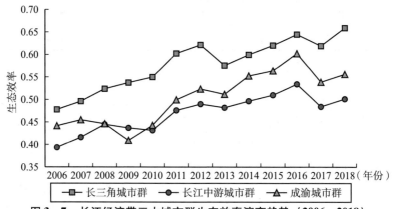

图 3-7　长江经济带三大城市群生态效率演变趋势（2006~2018）

资料来源：笔者测算并绘制。

――――――

① 成渝城市群包括 16 个城市：重庆、成都、自贡、泸州、德阳、绵阳、遂宁、内江、乐山、南充、眉山、宜宾、广安、达州、雅安、资阳；长江中游城市群包括 28 个城市：南昌、景德镇、萍乡、九江、新余、鹰潭、吉安、宜春、抚州、上饶、武汉、黄石、宜昌、襄阳、鄂州、荆门、孝感、荆州、黄冈、咸宁、长沙、株洲、湘潭、衡阳、岳阳、常德、益阳、娄底；长三角城市群包括 27 个城市：上海、南京、无锡、常州、苏州、南通、盐城、扬州、镇江、泰州、杭州、宁波、温州、湖州、嘉兴、绍兴、金华、舟山、台州、合肥、芜湖、马鞍山、铜陵、安庆、滁州、池州、宣城。

表3-9 长江经济带三大城市群生态效率均值

年份	长三角城市群	长江中游城市群	成渝城市群
2006	0.4777	0.3935	0.4415
2007	0.4960	0.4160	0.4549
2008	0.5237	0.4448	0.4461
2009	0.5374	0.4368	0.4091
2010	0.5498	0.4315	0.4426
2011	0.6024	0.4759	0.4995
2012	0.6215	0.4899	0.5234
2013	0.5757	0.4819	0.5116
2014	0.5996	0.4965	0.5524
2015	0.6203	0.5099	0.5640
2016	0.6446	0.5341	0.6023
2017	0.6191	0.4841	0.5387
2018	0.6591	0.5012	0.5562

资料来源：笔者测算并绘制。

在样本考察期内，长三角城市群、长江中游城市群和成渝城市群均呈波动上升的演变趋势，且年均增长率依次递减，分别为2.72%、2.04%和1.94%。从变化过程看，长三角城市群生态效率总体呈持续上升态势，仅在2010~2013年和2016~2018年分别出现"上升—下降"和"下降—上升"的小幅波动。成渝城市群生态效率波动幅度较大，在2009年降低到样本考察期的最低值0.4091，此后生态效率水平持续波动上升，在2016年达到样本考察期的最高水平0.6023。长江中游城市群生态效率在0.3935~0.5341区间内小幅波动，2013年以后与成渝城市群变化趋势基本一致。分时期看，"十一五"时期，长三角城市群生态效率保持上升趋势，增长率呈递减趋势，长江中游城市群生态效率先上升后下降，成渝城市群生态效率大致呈"上升—下降"的波动态势。"十二五"时期，长三角城市群生态效率经历了"上升—下降—上升"的变化趋势，长江中游城市群生态效率在0.4759~0.5099区间内平缓提升，成渝城市群生态效率波动态势与长三角城市群基本一致，从2011年的0.4995上升到2016年的0.5640。"十三五"时期，三大城市群生态效率均呈先下降后上升的变化趋势。三大城市群对比视角下，长三角城市群生态效率始终处于最高水平，样本考察期内其生态效率均值为 0.5790；成渝城市群的生态效率略高于长江中游城市群，其生态效率均值分别为 0.5032 和 0.4689。

图 3 - 8 报告了"十一五""十二五""十三五"时期长江经济带三大城市群生态效率的变化过程。"十一五"至"十三五"时期，长江经济带三大城市群生态效率保持上升态势，长三角城市群生态效率水平上升幅度高于长江中游城市群和成渝城市群。分时期看，"十一五"时期，长三角城市群、长江中游城市群和成渝城市群生态效率均值依次为 0.5169、0.4245 和 0.4388，此阶段长江中游城市群和成渝城市群生态效率水平相近。"十二五"时期，长三角城市群、长江中游城市群和成渝城市群生态效率均值依次为 0.6039、0.4908 和 0.5302，此阶段三大城市群生态效率差值逐渐拉大。"十三五"时期，长三角城市群、长江中游城市群和成渝城市群生态效率均值依次为 0.6409、0.5065 和 0.5657，此阶段三大城市群生态效率均保持在较高水平。长三角城市群在我国具有独特的经济优势和区位优势，这更有利于环境经济政策的实施和更大力度的绿色调整。

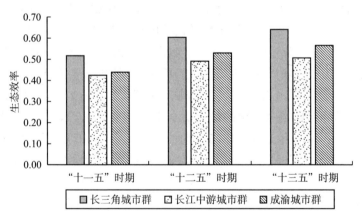

图 3 - 8　长江经济带三大城市群分时期生态效率值

资料来源：笔者测算并绘制。

3.5　本 章 小 结

　　本章在环境技术分析框架下构建长江经济带生态效率的测度模型，说明了投入产出指标体系的选择和数据处理办法，从整体、区域和分时期三个层面全面评价长江经济带生态效率水平。具体研究结论如下。

1. 整体特征

　　长江经济带生态效率得到有效提升，说明长江经济带在经济社会发展和生态环境治理保护工作中均取得显著成效，逐步形成了"在保护中发展，在发展中升级"的协同发展模式。特别是在党的十八大正式将长江经济带定位为国家重点发展战略区域的背景下，长江经济带生态文明建设取得长足进展，生态效率逐步提高。

2. 区域特征

　　上中下游地区、沿江与非沿江地区以及三大城市群的生态效率水平在样本考察期内均得到不同程度提升，说明在经济社会稳步发展的同时，长江经济带生态环境持续向好，区域生态治理优势逐渐显现。具体来说，从上中下游地区看，其生态效率均有所提升，但均值和年均增长率分级明显：上游、中游、下游地区依次递增，生态效率水平呈现出"东高西低"的空间分布格局。其中，下游地区生态效率在样本考察期内始终处于最高水平且具有较大的上升潜力，说明下游地区良好的区位优势和雄厚的资金技术支持有利于加快绿色、协调、可持续发展模式的形成。从沿江与非沿江地区看，其生态效率均呈波动上升趋势，沿江地区生态效率水平提升潜力较大，因此，非沿江地区应成为生态治理工作的重中之重。从三大城市群看，长三角城市群、长江中游城市群和成渝城市群均呈波动上升的演变趋势，说明国家重大区域战略的实施对区域生态持续向好和绿色发展具有显著的推动作用。

3. 分时期特征

　　"十一五"至"十三五"时期，长江经济带生态效率水平均呈稳步上升趋势，说明《"十一五"期长江黄金水道建设总体推进方案》的顺利实施，有力推动了长江黄金水道的建设，为全面提升长江经济带生态效率奠定了良好基础，进而为"十二五"至"十三五"时期生态效率保持在较高水平提供了重要保障。"十二五"时期，通过发挥长江黄金水道的优势，在实现流域经济大力发展的同时，更加深入地促进了"资源节约型、环境友好型"社会建设，更有效地推动了全流域绿色发展格局的形成。"十三五"期间，以"生态优先、绿色发展"为战略定位的长江经济带绿色发展取得了长效进展，力争将长江经济带建设成为绿色生态廊道。

第4章 长江经济带生态效率的
空间差异及收敛性检验

基于 GIS 可视化方法对长江经济带生态效率空间分布的描述，本书发现长江经济带生态效率存在明显的空间非均衡性特征。进一步地，为考察长江经济带生态效率空间差异的大小、来源及贡献率，本章使用 Dagum 基尼系数及其分解方法和绝对 β 收敛检验方法展开实证分析。

4.1 长江经济带生态效率的空间差异

本部分从长江经济带整体及上中下游地区、沿江与非沿江地区、三大城市群视角出发，依据 Dagum 基尼系数及其分解方法，探究长江经济带生态效率的空间差异程度，并将总体差异分解为地区内差异和地区间差异和超变密度，以揭示空间差异的具体来源。

4.1.1 Dagum 基尼系数及其分解方法

本书采用 Dagum 基尼系数及其分解方法从整体上考察长江经济带生态效率的空间差异程度。基于子样本分解分析法，总体基尼系数可分解为地区内差异贡献、地区间净值差异贡献和超变密度贡献（Dagum，1997）。Dagum 基尼系数及其分解方法突破了传统基尼系数和泰尔指数的局限，既能够有效克服数据的交叉重叠问题，也能够准确识别空间分异的来源，这是 Dagum 基尼系数及其分解方法的创新点与独特优势（陈明华等，2016；刘慧，2006）。总体基尼系数如式（4-1）所示，根据生态效率的均值对地区进行排序得到式（4-2）。

$$G = \frac{\sum\limits_{j=1}^{k} \sum\limits_{h=1}^{k} \sum\limits_{i=1}^{n_j} \sum\limits_{r=1}^{n_h} |y_{ji} - y_{hr}|}{2n^2 \bar{y}} \qquad (4-1)$$

$$\overline{y_h} \leqslant \cdots \leqslant \overline{y_j} \leqslant \cdots \leqslant \overline{y_k} \qquad (4-2)$$

$$s.t. \ p_j = \frac{n_j}{\bar{y}}, \ s_j = \frac{n_j \, \overline{y_j}}{n \, \bar{y}} (j = 1, \ 2, \ \cdots, \ k)$$

式（4-1）和式（4-2）中，$y_{ji}(y_{hr})$ 代表 j(h) 地区中 i(r) 城市的生态效率，$\bar{y}$ 代表各城市生态效率的均值，n 为城市个数，k 为地区个数。式（4-3）、式（4-4）分别表示 j 地区的基尼系数 G_{jj} 和 j 地区内差异贡献 G_w；式（4-5）、式（4-6）分别表示 j、h 地区间的基尼系数 G_{jh} 和 j、h 地区间净值差异贡献 G_{nb}；式（4-7）表示超变密度 G_t。三者关系满足：$G = G_w + G_{nb} + G_t$。式（4-5）中，$n_j(n_h)$ 为 j(h) 地区内城市个数；$\overline{y_j}(\overline{y_h})$ 为 j(h) 地区内各城市生态效率的均值。

$$G_{jj} = \frac{\frac{1}{2\overline{y_j}} \sum\limits_{i=1}^{n_j} \sum\limits_{r=1}^{n_j} |y_{ji} - y_{jr}|}{n_j^2} \qquad (4-3)$$

$$G_w = \sum\limits_{j=1}^{k} G_{jj} p_j s_j \qquad (4-4)$$

$$G_{jh} = \frac{\sum\limits_{i=1}^{n_j} \sum\limits_{r=1}^{n_h} |y_{ji} - y_{hr}|}{n_j n_h (\overline{y_j} + \overline{y_h})} \qquad (4-5)$$

$$G_{nb} = \sum\limits_{j=2}^{k} \sum\limits_{h=1}^{j-1} G_{jh} (p_j s_h + p_h s_j) D_{jh} \qquad (4-6)$$

$$G_t = \sum\limits_{j=2}^{k} \sum\limits_{h=1}^{j-1} G_{jh} (p_j s_h + p_h s_j)(1 - D_{jh}) \qquad (4-7)$$

式（4-8）表示 j、h 地区之间生态效率的相对影响 D_{jh}；式（4-9）表示 j、h 地区之间生态效率的差值 d_{jh}，为 j、h 地区所有 $y_{ji} - y_{hr} > 0$ 的样本值加总的数学期望；式（4-10）表示超变一阶矩 p_{jh}，为 j、h 地区所有 $y_{hr} - y_{ji} > 0$ 的样本值加总的数学期望。式（4-9）和式（4-10）中，$F_j(F_h)$ 为 j(h) 地区的累积密度分布函数。

$$D_{jh} = \frac{d_{jh} - p_{jh}}{d_{jh} + p_{jh}} \qquad (4-8)$$

$$d_{jh} = \int_0^\infty dF_j(y) \int_0^y (y - x) dF_h(x) \qquad (4-9)$$

$$p_{jh} = \int_0^\infty dF_h(y) \int_0^y (y - x) dF_j(x) \qquad (4-10)$$

4.1.2　长江经济带生态效率的空间差异

本部分基于 Dagum 基尼系数的相关测算结果，分别对长江经济带整体以及上中下游、沿江与非沿江地区、国家三大重点城市群的生态效率空间差异程度进行探究。图 4-1 汇报了 2006~2018 年长江经济带城市生态效率的基尼系数。

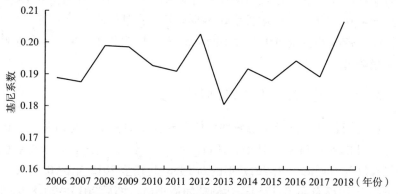

图 4-1　长江经济带生态效率基尼系数（2006~2018 年）

资料来源：笔者测算并绘制。

1. 整个样本考察期

根据图 4-1，整个样本考察期内长江经济带生态效率总体差异程度呈现波动上升趋势。其中，2006~2012 年长江经济带生态效率总体差异程度有所上升，由 2006 年的 0.1838 上升至 2012 年的 0.1976，年均增幅为 1.21%；2013 年差异程度大幅降低至 0.1754，单年降幅达到 13.14%，并达到整个样本考察期内的最低值；随后 2013~2018 年的长江经济带生态效率总体差异程度继续呈现波动上升趋势，由 2013 年的 0.1754 上升至 0.2016，达到整个样本考察期内的最高值，年均增速为 2.83%。从空间差异的上升速度来看，样本考察期内长江经济带生态效率的总体差异年均增长率为 1.42%，上升速度较快；近五年平均增长率为 3.86%，远快于样本期总增速，说明长江经济带生态效率总体差

83

异的扩大近年来有加速趋势。综上所述，长江经济带生态效率具有一定的不平衡性，为有效遏制这种非均衡态势扩大、实现地区协调发展，应及时推出相应措施以促进各城市生态效率的协同提升。

2. "十一五"期间

该时期长江经济带生态效率总体差异程度呈现先升后降的变化过程。其中，2006～2008年总体差异程度呈现波动上升趋势，由2006年的最低值0.1838上升至2008年的0.1938达到区间最大值；随后在2008～2010年逐渐下降，基尼系数由0.1938下降至0.1876。总的来看，该时期长江经济带生态效率总体差异程度有所上升，由期初0.1837上升至期末0.1876，年均增长率0.54%。综上所述，在"十一五"时期，长江经济带内部各城市生态效率的不平衡性出现波动现象，但没有明显扩大趋势。

3. "十二五"和"十三五"期间

该时期长江经济带生态效率总体差异程度的波动幅度较大，大致呈先降后升的变化过程。其中，2011～2013年长江经济带生态效率总体差异程度先升后降，由2011年的0.1858上升至2012年的0.1976，随后下降至2013年的0.1754，达到期间最小值，随后2013～2018年的总体差异程度呈现波动上升趋势，由2013年的0.1754上升至0.2016，达到整个该期间的最高值，年均增速为2.83%。总的来看，该时期长江经济带生态效率的总体差异年均增长率为1.17%，上升速度较快；近五年平均增长率为3.86%，远快于样本期总增速，说明长江经济带生态效率总体差异在"十二五"和"十三五"期间有加速扩大趋势。

4.1.3 上中下游地区划分下生态效率的空间差异及其来源

本节依据Dagum基尼系数分解方法，对长江经济带上中下游生态效率的空间差异及其来源进行测算，分别描绘了上中下游生态效率地区内与地区间差异的具体演变趋势，报告了上中下游地区划分标准下生态效率空间差异来源及贡献率。

1. 整个样本考察期

根据图 4-2，从总体趋势及差异程度来看，上中下游地区生态效率的空间差异程度均呈现一定波动，上游地区在样本期波动幅度最大。上中下游生态效率的地区内差异均值按照由高到低进行排序，依次为下游地区（0.1995）、上游地区（0.1783）、中游地区（0.1626）。具体而言，下游地区生态效率内部差异呈现波动上升的趋势，期初最小值为0.1741，期末达到最大值 0.2173，年均增长率为 1.86%，且其生态效率不平衡问题近年来有加速恶化趋势。中游地区生态效率内部差异有所扩大，大致呈先增后减的变化过程，其中 2006～2008 年呈现上升趋势，由 2006 年的最低值 0.1469 增长至 2008 年达到最大值 0.1787，随后2009～2018 年呈现波动下降趋势，但下降幅度低于 2006～2008 年的上升幅度，年均增速为 0.91%。上游地区生态效率内部差异有所下降，大致呈先降后升再平稳的变化过程，其中 2006～2010 年呈现逐年下降趋势，由 2006 年的最大值 0.2199 下降至 2010 年的最小值 0.1460，这表明该时期上游地区生态效率内部不平衡问题得到有效缓解；随后2011～2014 年呈现波动上升趋势，由 2011 年的 0.1535 上升至 2014 年的 0.1845，但在 2014 年后其地区内差异走势保持平稳，从而使上游地区生态效率差异的逐年扩大势头得到有效缓解。

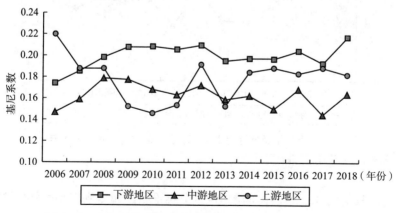

图 4-2　上中下游地区生态效率基尼系数（2006～2018 年）

资料来源：笔者测算并绘制。

　　根据图4-3，上中下游地区间生态效率的差异程度均呈现一定波动趋势，其中，下游与中游间生态效率差异的波动幅度最大。上中下游生态效率的地区间差异均值按照由高到低进行排序，依次为下游与上游地区（0.2013）、下游与中游地区（0.1926）、中游与上游地区（0.1738）。其中，下游与上游生态效率的地区间差异在2006～2017年呈现水平波动，未表现出明显趋势，而在2018年大幅上升，单年增幅达到9.62%，因此应重视未来可能出现的差异扩大问题。下游地区与中游生态效率的地区间差异在整个样本考察期内有所提高，年均增速为1.94%，其演变趋势呈现"上升—下降—上升"的变化过程，其中，2006～2008年和2015～2018年为差异上升期，2009～2014年为差异下降期。中游地区与上游地区间差异呈现波动下降趋势，其中2006～2014年波动幅度较大，随后年份波动幅度较小，年均变化率为-0.77%。综上表明，在上中下游地区划分标准下，有关政府部门应注意缩小下游与中游、上游地区之间的生态效率差异，促进地区间生态效率协同提升。

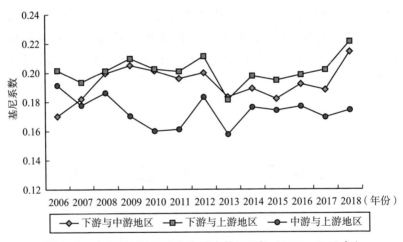

图4-3　上中下游地区间生态效率基尼系数（2006～2018年）

资料来源：笔者测算并绘制。

　　根据表4-1，在上中下游地区划分标准下，超变密度是长江经济带生态效率总体差异的主要来源，其贡献率大小介于37.62%～55.90%，即上中下游地区间的交叉重叠效应是导致生态效率空间差异的重要方面；地区内差异是造成生态效率空间差异的第二大来源，其贡献率大小介于

32.60% ~ 33.66%；地区间差异对生态效率总体差异的贡献程度最小，样本考察期内在 10.46% ~ 29.47% 上下波动，相较于地区内差异，其变动更为频繁并且近年来有明显上升趋势。这说明考察期内上中下游地区间生态效率的协同提升进程并不稳定，极易发生反弹现象，是降低长江经济带总体差异的难点。由此可见，在上中下游地区划分标准下，应着重缩小生态效率的超变密度，同时也要对地区内差异与地区间差异保持重视，积极采取相关措施促进总体差异缩小。

表 4 - 1　　　　　　上中下游地区划分标准下的基尼系数贡献率

年份	地区内		地区间		超变密度	
	来源	贡献率（%）	来源	贡献率（%）	来源	贡献率（%）
2006	0.0599	32.60	0.0253	13.76	0.0984	53.61
2007	0.0603	33.03	0.0247	13.56	0.0973	53.38
2008	0.0644	33.21	0.0266	13.73	0.1031	53.10
2009	0.0637	32.94	0.0571	29.47	0.0728	37.62
2010	0.0622	33.14	0.0501	26.67	0.0755	40.22
2011	0.0617	33.23	0.0490	26.39	0.0750	40.38
2012	0.0659	33.37	0.0365	18.51	0.0950	48.09
2013	0.0591	33.66	0.0268	15.31	0.0893	50.99
2014	0.0622	33.34	0.0270	14.45	0.0975	52.22
2015	0.0610	33.32	0.0216	11.79	0.1003	54.86
2016	0.0637	33.65	0.0198	10.46	0.1058	55.90
2017	0.0602	32.70	0.0400	21.74	0.0839	45.55
2018	0.0659	32.71	0.0524	26.01	0.0831	41.26

资料来源：笔者测算并绘制。

2. "十一五"期间

根据图 4 - 2，从地区内差异来看，该时期上中下游地区生态效率的空间差异程度波动较大，三大地区内部空间差异均值排名为：下游地区（0.1948）＞上游地区（0.1788）＞中游地区（0.1660）。具体而言，下游地区生态效率内部差异呈现上升的趋势，期初最小值为 0.1741，期末达到最大值 0.2085，年均增长率为 4.36%。上游地区生态效率内部差异呈现逐年下降趋势，由 2006 年的最大值 0.2199 下降至 2010 年的最小值 0.1460，年均变化率为 -7.62%。中游地区生态效率内部差异呈现先增后减的变化过程，其中，在 2006~2008 年呈现上升趋势，由 2006 年的最低值 0.1469 增长至 2008 年的最大值 0.1787，随后 2008~2010 年呈现下降趋势，但下降幅度低于 2006~2008 年的上升幅度，总体来看差异程度有所增加，年均增长率为 3.28%。

根据图 4-3，从地区间差异来看，上中下游地区间生态效率的差异程度均呈现一定波动态势，三大地区之间的空间差异均值排名为：下游地区与上游地区（0.2017）>下游地区与中游地区（0.1917）>中游地区与上游地区（0.1771）。其中，下游地区与上游地区间生态效率差异在该时期呈现水平波动特征，年均增长率为 0.12%，未表现出明显趋势性。下游地区与中游地区间差异呈上升趋势，由 2006 年的 0.170 上升至 2010 年的 0.201，年均增速为 4.28%。中游地区与上游地区间差异呈现波动下降趋势，由 2006 年的 0.1914 下降至 2010 年的 0.1601，年均变化率为 -4.33%。

从差异来源与贡献率来看，在"十一五"时期，超变密度对上中下游地区生态效率空间差异的贡献程度最高，其贡献率大小介于 37.62%~53.61%，即上中下游地区之间的交叉重叠效应是影响该时期总体差异的最主要因素。地区内差异对总体差异的贡献率次之，该时期内稳定在 32.60%~33.21%，是生态效率空间差异的另一重要来源。地区间差异对总体差异的贡献程度最小，样本考察期内在 13.56%~29.47% 上下波动，相较于地区内差异其变动更为频繁。由此可见，在"十一五"时期，解决上中下游地区生态效率的空间不平衡问题的关键在于缩小超变密度对总体差异的贡献率，同时要重视地区内差异与地区间差异的扩大趋势。

3. "十二五"和"十三五"期间

根据图 4-2，从地区内差异来看，该时期上中下游地区生态效率的空间差异程度呈现出一定波动态势，三大地区内部空间差异均值排名为：下游地区（0.2024）>上游地区（0.1781）>中游地区（0.1604）。具体而言，下游地区生态效率内部差异于 2011~2017 年波动下降，由 2011 年的 0.2057 下降至 2017 年的 0.1928，年均递减率为 1.45%，但随后在 2018 年差异程度反弹上升至 0.2173，这需要引起充分重视。中游地区生态效率内部差异在该时期有所下降，年均递减率为 0.91%，但变化走势并不平稳，波动幅度存在扩大趋势，存在潜在的反弹上升势头。上游地区生态效率内部差异呈现波动上升的变化过程，其中，地区内差异在 2011~2014 年的波动幅度与上升幅度均较大，由 2011 年的 0.1535 上升至 2014 年的 0.1845，年均增长率为 5.76%，但在 2014 年后其内部不平衡程度保持平稳，扩大趋势得到有效缓解。

根据图 4-3，从地区间差异看，上中下游地区间生态效率的空间差异程度均呈现一定波动态势，三大地区之间的空间差异均值排名为：下游地区与上游地区（0.2010）＞下游地区与中游地区（0.1932）＞中游地区与上游地区（0.1717）。其中，下游与上游地区间差异是构成地区间差异的最主要因素，并在该时期呈现波动上升趋势，由 2011 年的 0.2010 上升至 2018 年的 0.2213，年均增长率为 1.36%。下游与中游地区间差异水平也呈现波动上升趋势，由 2011 年的 0.1960 上升至 2018 年的 0.2144，年均增长率为 1.26%。中游地区与上游地区间差异呈现波动下降趋势，由 2011 年的 0.1612 下降至 2018 年的 0.1744，年均递减率为 1.12%。

从差异来源与贡献率来看，在"十二五"和"十三五"期间，超变密度是造成上中下游地区生态效率总体差异扩大的主要来源，其贡献率维持在 40.38%~55.90%；地区内差异的贡献程度次之，其贡献率介于 32.70%~33.66%；地区间差异的贡献程度最小，其贡献率均值仅为 18.08%。与"十一五"时期相比，地区内差异贡献率的变化趋势略微下降，超变密度贡献率继续扩大，地区间差异贡献率则继续减小。由此可见，在"十二五"和"十三五"期间，上中下游地区生态效率的空间不平衡问题关键在于缩小地区内差异，同时要重视超变密度的扩大趋势。

4.1.4　沿江与非沿江地区划分下生态效率的空间差异及其来源

本节依据 Dagum 基尼系数分解方法，对长江经济带沿江与非沿江地区生态效率的空间差异及其来源进行测算，描绘了沿江与非沿江生态效率地区内与地区间差异的具体演变趋势，给出了沿江与非沿江地区划分标准下生态效率空间差异来源及贡献率。

1. 整个样本考察期

根据图4-4，从地区内差异来看，沿江与非沿江地区生态效率的空间差异程度均呈现一定波动态势，地区内基尼系数均值大小情况为：沿江地区（0.1881）>非沿江地区（0.1863）。具体而言，沿江地区生态效率内部差异呈现"上升—下降—上升"的变化过程，2006~2009年大幅上升，基尼系数由2006年的0.1691扩大至2009年的0.2122，年均增速为7.28%，地区内部不平衡程度大大上升，之后在2009~2013年大幅下降，基尼系数由2009年的0.2122缩小至2013年的0.1737，年均递减率为5.21%，地区内部不平衡程度明显下降，但在2013~2018年再次出现反弹，基尼系数由2013年的0.1737上升至2018年的0.2054，年均增速为3.34%。非沿江地区生态效率内部差异呈现水平波动特征，由2006年的最大值0.1867下降至2013年达到最小值0.1847，随后在2011~2018年波动上升，由2011年的0.1814上升至2018年的0.1986，整个考察期内年均增长率为0.52%，内部生态效率不平衡性没有明显恶化。从地区间差异来看，沿江与非沿江生态效率的地区间差异由2006年的0.1849波动下降至2013年的0.1759，为样本期内最低值，此后波动上升至2018年的0.2032，达到样本期内最大值。综上所述，在沿江与非沿江地区的地域单元划分标准下，应重点关注沿江地区生态效率空间非均衡程度，同时不能忽视近年来沿江与非沿江地区间的差异扩大现象。

根据表4-2，在沿江与非沿江地区划分标准下，地区内差异是长江经济带生态效率总体差异的主要来源，其贡献率在所有年份均超过55.64%；超变密度是造成生态效率空间差异的第二大来源，其贡献率大小介于29.92%~44.58%，即沿江与非沿江地区间的交叉重叠效应也是导致生态效率空间差异的重要方面。除此之外，地区间差异对生态效率总体差异的贡献程度最小，样本考察期内在15%以内上下波动。由此可见，沿江与非沿江地区生态效率空间非均衡问题的关键在于缩小地区内差异，应对生态效率较低的城市给予一定支持政策，注重地区内部各城市生态效率的协同提升，同时也要对超变密度与地区间差异保持重视，积极采取相关措施促进总体差异缩小。

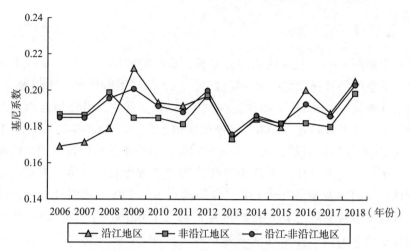

图4-4 沿江与非沿江地区内及地区间生态效率基尼系数（2006～2018年）
资料来源：笔者测算并绘制。

表4-2 沿江与非沿江地区划分标准下生态效率空间差异来源及贡献率

年份	地区内		地区间		超变密度	
	来源	贡献率（%）	来源	贡献率（%）	来源	贡献率（%）
2006	0.1048	57.00	0.0225	12.21	0.0571	30.96
2007	0.1053	57.74	0.0223	12.05	0.0576	31.10
2008	0.1120	57.78	0.0255	13.01	0.0587	29.92
2009	0.1076	55.64	0.0042	2.13	0.0841	42.92
2010	0.1062	56.63	0.0119	6.28	0.0718	37.79
2011	0.1045	56.22	0.0072	3.87	0.0755	40.33
2012	0.1134	57.39	0.0130	6.47	0.0749	37.20
2013	0.0989	56.39	0.0120	6.82	0.0650	36.94
2014	0.1054	56.47	0.0087	4.66	0.0731	39.05
2015	0.1033	56.46	0.0049	2.65	0.0753	41.04
2016	0.1054	55.72	0.0003	0.14	0.0850	44.58
2017	0.1028	55.79	0.0029	1.54	0.0796	42.96
2018	0.1128	55.92	0.0082	4.02	0.0822	40.48

资料来源：笔者测算并绘制。

2. "十一五"期间

根据图 4-4，从地区内差异来看，该时期沿江与非沿江地区生态效率的空间差异程度均产生一定波动，二者基尼系数均值大小情况为：非沿江地区（0.1883）>沿江地区（0.1850）。其中，沿江地区内部差异程度呈现上升趋势，2006~2009 年大幅上升，由 2006 年的 0.1691 上升至 2009 年的 0.2122，年均增速 7.28%，远快于总体增速，地区内部不平衡程度大大上升；尽管 2010 年内部差异程度有所下降，但总的来看该时期内部差异仍有所上升，年均增速为 3.27%。非沿江地区内部差异程度呈现下降趋势，由 2006 年的最大值 0.1867 下降至 2010 年达到最小值 0.1847，年均递减率为 1.54%。由此可见，在"十一五"期间非沿江地区在内部生态效率协同提升上取得的成果要明显优于沿江地区。从地区间差异来看，沿江与非沿江地区间的生态效率差异在"十一五"时期有所扩大，且表现出先升后降的变化趋势，基尼系数先由 2006 年的 0.1849 上升至 2009 年的 0.2008，之后下降至 2010 年的 0.1914。

从差异来源与贡献率来看，在"十一五"时期，地区内差异是造成沿江与非沿江地区生态效率总体差异扩大的主要来源，其贡献率均值为 56.96%；超变密度差异的贡献程度次之，其贡献率均值为 34.54%；地区间差异的贡献程度最小，其贡献率均值仅为 9.14%。此外，地区内差异贡献率的变化趋势较为平缓，超变密度贡献率有所增大，地区间差异贡献率则有所减小。由此可见，在"十一五"期间，沿江与非沿江地区生态效率的空间不平衡问题关键在于缩小地区内差异，同时要重视防范超变密度的扩大趋势。

3. "十二五"和"十三五"期间

根据图 4-4，从地区内差异来看，该时期沿江与非沿江地区生态效率的空间差异程度均产生一定波动，二者地区内基尼系数均值大小情况为：沿江地区（0.1900）>非沿江地区（0.1850）。其中，沿江地区内部差异程度呈现先降后升的变化过程，2011~2013 年大幅下降，由 2011 年的 0.1916 下降至 2013 年的 0.1737，地区内部不平衡程度明显下降，随后在 2013~2018 年大幅上升，由 2013 年的 0.1737 上升至 2018

年的 0.2054，年均增速为 3.34%。非沿江地区生态效率的平均差异程度
较小，在该时期呈现波动上升的变化过程，由 2011 年的 0.1814 上升至
2018 年的 0.1986，年均增长率为 1.35%，增长速度明显慢于沿江地区。
由此可见，在"十二五"和"十三五"期间，非沿江地区在内部生态
效率协同提升上取得的成果要明显优于沿江地区。从地区间差异来看，
沿江与非沿江地区间的生态效率差异在"十二五"和"十三五"期间
先降后升，且近年来的上升势头明显，基尼系数先由 2011 年的 0.1881
下降至 2013 年的最小值 0.1759，之后上升至 2018 年的最大值 0.2032。

从差异来源与贡献率来看，在"十二五"和"十三五"期间，
地区内差异是造成沿江与非沿江地区生态效率总体差异扩大的主要来
源，其贡献率均值为 56.29%；超变密度差异的贡献程度次之，其贡
献率均值为 40.32%；地区间差异的贡献程度最小，其贡献率均值仅
为 3.77%。此外，与"十一五"期间相比，地区内差异贡献率略微下
降，超变密度贡献率继续扩大，地区间差异贡献率则继续减小。由此可
见，在"十二五"和"十三五"期间，沿江与非沿江地区生态效率的
空间不平衡问题关键在于缩小地区内差异，同时要重视超变密度的扩大
趋势。

4.1.5　三大城市群划分下生态效率的空间差异及其来源

本节依据 Dagum 基尼系数分解方法，对长江经济带长三角城市群、
长江中游城市群和成渝城市群生态效率的空间差异及其来源进行测算，
分别描绘了三大城市群生态效率地区内与地区间差异的具体演变趋势，
给出了三大城市群划分标准下生态效率空间差异来源及贡献率。

1. 整个样本考察期

根据图 4-5，从地区内差异来看，三大城市群生态效率的空间差异
程度均呈现一定水平波动，其中，成渝城市群在样本期内波动幅度最大。
三大城市群地区内的基尼系数均值排名为：长三角城市群（0.1912）>长
江中游城市群（0.1769）>成渝城市群（0.1416）。其中，长三角城市
群生态效率内部差异有所扩大，具体呈现先升后降的变化过程，基尼系
数于 2006~2009 年逐年上升，由 2006 年的 0.1612 增长至 2009 年的

0.2069，之后呈波动下降趋势，由 2009 年的 0.2069 下降至 2018 年的 0.1964，这意味着尽管长三角城市群内部生态效率不平衡问题在近年来得到缓解，但仍处于较高水平，所以需要得到充分重视。长江中游城市群生态效率内部差异基本保持稳定，年均增长率为 0.25%。其演变趋势与长三角城市群相似，同样呈现先升后降的变化过程，具体而言，由 2006 年的 0.1662 上升至 2008 年的 0.2017，此后波动下降，由 2009 年的 0.1927 下降至 2018 年的 0.1713。成渝城市群生态效率的空间差异程度最低且有所缩小，具体呈现先降后升的变化过程，其中 2006～2011 年呈现下降趋势，由 2006 年的最大值 0.1893 下降至 2011 年达到最小值 0.1071，随后在 2011～2018 年呈现波动上升趋势，但上升幅度低于 2006～2011 年的下降幅度。综上所述，在三大城市群的地域划分标准下，应注重长三角城市群生态效率的不平衡发展问题，同时不能忽视成渝城市群近年来内部差异扩大的现象。

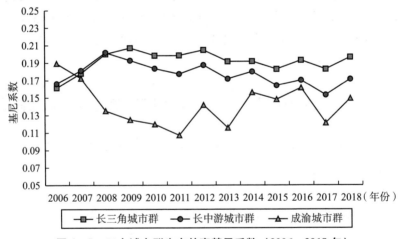

图 4-5 三大城市群生态效率基尼系数（2006～2018 年）

资料来源：笔者测算并绘制。

根据图 4-6，从地区间差异来看，三大城市群间生态效率的差异程度均呈现一定波动，三大城市群间的基尼系数均值排名为：长三角城市群与长江中游城市群（0.2089）>长三角城市群与成渝城市群（0.1858）>长江中游城市群与成渝城市群（0.1657）。其中，长三角城市群与长江中游城市群间的生态效率差异最大，呈现"上升—下降—上升"的变化过程，由 2006 年的 0. 1828 上升至 2009 年的 0. 2220，在波动下降至 2015 年的 0. 1954 后上升至 2018 年的 0. 2210，年均增长率为 1. 58% 。长三角城市群与成渝城市群间的生态效率差异较为平稳，由 2006 年的 0. 1846 上升至 2018 年的 0. 1953，年均增长率为 0. 44% 。长江中游城市群与成渝城市群间的生态效率差异呈现波动下降趋势，其中，在 2006 ~ 2011 年呈现逐年下降趋势，随后年份呈水平波动状态，年均递减率为 0. 85% 。由此可见，在三大城市群的划分标准下，有关政府部门应注意缩小长三角城市群同长江中游城市群之间生态效率的差异，促进地区间生态效率协同提升。

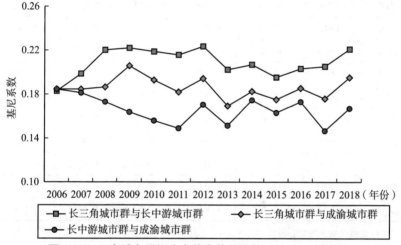

图 4 - 6　三大城市群间生态效率基尼系数 （2006 ~ 2018 年）

资料来源：笔者测算并绘制。

如表 4 - 3 所示，从差异来源及贡献率看，样本考察期内，超变密度对三大城市群生态效率空间差异的贡献程度最高，其贡献率大小介于 33. 50% ~ 45. 62% ，即三大城市群之间的交叉重叠效应是影响整体生态效率差异的最主要来源。地区内差异和地区间差异对生态效率空间差异的贡献程度不相上下，其中地区内差异的贡献率略高且更为稳定，样本考察期内保持在 32. 51% ~ 34. 45% 。地区间差异对生态效率空间差异的贡献程度最低，样本考察期内在 19. 93% ~ 33. 74% 波动，相较于地区内差异，其变动更为活跃并且近年来有明显上升趋势，这说明考察期内三大城市群间生态效率的协同提升进程并不稳定。除此之外，相较于上中下游地区、沿江与非沿江地区，三大城市群划分标准下的地区间差异贡献率明显升高，这意味着未来应注重区域间生态效率的协同提升。

表 4 - 3 三大城市群划分标准下生态效率空间差异来源及贡献率

年份	地区内		地区间		超变密度	
	来源	贡献率（%）	来源	贡献率（%）	来源	贡献率（%）
2006	0.0586	32.89	0.0458	25.74	0.0736	41.37
2007	0.0625	33.61	0.0417	22.43	0.0818	43.97
2008	0.0677	34.45	0.0392	19.93	0.0896	45.62
2009	0.0678	34.09	0.0609	30.63	0.0701	35.29
2010	0.0642	33.63	0.0583	30.51	0.0685	35.86
2011	0.0626	33.76	0.0565	30.46	0.0663	35.78
2012	0.0666	33.71	0.0568	28.78	0.0741	37.51
2013	0.0607	34.19	0.0423	23.85	0.0745	41.96
2014	0.0636	33.80	0.0446	23.70	0.0800	42.50
2015	0.0596	33.60	0.0464	26.15	0.0714	40.25
2016	0.0626	33.59	0.0444	23.81	0.0794	42.60
2017	0.0570	32.51	0.0584	33.31	0.0599	34.18
2018	0.0633	32.76	0.0652	33.74	0.0647	33.50

资料来源：笔者测算并绘制。

2. "十一五"期间

根据图 4 - 5，从地区内差异来看，该时期三大城市群生态效率的空间差异程度有升有降，三大城市群地区内的基尼系数均值排名为：长三角城市群（0.1889）＞长江中游城市群（0.1850）＞成渝城市群（0.1482）。其中，长三角城市群生态效率内部差异于该时期大大提升，由 2006 年的 0.1612 上升至 2010 年的 0.1982，年均增长率为 5.04%。长江中游城市群生态效率的空间差异程度次之，在"十一五"期间呈现先升后降的变化过程，具体而言，在 2006 ~ 2008 年呈现上升趋势，由 2006 年的 0.1662 上升至 2008 年的 0.2016，随后由 2009 年的 0.1927 下降至 2010 年的 0.1835，整体来看长江中游城市群内部差异程度有所提升，年均增长率为 2.41%。成渝城市群生态效率的空间差异程度最低，"十一五"期间呈现下降趋势，由 2006 年的最大值 0.1893 下降至 2010 年达到最小值 0.1197，年均递减率为 12.30%。由此可见，无论是差异水平还是变化走势，成渝城市群均优于总体，是"十一五"期间生态效率内部差异处理较好的城市群。

　　根据图 4 - 6，从地区间差异来看，三大城市群间生态效率的差异程度有升有降，三大城市群地区间的基尼系数均值排名为：长三角城市群与长江中游城市群（0.2089）> 长三角城市群与成渝城市群（0.1858）> 长江中游城市群与成渝城市群（0.1657）。其中，长三角城市群与长江中游城市群间的生态效率差异最大，并在该时期呈现波动上升趋势，年均增长率为 4.59%。长三角城市群与成渝城市群间的生态效率差异同样有所扩大，由 2006 年的 0.1846 上升至 2010 年的 0.1929，年均增速为 4.28%。长江中游城市群与成渝城市群的地区间差异则呈现波动下降趋势，由 2006 年的 0.1845 下降至 2010 年的 0.1559，年均增长率为 4.33%。

　　从差异来源及贡献率看，在"十一五"期间，超变密度是三大城市群生态效率空间差异的主要来源，其贡献率在 35.29% ~ 45.62% 上下波动，即三大城市群之间的交叉重叠效应是影响生态效率差异的最主要因素。地区内差异对生态效率空间差异的贡献度略低于超变密度，且相较于后者而言更为稳定，"十一五"期间其贡献率大小维持在 32.89% ~ 34.45%。地区间差异对生态效率空间差异的贡献程度最低，"十一五"期间在 19.93% ~ 30.63% 波动，相较于地区内差异，其变动幅度更大且呈明显上升趋势，这说明该时期三大城市群间生态效率的协同提升进程并不稳定。

3. "十二五"和"十三五"期间

　　根据图 4 -5，从地区内差异来看，该时期三大城市群生态效率的空间差异程度存在一定波动，三大城市群地区内的基尼系数均值排名为：长三角城市群（0.1926）> 长江中游城市群（0.1719）> 成渝城市群（0.1375）。其中，长三角城市群生态效率内部差异呈现波动下降的特征，由 2011 年的 0.1985 下降至 2018 年的 0.1964，年均下降速度为 0.15%，尽管其内部不平衡问题近年来得到缓解，但仍处于较高水平，所以需要得到充分重视。长江中游城市群生态效率内部差异与长三角城市群相似，在"十二五"和"十三五"期间呈现波动下降的变化趋势，由 2011 年的 0.1773 下降至 2018 年的 0.1713，年均下降速度为 0.49%。成渝城市群生态效率的空间差异程度最低，"十二五"和"十三五"期间呈现波动上升的变化趋势，由 2011 年的最小值 0.1071 上升至 2018 年的 0.1492，年均增长率为 4.62%，其上升幅度低于"十一五"时期的下降幅度。

根据图 4 - 6，从地区间差异来看，三大城市群间生态效率的差异程度存在一定波动，三大城市群地区间的基尼系数均值排名为：长三角城市群与长江中游城市群（0.2092）＞长三角城市群与成渝城市群（0.1825）＞长江中游城市群与成渝城市群（0.1619）。其中，长三角城市群与长江中游城市群间的生态效率最高，并在该时期呈现水平波动特征，年均增长率为 0.33%。长三角城市群与成渝城市群间的生态效率差异在该时期变化幅度较小，年均增速为 0.99%。长江中游城市群与成渝城市群间的生态效率差异呈现波动上升趋势，地区间基尼系数由 2011 年的 0.1490 上升至 2018 年的 0.1671，年均增长率为 1.64%。

从差异来源及贡献率看，在"十二五"和"十三五"期间，超变密度对三大城市群生态效率差异的贡献程度最高，其贡献率在 33.50% ~ 42.60% 上下波动，即三大城市群之间的交叉重叠效应是造成总体生态效率差异的最主要来源。地区内差异对三大城市群生态效率空间差异的贡献度略低于超变密度，相较于后者更为稳定，"十二五"和"十三五"期间其贡献率保持在 32.51% ~34.19%。地区间差异对三大城市群生态效率空间差异的贡献程度最小，"十二五"和"十三五"期间其贡献率在 23.70% ~33.74% 波动，相较于地区内差异，其变动更为频繁并且在近年来明显上升，这说明考察期内三大城市群间生态效率的协同提升进程并不稳定，是降低长江经济带生态效率总体差异的难点。由此可知，相较于上中下游地区、沿江与非沿江地区，三大城市群划分标准下的地区间贡献率明显升高，说明未来应注重城市群间生态效率的协同提升以缓解地区差异。

4.2　长江经济带生态效率的收敛性检验

由前面分析可知，长江经济带生态效率存在显著的空间差异，部分地区生态效率的区域内差异呈缩小趋势，即表现出生态效率较低城市的增速比较高城市更快的收敛趋势。因此，本节采用绝对 β 收敛检验方法，分别对 2006 ~ 2018 年长江经济带整体、上中下游地区、沿江与非沿江地区和三大城市群的生态效率敛散性特征进行检验。

4.2.1　收敛检验方法

本书采用绝对 β 收敛检验长江经济带生态效率的敛散性。绝对 β 收敛最初由鲍莫尔（Baumol, 1986）提出，原指经济增长过程中增速与总量之间存在负相关关系，后来巴罗（Barro, 1992）在前者基础上提出了绝对 β 收敛的线性模型，被学界广泛运用于各领域收敛性的检验。就本书而言，绝对 β 收敛是指长江经济带各城市的生态效率不会无限上升，而是趋向于某一稳态水平，这也意味着生态效率较低的城市对生态效率较高的城市存在"追赶效应"。具体收敛模型如式（4 - 11）所示：

$$\ln \frac{EE_{i,t+T}}{EE_{i,t}} = \alpha_0 + \beta_i \ln EE_{i,t} + \varepsilon_{i,t} \tag{4 - 11}$$

其中，i、t 和 T 分别代表城市、年份和时间跨度，$EE_{i,t+T}$ 为城市 i 在 t + T 时期的生态效率，α_0、β 和 $\varepsilon_{i,t}$ 分别表示常数截距项、待估计参数和随机扰动项。如果对于 β 的估计结果显著为负，则表示该地区存在绝对 β 收敛；如果估计结果显著为正，则该地区不存在绝对 β 收敛，即存在发散趋势。此外，根据 β 的估计值，可以根据式（4 - 12）计算得出收敛速度：

$$\delta = -\frac{1}{T} \ln(\beta + 1) \tag{4 - 12}$$

4.2.2　长江经济带生态效率的收敛性检验

基于前面介绍的绝对 β 收敛检验方法，表 4 - 4 汇报了长江经济带整体、上中下游地区、沿江与非沿江地区和三大城市群生态效率及其分解项的绝对 β 收敛检验结果。

表4-4　　　　　　　　长江经济带生态效率绝对 β 检验结果

面板数据类型		β 值	P 值	结论	收敛速度
长江经济带108个城市		-0.083	0.000	收敛	0.087
上中下游地区	上游地区	-0.034	0.014	收敛	0.035
	中游地区	-0.115	0.000	收敛	0.122
	下游地区	-0.142	0.000	收敛	0.153
沿江与非沿江地区	沿江地区	-0.043	0.007	收敛	0.044
	非沿江地区	-0.102	0.000	收敛	0.108
三大城市群	长三角城市群	-0.034	0.000	收敛	0.035
	长江中游城市群	-0.103	0.000	收敛	0.109
	成渝城市群	-0.159	0.043	收敛	0.173

资料来源：笔者测算并绘制。

1. 整体方面

长江经济带整体生态效率 β 回归系数为 -0.083，且通过1%显著性检验，收敛速度为0.087。这说明从整体来看，长江经济带生态效率存在绝对 β 收敛，意味着长江经济带各城市的生态效率不会无限上升，而是会向某一稳态水平趋同，即生态效率较低的城市对生态效率较高的城市存在"追赶效应"。

2. 上中下游地区方面

上中下游地区生态效率的 β 回归系数分别为 -0.034、-0.115 和 -0.142，且均通过5%显著性水平检验。这说明当以上中下游视角切入检验长江经济带生态效率敛散情况时，依然呈现收敛趋势，即上中下游地区各城市的生态效率会趋向于某一稳态水平。此外，上中下游地区生态效率的收敛速度分别为0.035、0.122、0.153，表明下游地区生态效率将最先收敛到其稳态水平，中游地区其次，上游地区最慢。

3. 沿江与非沿江地区方面

沿江与非沿江地区生态效率的 β 回归系数分别为 -0.043 和 -0.102，

且均通过 1% 显著性水平检验。这说明当以沿江与非沿江视角切入检验长江经济带生态效率敛散情况时，依然呈现收敛趋势。此外，沿江与非沿江地区的收敛速度分别为 0.044 和 0.108，表明非沿江地区的生态效率将先于沿江地区收敛至稳态水平。

4. 三大城市群方面

长三角城市群、长江中游城市群和成渝城市群的 β 回归系数分别为 −0.034、−0.103 和 −0.159，且均通过 5% 显著性水平检验，这说明各城市群生态效率存在绝对 β 收敛趋势。长三角城市群、长江中游城市群和成渝城市群的收敛速度分别为 0.035、0.109 和 0.173，表明成渝城市群生态效率将最先收敛到其稳态水平，长江中游城市群次之，长三角城市群最慢。

4.3　本章小结

本节基于 Dagum 基尼系数及其分解方法和 β 收敛检验对长江经济带生态效率的空间差异及收敛性进行了考察分析，具体研究结论如下：

（1）长江经济带生态效率的空间差异。整个样本考察期内，长江经济带生态效率总体差异程度的波动态势显著，且近年来有扩大趋势。在上中下游、沿江与非沿江地区及三大城市群的划分标准下，上中下游地区内部和地区间、沿江与非沿江地区内部和地区间、三大城市群内部和城市群间生态效率的空间差异程度在波动中有升有降，其中，下游地区、沿江地区和长三角城市群生态效率的地区内差异较大，下游与上游地区、沿江与非沿江地区、长三角与成渝城市群生态效率的地区间差异较大。

（2）长江经济带生态效率的空间差异来源及贡献率。在上中下游地区划分下，解决生态效率地区不均衡问题的关键在于缩小超变密度，同时也不能忽视地区内与地区间差异贡献的扩大趋势；沿江与非沿江地区划分下，解决生态效率地区不平衡问题的关键在于缩小地区内差异，注重地区内部各城市生态效率的协同提升；三大城市群划分下，超变密度对其生态效率空间差异的贡献程度最高，且相较于上中下游地区、沿江与非沿江地区，三大城市群划分标准下的地区间差异贡献率明显升高，这意味着未来应注重城市群间生态效率的协同提升。

（3）长江经济带生态效率的收敛性。无论是从总体还是三种地域划分上，长江经济带生态效率均存在绝对 β 收敛现象，即低生态效率城市对高生态效率城市存在一定"追赶效应"。就收敛速度而言，在上中下游地区划分下，下游地区生态效率最先收敛到其稳态水平，中游地区次之，上游地区最慢；在沿江与非沿江地区划分下，非沿江地区的生态效率先于沿江地区收敛至稳态水平；在三大城市群划分下，成渝城市群生态效率最先收敛到其稳态水平，长江中游城市群次之，长三角城市群最慢。

第5章 长江经济带生态效率的分布动态演进及长期趋势预测

本章主要考察长江经济带生态效率分布动态演进及长期趋势预测。具体地，本书运用 Kernel 密度估计方法考察长江经济带生态效率绝对差异分布的整体形态和动态演进规律；利用 Markov 链分析方法，对长江经济带生态效率的长期转移趋势进行预测。

5.1 长江经济带生态效率的分布动态演进

作为研究空间分布差异的重要工具之一，Kernel 密度估计方法能够有效刻画生态效率绝对差异的动态演进规律（陈明华等，2016）。因此，本节利用 Kernel 密度估计方法对长江经济带生态效率绝对差异分布的整体形态和动态演进规律进行刻画，具体包括分布位置、分布态势、分布延展性、极化趋势等。

5.1.1 Kernel 密度估计方法

Kernel 密度估计方法是一种用以研究空间分布异质性的非参数估计方法。该方法通过对随机变量的概率密度进行估计，利用平滑的连续密度曲线描述其分布动态演进规律。随机变量 X 的密度函数 $f(x)$ 如式（5-1）所示。其中，N 为样本观测值的个数；X_i 为独立同分布的观测值；$\overline{X}$ 为均值；h 为带宽，h 反映了估计的密度函数曲线的平滑度和估计精度。核函数 $K(\cdot)$ 包含高斯核函数、三角核函数、四角核函数、

Epanechnikov 核函数等，本书采用高斯核函数来考察长江经济带生态效率的分布动态演进，如式（5-2）所示。核函数 K(·) 作为加权函数或平滑转换函数需满足的条件，见式（5-3）。

$$f(x) = \frac{1}{Nh} \sum_{i=1}^{N} K\left(\frac{X_i - \overline{X}}{h}\right) \tag{5-1}$$

$$K(x) = \frac{1}{\sqrt{2\pi}} \exp\left(-\frac{x^2}{2}\right) \tag{5-2}$$

$$\begin{cases} \lim_{x \to \infty} K(x) \cdot x = 0 \\ K(x) \geq 0, \quad \int_{-\infty}^{+\infty} K(x)\,dx = 1 \\ \sup K(x) < +\infty, \quad \int_{-\infty}^{+\infty} K^2(x)\,dx = 1 \end{cases} \tag{5-3}$$

5.1.2　生态效率的分布动态演进：基于整体视角

图 5-1 反映了 2006~2018 年长江经济带生态效率的分布动态演进。从分布位置看，长江经济带生态效率 Kernel 密度函数中心点经历了先右移后左移的演变过程，2016 年为"右移—左移"转折点，Kernel 密度函数中心点总体呈右移趋势，这说明长江经济带生态效率得到一定提升。从主峰分布形态看，长江经济带生态效率 Kernel 密度函数的主峰峰值呈波动下降趋势，宽度则逐渐变宽，与 2006 年相比，2018 年主峰较为平坦且峰值较小，这说明长江经济带生态效率的绝对差异有扩大趋势。从分布延展性看，长江经济带生态效率分布曲线存在向右拖尾现象，这可能与长江经济带存在生态效率较高的城市有关；长江经济带生态效率分布延展性具有拓宽趋势，说明生态效率水平较高的城市得到进一步提升，具有"马太效应"。从极化趋势看，长江经济带生态效率呈现两极分化现象。分时期看，"十一五"时期，Kernel 密度函数中心点逐渐右移，其主峰峰值呈"上升—下降—上升"演变趋势，2009 年为波动转折点，主峰宽度先增大后略微减小，总体呈峰值上升、宽度减小的变化趋势，这说明"十一五"时期长江经济带生态效率得到有效提升，其绝对差异有扩大趋势；"十二五"和"十三五"时期，Kernel 密度函数中心点先大幅右移后小幅左移，其主峰峰值先下降后上升、宽度先增大后减小，这表明"十二五"和"十三五"时期生态效率水平进

一步提升，绝对差异仍呈现扩大趋势。

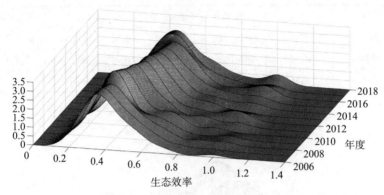

图 5 – 1　长江经济带生态效率的分布动态演进（2006 ~ 2018 年）

资料来源：笔者测算并绘制。

5.1.3　生态效率的分布动态演进：基于上中下游地区视角

表 5 – 1 总结了 2006 ~ 2018 年长江经济带上中下游地区生态效率的分布动态演进规律，图 5 – 2 反映了 2006 ~ 2018 年长江经济带下游地区生态效率的分布动态演进态势。从分布位置看，长江经济带下游地区生态效率 Kernel 密度函数中心点呈右移趋势，这说明下游地区生态效率逐步提升。从主峰分布形态看，下游地区生态效率 Kernel 密度函数的主峰峰值呈波动下降趋势，2010 年达到最低值；宽度则逐渐变宽，这说明下游地区生态效率的绝对差异有扩大趋势。从分布延展性看，下游地区生态效率分布曲线存在向右拖尾现象且分布延展性呈拓宽趋势，说明生态效率水平较高的城市与地区平均水平差距进一步拉大。从极化趋势看，下游地区生态效率呈现多极分化现象。分时期看，"十一五"时期，Kernel 密度函数中心点先大幅右移后小幅左移，其主峰峰值呈逐渐下降、宽度逐渐增大的变化趋势，这表明"十一五"时期下游地区生态效率呈上升趋势，绝对差异呈扩大趋势；"十二五"和"十三五"时期，Kernel 密度函数中心点先大幅右移后小幅左移，其主峰峰值经历了"上升—下降—上升"趋势，宽度呈"减小—增大—减小"趋势，这表明"十二五"和"十三五"时期生态效率水平进一步提升，绝对差异扩大。

表 5 - 1   2006~2018 年长江经济带上中下游地区
                        生态效率的分布动态演进规律

地区	分布位置	主峰分布形态	分布延展性	极化情况
下游地区	右移	峰值下降，宽度扩大	右拖尾，延展拓宽	多极分化
中游地区	右移	峰值下降，宽度扩大	右拖尾，延展收敛	两极分化
上游地区	右移	峰值下降，宽度扩大	右拖尾，延展拓宽	多极分化

资料来源：笔者测算并绘制。

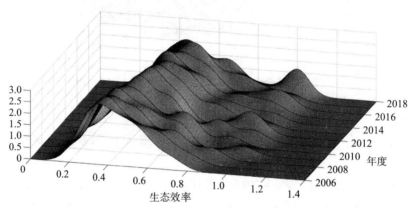

图 5 - 2　长江经济带下游地区生态效率的分布动态演进（2006~2018 年）
资料来源：笔者测算并绘制。

图 5 - 3 反映了 2006~2018 年长江经济带中游地区生态效率的分布
动态演进态势。从分布位置看，长江经济带中游地区生态效率 Kernel 密
度函数中心点经历了"左移—右移—左移"的演变趋势，2009 年和
2017 年分别为"左移—右移"和"右移—左移"转折点，Kernel 密度
函数中心点总体呈右移趋势，这说明中游地区生态效率得到改善。从主
峰分布形态看，中游地区生态效率 Kernel 密度函数的主峰峰值呈波动下
降趋势，波动幅度较小，宽度则逐渐增加，总体表现为主峰峰值下降、
宽度增加，这说明中游地区生态效率的绝对差异呈扩大趋势。从分布延
展性看，中游地区生态效率分布曲线存在向右拖尾现象且分布延展性具
有拓宽趋势，说明生态效率水平较高的城市在样本考察期内得到提升。
从极化趋势看，中游地区生态效率呈现两极分化现象，侧峰峰值较低。
分时期看，"十一五"时期，Kernel 密度函数中心点波动右移，其主峰
峰值先下降后上升再下降、宽度先增大后减小再增大，总体表现为峰值

下降、宽度增大，这表明"十一五"时期中游地区生态效率水平波动上升，绝对差异呈扩大趋势；"十二五"和"十三五"时期，Kernel 密度函数中心点先右移后左移，其主峰峰值呈波动上升趋势，宽度呈波动减小趋势，这表明"十二五"和"十三五"时期生态效率水平波动提升，绝对差异扩大。

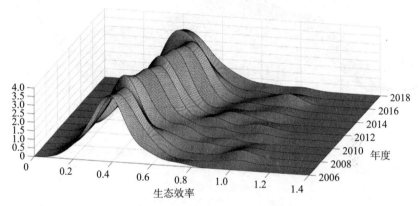

图 5 - 3　长江经济带中游地区生态效率的分布动态演进（2006～2018 年）
资料来源：笔者测算并绘制。

　　图 5 - 4 反映了 2006～2018 年长江经济带上游地区生态效率的分布动态演进态势。从分布位置看，长江经济带上游地区生态效率 Kernel 密度函数中心点呈"右移—左移"的演变趋势，2013 年为"右移—左移"转折点，Kernel 密度函数中心点总体呈右移趋势，但移动幅度不大，这说明上游地区生态效率提升速度较慢。从主峰分布形态看，上游地区生态效率 Kernel 密度函数的主峰峰值呈"上升—下降—上升"的演变趋势，宽度则逐渐变宽，这说明上游地区生态效率的绝对差异有扩大趋势。从分布延展性看，上游地区生态效率分布曲线存在向右拖尾现象且分布延展性呈拓宽趋势，说明上游地区存在"优者更优"现象。从极化趋势看，上游地区生态效率呈现微弱的多极分化现象。分时期看，"十一五"时期，Kernel 密度函数中心点波动右移，其主峰峰值呈波动上升趋势，宽度呈波动减小趋势，这表明"十一五"时期上游地区生态效率呈波动上升趋势，绝对差异呈扩大趋势；"十二五"和"十三五"时期，Kernel 密度函数中心点先右移后左移，其主峰峰值先下降后

上升、宽度先增大后减小，这表明"十二五"和"十三五"时期生态效率水平逐渐提升，绝对差异仍呈现扩大趋势。

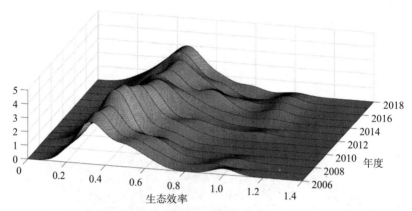

图 5 - 4　长江经济带上游地区生态效率的分布动态演进（2006～2018 年）

资料来源：笔者测算并绘制。

5.1.4　生态效率的分布动态演进：基于沿江与非沿江地区视角

表 5 - 2 总结了 2006～2018 年长江经济带沿江与非沿江地区生态效率的分布动态演进规律，图 5 - 5 反映了 2006～2018 年长江经济带沿江地区生态效率的分布动态演进态势。从分布位置看，长江经济带沿江地区生态效率 Kernel 密度函数中心点呈先右移后左移的演变过程，2016年为"右移—左移"转折点，Kernel 密度函数中心点总体呈右移趋势且移动幅度较大，这说明沿江地区生态效率得到有效提升。从主峰分布形态看，Kernel 密度函数的主峰峰值先波动下降后小幅上升，2016 年为"下降—上升"转折点，宽度则逐渐变大，这说明沿江地区生态效率的绝对差异逐渐扩大。从分布延展性看，沿江地区生态效率分布出现了右拖尾，说明生态效率水平较高的城市与地区平均水平差距进一步拉大。从极化趋势看，沿江地区生态效率呈现多极分化现象。分时期看，"十一五"时期，Kernel 密度函数中心点逐渐右移，其主峰峰值逐渐上升，宽度呈逐渐减小，这表明"十一五"时期沿江地区生态效率逐渐提升，绝对差异呈扩大趋势；"十二五"和"十三五"时期，Kernel 密度函数

中心点先大幅右移后小幅左移,其主峰峰值先小幅下降后大幅上升、宽度先小幅增大后大幅减小,这表明"十二五"和"十三五"时期生态效率水平进一步提升,绝对差异仍呈现扩大趋势。

表5-2　　　2006~2018年长江经济带沿江与非沿江地区
生态效率的分布动态演进规律

地区	分布位置	主峰分布形态	分布延展性	极化情况
沿江地区	右移	峰值下降,宽度扩大	右拖尾,延展拓宽	多极分化
非沿江地区	右移	峰值下降,宽度扩大	右拖尾,延展拓宽	两极分化

资料来源:笔者测算并绘制。

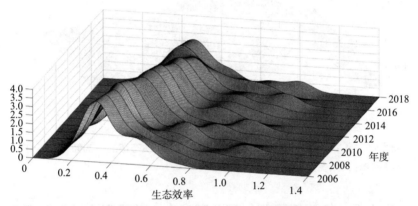

图5-5　长江经济带沿江地区生态效率的分布动态演进(2006~2018年)
资料来源:笔者测算并绘制。

图5-6反映了2006~2018年长江经济带非沿江地区生态效率的分布动态演进态势。从分布位置看,与沿江地区类似,非沿江地区生态效率Kernel密度函数中心点呈先右移后左移的演变过程,总体呈右移趋势,这说明非沿江地区生态效率得到一定提升。从主峰分布形态看,非沿江地区生态效率Kernel密度函数的主峰峰值缓慢波动下降,宽度则逐渐变宽,这说明非沿江地区生态效率的绝对差异有扩大趋势。从分布延展性看,非沿江地区生态效率分布曲线存在向右拖尾现象且分布延展性具有拓宽趋势,说明生态效率水平较高的城市逐渐高于地区内平均水平。从极化趋势看,非沿江地区生态效率呈现两极分化现象,主峰和侧

109

峰呈阶梯状分布。分时期看，"十一五"时期，Kernel 密度函数中心点波动右移，其主峰峰值大幅上升，宽度逐渐减小，这表明"十一五"时期非沿江地区生态效率波动上升，绝对差异呈扩大趋势；"十二五"和"十三五"时期，非沿江地区生态效率 Kernel 密度函数中心点先大幅右移后小幅左移，其主峰峰值逐渐上升、宽度逐渐下降，这表明"十二五"和"十三五"时期其生态效率水平进一步提升，绝对差异仍呈现扩大趋势。

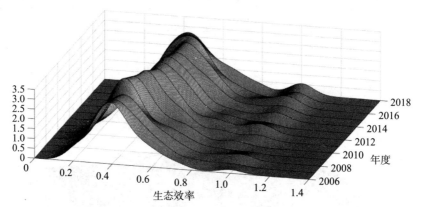

图 5 - 6　长江经济带非沿江地区生态效率的分布动态演进（2006～2018 年）
资料来源：笔者测算并绘制。

5.1.5　生态效率的分布动态演进：基于三大城市群视角

表 5 - 3 总结了 2006～2018 年长江经济带三大城市群生态效率的分布动态演进规律态势，图 5 - 7 反映了 2006～2018 年长三角城市群生态效率的分布动态演进。从分布位置看，长三角城市群生态效率 Kernel 密度函数中心点呈波动右移趋势，这说明长三角城市群生态效率总体呈上升趋势。从主峰分布形态看，长三角城市群生态效率 Kernel 密度函数的主峰峰值呈显著下降趋势，宽度经历了"缩小—增大"的演变过程，总体呈变宽趋势，这说明长三角城市群生态效率的绝对差异呈扩大趋势。从分布延展性看，长三角城市群生态效率分布曲线存在向右拖尾现象，且延展性呈拓宽趋势，说明生态效率水平较高的城市与地区平均水平差距进一步拉大。从极化趋势看，长三角城市群生态效率出现多峰现

象，生态效率水平具有一定的梯度效应。分时期看，"十一五"时期，Kernel 密度函数中心点逐渐右移，其主峰峰值呈上升趋势，宽度呈下降趋势，这表明"十一五"时期长三角城市群生态效率逐渐上升，绝对差异呈扩大趋势；"十二五"和"十三五"时期，Kernel 密度函数中心点逐渐右移，其主峰峰值呈波动上升趋势、宽度呈下降趋势，这表明"十二五"和"十三五"时期其生态效率水平进一步提升，绝对差异仍呈现扩大趋势。

表 5 – 3　　　　2006～2018 年长江经济带三大城市群生态效率的
分布动态演进规律

地区	分布位置	主峰分布形态	分布延展性	极化情况
长三角城市群	右移	峰值下降，宽度扩大	右拖尾，延展拓宽	多极分化
长江中游城市群	右移	峰值下降，宽度扩大	右拖尾，延展拓宽	两极分化
成渝城市群	右移	峰值下降，宽度扩大	右拖尾，延展拓宽	多极分化

资料来源：笔者测算并绘制。

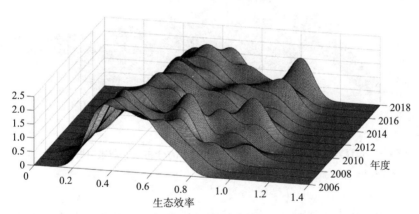

图 5 – 7　长江经济带长三角城市群生态效率的分布动态演进（2006～2018 年）

资料来源：笔者测算并绘制。

图 5 – 8 反映了 2006～2018 年长江中游城市群生态效率的分布动态演进态势。从分布位置看，长江中游城市群生态效率 Kernel 密度函数中心点先右移后左移，但总体呈右移趋势，这说明长江中游城市群生态效率得到一定提升。从主峰分布形态看，长江中游城市群的主峰峰值呈波

动下降趋势,宽度则逐渐变宽,这说明其生态效率的绝对差异呈扩大趋势。从分布延展性看,长江中游城市群生态效率分布曲线表现为右拖尾且延展性呈拓宽趋势,说明生态效率水平较高的城市与地区平均水平差距进一步拉大。从极化趋势看,长江中游城市群生态效率呈现双峰但侧峰峰值较低,说明其生态效率水平两极分化现象较为微弱。分时期看,"十一五"时期,Kernel 密度函数中心点逐渐右移,其主峰峰值呈"下降—上升"趋势,宽度呈"增大—减小"趋势,这表明"十一五"时期长江中游城市群生态效率逐渐上升,绝对差异呈扩大趋势;"十二五"和"十三五"时期,Kernel 密度函数中心点先大幅右移后小幅左移,其主峰峰值呈"上升—下降—上升"趋势、宽度呈"减小—增大—减小"趋势,这表明"十二五"和"十三五"时期其生态效率水平进一步提升,绝对差异仍呈现扩大趋势。

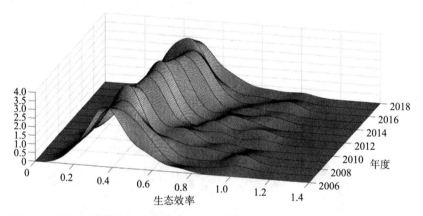

图 5 - 8   长江经济带长江中游城市群生态效率的分布动态演进 (2006 ~ 2018 年)
资料来源:笔者测算并绘制。

图 5 - 9 反映了 2006 ~ 2018 年成渝城市群生态效率的分布动态演进态势。从分布位置看,长江经济带生态效率 Kernel 密度函数中心点先左移后右移,说明成渝城市群生态效率水平经历了"下降—上升"的演变趋势。从主峰分布形态看,成渝城市群表现为主峰高度下降、宽度扩大,这说明成渝城市群生态效率的绝对差异呈现显著缩小态势。从分布延展性看,成渝城市群生态效率分布曲线表现为右拖尾且延展性呈拓宽趋势,说明生态效率水平较高的城市与地区平均水平差距进一步拉大。

从极化趋势看，成渝城市群生态效率呈现两极分化现象。分时期看，"十一五"时期，Kernel 密度函数中心点先右移后左移，其主峰峰值呈上升趋势，宽度呈下降趋势，这表明"十一五"时期成渝城市群生态效率波动上升，绝对差异呈扩大趋势；"十二五"和"十三五"时期，Kernel 密度函数中心点逐渐右移，其主峰峰值呈波动上升趋势、宽度呈下降趋势，这表明"十二五"和"十三五"时期生态效率水平逐渐提升，绝对差异仍呈现扩大趋势。

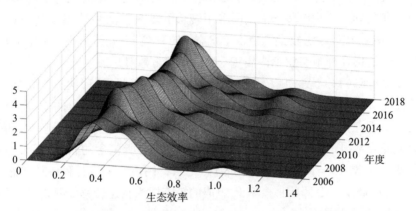

图 5 - 9　长江经济带成渝城市群生态效率的分布动态演进（2006 ~ 2018 年）
资料来源：笔者测算并绘制。

5.2　长江经济带生态效率的长期趋势预测

在 Kernel 密度估计方法刻画长江经济带生态效率分布动态演进规律的基础上，本节采用 Markov 链估计方法对长江经济带生态效率进行长期趋势预测。

5.2.1　Markov 链估计方法

Markov 链模型通过构建 Markov 转移概率矩阵，刻画长江经济带生态效率的长期转移趋势。Markov 转移概率矩阵经过数据离散化，将样本数据划分为 k 种类型，并分别测算不同类型样本数据的概率分布与随时间演化的状况，从而刻画考察对象的动态演进过程。Markov 链是一个随机过程 $\{X(t)，t \in T\}$，该过程中的 T 表示指数集合，随机变量处于 $t+1$ 时的状态概率仅取决于上一时期的状态，其动态转移行为与过去的状态无关。所有时期 t 和所有可能发生的状态 j、i 及 i_k（$k = 0$，1，2，…，$t-2$）要符合式（5-4）的具体条件。

$$P = \{X(t) = j \mid X(t-1) = i, X(t-2) = i_{t-2}, \cdots,$$
$$X(0) = i_0\} = \{X(t) = j \mid X(t-1) = i\} \quad (5-4)$$

式（5-4）中，假设 P_{ij} 为某城市生态效率由 t 年的状态 i 转移到 $t+1$ 年的状态 j 的转移概率，可采用转移的极大似然估计概率 $P_{ij} = n_{ij}/n_i$，n_{ij} 表示在样本考察期内由 t 年状态 i 转移到 $t+1$ 年状态 j 的城市数量，n_i 是指在样本考察期内属于 i 类型的城市数量。

"状态转移"表示随机变量从一种状态转变到另一种状态，如果将长江经济带生态效率划分成 N 种类型，则可以得到 $N \times N$ 的矩阵，因此，由所有状态转移概率的 P_{ij} 组成的矩阵即为状态转移概率矩阵 P。假设 I 表示 Markov 链的随机过程 $\{X(t)，t \in T\}$ 所包含的状态空间，并以 $p_{ij} = p\{X_t + 1 = j \mid X_t = I; I, j \in I\}$ 记录，则表示随机过程中从状态 i 转向 j 的概率，全部转移概率 P_{ij} 组成的矩阵即为状态转移概率矩阵，如式（5-5）所示。

$$P = (p_{ij}) = \begin{bmatrix} p_{11} & p_{12} & p_{13} & \cdots \\ p_{21} & p_{22} & p_{23} & \cdots \\ p_{31} & p_{32} & p_{33} & \cdots \\ \cdots & \cdots & \cdots & \cdots \end{bmatrix} \quad (5-5)$$

5.2.2 生态效率的长期趋势预测：基于整体视角

本书将生态效率水平划分为低水平（类型Ⅰ）、中低水平（类型Ⅱ）、中高水平（类型Ⅲ）和高水平（类型Ⅳ），分别计算当滞后期为 1 年、2 年、3 年、4 年和 5 年时长江经济带生态效率的转移概率。在生态效率转移概率矩阵中，主对角线的数值为生态效率水平实现平稳转移的概率，非对角线的数值为生态效率发生正（逆）向转移或正（逆）向跳跃式转移的概率。

表 5-4 报告了长江经济带生态效率的 Markov 链转移概率测算结

果。若初始年份某一城市生态效率为低水平，当滞后期为 1 年时，该城市生态效率保持在低水平的概率为 79.01%，向上转移的概率为 17.59%，跳跃式转移到中高水平的概率为 3.40%；当滞后期为 2 年时，该城市生态效率没有发生转移的概率为 68.69%，向上转移到中低水平的概率为 23.91%，正向跳跃式转移到中高水平的概率为 7.41%；当滞后期为 3 年时，该城市生态效率保持在原有水平的概率为 61.48%，向上转移的概率为 25.56%，正向跳跃到中高水平和高水平的概率为 11.85% 和 1.11%；当滞后期为 4 年时，该城市生态效率没有发生转移的概率为 56.38%，向上转移的概率为 23.87%，正向跳跃式转移到中高水平和高水平的概率分别为 18.11% 和 1.65%；当滞后期为 5 年时，该城市保持在原有水平的概率为 50.00%，向上转移到中低水平的概率为 24.07%，正向跳跃式转移到中高水平和高水平的概率分别为 25.46% 和 0.46%。

表 5-4　　　长江经济带生态效率的 Markov 链转移概率矩阵

时期	类型	I	II	III	IV
T1	I	0.7901	0.1759	0.0340	0.0000
	II	0.0988	0.5988	0.2840	0.0185
	III	0.0154	0.1512	0.6574	0.1759
	IV	0.0031	0.0185	0.0802	0.8981
T2	I	0.6869	0.2391	0.0741	0.0000
	II	0.1448	0.4411	0.3838	0.0303
	III	0.0337	0.1549	0.5623	0.2492
	IV	0.0000	0.0236	0.1111	0.8653
T3	I	0.6148	0.2556	0.1185	0.0111
	II	0.1333	0.3444	0.4630	0.0593
	III	0.0185	0.1630	0.5074	0.3111
	IV	0.0037	0.0444	0.1037	0.8481
T4	I	0.5638	0.2387	0.1811	0.0165
	II	0.1193	0.2675	0.5391	0.0741
	III	0.0288	0.1070	0.4774	0.3868
	IV	0.0082	0.0412	0.0947	0.8560

时期	类型	I	II	III	IV
T5	I	0.5000	0.2407	0.2546	0.0046
	II	0.1065	0.2083	0.5556	0.1296
	III	0.0370	0.0694	0.4537	0.4398
	IV	0.0093	0.0324	0.1204	0.8380

资料来源：笔者测算并绘制。

　　若初始年份某一城市生态效率为中低水平，当滞后期为 1 年时，该城市生态效率保持在原有水平的概率为 59.88%，向上转移到中高水平的概率为 28.40%，正向跳跃到高水平的概率为 1.85%，负向转移的概率为 9.88%；当滞后期为 2 年时，该城市生态效率保持在中低水平的概率为 44.11%，向上转移的概率为 38.38%，正向跳跃到高水平的概率为 3.03%，向下转移的概率为 14.48%；当滞后期为 3 年时，生态效率未发生转移的概率为 34.44%，正向转移的概率为 46.30%，正向跳跃式转移的概率为 5.93%，负向转移的概率为 13.33%；当滞后期为 4 年时，生态效率保持在原有水平的概率为 26.75%，向上转移的概率为 53.91%，正向跳跃式转移到高水平的概率为 7.41%，向下转移的概率为 11.93%；当滞后期为 5 年时，该城市生态效率没有发生转移的概率为 20.83%，向上转移的概率为 55.56%，正向跳跃式转移到高水平的概率为 12.96%，负向转移的概率为 10.65%。

　　若初始年份某一城市生态效率为中高水平，当滞后期为 1 年时，该城市生态效率没有发生转移的概率为 65.74%，向上转移的概率为 17.59%，向下转移的概率为 15.12%，负向跳跃式转移的概率为 1.54%；当滞后期为 2 年时，生态效率水平保持在原有水平的概率为 56.23%，向上转移的概率为 24.92%，负向转移到中低水平的概率为 15.49%，负向跳跃式转移的概率为 3.37%；当滞后期为 3 年时，生态效率保持在原有水平的概率为 50.74%，向上转移的概率为 31.11%，负向转移的概率为 16.30%，负向跳跃式转移的概率为 1.85%；当滞后期为 4 年时，生态效率未发生转移的概率为 47.74%，向上转移到高水平的概率为 38.68%，向下转移的概率为 10.70%，负向跳跃式转移的概率为 2.88%；当滞后期为 5 年时，该城市生态效率保持在原有水平的概率为 45.37%，向上转移的概率为 43.98%，负向转移的概率为 6.94%，向下跳跃式转移的概率为 3.70%。

若初始年份某一城市生态效率为高水平，当滞后期为 1 年时，该城市生态效率未发生转移的概率为 89.81%，向下转移的概率为 8.02%，负向跳跃到中低水平和低水平的概率分别为 1.85% 和 0.31%；当滞后期为 2 年时，生态效率保持在高水平的概率为 86.53%，向下转移的概率为 11.11%，负向跳跃式转移的概率为 2.36%；当滞后期为 3 年时，生态效率保持在高水平的概率为 84.81%，向下转移的概率为 10.37%，负向跳跃式转移到中低水平和低水平的概率分别为 4.44% 和 0.37%；当滞后期为 4 年时，生态效率保持在高水平的概率为 85.60%，向下转移的概率为 9.47%，负向跳跃式转移到中低水平和低水平的概率分别为 4.12% 和 0.82%；当滞后期为 5 年时，生态效率保持在高水平的概率为 83.80%，向下转移的概率为 12.04%，负向跳跃式转移到中低水平和低水平的概率分别为 3.24% 和 0.93%。

根据上述分析，可以得到如下结论：第一，长江经济带生态效率的 Markov 链转移矩阵中的对角线数值最大，这表明发生转移后仍然维持自身水平的概率较大，而由自身水平类型向其他水平类型发生转移的概率较小。第二，随着滞后期增加，生态效率为低水平的城市，其发生正向转移的概率逐渐提高；生态效率为中低水平和中高水平的城市，其发生正向转移的概率均高于逆向转移，其差值呈递增趋势；生态效率为高水平的城市，其发生逆向转移的概率呈递增趋势。第三，长江经济带生态效率在多数滞后期存在"跳跃转移"的概率，未来发生正向跳跃的可能性较高。

5.2.3　生态效率的长期趋势预测：基于上中下游地区视角

本节从上中下游的视角出发，采用 Markov 链对长江经济带三大地区的生态效率进行长期趋势预测。表 5 - 5 报告了长江经济带下游地区生态效率的 Markov 链转移概率测算结果。从长江经济带下游地区看，若初始年份某一城市生态效率为低水平，当滞后期为 1 年时，该城市生态效率仍处于低水平的概率为 77.50%，向上转移的概率为 20.83%，正向跳跃转移至中高水平的概率为 1.67%；当滞后期为 2 年时，该城市

117

生态效率保持在原有水平的概率下降至 66.36%, 向上转移的概率上升
至 30.00%, 正向跳跃转移到中高水平的概率升高至 3.64%; 当滞后期
为 3 年时, 该城市生态效率实现平稳转移的概率降至 59.00%, 向上转
移的概率保持上升趋势, 上升到 34.00%, 正向跳跃转移至中高水平的
概率跃升到 7.00%; 当滞后期为 4 年时, 该城市生态效率实现平稳转移
的概率继续下降至 51.11%, 向上转移的概率平稳上升至 37.78%, 正
向跳跃转移至中高水平和高水平的概率依次上升至 10.00% 和 1.11%;
当滞后期为 5 年时, 该城市仍有 46.25% 的概率保持在低水平, 正向转
移的概率升高至 40%, 正向跳跃转移至中高水平的概率上升到
13.75%, 跳跃到高水平的概率下降至 0。

表 5 - 5　　　　下游地区生态效率的 Markov 链转移概率矩阵

时期	类型	I	II	III	IV
T1	I	0.7750	0.2083	0.0167	0.0000
	II	0.0750	0.7417	0.1667	0.0167
	III	0.0083	0.1083	0.7083	0.1750
	IV	0.0000	0.0000	0.0379	0.9621
T2	I	0.6636	0.3000	0.0364	0.0000
	II	0.1000	0.6182	0.2727	0.0091
	III	0.0091	0.1000	0.6000	0.2909
	IV	0.0000	0.0000	0.0744	0.9256
T3	I	0.5900	0.3400	0.0700	0.0000
	II	0.1200	0.5100	0.3500	0.0200
	III	0.0000	0.1200	0.5100	0.3700
	IV	0.0000	0.0000	0.1000	0.9000
T4	I	0.5111	0.3778	0.1000	0.0111
	II	0.1222	0.4333	0.4333	0.0111
	III	0.0111	0.0889	0.4444	0.4556
	IV	0.0000	0.0000	0.0909	0.9091
T5	I	0.4625	0.4000	0.1375	0.0000
	II	0.1125	0.3375	0.5250	0.0250

时期	类型	I	II	III	IV
T5	III	0.0000	0.1000	0.3375	0.5625
	IV	0.0000	0.0000	0.0795	0.9205

资料来源：笔者测算并绘制。

　　若初始年份某一城市生态效率为中低水平，当滞后期为 1 年时，该城市生态效率仍处于中低水平的概率为 74.17%，向上转移的概率为 16.67%，正向跳跃转移至高水平的概率为 1.67%，向下转移的概率为 7.50%；当滞后期为 2 年时，该城市生态效率水平没有发生转移的概率下降到 61.82%，向上转移的概率上升到 27.27%，正向跳跃式转移的概率略微下降至 0.91%，向下转移的概率上升至 10.00%；当滞后期为 3 年时，生态效率实现平稳转移的概率逐步下降至 51.00%，正向转移的概率逐步上升至 35%，正向跳跃式转移的概率升高至 2.00%，向下转移的概率上升至 12.00%；当滞后期为 4 年时，生态效率实现平稳转移的概率继续下降至 43.33%，正向转移的概率继续上升至 43.33%，正向跳跃式转移的概率再次下降至 1.11%，向下转移的概率继续上升至 12.22%；当滞后期为 5 年时，该城市生态效率仅有 33.75% 的概率保持在中低水平，正向转移的概率进一步升至 52.50%，正向跳跃式转移的概率升至 2.50%，逆向转移的概率降至 11.25%。

　　若初始年份某一城市生态效率为中高水平，当滞后期为 1 年时，该城市生态效率实现保持在原有水平的概率为 70.83%，向上转移的概率为 17.50%，向下转移的概率为 10.83%，逆向跳跃式转移的概率为 0.83%；当滞后期为 2 年时，生态效率水平没有发生改变的概率下降至 60.00%，向上转移的概率上升至 29.09%，向下转移的概率下降至 10.00%，逆向跳跃式转移的概率略微上升至 0.91%；当滞后期为 3 年时，生态效率实现平稳转移的概率逐步降至 51.00%，向上转移的概率逐步升至 37.00%，向下转移的概率升高至 12.00%；当滞后期为 4 年时，生态效率实现平稳转移的概率继续降至 44.44%，向上转移的概率继续上升至 45.56%，向下转移的概率再次下降至 8.89%，逆向跳跃式转移的概率上升至 1.11%；当滞后期为 5 年时，该城市生态效率仅有 33.75% 的概率继续保持在中高水平，正向转移的概率攀升至 56.25%，

119

向下转移的概率再次升高至10.00%。

若初始年份某一城市生态效率为高水平，当滞后期为1年时，该城市生态效率保持在高水平的概率为96.21%，向下转移的概率为3.79%；当滞后期为2年时，生态效率实现平稳转移的概率略微降至92.56%，向下转移的概率升至7.44%；当滞后期为3年时，生态效率实现平稳转移的概率逐步下降至90%，向下转移的概率逐步升至10.00%；当滞后期为4年时，生态效率实现平稳转移的概率略微上升至90.91%，向下转移的概率降至9.09%；当滞后期为5年时，生态效率保持在高水平的概率进一步上升至92.05%，向下转移的概率逐步下降至7.95%。

根据上述分析，可以得到如下结论：第一，在长江经济带下游地区生态效率的Markov链转移矩阵中，随着滞后期逐年增加，生态效率为低水平和中低水平的城市，其发生正向转移的概率逐渐提高；生态效率为中高水平和高水平的城市，其发生逆向转移的概率呈递增趋势，但增加幅度较小。第二，下游地区生态效率在多数滞后期存在"跳跃转移"的概率，但"跳跃转移"实现难度较大，转移大多发生在相邻水平。

表5-6报告了长江经济带中游地区生态效率的Markov链转移概率测算结果。从长江经济带中游地区看，若初始年份某一城市生态效率为低水平，当滞后期为1年时，该城市生态效率仍处于低水平的概率为76.85%，向上转移至中低水平的概率为21.30%，正向跳跃转移至中高水平和高水平的概率均为0.93%；当滞后期为2年时，该城市生态效率保持在原有水平的概率下降至65.66%，向上转移至中低水平的概率上升至28.28%，正向跳跃转移到中高水平的概率升高至6.06%；当滞后期为3年时，该城市生态效率实现平稳转移的概率降至60.00%，向上转移至中低水平的概率逐步升至30.00%，正向跳跃转移至中高水平和高水平的概率依次跃升到8.89%和1.11%；当滞后期为4年时，该城市生态效率实现平稳转移的概率继续下降至58.02%，向上转移至中低水平的概率下降至23.46%，正向跳跃转移至中高水平和高水平的概率依次上升至12.35%和6.17%；当滞后期为5年时，该城市仍有51.39%的概率保持在低水平，正向转移至中低水平的概率为22.22%，正向跳跃转移至中高水平和高水平的概率上升到18.06%和8.33%。

表 5 – 6   中游地区生态效率的 Markov 链转移概率矩阵

时期	类型	I	II	III	IV
T1	I	0.7685	0.2130	0.0093	0.0093
	II	0.1574	0.4907	0.3333	0.0185
	III	0.0278	0.1667	0.5463	0.2593
	IV	0.0000	0.0278	0.0741	0.8981
T2	I	0.6566	0.2828	0.0606	0.0000
	II	0.1717	0.3535	0.3535	0.1212
	III	0.0505	0.1414	0.4444	0.3636
	IV	0.0202	0.0303	0.1313	0.8182
T3	I	0.6000	0.3000	0.0889	0.0111
	II	0.1444	0.2556	0.4333	0.1667
	III	0.0333	0.1778	0.3111	0.4778
	IV	0.0000	0.0778	0.1333	0.7889
T4	I	0.5802	0.2346	0.1235	0.0617
	II	0.0741	0.2346	0.4444	0.2469
	III	0.0494	0.0988	0.2593	0.5926
	IV	0.0123	0.0741	0.1235	0.7901
T5	I	0.5139	0.2222	0.1806	0.0833
	II	0.0694	0.2222	0.2917	0.4167
	III	0.0417	0.0694	0.1944	0.6944
	IV	0.0278	0.0694	0.1528	0.7500

资料来源：笔者测算并绘制。

121

若初始年份某一城市生态效率为中低水平，当滞后期为 1 年时，该城市生态效率仍处于中低水平的概率为 49.07%，向上转移的概率为 33.33%，正向跳跃转移至高水平的概率为 1.85%，向下转移的概率为 15.74%；当滞后期为 2 年时，该城市生态效率水平没有发生转移的概率下降到 35.35%，向上转移的概率上升到 35.35%，正向跳跃式转移的概率上升至 12.12%，向下转移的概率上升至 17.17%；当滞后期为 3 年时，生态效率实现平稳转移的概率逐步下降至 25.56%，正向转移的概率逐步上升至 43.33%，正向跳跃式转移的概率逐步升高至 16.67%，向下转移的概率为 14.44%；当滞后期为 4 年时，生态效率实现平稳转移的概率继续逐步下降至 23.46%，正向转移的概率继续上升至 44.44%，正向跳跃式转移的概率继续上升至 24.69%，向下转移的概率为 7.41%；当滞后期为 5 年时，该城市生态效率仅有 22.22% 的概率保持在中低水平，正向转移的概率为 29.17%，正向跳跃式转移的概率升至 41.67%，向下转移的概率继续降至 6.94%。

若初始年份某一城市生态效率为中高水平，当滞后期为 1 年时，该城市生态效率实现保持在原有水平的概率为 54.63%，向上转移的概率为 25.93%，向下转移的概率为 16.67%，逆向跳跃式转移的概率为 2.78%；当滞后期为 2 年时，生态效率水平没有发生改变的概率下降至 44.44%，向上转移的概率上升至 36.36%，向下转移的概率略微降至 14.14%，逆向跳跃式转移的概率上升至 5.05%；当滞后期为 3 年时，生态效率实现平稳转移的概率逐步降至 31.11%，向上转移的概率逐步升至 47.78%，向下转移的概率逐步升至 17.78%，逆向跳跃式转移的概率下降至 3.33%；当滞后期为 4 年时，生态效率实现平稳转移的概率继续降至 25.93%，向上转移的概率继续上升至 59.26%，向下转移的概率下降至 9.88%，逆向跳跃式转移的概率上升至 4.94%；当滞后期为 5 年时，该城市生态效率仍有 19.44% 的概率继续保持在中高水平，正向转移的概率升至 69.44%，向下转移的概率进一步降至 6.94%，逆向跳跃式转移的概率下降至 4.17%。

若初始年份某一城市生态效率为高水平，当滞后期为 1 年时，该城市生态效率保持在高水平的概率为 89.81%，向下转移的概率为 7.41%，逆向跳跃式转移至中低水平的概率为 2.78%；当滞后期为 2 年时，生态效率实现平稳转移的概率略微降至 81.82%，向下转移的概率升至 13.13%，逆向跳跃式转移至中低水平和低水平的概率分别为 3.03% 和 2.02%；当滞后期为 3 年时，生态效率实现平稳转移的概率逐步下降至 78.89%，向下转移的概率略微升至 13.33%，逆向跳跃式转移的概率逐步升至 7.78%；当滞后期为 4 年时，生态效率实现平稳转移的概率上升至 79.01%，向下转移的概率再次降至 12.35%，逆向跳跃式转移至中低水平和低水平的概率依次为 7.41% 和 1.23%；当滞后期为 5 年时，生态效率保持在高水平的概率下降至 75.00%，向下转移的概率上升至 15.28%，逆向跳跃式转移至中低水平和低水平的概率依次为 6.94% 和 2.78%。

根据上述分析，可以得到如下结论：第一，长江经济带中游地区生态效率的 Markov 链转移矩阵中的对角线数值均不为 0，在所有滞后期中，低水平和高水平的对角线转移概率均大于非对角线，说明低水平和高水平存在"俱乐部趋同"现象，中游地区生态效率在演进趋势上存在明显的"马太效应"。第二，长江经济带中游地区生态效率的 Markov 链转移矩阵对角线两侧的转移概率均不为 0，说明中游地区生态效率发生向上或向下转移的情况较多。

表 5 - 7 报告了长江经济带上游地区生态效率的 Markov 链转移概率测算结果。从长江经济带上游地区看，若初始年份某一城市生态效率为低水平，当滞后期为 1 年时，该城市生态效率仍处于低水平的概率为70.83%，向上转移至中低水平的概率为 21.88%，正向跳跃转移至中高水平的概率为 7.29%；当滞后期为 2 年时，该城市生态效率保持在原有水平的概率下降至 64.77%，向上转移至中低水平的概率上升至22.73，正向跳跃转移到中高水平和高水平的概率分别为 9.09% 和3.41%；当滞后期为 3 年时，该城市生态效率实现平稳转移的概率降至58.75%，向上转移的概率降至 18.75%，正向跳跃转移至中高水平和高水平的概率分别为 20.00% 和 2.50%；当滞后期为 4 年时，该城市生态效率实现平稳转移的概率下降至 52.78%，向上转移的概率下降至13.89%，正向跳跃转移至中高水平和高水平的概率依次为 26.39% 和6.94%；当滞后期为 5 年时，该城市仍有 43.75% 的概率保持在低水平，正向转移的概率为 23.44%，正向跳跃转移至中高水平和高水平的概率依次为 28.13% 和 4.69%。

表 5 - 7　　上游地区生态效率的 Markov 链转移概率矩阵

时期	类型	I	II	III	IV
T1	I	0.7083	0.2188	0.0729	0.0000
	II	0.1146	0.5729	0.2917	0.0208
	III	0.0208	0.1354	0.6146	0.2292
	IV	0.0119	0.0238	0.1310	0.8333

时期	类型	I	II	III	IV
T2	I	0.6477	0.2273	0.0909	0.0341
	II	0.1477	0.4659	0.3295	0.0568
	III	0.0341	0.1477	0.5000	0.3182
	IV	0.0000	0.0519	0.1558	0.7922
T3	I	0.5875	0.1875	0.2000	0.0250
	II	0.1250	0.3500	0.4125	0.1125
	III	0.0250	0.1250	0.5250	0.3250
	IV	0.0143	0.0571	0.2000	0.7286
T4	I	0.5278	0.1389	0.2639	0.0694
	II	0.1250	0.2778	0.4722	0.1250
	III	0.0556	0.0417	0.5139	0.3889
	IV	0.0000	0.0476	0.1746	0.7778
T5	I	0.4375	0.2344	0.2813	0.0469
	II	0.1094	0.1563	0.5625	0.1719
	III	0.0938	0.0469	0.4063	0.4531
	IV	0.0179	0.0357	0.1429	0.8036

资料来源：笔者测算并绘制。

若初始年份某一城市生态效率为中低水平，当滞后期为 1 年时，该城市生态效率仍处于中低水平的概率为 57.29%，向上转移的概率为 29.17%，正向跳跃转移至高水平的概率为 2.08%，向下转移的概率为 11.46%；当滞后期为 2 年时，该城市生态效率水平没有发生转移的概率下降到 46.59%，向上转移的概率上升到 32.95%，正向跳跃式转移的概率上升至 5.68%，向下转移的概率上升至 14.77%；当滞后期为 3 年时，生态效率实现平稳转移的概率下降至 35.00%，正向转移的概率上升至 41.25%，正向跳跃式转移的概率升高至 11.25%，向下转移的概率略微下降至 12.50%；当滞后期为 4 年时，生态效率实现平稳转移的概率继续逐步下降至 27.78%，正向转移的概率继续上升至 47.22%，正向跳跃式转移的概率继续上升至 12.50%，向下转移的概率为

12.50%；当滞后期为5年时，该城市生态效率仅有15.63%的概率保持在中低水平，正向转移的概率进一步升至56.25%，正向跳跃式转移的概率进一步升至17.19%，向下转移的概率继续降至10.94%。

若初始年份某一城市生态效率为中高水平，当滞后期为1年时，该城市生态效率实现保持在原有水平的概率为61.46%，向上转移的概率为22.92%，向下转移的概率为13.54%，逆向跳跃式转移的概率为2.08%；当滞后期为2年时，生态效率水平没有发生改变的概率下降至50.00%，向上转移的概率上升至31.82%，向下转移的概率略微升至14.77%，逆向跳跃式转移的概率上升至3.41%；当滞后期为3年时，生态效率实现平稳转移的概率升至52.50%，向上转移的概率逐步升至32.50%，向下转移的概率下降至12.50%，逆向跳跃式转移的概率下降至2.50%；当滞后期为4年时，生态效率实现平稳转移的概率略微下降至51.39%，向上转移的概率继续上升至38.89%，向下转移的概率下降至4.17%，逆向跳跃式转移的概率上升至5.56%；当滞后期为5年时，该城市生态效率仍有40.63%的概率继续保持在中高水平，正向转移的概率攀升至45.31%，向下转移的概率为4.69%，逆向跳跃式转移的概率上升至9.38%。

若初始年份某一城市生态效率为高水平，当滞后期为1年时，该城市生态效率保持在高水平的概率为83.33%，向下转移的概率为13.10%，逆向跳跃式转移至中低水平和低水平的概率依次为2.38%和1.19%；当滞后期为2年时，生态效率实现平稳转移的概率略微降至79.22%，向下转移的概率升至15.58%，逆向跳跃式转移至中低水平的概率升至5.19%；当滞后期为3年时，生态效率实现平稳转移的概率逐步下降至72.86%，向下转移的概率略微升至20.00%，逆向跳跃式转移至中低水平和低水平的概率依次升至5.71%和1.43%；当滞后期为4年时，生态效率实现平稳转移的概率上升至77.78%，向下转移的概率继续下降至17.46%，逆向跳跃式转移至中低水平的概率变化至4.76%；当滞后期为5年时，生态效率保持在高水平的概率升至80.36%，向下转移的概率下降至14.29%，逆向跳跃式转移至中低水平和低水平的概率依次为3.57%和1.79%。

根据上述分析，可以得到如下结论：第一，长江经济带上游地区生态效率在演进趋势上存在"马太效应"，生态效率处于中高水平或高水平的城市，其发生负向转移的概率较小，这说明在正常情况下，中高水平或高水平的生态效率不会出现倒退。第二，长江经济带上游地区生态效率的 Markov 链转移矩阵中的非对角线数值通常不为 0，这表明上游地区生态效率在各时期内发生向上或向下转移的概率较大，且存在"跳跃转移"的可能性。

5.2.4 生态效率的长期趋势预测：基于沿江与非沿江地区视角

本节从城市分布是否沿江的视角出发，采用 Markov 链对长江经济带沿江地区与非沿江地区的生态效率进行长期趋势预测。表 5-8 报告了长江经济带沿江地区生态效率的 Markov 链转移概率测算结果。从长江经济带沿江地区看，若初始年份某一城市生态效率为低水平，当滞后期为 1 年时，该城市生态效率仍处于低水平的概率为 69.44%，向上转移的概率为 27.78%，正向跳跃转移至中高水平的概率为 2.78%；当滞后期为 2 年时，该城市生态效率保持在原有水平的概率下降至 64.65%，向上转移的概率上升至 30.30%，正向跳跃转移到中高水平的概率升高至 5.05%；当滞后期为 3 年时，该城市生态效率实现平稳转移的概率逐步降至 58.89%，向上转移的概率上升至 33.33%，正向跳跃转移至中高水平的概率继续上升到 7.78%；当滞后期为 4 年时，该城市生态效率实现平稳转移的概率继续下降至 53.09%，向上转移的概率上升至 34.57%，正向跳跃转移至中高水平的概率继续上升至 12.35%；当滞后期为 5 年时，该城市仍有 44.44% 的概率保持在低水平，正向转移的概率升高至 36.11%，正向跳跃转移至中高水平和高水平的概率依次升高至 18.06% 和 1.39%。

表 5-8　　　沿江地区生态效率的 Markov 链转移概率矩阵

时期	类型	I	II	III	IV
T1	I	0.6944	0.2778	0.0278	0.0000
	II	0.1111	0.4630	0.4259	0.0000
	III	0.0000	0.1389	0.7130	0.1481
	IV	0.0000	0.0104	0.0313	0.9583

续表

时期	类型	I	II	III	IV
T2	I	0.6465	0.3030	0.0505	0.0000
	II	0.0707	0.4242	0.4949	0.0101
	III	0.0202	0.1313	0.6162	0.2323
	IV	0.0000	0.0000	0.0568	0.9432
T3	I	0.5889	0.3333	0.0778	0.0000
	II	0.0778	0.3000	0.5556	0.0667
	III	0.0111	0.1000	0.5444	0.3444
	IV	0.0000	0.0000	0.0625	0.9375
T4	I	0.5309	0.3457	0.1235	0.0000
	II	0.0370	0.2963	0.5926	0.0741
	III	0.0000	0.0864	0.5062	0.4074
	IV	0.0000	0.0000	0.0694	0.9306
T5	I	0.4444	0.3611	0.1806	0.0139
	II	0.0278	0.2361	0.6111	0.1250
	III	0.0000	0.0694	0.4861	0.4444
	IV	0.0000	0.0000	0.0625	0.9375

资料来源：笔者测算并绘制。

127

　　若初始年份某一城市生态效率为中低水平，当滞后期为 1 年时，该城市生态效率仍处于中低水平的概率为 46.30%，向上转移的概率为 42.59%，向下转移的概率为 11.11%；当滞后期为 2 年时，该城市生态效率水平没有发生转移的概率下降到 42.42%，向上转移的概率上升到 49.49%，正向跳跃式转移的概率上升至 1.01%，向下转移的概率下降至 7.07%；当滞后期为 3 年时，生态效率实现平稳转移的概率逐步下降至 30.00%，正向转移的概率逐步上升至 55.56%，正向跳跃式转移的概率逐步升高至 6.67%，向下转移的概率略微上升至 7.78%；当滞后期为 4 年时，生态效率实现平稳转移的概率继续下降至 29.63%，正向转移的概率继续上升至 59.26%，正向跳跃式转移的概率继续上升至 7.41%，向下转移的概率下降至 3.70%；当滞后期为 5 年时，该城市生态效率仅有 23.61% 的概率保持在中低水平，正向转移的概率进一步升至 61.11%，正向跳跃式转移的概率进一步升至 12.50%，向下转移的概率继续降至 2.78%。

若初始年份某一城市生态效率为中高水平，当滞后期为 1 年时，该城市生态效率实现保持在原有水平的概率为 71.30%，向上转移的概率为 14.81%，向下转移的概率为 13.89%；当滞后期为 2 年时，生态效率水平没有发生改变的概率下降至 61.62%，向上转移的概率上升至 23.23%，向下转移的概率降至 13.13%，逆向跳跃式转移的概率上升至 2.02%；当滞后期为 3 年时，生态效率实现平稳转移的概率逐步降至 54.44%，向上转移的概率逐步升至 34.44%，向下转移的概率继续下降至 10.00%，逆向跳跃式转移的概率下降至 1.11%；当滞后期为 4 年时，生态效率实现平稳转移的概率下降至 50.62%，向上转移的概率升至 40.74%，向下转移的概率降至 8.64%；当滞后期为 5 年时，该城市生态效率仍有 48.61% 的概率继续保持在中高水平，正向转移的概率攀升至 44.44%，向下转移的概率降至 6.94%。

若初始年份某一城市生态效率为高水平，当滞后期为 1 年时，该城市生态效率保持在高水平的概率为 95.83%，向下转移的概率为 3.13%，逆向跳跃式转移至中低水平的概率为 1.04%；当滞后期为 2 年时，生态效率实现平稳转移的概率略微降至 94.32%，向下转移的概率升至 5.68%；当滞后期为 3 年时，生态效率实现平稳转移的概率上升至 93.75%，向下转移的概率继续上升至 6.25%；当滞后期为 4 年时，生态效率实现平稳转移的概率略微下降至 93.06%，向下转移的概率继续上升至 6.94%；当滞后期为 5 年时，生态效率保持在高水平的概率上升至 93.75%，向下转移的概率下降至 6.25%。

根据上述分析，可以得到如下结论：第一，在长江经济带沿江地区生态效率的 Markov 链转移矩阵中，生态效率为中低水平和中高水平的城市发生正向转移的概率均显著高于逆向转移，且差值呈递增趋势，说明这些城市具有较好的自我强化能力，能够促进自身生态效率水平进一步提高。第二，沿江地区生态效率在所有滞后期存在向上或向下转移的趋势，出现"跳跃转移"的情况较少，这说明未来生态效率"跳跃转移"的可能性较小，实现难度较大。

表 5-9 报告了长江经济带非沿江地区生态效率的 Markov 链转移概

率测算结果。从长江经济带非沿江地区看，若初始年份某一城市生态效率为低水平，当滞后期为 1 年时，该城市生态效率仍处于低水平的概率为 76.85%，向上转移为中低水平的概率为 18.98%，正向跳跃转移至中高水平的概率为 4.17%；当滞后期为 2 年时，该城市生态效率保持在原有水平的概率下降至 65.15%，向上转移的概率上升至 26.26%，正向跳跃转移到中高水平的概率升高至 8.59%；当滞后期为 3 年时，该城市生态效率实现平稳转移的概率逐步降至 58.89%，向上转移的概率下降为 24.44%，正向跳跃转移至中高水平和高水平的概率依次上升到14.44% 和 2.22%；当滞后期为 4 年时，该城市生态效率实现平稳转移的概率继续下降至 52.47%，向上转移的概率上升至 28.40%，正向跳跃转移至中高水平和高水平的概率依次上升至 16.67% 和 2.47%；当滞后期为 5 年时，该城市保持在低水平的概率为 45.83%，正向转移的概率升高至 29.17%，正向跳跃转移至中高水平和高水平的概率依次变化至 23.61% 和 1.39%。

表 5-9　　　非沿江地区生态效率的 Markov 链转移概率矩阵

时期	类型	I	II	III	IV
T1	I	0.7685	0.1898	0.0417	0.0000
	II	0.1296	0.6111	0.2269	0.0324
	III	0.0370	0.1204	0.6528	0.1898
	IV	0.0088	0.0219	0.0833	0.8860
T2	I	0.6515	0.2626	0.0859	0.0000
	II	0.1667	0.4646	0.3182	0.0505
	III	0.0556	0.1667	0.4949	0.2828
	IV	0.0000	0.0335	0.1388	0.8278
T3	I	0.5889	0.2444	0.1444	0.0222
	II	0.1667	0.3889	0.3778	0.0667
	III	0.0333	0.1500	0.4778	0.3389
	IV	0.0053	0.0632	0.1368	0.7947
T4	I	0.5247	0.2840	0.1667	0.0247
	II	0.1481	0.3086	0.4568	0.0864

时期	类型	I	II	III	IV
T4	III	0.0370	0.1049	0.4383	0.4198
	IV	0.0117	0.0702	0.0936	0.8246
T5	I	0.4583	0.2917	0.2361	0.0139
	II	0.1389	0.2083	0.4861	0.1667
	III	0.0486	0.0833	0.4097	0.4583
	IV	0.0197	0.0526	0.1184	0.8092

资料来源：笔者测算并绘制。

若初始年份某一城市生态效率为中低水平，当滞后期为 1 年时，该城市生态效率仍处于中低水平的概率为 61.11%，向上转移的概率为 22.69%，正向跳跃式转移的概率为 3.24%，向下转移的概率为 12.96%；当滞后期为 2 年时，该城市生态效率水平没有发生转移的概率下降到 46.46%，向上转移的概率上升到 31.82%，正向跳跃式转移的概率上升至 5.05%，向下转移的概率上升至 16.67%；当滞后期为 3 年时，生态效率实现平稳转移的概率逐步下降至 38.89%，正向转移的概率逐步上升至 37.78%，正向跳跃式转移的概率逐步升高至 6.67%，向下转移的概率为 16.67%；当滞后期为 4 年时，生态效率实现平稳转移的概率继续下降至 30.86%，正向转移的概率继续上升至 45.68%，正向跳跃式转移的概率继续上升至 8.64%，向下转移的概率下降至 14.81%；当滞后期为 5 年时，该城市生态效率仅有 20.83% 的概率保持在中低水平，正向转移的概率进一步升至 48.61%，正向跳跃式转移的概率进一步升至 16.67%，向下转移的概率继续降至 13.89%。

若初始年份某一城市生态效率为中高水平，当滞后期为 1 年时，该城市生态效率实现保持在原有水平的概率为 65.28%，向上转移的概率为 18.98%，向下转移的概率为 12.04%，逆向跳跃式转移的概率为 3.70%；当滞后期为 2 年时，生态效率水平没有发生改变的概率下降至 49.49%，向上转移的概率上升至 28.28%，向下转移的概率上升至 16.67%，逆向跳跃式转移的概率上升至 5.56%；当滞后期为 3 年时，生态效率实现平稳转移的概率逐步降至 47.78%，向上转移的概率逐步升至 33.89%，向下转移的概率下降至 15.00%，逆向跳跃式转移的概率下降至 3.33% ；当滞后期为 4 年时，生态效率实现平稳转移的概率继续下降至 43.83% ，向上转移的概率继续上升至 41.98% ，向下转移的概率下降至 10.49% ，逆向跳跃式转移的概率再次上升至 3.70% ；当滞后期为 5 年时，该城市生态效率仍有 40.97 的概率继续保持在中高水平，正向转移的概率攀升至 45.83% ，向下转移的概率进一步降至 8.33% ，逆向跳跃式转移的概率升至 4.86% 。

若初始年份某一城市生态效率为高水平，当滞后期为 1 年时，该城市生态效率保持在高水平的概率为 88.60% ，向下转移的概率为 8.33% ，逆向跳跃式转移至中低水平和低水平的概率依次为 2.19% 和 0.88% ；当滞后期为 2 年时，生态效率实现平稳转移的概率降至 82.78% ，向下转移的概率升至 13.88% ，逆向跳跃式转移至中低水平的概率升至 3.35% ；当滞后期为 3 年时，生态效率实现平稳转移的概率逐步下降至 79.47% ，向下转移的概率略微降至 13.68% ，逆向跳跃式转移至中低水平和低水平的概率依次升至 6.32% 和 0.53% ；当滞后期为 4 年时，生态效率实现平稳转移的概率略微上升至 82.46% ，向下转移的概率继续下降至 9.36% ，逆向跳跃式转移至中低水平和低水平的概率依次变化至 7.02% 和 1.17% ；当滞后期为 5 年时，生态效率保持在高水平的概率降至 80.92% ，向下转移的概率上升至 11.84% ，逆向跳跃式转移至中低水平和低水平的概率依次为 5.26% 和 1.97% 。

根据上述分析，可以得到如下结论：第一，长江经济带非沿江地区生态效率的 Markov 链转移矩阵中的对角线数值均不为 0，低水平和高水平的对角线转移概率明显高于非对角线，尤其是高水平城市发生转移的可能性较小，这说明正常情况下高水平城市的生态效率不会倒退。第二，随着滞后期逐年增加，生态效率为中低水平和中高水平的城市发生正向转移的概率均显著高于逆向转移的概率，这意味着随着时间的推移，这些城市具有自我强化的趋势，生态效率的中低水平和高水平分布相对集中的局面可能会逐渐瓦解，"俱乐部趋同"现象能得到一定控制。

5.2.5　生态效率的长期趋势预测：基于三大城市群视角

本节从城市群的视角出发，采用 Markov 链对长江经济带三大城市群的生态效率进行长期趋势预测。表 5 - 10 报告了长江经济带长三角城市群生态效率的 Markov 链转移概率测算结果。从长江经济带长三角城市群看,若初始年份某一城市生态效率为低水平,当滞后期为 1 年时,该城市生态效率仍处于低水平的概率为 72.62%,向上转移概率为27.38%;当滞后期为 2 年时,该城市生态效率保持在原有水平的概率下降至 61.04%,向上转移的概率上升至 37.66%,正向跳跃转移到中高水平的概率升高至 1.30%;当滞后期为 3 年时,该城市生态效率实现平稳转移的概率略微升高至 61.43%,向上转移的概率下降至 34.29%,正向跳跃转移至中高水平的概率上升至 4.29%;当滞后期为 4 年时,该城市生态效率实现平稳转移的概率下降至 57.14%,向上转移的概率上升至 38.10%,正向跳跃转移至中高水平的概率上升至 4.76%;当滞后期为 5 年时,该城市仍有 55.36% 的概率保持在低水平,正向转移的概率升高至 41.07%,正向跳跃转移至中高水平和高水平的概率均为 3.57%。

表 5 - 10 长三角城市群生态效率的 Markov 链转移概率矩阵

时期	类型	I	II	III	IV
T1	I	0.7262	0.2738	0.0000	0.0000
	II	0.0952	0.6429	0.2500	0.0119
	III	0.0000	0.0714	0.6310	0.2976
	IV	0.0000	0.0139	0.1111	0.8750
T2	I	0.6104	0.3766	0.0130	0.0000
	II	0.1558	0.5065	0.3377	0.0000
	III	0.0000	0.0649	0.5974	0.3377
	IV	0.0000	0.0303	0.1667	0.8030
T3	I	0.6143	0.3429	0.0429	0.0000
	II	0.0571	0.5286	0.4143	0.0000
	III	0.0000	0.0571	0.5286	0.4143
	IV	0.0000	0.0500	0.1167	0.8333
T4	I	0.5714	0.3810	0.0476	0.0000
	II	0.0635	0.4444	0.4762	0.0159

续表

时期	类型	I	II	III	IV
T4	III	0.0000	0.0476	0.4603	0.4921
	IV	0.0000	0.0556	0.0926	0.8519
T5	I	0.5536	0.4107	0.0357	0.0000
	II	0.0000	0.4643	0.5179	0.0179
	III	0.0000	0.0179	0.5000	0.4821
	IV	0.0000	0.0833	0.1042	0.8125

资料来源：笔者测算并绘制。

若初始年份某一城市生态效率为中低水平，当滞后期为 1 年时，该城市生态效率仍处于中低水平的概率为 64.29%，向上转移的概率为 25.00%，正向跳跃式转移的概率为 1.19%，向下转移的概率为 9.52%；当滞后期为 2 年时，该城市生态效率水平没有发生转移的概率下降到 50.65%，向上转移的概率上升到 33.77%，向下转移的概率升至 15.58%；当滞后期为 3 年时，生态效率实现平稳转移的概率上升至 52.86%，正向转移的概率上升至 41.43%，向下转移的概率下降至 5.71%；当滞后期为 4 年时，生态效率实现平稳转移的概率下降至 44.44%，正向转移的概率上升至 47.62%，正向跳跃式转移的概率上升至 1.59%，向下转移的概率略微上升至 6.35%；当滞后期为 5 年时，该城市生态效率仍有 46.43% 的概率保持在中低水平，正向转移的概率升至 51.79%，正向跳跃式转移的概率升至 1.79%。

若初始年份某一城市生态效率为中高水平，当滞后期为 1 年时，该城市生态效率保持在原有水平的概率为 63.10%，向上转移的概率为 29.76%，向下转移的概率为 7.14%；当滞后期为 2 年时，生态效率水平没有发生改变的概率下降至 59.74%，向上转移的概率上升至 33.77%，向下转移的概率下降至 6.49%；当滞后期为 3 年时，生态效率实现平稳转移的概率降至 52.86%，向上转移的概率逐步升至 41.43%，向下转移的概率下降至 5.71%；当滞后期为 4 年时，生态效率实现平稳转移的概率继续下降至 46.03%，向上转移的概率上升至 49.21%，向下转移的概率下降至 4.76%；当滞后期为 5 年时，该城市生态效率仍有 50.00% 的概率仍保持在中高水平，正向转移的概率为 48.21%，向下转移的概率降至 1.79%。

若初始年份某一城市生态效率为高水平，当滞后期为 1 年时，该城市生态效率保持在高水平的概率为 87.50%，向下转移的概率为 11.11%，逆向跳跃式转移至中低水平的概率为 1.39%；当滞后期为 2 年时，生态效率实现平稳转移的概率略微降至 80.30%，向下转移的概率升至 16.67%，逆向跳跃式转移至中低水平的概率升至 3.03%；当滞后期为 3 年时，生态效率实现平稳转移的概率略微上升至 83.33%，向下转移的概率下降至 11.67%，逆向跳跃式转移至中低水平的概率上升至 5.00%；当滞后期为 4 年时，生态效率实现平稳转移的概率继续上升至 85.19%，向下转移的概率继续下降至 9.26%，逆向跳跃式转移至中低水平的概率继续上升至 5.56%；当滞后期为 5 年时，生态效率保持在高水平的概率下降至 81.25%，向下转移的概率上升至 10.42%，逆向跳跃式转移至中低水平的概率升至 8.33%。

根据上述分析，可以得到如下结论：第一，在长江经济带长三角城市群生态效率的 Markov 链转移矩阵中，随着滞后期逐年增加，生态效率为中低水平和中高水平的城市不断提升的可能性较大，其向上转移的概率都大于向下转移的概率。第二，Markov 链转移矩阵对角线两侧的转移概率均不为 0，这说明长三角城市群生态效率水平的转移大多发生在相邻水平，实现"跨越式转移"的难度较大。

表 5-11 报告了长江经济带长江中游城市群生态效率的 Markov 链转移概率测算结果。从长江经济带长江中游城市群看，若初始年份某一城市生态效率为低水平，当滞后期为 1 年时，该城市生态效率仍处于低水平的概率为 76.19%，向上转移的概率为 22.62%，正向跳跃式转移至中高水平的概率为 1.19%；当滞后期为 2 年时，该城市生态效率保持在原有水平的概率下降至 63.64%，向上转移的概率上升至 31.17%，正向跳跃式转移到中高水平的概率升至 5.19%；当滞后期为 3 年时，该城市生态效率实现平稳转移的概率降至 61.43%，向上转移的概率下降至 28.57%，正向跳跃转移至中高水平的概率上升至 10.00%；当滞后期为 4 年时，该城市生态效率实现平稳转移的概率下降至 55.56%，向上转移的概率上升至 30.16%，正向跳跃转移至中高水平和高水平的概率依次上升至 11.11% 和 3.17%；当滞后期为 5 年时，该城市仍有 48.21% 的概率保持在低水平，向上转移的概率下降至 26.79%，正向跳

跃转移至中高水平和高水平的概率分别上升至17.86%和7.14%。

表 5 – 11　长江中游城市群生态效率的 Markov 链转移概率矩阵

时期	类型	I	II	III	IV
T1	I	0.7619	0.2262	0.0119	0.0000
	II	0.1071	0.4524	0.4286	0.0119
	III	0.0238	0.1310	0.5952	0.2500
	IV	0.0000	0.0238	0.0476	0.9286
T2	I	0.6364	0.3117	0.0519	0.0000
	II	0.1169	0.3117	0.4935	0.0779
	III	0.0260	0.1039	0.5195	0.3506
	IV	0.0130	0.0260	0.1039	0.8571
T3	I	0.6143	0.2857	0.1000	0.0000
	II	0.1143	0.2714	0.5000	0.1143
	III	0.0143	0.1143	0.4143	0.4571
	IV	0.0000	0.0714	0.1429	0.7857
T4	I	0.5556	0.3016	0.1111	0.0317
	II	0.0952	0.2063	0.4921	0.2063
	III	0.0159	0.0635	0.3651	0.5556
	IV	0.0159	0.0635	0.1270	0.7937
T5	I	0.4821	0.2679	0.1786	0.0714
	II	0.0714	0.2321	0.3929	0.3036
	III	0.0357	0.0000	0.3393	0.6250
	IV	0.0000	0.0714	0.1607	0.7679

资料来源：笔者测算并绘制。

若初始年份某一城市生态效率为中低水平，当滞后期为1年时，该城市生态效率仍处于中低水平的概率为45.24%，向上转移的概率为42.86%，正向跳跃式转移的概率上升至高水平的概率为1.19%，向下转移的概率为10.71%；当滞后期为2年时，该城市生态效率水平没有发生转移的概率下降到31.17%，向上转移的概率上升到49.35%，正向跳跃式转移的概率上升至 7.79%，向下转移的概率上升至 11.69%；当滞后期为 3 年时，生态效率实现平稳转移的概率下降至 27.14%，正向转移的概率逐步上升至 50.00%，正向跳跃式转移的概率上升至 11.43%，向下转移的概率微弱下降至 11.43%；当滞后期为 4 年时，生态效率实现平稳转移的概率下降至 20.63%，正向转移的概率下降至 49.21%，正向跳跃式转移的概率上升至 20.63%，向下转移的概率下降至 9.52%；当滞后期为 5 年时，该城市生态效率仍有 23.21% 的概率保持在中低水平，正向转移的概率降至 39.29%，正向跳跃式转移的概率升至 30.36%，向下转移的概率下降至 7.14%。

若初始年份某一城市生态效率为中高水平，当滞后期为 1 年时，该城市生态效率实现保持在原有水平的概率为 59.52%，向上转移的概率为 25.00%，向下转移的概率为 13.10%，逆向跳跃式转移的概率为 2.38%；当滞后期为 2 年时，生态效率水平没有发生改变的概率下降至 51.95%，向上转移的概率上升至 35.06%，向下转移的概率下降至 10.39%，逆向跳跃式转移的概率上升至 2.60%；当滞后期为 3 年时，生态效率实现平稳转移的概率逐步降至 41.43%，向上转移的概率逐步升至 45.71%，向下转移的概率上升至 11.43%，逆向跳跃式转移的概率下降至 1.43%；当滞后期为 4 年时，生态效率实现平稳转移的概率继续下降至 36.51%，向上转移的概率继续上升至 55.56%，向下转移的概率逐步下降至 6.35%，逆向跳跃式转移的概率上升至 1.59%；当滞后期为 5 年时，该城市生态效率仍有 33.93% 的概率继续保持在中高水平，正向转移的概率攀升至 62.50%，逆向跳跃式转移至低水平的概率上升至 3.57%。

若初始年份某一城市生态效率为高水平，当滞后期为 1 年时，该城市生态效率保持在高水平的概率为 92.86%，向下转移的概率为 4.76%，逆向跳跃式转移至中低水平的概率为 2.38%；当滞后期为 2 年时，生态效率实现平稳转移的概率略微降至 85.71%，向下转移的概率升至 10.39%，逆向跳跃式转移至中低水平和低水平的概率依次为 2.60% 和 1.30%；当滞后期为 3 年时，生态效率实现平稳转移的概率逐步下降至 78.57%，向下转移的概率逐步上升至 14.29%，逆向跳跃式转移至中低水平的概率上升至 7.14%；当滞后期为 4 年时，生态效率实现平稳转移的概率上升至 79.37%，向下转移的概率下降至 12.70%，逆向跳跃式转移至中低水平和低水平的概率依次为 6.35% 和 1.59%；当滞后期为 5 年时，生态效率保持在高水平的概率进一步下降至 76.79%，向下转移的概率上升至 16.07%，逆向跳跃式转移至中低水平的概率为 7.14%。

根据上述分析，可以得到如下结论：第一，在长江经济带长江中游城市群生态效率的 Markov 链转移矩阵中，生态效率处于低水平和高水平的对角线转移概率高于非对角线，说明低水平或高水平的生态效率发生转移的可能性较小，总体上具有维持原状态的稳定性，低水平和高水平存在"俱乐部趋同"现象。第二，随着滞后期逐年增加，生态效率发生正向转移的概率高于逆向转移的概率，说明长江中游城市群生态效率呈逐渐增长趋势。

表 5-12 报告了长江经济带成渝城市群生态效率的 Markov 链转移概率测算结果。从长江经济带成渝城市群看，若初始年份某一城市生态效率为低水平，当滞后期为 1 年时，该城市生态效率仍处于低水平的概率为 58.33%，向上转移的概率为 25.00%，正向跳跃式转移至中高水平的概率为 16.67%；当滞后期为 2 年时，该城市生态效率保持在原有水平的概率下降至 43.18%，向上转移的概率上升至 36.36%，正向跳跃式转移到中高水平和高水平的概率依次为 15.91% 和 4.55%；当滞后期为 3 年时，该城市生态效率实现平稳转移的概率逐步下降至 27.50%，向上转移的概率继续上升至 37.50%，正向跳跃转移至中高水平和高水平的概率依次上升至 30.00% 和 5.00%；当滞后期为 4 年时，该城市生态效率实现平稳转移的概率继续下降至 16.67%，向上转移的概率下降至 33.33%，正向跳跃转移至中高水平和高水平的概率依次上升至 44.44% 和 5.56%；当滞后期为 5 年时，该城市仍有 9.38% 的概率保持在低水平，正向转移的概率下降至 18.75%，正向跳跃转移至中高水平和高水平的概率分别上升至 62.50% 和 9.38%。

表 5-12　　成渝城市群生态效率的 Markov 链转移概率矩阵

时期	类型	I	II	III	IV
T1	I	0.5833	0.2500	0.1667	0.0000
	II	0.1458	0.4375	0.3750	0.0417

时期	类型	I	II	III	IV
T1	III	0.0208	0.0833	0.6042	0.2917
	IV	0.0000	0.0000	0.0833	0.9167
T2	I	0.4318	0.3636	0.1591	0.0455
	II	0.0455	0.4318	0.4545	0.0682
	III	0.0227	0.1364	0.4318	0.4091
	IV	0.0227	0.0000	0.1591	0.8182
T3	I	0.2750	0.3750	0.3000	0.0500
	II	0.0750	0.3500	0.4750	0.1000
	III	0.0250	0.1250	0.3250	0.5250
	IV	0.0000	0.0000	0.2500	0.7500
T4	I	0.1667	0.3333	0.4444	0.0556
	II	0.0278	0.2500	0.5833	0.1389
	III	0.0000	0.0833	0.3889	0.5278
	IV	0.0000	0.0000	0.1667	0.8333
T5	I	0.0938	0.1875	0.6250	0.0938
	II	0.0000	0.2188	0.6250	0.1563
	III	0.0000	0.0938	0.3125	0.5938
	IV	0.0000	0.0000	0.0938	0.9063

资料来源：笔者测算并绘制。

若初始年份某一城市生态效率为中低水平，当滞后期为1年时，该城市生态效率仍处于中低水平的概率为43.75%，向上转移的概率为37.50%，正向跳跃式转移的概率为4.17%，向下转移的概率为14.58%；当滞后期为2年时，该城市生态效率水平没有发生转移的概率下降到43.18%，向上转移的概率上升到45.45%，正向跳跃式转移的概率上升至6.82%，向下转移的概率下降至4.55%；当滞后期为3年时，生态效率实现平稳转移的概率逐步下降至35.00%，正向转移的概率逐步上升至47.50%，正向跳跃式转移的概率上升至10.00%，向下转移的概率上升至7.50%；当滞后期为4年时，生态效率实现平稳转移的概率继续下降至 25.00%，正向转移的概率继续上升至 58.33%，正向跳跃式转移的概率上升至 13.89%，向下转移的概率下降至 2.78%；当滞后期为 5 年时，该城市生态效率仍有 21.88% 的概率保持在中低水平，正向转移的概率进一步升至 62.50%，正向跳跃式转移的概率进一步升至 15.63%。

若初始年份某一城市生态效率为中高水平，当滞后期为 1 年时，该城市生态效率保持在原有水平的概率为 60.42%，向上转移的概率为 29.17%，向下转移的概率为 8.33%，逆向跳跃式转移的概率为 2.08%；当滞后期为 2 年时，生态效率水平没有发生改变的概率下降至 43.18%，向上转移的概率上升至 40.91%，向下转移的概率上升至 13.64%，逆向跳跃式转移的概率上升至 2.27%；当滞后期为 3 年时，生态效率实现平稳转移的概率逐步降至 32.50%，向上转移的概率逐步升至 52.50%，向下转移的概率下降至 12.50%，逆向跳跃式转移的概率上升至 2.50%；当滞后期为 4 年时，生态效率实现平稳转移的概率上升至 38.89%，向上转移的概率继续上升至 52.78%，向下转移的概率逐步下降至 8.33%；当滞后期为 5 年时，该城市生态效率仍有 31.25% 的概率继续保持在中高水平，正向转移的概率攀升至 59.38%，向下转移的概率上升至 9.38%。

若初始年份某一城市生态效率为高水平，当滞后期为 1 年时，该城市生态效率保持在高水平的概率为 91.67%，向下转移的概率为 8.33%；当滞后期为 2 年时，生态效率实现平稳转移的概率略微降至 81.82%，向下转移的概率升至 15.91%，逆向跳跃式转移至低水平的概率为 2.27%；当滞后期为 3 年时，生态效率实现平稳转移的概率逐步下降至 75.00%，向下转移的概率逐步上升至 25.00%；当滞后期为 4 年时，生态效率实现平稳转移的概率上升至 83.33%，向下转移的概率下降至 16.67%；当滞后期为 5 年时，生态效率保持在高水平的概率进一步上升至 90.63%，向下转移的概率下降至 9.38%。

根据上述分析，可以得到如下结论：第一，随着滞后期逐年增加，长江经济带成渝城市群生态效率发生正向转移的概率逐渐提高，正向转移的概率显著高于逆向转移的概率。第二，成渝城市群生态效率水平的转移大多发生在相邻水平，实现"跨越式转移"的难度较大。

5.3　本　章　小　结

本章分别从整体及分区域视角出发，运用 Kernel 密度估计方法深入探究长江经济带生态效率的分布动态演进规律，并采用 Markov 链估计方法对其进行长期趋势预测。具体研究结论如下：

（1）长江经济带生态效率的分布动态演进规律。从整体视角出发，长江经济带生态效率呈现主峰位置右移，主峰峰值下降且宽度增大，其分布延展性呈右拖尾且具有拓宽趋势，呈现出微弱的两极分化现象。从上中下游地区视角出发，下游地区生态效率主峰位置右移，主峰峰值波动下降且宽度增大，其分布延展性呈右拖尾且具有拓宽趋势，多数年份呈现多极分化现象；中游地区主峰位置右移，主峰峰值下降、宽度增加，其分布延展性呈右拖尾且具有拓宽趋势，呈现两极分化现象，但侧峰峰值较低；上游地区主峰位置小幅右移，主峰峰值波动下降、宽度逐渐增大，其分布延展性呈右拖尾且具有拓宽趋势，呈现微弱的多极分化现象。从沿江与非沿江地区视角，沿江地区生态效率主峰大幅右移，主峰峰值下降、宽度增大，其分布延展性呈右拖尾且具有拓宽趋势，多数年份出现多极分化现象；非沿江地区生态效率主峰右移，主峰峰值小幅下降、宽度增加，其分布延展性呈右拖尾且具有拓宽趋势，呈现两极分化现象，主峰与侧峰峰值呈阶梯状分布。从三大城市群视角出发，长三角城市群主峰位置右移，主峰峰值显著下降、宽度增加，出现多峰现象且具有一定的梯度效应；长江中游城市群主峰位置右移，主峰峰值下降、宽度增大，其分布延展性呈右拖尾且具有拓宽趋势，呈现微弱的两极分化现象；成渝城市群主峰位置右移，主峰峰值下降、宽度增加，其分布延展性呈右拖尾且具有拓宽趋势，呈现两极分化现象。从分时期视角出发，"十一五"时期，长江经济带整体及各区域的生态效率均呈上升趋势，绝对差异均呈扩大趋势；"十二五"和"十三五"时期生态效率水平进一步提升，绝对差异逐渐扩大。

（2）长江经济带生态效率的长期趋势预测。从整体视角出发，长江经济带生态效率发生转移后仍然维持自身水平的概率较大，而由自身水平类型向其他水平类型发生转移的概率较小。在不同滞后期发生跳跃转移的概率较大，存在"俱乐部趋同"现象并具有一定的"马太效应"。低水平和高水平趋同发生的概率相对较大，中低和中高水平趋同发生的概率相对较低，未来实现向上跨越的可能性更高。

　　从上中下游地区视角出发，下游地区生态效率在不同滞后期发生正向转移的概率较大，存在"跳跃转移"的概率，但实现"跳跃转移"的难度较大，转移大多发生在相邻水平；中游地区生态效率低水平和高水平存在"俱乐部趋同"现象，中游地区生态效率在演进趋势上存在明显的"马太效应"，在多数滞后期生态效率发生向上或向下转移的情况较多；长江经济带上游地区生态效率在演进趋势上存在"马太效应"，生态效率处于中高水平或高水平的城市发生负向转移的概率较小。从沿江与非沿江地区视角出发，沿江地区生态效率存在"马太效应"，低水平和高水平趋同发生的概率相对较大，呈现明显"自我强化"趋势，其发生正向转移的概率更高；非沿江地区生态效率中低水平和高水平分布相对集中的局面可能会逐渐瓦解，"俱乐部趋同"现象能得到一定控制，高水平城市发生转移的可能性较小，说明正常情况下高水平城市的生态效率不会倒退。从三大城市群视角出发，长三角城市群生态效率为中低水平和中高水平的城市不断提升的可能性较大，其向上转移的概率都大于向下转移的概率；长江中游城市群存在"俱乐部趋同"现象，生态效率发生正向转移的概率高于逆向转移的概率，说明长江中游城市群生态效率呈逐渐增长趋势；成渝城市群生态效率发生正向转移的概率逐渐提高，正向转移的概率均显著高于逆向转移的概率，生态效率水平的转移大多发生在相邻水平，实现"跨越式转移"的难度较大。

141

第6章 长江经济带生态效率的影响因素研究

协同提升生态效率对于推动长江经济带形成绿色发展新格局、实现高质量发展具有重要作用。一般而言,生态效率受到多种因素的共同影响,且对于不同区域、不同时段,影响因素的作用强度与方向也大不相同。本章首先介绍了影响因素选择及理论假说,然后采用无效率分解、分位数回归等方法对长江经济带不同地区和不同时期生态效率的影响因素进行探究,从而为协同提升长江经济带生态效率提供实证支持。

6.1 研究方法与变量选取

本部分详细介绍了无效率分解、分位数回归方法,并对长江经济带 2006~2018 年影响因素的样本数据进行了描述性统计,为后面实证检验各种影响因素对长江经济带不同地区和不同时段生态效率的作用机理提供理论支撑与方法支持。

6.1.1 无效率分解方法

本书参考刘瑞祥和安同良(2012)的做法,假设每个决策单元对应 n 种投入 x_n、m 种期望产出 y_m、k 种非期望产出 b_k,则投入产出指标的无效率值计算如式(6-1)所示:

$$IE(X_i^t, Y_i^t, B_i^t, g^x, g^y, g^b) = \frac{1}{3}\max\left(\frac{1}{n}\sum_{n=1}^{n}\frac{s_n^x}{g_n^x} + \frac{1}{m}\sum_{m=1}^{m}\frac{s_m^y}{g_m^y} + \frac{1}{k}\sum_{k=1}^{k}\frac{s_k^b}{g_k^b}\right)$$

s. t. $\vec{\lambda}Y - s_m^y = y_{mi}^t,\ \forall m;\ \vec{\lambda}B + s_k^b = b_{ki}^t,\ \forall k;\ \vec{\lambda}X + s_n^x = x_{ni}^t,\ \forall n;$

$$(6-1)$$

$$\vec{\lambda} \geqslant 0,\ \vec{\lambda}l = 1;\ s_n^x \geqslant 0,\ s_m^y \geqslant 0,\ s_k^b \geqslant 0$$

其中，(X_i^t, Y_i^t, B_i^t) 为 i 城市 t 时期的投入产出数据；(g^x, g^y, g^b) 为方向向量，(s^x, s^y, s^b) 分别为投入、期望产出和非期望产出的松弛值；$\vec{\lambda}$ 为权重向量；$\vec{\lambda}l = 1$ 为约束条件（l 为元素全为 1 的向量），表示生产技术是可变规模报酬。为了进一步得到无效率的具体来源，本书将无效率值分解为：

$$IE = IE^x + IE^y + IE^b \qquad (6-2)$$

其中，投入、期望产出、非期望产出的无效率值分别为：

$$IE^x = \frac{1}{3n}\sum_{n=1}^{n}\frac{s_n^x}{g_n^x};\ IE^y = \frac{1}{3m}\sum_{m=1}^{m}\frac{s_m^y}{g_m^y};\ IE^b = \frac{1}{3k}\sum_{k=1}^{k}\frac{s_k^b}{g_k^b} \quad (6-3)$$

由于投入包括劳动力（labour）、资本存量（capital）、能源利用（energy）、水资源供给（water），期望产出为经济发展水平（GDP），非期望产出为前面合成的污染排放指数（pollution）。因此可以将式（6-3）进一步分解，以得到导致生态无效率的详细信息，公式如下：

$$IE = IE_{labour} + IE_{capital} + IE_{energy} + IE_{water} + IE_{pollution} + IE_{GDP} \qquad (6-4)$$

6.1.2　分位数回归模型

传统的计量方法如最小二乘回归方法，以解释变量对被解释变量的条件均值进行估计，仅能够刻画条件分布 y∣x 集中趋势的一个指标，难以反映各个不同条件位置上解释变量对被解释变量的影响，所以考察结果可能会存在偏差，而分位数回归方法可以解决这一问题。1978 年，科恩克和巴塞特（Koenker & Bassett，1978）提出了分位数回归（Quantile Regression），分位数回归方法的基本原理是：首先分析解释变量的条件分布状况，之后将其与被解释变量进行拟合，从而得出最终结果，可以提供各个分位点处解释变量的回归系数，对影响因素的作用进行动态考察。由于分位数回归可以得到不同生态效率水平下解释变量对被解释变量更详细的估计结果，并且不易受极端值的影响而更加稳健，故本书运用分位数回归方法识别在 0.25、0.5、0.75 分位点处各影响因素的作用大小和方向。

以单变量的分位数回归模型为例，假设条件分布 y∣x 的总体 q 分

位数 $y_q(x)$ 是 x 的线性函数，即 $y_q(x_i) = x_i'\beta_q$，其中 β_q 是位于 q 分位点处的回归系数，其估计量 $\hat{\beta}_q$ 可以由以下最小化问题来定义：

$$\min_{\beta_q} \sum_{i:y_i \geq x_i'}^{n} q|y_i - x_i'\beta_q| + \sum_{i:y_i < x_i'}^{n} (1-q)|y_i - x_i'\beta_q| \qquad (6-5)$$

如果 q = 1/2，则为中位数回归，此时的目标函数简化为：

$$\min_{\beta_q} \sum_{i=1}^{n} |y_i - x_i'\beta_q| \qquad (6-6)$$

由于目标函数带有绝对值的原因使得分位数回归不可微分，因此一般使用线性规划的方法来计算 $\hat{\beta}_q$。样本分位数回归系数 $\hat{\beta}_q$ 是总体分位数回归系数 β_q 的一致估计量，而且 $\hat{\beta}_q$ 服从渐进正态分布，即：

$$\sqrt{n}(\hat{\beta}_q - \beta_q) \rightarrow N(0, \text{Avar}(\hat{\beta}_q)) \qquad (6-7)$$

其中，渐进方差 $\text{Avar}(\hat{\beta}_q) = A^{-1}BA^{-1}$，$A = \plim_{n\to\infty} \frac{1}{n}\sum_{i=1}^{n} f_{u_q}(0|x_i)x_i x_i'$，$B = \plim_{n\to\infty} \frac{1}{n}\sum_{i=1}^{n} q(1-q)x_i x_i'$，而 $f_{u_q}(0|x_i)$ 是扰动项 $u_q \equiv y - x'\beta_q$ 的条件密度函数在 $u_q = 0$ 的取值。因此，要计算 $\hat{\beta}_q$ 的协方差矩阵 $\text{Avar}(\hat{\beta}_q)$，首先要估计 $f_{u_q}(0|x_i)$。

6.1.3 变量选取及描述性统计

本部分选取 2006～2018 年长江经济带 108 个城市的年度数据作为研究样本，将长江经济带生态效率的影响因素总结为内部因素和外部因素两类。表 6-1 报告了各影响因素的描述性统计结果。

表 6-1　　　　　变量的描述性统计（2006～2018 年）

	变量	符号	平均值	样本数	标准差	最小值	最大值
内部因素	经济发展水平	GDP	17200000	1404	25600000	701749	269000000
	劳动力投入	Labor	121.6849	1404	169.3362	9.7712	1551.44
	资本存量	Capital	11500000	1404	13300000	439363	139000000
	能源利用	Energy	980983	1404	1788683	9535	15700000
	水资源供给	Water	17160	1404	35723	402	349481
	污染排放	Pollution	0.0314	1404	0.0044	0.0198	0.078

	变量	符号	平均值	样本数	标准差	最小值	最大值
外部因素	产业结构	Industry	38.4638	1404	8.6291	20.6600	77.4900
	技术进步	Technology	3.4240	1404	1.5928	0.8121	13.1412
	对外开放水平	Open	2.8634	1404	2.5320	0.0016	13.2107
	金融发展程度	Finance	2.1883	1404	0.9401	0.7637	6.9284
	人口密度	Population	486.6420	1404	297.2191	53.0500	2305.6300
	环境规制	Regulation	85.1922	1404	17.0000	16.8900	100.0000

资料来源：笔者整理并绘制。

样本数据来源及处理具体如下：

（1）被解释变量。采用长江经济带不同地区和不同时段的生态效率作为被解释变量。

（2）解释变量。将长江经济带生态效率的解释变量总结为两类：内部因素和外部因素。

①内部因素。从投入产出构成角度出发，选取资本存量、劳动力投入、能源利用、水资源供给、经济发展水平和污染排放六个指标来衡量内部因素对生态效率及其空间差异的影响。

②外部因素。借鉴王兵和刘光天（2015）、陈明华等（2020b）、古迪普迪等（Gudipudi et al.，2018）、于等（Yu et al.，2018）的研究，选取产业结构、技术进步、对外开放水平、金融发展程度、人口密度和环境规制来衡量外部因素对生态效率的影响，以下数据均来源于《中国城市统计年鉴》。

产业结构（Industry）：采用第三产业增加值与地区生产总值的比值作为产业结构的代理变量。由于第三产业主要以服务业、通讯业等部门为主，所以一般来说，第三产业占比越高，环境污染越会相对减轻，可能会促进生态效率的提升。

技术进步（Technology）：采用科学技术支出与地区生产总值的比值进行衡量。一方面，技术进步能够提高劳动者素质，改善资本利用效率，减少污染物排放，增强环境治理能力，因此对资源环境约束下生态效率提升通常具有正向影响作用；另一方面，随着技术创新投入的不断增长，实际生产投入可能随之下降，从而产生技术进步的挤出

145

效应。

对外开放水平（Openness）：采用人民币对美元年平均汇价折算后的进出口总额与地区生产总值的比值来衡量。一方面，对外开放可以弥补国内建设资金不足，同时也能带动清洁技术创新，从而改变投入产出关系，进而促进生态效率提升，即符合"污染光环假说"（Eskeland & Harrison，2003）；另一方面，由于我国环境规制水平相对较低，发达国家为缩小环境治理成本可能以外商直接投资的形式将污染密集型产业向我国转移，即符合"污染天堂假说"或"污染避难所假说"（List & CO，2000）。

金融发展程度（Finance）：以存贷款之和占地区生产总值的比重近似表示。金融业的发展壮大推动了实体经济的发展，尤其是促进了第二产业的规模扩张，加之我国的节能减排技术还并不发达，资源利用率低和污染排放增加的现象难以避免。但从另一方面来说，近年来兴起的绿色金融作为推动环境改善和资源节约的经济活动，向环保产业提供了大量资金支持，这既降低了废弃污染物等非期望产出，也增加了经济效益等期望产出，从而有利于生态效率提升。

人口密度（Population）：采用单位面积的人口数来衡量人口密度对生态效率的影响。城市人口是一切经济社会活动的动力之源，人口密集地无疑为经济规模扩大及产业结构升级提供源源不断的劳动力资源与消费力需求，医疗、教育等公共资源的共享有利于效率改善，但人口生活和生产活动的集聚也会加剧环境污染（童玉芬、王莹莹，2014），人口密度一旦超过阈值也会造成资源浪费，进而不利于城市生态效率提升。

环境规制（Regulation）：以一般工业固体废物综合利用率近似表示。一般而言，合理设置的环境规制能够减少环境投资的不确定性，刺激企业对环境技术改造和环境管理创新进行投资，催生"创新补偿"效应，从而使得企业的经济绩效和环境绩效同时得到改进，即所谓的"波特假说"（Porter & Van Der Linde，1995）。

为了整体把握长江经济带 2006～2018 年各影响因素的数据特征，本书对各影响因素进行了描述性统计分析，同时也为后面实证检验长江经济带不同地区和不同时段生态效率及其空间差异的影响因素奠定了基础。

6.2 长江经济带生态效率的内部影响因素

本部分基于结构因素，分别从整体、上中下游地区、沿江与非沿江地区和三大城市群层面出发，运用无效率分解方法考察不同因素在全样本、"十一五""十二五""十三五"时期对生态效率的影响机理，从而厘清长江经济带生态效率的内部影响因素。

6.2.1 整体层面

1. 全样本时期

如图 6-1 和图 6-2 所示，长江经济带整体生态无效率值呈现下降趋势，由 2006 年的 0.371 下降至 2018 年的 0.237，年均递减率为 3.65%。其中，2006~2016 年非期望产出的无效率值大于投入无效率值，构成了总无效率值的主要部分，降低污染排放的无效率值是提高长江经济带生态效率的重要手段。尽管非期望产出的无效率值比重较大，但随着各项环保政策的进一步推进落实，该变量在样本期间呈明显的下降趋势，

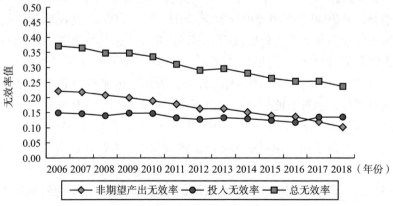

图 6-1　长江经济带生态无效率分解情况（2006~2018 年）

资料来源：笔者测算并绘制。

147

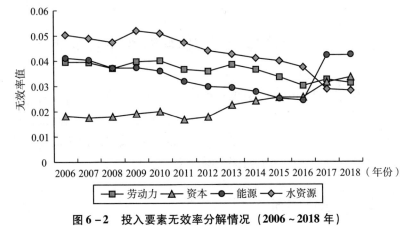

图6-2 投入要素无效率分解情况（2006~2018年）

资料来源：笔者测算并绘制。

由 2006 年的 0.222 下降至 2018 年的 0.102，年均递减率为 6.28%，而投入无效率值在样本期间基本平稳，年均递减率为 0.08%，最终在 2017~2018 年投入无效率比重反超前者。这意味着在继续推进环保政策、落实"绿水青山就是金山银山"理念的同时，不应忽视生产环节中各要素投入的无效率使用问题。此外，各城市每年的期望产出无效率值均为 0，说明在经济产出方面保持了较高的效率，因此后面不再就此讨论分析。

在要素投入的四个子项中，劳动力投入无效率值在样本期间呈现下降趋势，从 2006 年的 0.040 下降至 2018 年的 0.031，这说明随着管理水平和劳动力素质等条件的改善，劳动力的生产效率明显提升。能源利用无效率值在样本期间呈现先减后增趋势，近年来有明显反弹现象，2017 年后成为四个子项中最大的部分，因此，未来应重视工业生产中的能源节约，推进节能技术运用。资本存量无效率值在样本期间呈现逐渐增加的趋势，从 2016 年的 0.018 上升至 2018 年的 0.034，资本存量无效率的逐渐增加，说明在刺激经济的过程中，要防止投资规模盲目增加，警惕资本市场产生较大泡沫，同时通过抑制"脱实向虚"等现象，提高社会对资本的利用效率。水资源供给无效率值在样本期间也呈下降趋势，从 2006 年的 0.050 下降至 2018 年的 0.028，说明多年来节水和水循环设施的推广和改进取得了良好效果，城市综合用水效率得到明显提升。

2. "十一五"时期

如图 6 - 1 和图 6 - 2 所示，长江经济带整体生态无效率值在"十一五"期间呈现逐年下降趋势，由 2006 年的 0.371 下降至 2010 年的 0.335，年均递减率为 2.49%。其中，非期望产出无效率值在该时期逐年下降，由 2006 年的 0.222 下降至 2010 年的 0.188，反映出此阶段长江经济带各地市政府对于环境污染的规制成果，但需要注意的是，非期望产出无效率值在该时期始终大于投入无效率值，影响生态效率提升的内部因素仍主要为污染排放。投入无效率值在该时期的变化趋势不大，说明要素投入利用效率较为稳定。

在要素投入的四个子项中，水资源供给的无效率值最大，整体在 0.475 ~ 0.525 小幅波动，这意味着水资源在生产生活中的使用效率是影响该时期要素投入无效率的主要因素。劳动力投入的无效率值次之，整体在 0.370 ~ 0.420 小幅波动，是影响该时期要素投入无效率的次要因素。能源利用的无效率值与劳动力投入无效率值差距不大，期间内呈逐年下降趋势，由 2006 年的 0.041 下降至 2010 年的 0.036，这说明得益于工业能源使用结构和生产布局的优化，该时期长江经济带能源利用效率稳步提升。资本存量的无效率值最小，整体在 0.017 ~ 0.020 小幅波动，相对于其他三类要素投入，资本存量在该时期内利用效率最高，意味着经济社会在基础设施、产业升级和经营周转等方面仍存在较大的资金缺口，对资本具有较大需求，此时积极加大投资力度有利于带动生态效率提升。

3. "十二五"和"十三五"期间

如图 6 - 1 和图 6 - 2 所示，长江经济带整体生态无效率值在"十二五"和"十三五"期间呈现逐年下降趋势，由 2011 年的 0.310 下降至 2018 年的 0.237，年均递减率为 7.65%。其中非期望产出无效率值延续了"十一五"时期的趋势，由 2011 年的 0.178 下降至 2018 年的 0.102，投入无效率值也延续"十一五"时期趋势，期间介于 0.132 ~ 0.136 小幅波动。需要注意的是，随着非期望产出无效率下降，"十三五"期间该要素已低于投入无效率值，这意味着长江经济带生态效率结构性成因正面临新形势，影响生态效率提升的主要因素从经济负外部性转变为内部增长效率。这说明在环境友好型社会初步建立的基础上，接下来应更加重视各生产要素的使用效率，充分挖掘各要素生产潜能，促进集约化生产。

不同于"十一五"期间，"十二五"和"十三五"期间要素投入的四个子项趋势变化较大。其中，水资源利用的无效率值呈现逐年递减趋势，由2011年的0.047下降至2018年的0.028，水资源利用格局得到明显优化。劳动力投入的无效率值也呈现逐年递减趋势，下降幅度略低于水资源供给无效率值，由2011年的0.037下降至2018年的0.031，劳动力的生产效率得到有效提升。能源利用的无效率值呈现先降后增的变化趋势，"十二五"期间逐年递减，由2011年的0.032下降至2016年的0.024，随后在"十三五"期间大幅上升，成为四个子项中的最大值，这意味着未来应注重能源在生产生活中的使用效率，采取多种措施提升能源利用效率，建立能源节约型社会。资本存量的无效率值呈现逐年上升趋势，由2011年的0.017上升至2016年的0.034，说明该时期经济社会对资本的需求逐渐饱和，加之资本用途不当，导致资本利用效率不断下降。因此，未来应在量上控制投资规模，在质上促进优质资产形成，增加资金与实体经济的紧密程度，发挥投资对于生态效率提升的正向作用。

本节从整体视角实证分析了影响长江经济带生态效率的结构因素，发现不同指标在不同时期的绝对值及变化趋势差异较大，接下来，本章将分别以上中下游地区、沿江与非沿江地区、三大城市群作为分类标准，以地域视角对长江经济带生态效率的结构影响因素展开进一步探究。

6.2.2　上中下游地区

1. 全样本时期

如图6-3所示，总体来看长江经济带上中下游地区生态无效率值在整个样本期间呈现下降趋势，其中下游地区的无效率值最低，并且降幅最大，由2006年的0.360下降至2018年的0.206，年均递减率为4.76%，除2013年发生轻微反弹外，其余年份均保持下降趋势。

中游地区的无效率值及其降幅次之，由 2006 年的 0.375 下降至 2018 年的 0.251，年均递减率为 3.40%，除 2017 年发生轻微反弹外，其余年份均保持下降趋势。上游地区的无效率值最高，且降幅最低，由 2006 年的 0.381 下降至 2018 年的 0.243，年均递减率为 3.82%，多年发生反弹现象。从绝对水平、下降幅度和稳定程度看，上游地区生态无效率值在样本期间最高，有关政府部门应加大监管力度，加快无效率值下降速度，防止反弹现象发生。

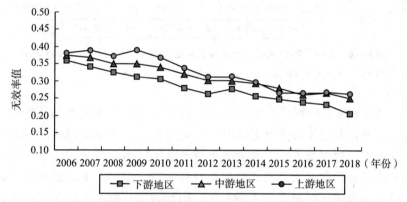

图 6 - 3　长江经济带上中下游地区的生态无效率值（2006~2018 年）

资料来源：笔者测算并绘制。

　　在投入无效率占比方面，如图 6 - 4 所示，上中下游地区投入无效率占总无效率比重逐渐提升，其中 2006~2015 年呈现缓慢上升趋势，2016~2018 年的上升速度明显加快，2017 年后投入无效率占总无效率值超过 50%。一方面，说明 2016 年后长江经济带上中下游地区环境保护力度明显提升，使得非期望产出的无效率值下降明显，最终导致投入无效率值占总比重提升；另一方面，说明长江经济带在要素投入使用效率提升上的政策安排和工作力度较环境保护的要求而言尚有不足，在未来应着重促进企业生产中各类要素的合理使用，不断提升生态效率水平。

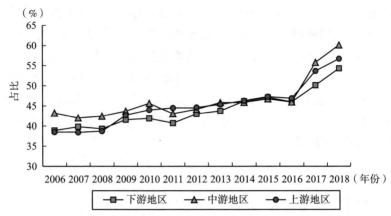

图6-4　上中下游地区投入无效率占生态无效率比重（2006~2018年）

资料来源：笔者测算并绘制。

　　就投入要素而言，上中下游地区各投入子项的无效率均值排名一致，均表现为水资源供给无效率＞劳动力投入无效率＞能源利用无效率＞资本存量无效率，由此表明水资源利用效率不高是阻碍生态效率提升的关键内部因素。从动态变化过程来看，中游和上游地区的劳动力投入无效率值明显高于下游地区，但前两者在样本期内下降较为明显，分别由0.044和0.042下降至0.034和0.033，年均递减率分别为2.17%和2.03%，进而使得中游和上游地区与下游地区的生态效率差距逐渐缩小。在劳动力吸纳及使用上，长江经济带中上游地区越来越具有竞争力，但需要注意的是，中游地区出现反弹上升趋势，该地区各城市政府应发挥相应职能，在岗位信息公布、劳动者技能培训和基础保障等方面加大投入力度。在资本存量方面，2006~2011年长江经济带上中下游地区资本存量无效率值略微上升，而2011年后均出现大幅提升，其中，中游地区的资本存量无效率值上升幅度最大，由0.015上升至0.038；上游地区上升幅度次之，由0.019上升至0.034。资本存量无效率值与生态无效率值呈现相反变化趋势，这点十分值得警惕，资本无效率在未来或将成为抑制长江经济带上中下游地区生态效率进一步提升的关键性因素，因此政府应有一定管理意识，积极控制资本投入领域，对于房地产等泡沫行业，应减少资本投入，对于清洁技术型产业，应引导资本投入，同时控制资本向虚拟经济过度投入，不断提高资本和实体经济间的配合程度。能源利用方面，上游和中游地区能源

利用无效率值呈现先降后增的变化趋势，在 2006 ~ 2016 年缓慢下降，
2017 年后大幅提升至期初水平，而该指标在下游地区的上升幅度较小。
能源利用无效率值出现反弹现象的原因可能是落后产能的重新投入使
用，以及相关节能政策的后期保持力不足，因此，上游和中游地区应针
对自身情况调整相应政策，促进能源节约型城市建立。水资源供给方
面，上中下游地区的水资源供给无效率值均呈现下降趋势，其中下游地
区的下降趋势最为明显，由 2006 年的 0.051 下降至 2018 年的 0.023，
年均递减率为 6.86%，中游地区次之，由 2006 年的 0.053 下降至 2018
年的 0.031，年均递减率为 4.57%，上游地区的下降幅度最小，由 2006
年的 0.046 下降至 2018 年的 0.033，年均递减率为 2.81%，其无效率
值排名由期初的第三位上升至第一位，与中游和下游地区相比，样本期
内上游地区资源使用效率上的提升幅度较小。

非期望产出方面，如图 6 - 5 所示，上中下游地区非期望产出无效
率值差距不大，并且均呈下降趋势，由此反映出各地区在环境保护方面
取得的阶段性成果。其中，尽管上游地区非期望产出的无效率值最高且
降幅较大，由 2006 年的 0.235 下降至 2018 年的 0.114，年均递减率为
6.21%。中游地区非期望产出的无效率值较大且降幅最小，由 2006 年
的 0.213 下降至 2018 年的 0.100，年均递减率为 6.50%。下游地区非
期望产出的无效率值最小，且在样本期内的降幅最高，由 2006 年的
0.220 下降至 2018 年的 0.094，年均递减率为 7.34%。

153

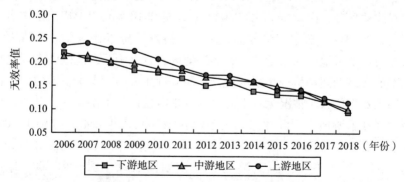

图 6 - 5　长江经济带上中下游地区非期望产出无效率值（2006 ~ 2018 年）
资料来源：笔者测算并绘制。

2. "十一五"时期

如图 6 - 3 所示，上中下游地区生态无效率值在"十一五"期间呈现逐年下降趋势，无效率值大小情况为：上游地区 > 中游地区 > 下游地区。其中，上游地区生态无效率值由 2006 年的 0.381 下降至 2010 年的 0.338，年均递减率为 3.04%；中游地区生态无效率值由 2006 年的 0.375 下降至 2010 年的 0.321，年均递减率为 3.96%；下游地区生态无效率值由 2006 年的 0.360 下降至 2010 年的 0.280，年均递减率为 6.48%。要素投入无效率值占比方面，如图 6 - 4 所示，上中下游地区要素投入无效率值占总无效率的比重呈现上升趋势，但占比仍小于 50%，说明非期望产出无效率值在该时期始终大于投入无效率值，说明影响生态效率提升的内部因素主要仍为污染排放。

就投入要素而言，上中下游地区各投入子项的无效率均值排名一致，均表现为水资源供给无效率 > 劳动力投入无效率 > 能源利用无效率 > 资本存量无效率，由此表明"十一五"期间水资源利用效率不高是阻碍生态效率提升的关键内部因素。从动态变化过程来看，如图 6 - 6 所示，劳动力投入方面，上中下游地区劳动力投入无效率值大小情况为：上游地区 > 中游地区 > 下游地区。其中，下游地区劳动力投入无效率值在该期间波动下降，由 0.034 下降至 0.032，年均递减率为 1.53%；中游地区劳动力投入无效率值在该期间先降后增，于 2008 年下降至期间最低点 0.040，随后上升至 0.045；上游地区劳动力投入无效率值在该期间波动上升，由 2006 年的 0.042 上升至 2010 年的 0.045，年均增长速度为 1.71%。资本存量方面，上中下游地区资本存量无效率值大小情况为：上游地区 > 中游地区 > 下游地区，且上中下游地区资本存量无效率值在该期间均呈现小幅度提升。能源利用方面，上中下游地区能源利用无效率值大小情况为：上游地区 > 中游地区 > 下游地区。其中，中游地区和下游地区能源利用无效率值在该期间逐年降低，分别由 2006 年的 0.046 和 0.038 下降至 2010 年的 0.036 和 0.032，年均递减率分别为 6.32% 和 4.39%；而上游地区在该期间波动上升，由 2006 年的 0.039 上升至 2010 年的 0.042，年均增速为 1.84%。水资源供给方面，

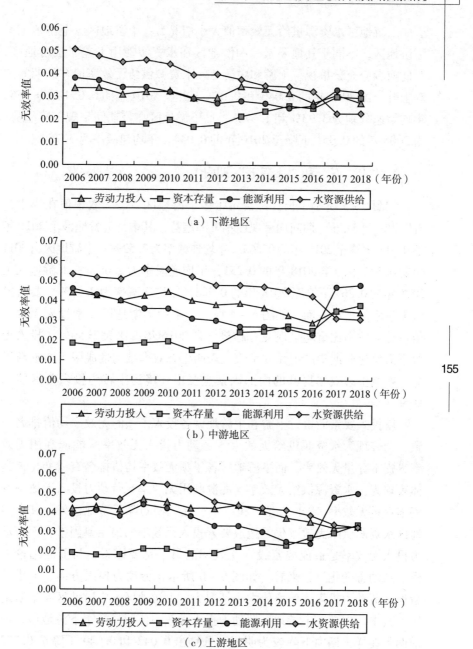

（a）下游地区

（b）中游地区

（c）上游地区

图6-6　上中下游地区分项投入要素无效率分解情况（2006～2018年）

资料来源：笔者测算并绘制。

上中下游地区水资源供给无效率值大小情况为：中游地区 > 上游地区 > 下游地区，不同于其他要素，中游地区在水资源使用上差于上游地区，对此前者应充分重视。上游和中游地区水资源供给无效率值在该期间波动上升，由 2006 年的 0.046 和 0.053 上升至 2010 年的 0.054 和 0.056，年均增速分别为 3.93% 和 1.37%；而下游地区在该期间呈现下降趋势，由 2006 年的 0.051 下降至 2010 年的 0.044，年均递减率为 3.76%。

3. "十二五"和"十三五"期间

如图 6 - 3 所示，长江经济带上中下游地区生态无效率值在"十二五"和"十三五"期间均呈现逐年下降趋势，其中，上游地区由 2011 年的 0.313 下降至 2018 年的 0.263，年均递减率为 2.52%；中游地区由 2011 年的 0.302 下降至 2018 年的 0.251，年均递减率为 2.68%；下游地区由 2011 年的 0.263 下降至 2018 年的 0.206，年均递减率为 3.55%。要素投入无效率值占比方面，如图 6 - 4 所示，上中下游地区要素投入无效率值占总无效率比重均呈现上升趋势，且 2016 年占比大于 50%，投入无效率值反超非期望产出无效率值，表明生态效率结构性成因正面临新形势，影响生态效率提升的内部因素主要由环境污染转为投入要素使用效率。

就投入要素而言，上游和中游地区各投入子项的无效率均值排名一致，均表现为水资源供给无效率 > 劳动力投入无效率 > 能源利用无效率 > 资本存量无效率，而下游地区各子项无效率均值排名有所变化，具体表现为：水资源供给无效率 > 能源利用无效率 > 劳动力投入无效率 > 资本存量无效率。"十二五"和"十三五"期间除下游地区外，其余两地区水资源供给无效率仍是造成要素投入无效率的最主要因素，而劳动力投入无效率是造成要素投入无效率的另一重要因素，与前面结论一致。从动态变化过程来看，如图 6 - 6 所示，劳动力投入方面，上中下游地区劳动力投入无效率值大小情况为：上游地区 > 中游地区 > 下游地区。其中，中游和上游地区劳动力投入无效率值明显高于下游地区，但前两者在样本期内下降较为明显，分别由 0.042 和 0.040 下降至 0.033 和 0.034，年均递减率分别为 3.51% 和 2.35%，使得中游和上游地区与下游地区的生态效率差距逐渐缩小。资本存量方面，上中下游地区资本存量无效率值大小情况为：中游地区 > 上游地区 > 下游地区。该时期上中下游资本存量无效率值均大幅提升，其中，中游地区无效率值上升幅度最大，由 0.015 上升至 0.038，年均增速为 12.44%；上游地区上升幅度次之，由 0.019 上升至 0.034，年均增速为 7.98%，下游地区上升幅度最小，由 0.017 上升至 0.030，年均增速为 7.79%。该时期资本存量无效率值与生态无效率值呈现相反变化趋势，在未来资本存量无效率使用或将成为抑制长江经济带上中下游地区生态效率进一步提升甚至使其由升转降的关键性因素，因此政府应采取积极措施提升资本综合利用效率。能源利用方面，上中下游地区能源利用无效率值大小情况为：上游地区 > 中游地区 > 下游地区。其中，上游和中游地区能源无效率值呈现先降后增的变化趋势，在 2006~2016 年缓慢下降，2017 年后大幅上升至期初水平，而下游地区的上升幅度较小。水资源供给方面，上中下游地区水资源供给无效率值大小情况为：中游地区 > 上游地区 > 下游地区。上中下游地区的水资源供给无效率值均呈现下降趋势，其中，中游地区降幅最大，由 2011 年的 0.052 下降至 2018 年的 0.031，年均递减率为 7.67%，上游地区降幅次之，由 2011 年的 0.052 下降至 2018 年的 0.033，年均递减率为 6.71%，下游地区降幅最小，由 2011 年的 0.039 下降至 2018 年的 0.023，年均递减率为 7.84%。

6.2.3　沿江与非沿江地区

1. 全样本时期

如图 6-7 所示，总体来看长江经济带沿江与非沿江地区生态无效率值在整个样本期间内呈现逐年下降趋势，其中，沿江地区无效率值在期初高于非沿江地区，但下降速度快于后者；由 2006 年的 0.389 下降至 2018 年的 0.230，年均递减率为 4.48%。非沿江地区的无效率值及其降幅次之，由 2006 年的 0.362 下降至 2018 年的 0.241，年均递减率为 3.45%，除个别年份发生轻微反弹外，其余年份沿江与非沿江地区生态无效率值均保持下降趋势。从下降幅度看，非沿江地区生态无效率值在样本期间内低于沿江地区，该地区各级地方政府应当予以充分重视。投入无效率占比方面，如图 6-8 所示，沿江与非沿江地区无效率占总无效率逐渐提升，2006~2015 年呈现缓慢上升趋势，上升速度于 2016~

2018 年明显加快。沿江地区占总无效率值比重也于 2018 年后超过 50%，无论是沿江地区还是非沿江地区，提升各生产要素使用效率将成为未来促进生态效率提高的关键手段。

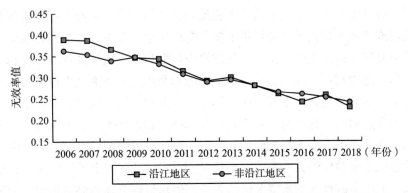

图 6 - 7 长江经济带沿江与非沿江地区的生态无效率值（2006~2018 年）
资料来源：笔者测算并绘制。

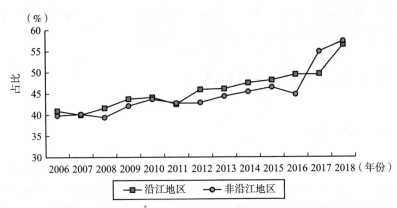

图 6 - 8 沿江与非沿江地区投入无效率占生态无效率比重（2006~2018 年）
资料来源：笔者测算并绘制。

分要素投入子项来看，沿江地区各子项无效率均值排名为：水资源供给无效率＞能源利用无效率＞劳动力投入无效率＞资本存量无效率；非沿江地区各子项无效率均值排名为：水资源供给无效率＞能源利用无效率＞劳动力投入无效率＞资本存量无效率。与前面相同的是，在沿江与非沿江地区分类标准下，水资源供给无效率依然是造成沿江与非沿江地区要素投入无效率的最主要因素；与前面不同的是，对于沿江地区来说，次要因素由劳动力投入无效率转变为能源利用无效率。从动态变化过程来看，如图6-9所示，在要素投入的四个子项中，劳动力投入方面，非沿江地区的劳动力投入无效率值明显高于沿江地区，两者在样本期内均有明显下降，其中，非沿江地区由2006年的0.040下降至2018年的0.032，年均递减率为1.88%，沿江地区由2006年的0.038下降至2018年的0.030，年均递减率为1.99%。在劳动力吸纳及其使用上，长江经济带沿江地区比非沿江地区更具优势，因此非沿江地区各级政府应发挥相关作用，不断缩小与沿江地区的差距。资本存量方面，不同于生态无效率值，沿江地区和非沿江地区出现明显差异，前者的资本存量无效率值明显大于后者。由于沿江地区经济活跃程度整体高于非沿江地区，而在资本运动活跃带动经济增长的同时，也会产生大量投机性短期资金进入非生产领域，从而降低资本使用效率，最终导致沿江地区资本存量无效率值高于非沿江地区。在动态变化上，2006～2011年长江经济带沿江与非沿江地区资本存量无效率值略微上升，在2011年后大幅提升，其中非沿江地区无效率值上升幅度较大，由0.016上升至0.034；沿江地区无效率值上升幅度较小，由0.018上升至0.034。和前面情况相似，资本存量无效率值与生态无效率值呈现相反变化趋势，这点十分值得注意，当以沿江与非沿江地区作为划分标准进行考察时，资本存量无效率值依然是阻碍长江经济带生态效率提升的关键性因素。能源利用方面，沿江与非沿江地区的能源利用无效率值呈现先降后增的变化趋势，在2006～2016年缓慢下降，2017年后大幅上升回到期初水平，特别是对于非沿江地区，2017年能源利用无效率值由上年0.023上升为0.044，增幅高达91.30%。水资源供给方面，沿江与非沿江地区的水资源供给无效率值均呈现下降趋势，其中，沿江地区下降幅度较大，由2006年的0.055下降至2018年的0.027，年均递减率为6.11%，非沿江地区下降幅度较小，由2006年的0.048下降至2018年的0.029，年均递减率为4.29%。沿江地区的水资源供给无效率值由样本期初的远高于非沿江地区下降至样本期末略低于后者，不仅说明沿江地区各城市在水资源利用方面取得的突出成绩，还反映出非沿江地区在该领域的工作力度及成果存在一定差距。

159

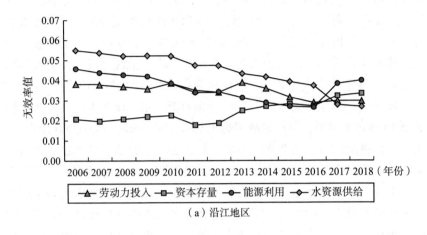

（a）沿江地区

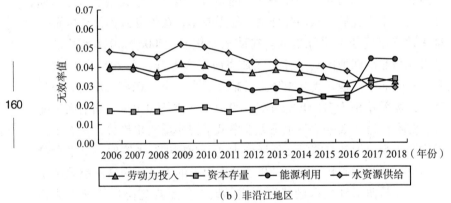

（b）非沿江地区

图 6 - 9　沿江与非沿江地区投入要素无效率分解情况（2006～2018 年）

资料来源：笔者测算并绘制。

　　非期望产出方面，如图 6 - 10 所示，沿江与非沿江地区非期望产出无效率值变化趋势基本重合，两大地区在环境保护上取得的成果反映到生态效率上基本持平，其中，沿江地区降幅较大，由 2006 年的 0.230 下降至 2018 年的 0.103，年均递减率为 7.19%。非沿江地区降幅较小，由 2006 年的 0.208 下降至 2018 年的 0.103，年均递减率为 6.03%。

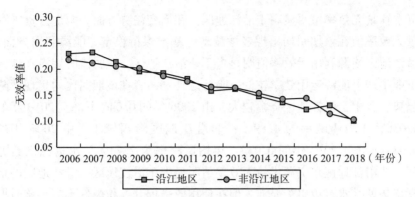

图6-10　长江经济带沿江与非沿江地区非期望产出无效率值（2006～2018年）

资料来源：笔者测算并绘制。

2. "十一五" 时期

如图6-6所示，沿江与非沿江地区的生态无效率值在"十一五"期间呈现逐年下降趋势，沿江地区略大于非沿江地区。其中，沿江地区生态无效率值下降幅度较大，由2006年的0.389下降至2010年的0.315，年均递减率为5.42%；非沿江地区生态无效率值下降幅度较小，由2006年的0.362下降至2010年的0.308，年均递减率为4.12%。要素投入无效率值占比方面，如图6-7所示，沿江与非沿江地区要素投入无效率值占总无效率比重呈现上升趋势，但占比仍小于50%，非期望产出无效率值在该时期始终大于投入无效率值，影响两大地区生态效率提升的内部因素仍主要为环境污染。

分要素投入子项来看，沿江地区各子项无效率均值排名：水资源供给无效率＞能源利用无效率＞劳动力投入无效率＞资本存量无效率；非沿江地区各子项无效率均值排名：水资源供给无效率＞能源利用无效率＞劳动力投入无效率＞资本存量无效率。从动态变化过程来看，如图6-9所示，劳动力投入方面，非沿江地区劳动力投入无效率值大于沿江地区，且二者在该期间均呈现先降后升的变化趋势。其中，沿江地区在2006～2009年呈现缓慢下降趋势，2010年后有所上升，而非沿江地区在2006～2008年呈现缓慢下降趋势，2010年和2011年有所上升。从结果来看，该时期首尾两年所处水平基本一致，劳动力使用效率既没有得到明显提升，也没有下降，意味着该时期两地区劳动者相关政策的制定及落实对于无效率提升没有显著作用。资本存量方面，沿江地区的

161

资本存量无效率值明显高于沿江地区。在演变趋势方面，两地区资本存量无效率值在该期间均出现轻微波动，基本保持稳定。能源利用方面，沿江地区能源利用无效率值明显大于非沿江地区，说明该时期沿江地区工业生产上能源运用效率较低。除此之外，两者在该期间内均呈现下降趋势，其中，沿江地区降幅较大，由 2006 年的 0.046 下降至 2010 年的 0.038，年均递减率为 4.89%；非沿江地区降幅较小，由 2006 年的 0.039 下降至 2010 年的 0.035，年均递减率为 2.74%。水资源供给方面，非沿江地区水资源供给无效率值明显大于沿江地区。沿江地区的地理优势使其水资源更为充沛，但在使用效率提升上积极性不高，该时期表现出下降趋势，由 2006 年的 0.055 下降至 2011 年的 0.050，年均递减率为 2.41%。非沿江地区的水资源无效率值呈波动上升趋势，由 2008 年的 0.045 上升至 2010 年的 0.050。

3. "十二五"和"十三五"期间

如图 6-7 所示，长江经济带沿江与非沿江地区生态无效率值在"十二五"和"十三五"期间均呈现下降趋势，其中沿江地区降幅较大，由 2011 年的 0.290 下降至 2018 年的 0.230，年均递减率为 3.37%；非沿江地区降幅较小，由 2011 年的 0.290 下降至 2018 年的 0.241，年均递减率为 2.68%，该时期后期沿江地区生态无效率值已小于非沿江地区。要素投入无效率值占比方面，如图 6-8 所示，沿江与非沿江地区要素无效率占生态无效率比重均呈现上升趋势，且 2017 年占比大于 50%，投入无效率值反超非期望产出无效率值。由此说明，生态效率结构性成因正面临新形势，影响生态效率提升的内部因素主要由环境污染转为生产要素使用效率。

分要素投入子项来看，沿江地区各子项无效率均值排名为：水资源供给无效率 > 劳动力投入无效率 > 能源利用无效率 > 资本存量无效率；非沿江地区各子项无效率均值排名为：水资源供给无效率 > 劳动力投入无效率 > 能源利用无效率 > 资本存量无效率，与"十一五"期间不同，"十二五"和"十三五"期间影响沿江地区要素投入无效率的次要因素转变为劳动力投入无效率，而非沿江地区没有明显变化。从动态变化过程来看，如图 6-9 所示，劳动力投入方面，沿江地区劳动力投入无效率值大于非沿江地区，延续了"十一五"期间的特征。沿江与非沿江地区劳动力投入无效率值在该期间均呈现下降趋势，其中，沿江地区和非沿江地区降幅相当，分别由 2011 年的 0.037 和 0.035 下降至 2018 年的 0.032 和 0.030，年均递减率分别为 2.10% 和 2.23%。资本存量方面，非沿江地区资本存量无效率值大于沿江地区。该时期沿江与非沿江地区资本存量无效率值均大幅提升，其中，非沿江地区无效率值上升幅度较大，由 0.016 上升至 0.034，年均增长速度为 10.21%；沿江地区无效率值上升幅度较小，由 0.018 上升至 0.034，年均增长速度为 8.69%，和前文情况相似，资本存量无效率值与生态无效率值呈现相反变化趋势，当以沿江与非沿江作为划分标准进行考察时，资本存量无效率仍是阻碍长江经济带生态效率提升的关键性因素，且近年来这种倾向愈加明显。能源利用方面，沿江与非沿江地区的大小情况在 2017 年后发生变化，非沿江地区无效率值反超沿江地区。因此，无论是沿江地区还是非沿江地区，应针对自身情况调整相应政策，促进能源节约型城市建立。在水资源供给方面，沿江与非沿江地区水资源供给无效率值差距不大，均呈下降趋势。其中，沿江地区无效率值下降幅度更大，由 2011 年的 0.047 下降至 2018 年的 0.027，年均递减率为 8.24%，2017 年后开始低于非沿江地区。非沿江地区降幅较小，由 2011 年的 0.047 下降至 2018 年的 0.029，年均递减率为 7.14%。

6.3.4　三大城市群

1. 全样本时期

如图 6 - 11 所示，长江经济带三大城市群生态无效率值在整个样本期间呈现下降趋势，其中长三角城市群无效率值最低，并且期间降幅最大，由 2006 年的 0.342 下降至 2018 年的 0.179，年均递减率为 5.54%，但在部分年份有明显反弹现象。成渝城市群的生态无效率值以及降幅次之，由 2006 年的 0.359 下降至 2018 年的 0.207，年均递减率为 4.07%，除个别年份外，均低于长江中游城市群。长江中游城市群无效率值最高，且降幅最低，由 2006 年的 0.372 下降至 2018 年的 0.243，年均递减率为 3.61%。也就是说，无论是从绝对数值还是相对大小来看，长江中游城市群生态无效率值在样本期间表现最差，应及时推进政策改善城市群要素和资源使用情况，降低经济生产对环境的负面作用，以促进无效率值进一步下降，同时不应忽视成渝城市群和长三角城市群部分年份出现的反弹现象，通过建立定期回访制度保证相关政策得到长期落实。要素投入无效率占比方面，如图6－12所示，三大城市群要素投入无效率占生态无效率的比重逐渐提升，且2018年后均大于50%，成为生态无效率的主要来源，该现象的发生在一定程度上得益于城市群内部各地市政府对于环境污染的积极规制，意味着三大城市群生态效率结构性成因亦正面临新形势，其中成渝城市群和长江中游城市群的占比近年来接近甚至超过60%，对于这两个城市而言，提升各生产要素使用效率将成为提升生态效率的关键手段。

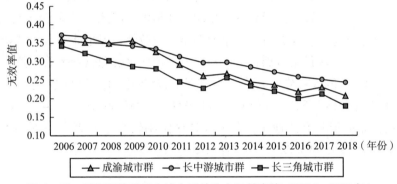

图6－11　长江经济带三大城市群的生态无效率值（2006~2018年）

资料来源：笔者测算并绘制。

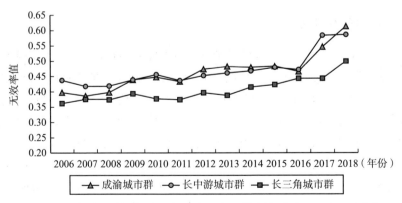

图6－12　三大城市群投入无效率占生态无效率比重（2006~2018年）

资料来源：笔者测算并绘制。

　　分要素投入子项来看，长三角城市群各子项无效率均值排名为：水资源供给无效率 > 能源利用无效率 > 劳动力投入无效率 > 资本存量无效率；长江中游城市群各子项无效率均值排名为：水资源供给无效率 > 劳动力投入无效率 > 能源利用无效率 > 资本存量无效率；成渝城市群各子项无效率均值排名为：水资源供给无效率 > 劳动力投入无效率 > 能源利用无效率 > 资本存量无效率，在三大城市群划分标准下，水资源供给无效率依然是造成要素投入无效率的最主要因素，劳动力投入无效率是造成长江中游城市群和成渝城市群要素投入无效率的次要因素，能源利用无效率是造成长三角城市群要素投入无效率的次要因素。从动态变化过程来看，劳动力投入方面，成渝城市群和长江中游城市群劳动力投入无效率值明显高于长三角城市群，但差距有逐渐缩小趋势，样本期内下降较为明显，分别由 0.045 和 0.039 下降至 0.031 和 0.028，年均递减率分别为 3.15% 和 2.80%，在一定程度上反映出这两个城市群在劳动者培训以及就业指导等方面取得了一定进步，未来应当继续落实相关政策，促进劳动力投入无效率值的进一步下降。资本存量方面，自 2011 年后，三大城市群资本存量无效率值上升明显，其中，长江中游城市群上升幅度最大，由 0.013 上升至 0.038，年均增长速度为 8.55%；成渝城市群次之，由 0.012 上升至 0.031，年均增长速度为 7.60%。同前面一样，三大城市群划分标准下资本存量无效率值与整体生态效率变化趋势相反的现象值得警示，因为这意味着在未来资本存量无效率使用或将成为影响生态效率进一步提升甚至使其由升转降的关键性因素，对于资本投入应妥善引导使用，在获得稳定长效收益的同时，不影响生态环境的绿色发展。能源利用方面，成渝城市群和长江中游城市的能源利用无效率值呈现先降后增的变化趋势，在 2006～2016 年缓慢下降，2017 年后大幅上升至期初水平，而长三角城市群则相对稳定。水资源供给方面，类似于劳动力投入，成渝城市群和长江中游城市群仍有一定差距，但成渝城市群差距今年来有缩小趋势而长江中游城市群并未体现。实际上，长江中游城市群工业生产规模较大，水需求和水污染水平较高，因此应尤为重视水资源的合理使用。

　　非期望产出方面，如图 6 - 13 所示，三大城市群的非期望产出无效率值变化过程相互交错，其中成渝城市群前期水平较高，后期水平较低，由 2006 年的 0.209 下降至 2018 年的 0.101，年均递减率为 6.25%；长江中游城市群前期水平较高，后期水平较低，由 2006 年的 0.216 下降至 2018 年的 0.080，年均递减率为 8.63%；长三角城市群前期最低，后期有所提升，由 2006 年的 0.217 下降至 2018 年的 0.090，年均递减率为 7.61%。

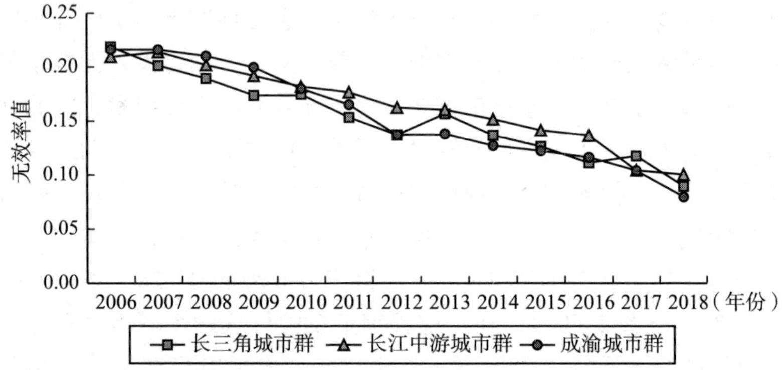

图 6 - 13　长江经济带三大城市群非期望产出无效率值（2006～2018 年）

资料来源：笔者测算并绘制。

166

2. "十一五" 时期

如图 6 - 11 所示，三大城市群生态无效率值在 "十一五" 期间呈现逐年下降趋势，无效率值大小情况为：长江中游城市群 > 成渝城市群 > 长三角城市群。其中，长江中游城市群生态无效率值降幅最小，由 2006 年的 0.372 下降至 2010 年的 0.314，年均递减率为 4.33%；成渝城市群生态无效率值降幅次之，由 2006 年的 0.359 下降至 2010 年的 0.292，年均递减率为 5.30%；长三角城市群生态无效率值降幅最大，由 2006 年的 0.342 下降至 2010 年的 0.245，年均递减率为 8.70%。要素投入无效率值占比方面，如图 6 - 12 所示，三大城市群要素投入无效率值占总无效率比重呈现上升趋势，但占比仍小于 50%，非期望产出无效率值在该时期始终大于投入无效率值，影响生态效率提升的内部因素仍主要为环境污染。

分要素投入子项来看，该时期长三角城市群各子项无效率均值排名为：水资源供给无效率 > 能源利用无效率 > 劳动力投入无效率 > 资本存量无效率；长江中游城市群各子项无效率均值排名为：水资源供给无效率 >

劳动力投入无效率 > 能源利用无效率 > 资本存量无效率；成渝城市群各子项无效率均值排名为：水资源供给无效率 > 劳动力投入无效率 > 能源利用无效率 > 资本存量无效率。在三大城市群划分标准下，"十一五"期间水资源供给无效率依然是造成要素投入无效率的最主要因素，劳动力投入无效率是造成长江中游城市群和成渝城市群要素投入无效率的次要因素，能源利用无效率是造成长三角城市群要素投入无效率的次要因素。

从动态变化过程来看，如图 6 – 11 所示，劳动投入方面，三大城市群劳动力投入无效率值大小情况为：长江中游城市群 > 成渝城市群 > 长三角城市群。长三角城市群劳动力投入无效率值在该期间波动下降，由 0.027 下降至 0.024，年均递减率为 2.99%；长江中游城市群劳动力投入无效率值在该期间先降后增，于 2009 年下降至期间最低点 0.040，随后上升至 0.043；成渝城市群劳动力投入无效率值在该期间波动上升，由 2006 年的 0.039 上升至 2010 年的 0.043，年均增长速度为 2.41%。资本存量方面，三大城市群资本存量无效率值大小情况为：长江中游城市群 > 长三角城市群 > 成渝城市群。三大城市群资本存量无效率值在该期间均呈现先降后升的变化过程。能源利用方面，三大城市群能源利用无效率值大小情况为：长江中游城市群 > 成渝城市群 > 长三角城市群。三大城市群能源利用无效率值在该期间均逐年降低，其中长江中游城市群降幅最大，由 2006 年的 0.045 下降至 2010 年的 0.031，年均递减率为 9.76%；成渝城市群降幅最次之，由 2006 年的 0.042 上升至 2010 年的 0.029，年均增长速度为 9.70%；长三角城市群降幅最大，由 2006 年的 0.033 下降至 2010 年的 0.023，年均递减率为 9.45%，由此可知该时期三大城市群能源使用效率有明显提升。水资源供给方面，三大城市群水资源供给无效率值大小情况为：长江中游城市群 > 成渝城市群 > 长三角城市群。其中长江中游城市群水资源供给无效率值在该期间先增后减，波动幅度较小；成渝城市群波动上升，由 2006 年的 0.045 上升至 2010 年的 0.054，年均增长速度为 4.66%；而长三角城市群在该期间呈现下降趋势，由 2006 年的 0.048 下降至 2010 年的 0.035，年均递减率为 8.22%。

3. "十二五"和"十三五"期间

如图 6 – 11 所示，长江经济带三大城市群生态无效率值在"十二五"和"十三五"期间均呈现下降趋势，其中，长江中游城市群由

167

2011 年的 0.297 下降至 2018 年的 0.243，年均递减率为 2.91%；成渝城市群由 2011 年的 0.261 下降至 2018 年的 0.207，年均递减率为 3.37%；长三角城市群由 2011 年的 0.228 下降至 2018 年的 0.179，年均递减率为 3.52%。要素投入无效率值占比方面，如图 6-10 所示，三大城市群要素投入无效率值占总无效率比重均呈现上升趋势，且 2017 年占比大于 50%，投入无效率值反超非期望产出无效率值，生态效率结构性成因正面临新形势，影响生态效率提升的内部因素主要由环境污染转为生产要素使用效率。

分要素投入子项来看，该时期长三角城市群各子项无效率均值排名为：水资源供给无效率 > 劳动力投入无效率 > 资本存量无效率 > 能源利用无效率；长江中游城市群各子项无效率均值排名为：水资源供给无效率 > 劳动力投入无效率 > 能源利用无效率 > 资本存量无效率；成渝城市群各子项无效率均值排名为：水资源供给无效率 > 劳动力投入无效率 > 能源利用无效率 > 资本存量无效率，在三大城市群划分标准下，"十二五"和"十三五"期间水资源无效率依然是造成要素投入无效率的最主要因素，劳动力投入无效率是次要因素。从动态变化过程来看，如图 6-14 所示，劳动力投入方面，三大城市群劳动力投入无效率值大小情况为：长江中游城市群 > 成渝城市群 > 长三角城市群。其中，长江中游城市群和成渝城市群劳动力投入无效率值明显高于长三角城市群，但前两者在该时期下降较为明显，分别由 2011 年的 0.041 和 0.031 下降至 2018 年的 0.035 和 0.028，年均递减率分别为 4.07% 和 3.24%，使得两者与长三角城市群的差距逐渐缩小。在劳动力吸纳及其使用上，长江中游城市群和成渝城市群的竞争力进一步提升，而长三角城市群仅轻微下降，由 2011 年的 0.023 下降至 2018 年的 0.022，年均递减率为 0.64%。资本存量方面，三大城市群资本存量无效率值大小情况为：长江中游城市群 > 长三角城市群 > 成渝城市群。该时期三大城市群资本存量无效率值均大幅提升，其中长江中游城市群无效率值上升幅度最大，由 2011 年的 0.013 上升至 2018 年的 0.038，年均增长速度为 14.21%；长三角城市群上升幅度次之，由 2011 年的 0.012 上升至 2018 年的 0.031，年均增长速度为 12.68%，成渝城市群上升幅度最小，由 2011 年的 0.016 上升至 2018 年的 0.026，年均增长速度 6.70%。该时期资本存量无效率值与生态无效率值呈现相反变化趋势，政府应采取积极措施提升资本利用效率。能源利用方面，三大城市群能源利用无效率值大小情况为：长江中游城市群＞成渝城市群＞长三角城市群。其中，长江中游城市群和成渝城市群能源利用无效率值呈现先降后增的变化趋势，2006～2016年缓慢下降，2017年后大幅上升至期初水平，而长三角城市群上升幅度较小。水资源供给方面，三大城市群水资源供给无效率值大小情况为：长江中游城市群＞长三角城市群＞成渝城市群。三大城市群的水资源供给无效率值均呈现下降趋势，且城市群间差距不断缩小，其中，成渝城市群降幅最大，由2011年的0.050下降至2018年的0.025，年均递减率为10.41％，2017年后开始低于上游地区。长江中游城市群降幅次之，由2011年的0.051下降至2018年的0.028，年均递减率为8.94％，长三角城市群降幅最小，由2011年的0.029下降至2018年的0.018，年均递减率为7.05％。

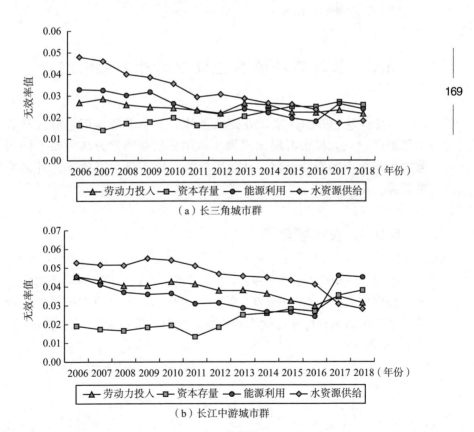

（a）长三角城市群

（b）长江中游城市群

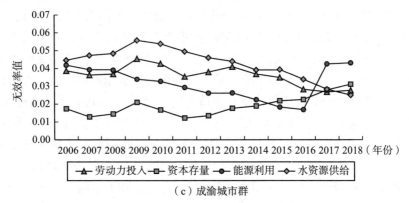

（c）成渝城市群

图 6 – 14　三大城市群投入要素无效率分解情况（2006～2018 年）
资料来源：笔者测算并绘制。

6.3　长江经济带生态效率的外部影响因素

本部分基于外部因素，分别从整体、上中下游地区、沿江与非沿江地区、三大城市群层面出发，运用分位数回归方法考察不同因素对生态效率的影响机理，从而厘清长江经济带生态效率的外部影响因素。

6.3.1　整体层面

本部分以全样本、"十一五""十二五""十三五"时期为考察单元，分别探究在 0.25 分位点、0.5 分位点、0.75 分位点处各影响因素对长江经济带整体生态效率的影响，回归结果如表 6 – 2、表 6 – 3、表 6 – 4 所示。

表 6 - 2　　　　　全样本时期长江经济带生态效率的回归结果

分位点	变量	回归系数	标准误	T 值
q = 0.25	Industry	0.00255 ***	0.00061	4.19
	Technology	0.00136	0.00213	0.64
	Open	− 0.00663 ***	0.00161	− 4.12
	Finance	− 0.01059 *	0.00589	− 1.80
	Population	0.00011 ***	0.00001	7.35
	Regulation	0.0003387	0.00023	1.45
q = 0.5	Industry	0.00246 ***	0.00086	2.88
	Technology	− 0.00630 ***	0.00227	− 2.77
	Open	− 0.00555 *	0.00306	− 1.81
	Finance	− 0.00225	0.00456	− 0.49
	Population	0.00014 ***	0.00003	5.17
	Regulation	0.00064 **	0.00027	2.33
q = 0.75	Industry	0.00333 ***	0.00090	3.70
	Technology	− 0.01177 ***	0.00329	− 3.58
	Open	− 0.00615 ***	0.00198	− 3.11
	Finance	− 0.00474	0.00872	− 0.54
	Population	0.00019 ***	0.00004	4.70
	Regulation	0.00084 ***	0.00026	3.17

注：　*** 、 ** 、 * 分别表示在 1%、5% 和 10% 的水平上显著。
资料来源：笔者测算并绘制。

表 6 - 3　　　　"十一五" 时期长江经济带生态效率的回归结果

分位点	变量	回归系数	标准误	T 值
q = 0.25	Industry	0.00128 *	0.00066	1.93
	Technology	0.00679 **	0.00274	2.48
	Open	− 0.00387 **	0.00183	− 2.11
	Finance	− 0.01040	0.00958	− 1.09
	Population	0.00008 ***	0.00002	3.86
	Regulation	0.00070 **	0.00028	2.52

续表

分位点	变量	回归系数	标准误	T 值
q = 0.5	Industry	0.00036	0.00084	0.43
	Technology	-0.00165	0.00397	-0.42
	Open	-0.00147	0.00459	-0.32
	Finance	-0.01846	0.01307	-1.41
	Population	0.00011 ***	0.00004	2.85
	Regulation	0.00084 **	0.00037	2.28
q = 0.75	Industry	-0.00303	0.00196	-1.54
	Technology	-0.00715	0.00710	-1.01
	Open	-0.00057	0.00384	-0.15
	Finance	-0.00216	0.01183	-0.18
	Population	0.00016 **	0.00007	2.41
	Regulation	0.00178 ***	0.00068	2.63

注: *** 、 ** 、 * 分别表示在1% 、5% 和10% 的水平上显著。
资料来源: 笔者测算并绘制。

表6 -4 "十二五" 和 "十三五" 时期长江经济带生态效率的回归结果

分位点	变量	回归系数	标准误	T 值
q = 0.25	Industry	0.00271 ***	0.00062	4.38
	Technology	-0.01492 ***	0.00363	-4.11
	Open	-0.00764 ***	0.00157	-4.87
	Finance	-0.00321	0.00700	-0.46
	Population	0.00012 ***	0.00002	6.73
	Regulation	0.00012	0.00026	0.46
q = 0.5	Industry	0.00279 ***	0.00105	2.64
	Technology	-0.01597 ***	0.00350	-4.56
	Open	-0.00860 ***	0.00315	-2.73
	Finance	-0.00555	0.00720	-0.77
	Population	0.00011 ***	0.00002	4.64
	Regulation	0.00040	0.00030	1.34

分位点	变量	回归系数	标准误	T值
q = 0.75	Industry	0.00352 *	0.00191	1.84
	Technology	− 0.01816 ***	0.00508	− 3.57
	Open	− 0.01018 **	0.00516	− 1.97
	Finance	− 0.01312	0.01415	− 0.93
	Population	0.00020 ***	0.00004	5.22
	Regulation	0.00053	0.00053	1.00

注：***、**、* 分别表示在1%、5%和10%的水平上显著。
资料来源：笔者测算并绘制。

1. 全样本时期

从全样本观测期来看，在任意分位点水平下，人口集聚、第三产业占比增加均在1%的水平上对生态效率表现出显著的促增效应。人口密度增加可以通过集聚效应提高资源使用效率，防污减排设施的共享共治也会对生态效率提升产生正向带动（邵帅，2016）。随着我国产业结构转型升级，传统能耗高、效率低的工业发展模式逐渐没落，取而代之的现代服务业和高端制造业不仅能够优化资源重组与聚合，而且更有助于节能减排（Glaeser & Kahn，2009；邓霞，2018），最终将有利于长江经济带生态效率提升。技术进步在0.5分位点和0.75分位点处的回归系数显著为负，说明技术进步并未对生态效率发挥出应有的促进作用。由于技术投入偏向性不同，现实中的科创资金将被分别用于生产技术和减排技术研发（李斌、赵新华，2011）。当研发投入更多地被用于生产技术进步时，经济产出水平提高的同时也加剧了污染排放强度，这将对生态效率提升产生抑制效应。对外开放水平在0.25分位点、0.5分位点、0.75分位点处显著为负，从而印证了"污染避难所假说"在长江经济带成立，这与王兵和王丽（2010b）、汪克亮等（2017）的研究结论一致。由于污染密集型外资企业的输入不利于生态效率改善，因此政府部门应通过行政手段不断提高 FDI 准入门槛，积极引导生态环保型外资企业落户于长江经济带。

此外，金融发展程度仅在低分位点处通过10%的显著性检验，且对生态效率具有负向影响，造成这一现象的原因可能在于生态效率低水平城市将大部分金融资产投放于实体经济而非绿色经济发展，导致绿色金融对生态环境的正外部性尚未充分发挥。环境规制的影响系数在0.5分位点和0.75分位点处显著为正，表明政府的环境规制能够有效提高居民和企业的环保意识，促进长江经济带生态效率实现长足进步，这与我们的预期方向相一致。

2. "十一五"时期

从"十一五"时期看，人口密度和环境规制在0.25分位点、0.5分位点、0.75分位点处的回归系数均显著为正，且影响程度随着分位点上升呈递增趋势。理论上说，生态效率高水平城市具有更加科学完善的环境规制体系，企业与公民对环境保护的重视程度更高，这都将促进长江经济带生态效率水平得到有效提升。产业结构和技术进步在0.25分位点处显著为正，这与张伟和吴文元（2011）、汪克亮等（2017）的研究结论相同。这表明在生态效率低水平阶段，创新集聚与第三产业比重提升对于城市生态效率提升、实现绿色可持续发展具有更大的推动作用。对外开放水平的回归系数为负，且仅在0.25分位点处通过显著性检验，这表明低水平城市在引进外资时可能只顾追求地区经济增长而相继展开逐底竞争（朱平芳等，2011），使得高耗能、高污染企业乘虚而入，这对生态效率原本不高的城市或地区而言无疑是雪上加霜。金融发展的回归系数在所有分位点处均为负值，但未能通过显著性检验，这意味着在"十一五"时期金融发展程度与长江经济带生态效率之间的关系并不密切。

3. "十二五"和"十三五"期间

在"十二五"和"十三五"期间，产业结构和人口密度在各分位点处的回归系数为正值，且分别通过1%和10%的显著性检验，这与前面全样本时期的结果一致，说明产业结构转型升级与人口集聚对长江经济带生态效率具有正向影响。近年来，第二产业中越来越多的行业发生了转型升级，且在人口密集地区第三产业的结构效应更易发挥优势，经济与环境协调发展的新型工业化道路初显成效。技术进步与对外开放水平在各分位点处的回归系数显著为负，且影响程度随着分位点提升而逐渐增大。这表明在"十二五"和"十三五"期间，技术进步与外资利用未能促进长江经济带生态效率水平提升，因此应不断提高对外资企业制定的严格的环境准入标准，引导技术研发向绿色化发展。除此之外，金融发展程度的影响系数在各分位点处均为负值，环境规制的影响系数为正，但是二者均未通过显著性检验，这意味着在"十二五"和"十三五"期间，二者与长江经济带生态效率的关系在统计检验上并不密切。

6.3.2　上中下游地区

本部分以全样本、"十一五""十二五""十三五"时期为考察单元，分别探究在25%、50%、75%分位点处各影响因素对上中下游地区生态效率的影响，回归结果如表6－5、表6－6、表6－7所示。

表6－5　　　　　　全样本时期上中下游地区生态效率的回归结果

分位点	变量	下游地区	中游地区	上游地区
q = 0.25	Industry	0.00884 ***	− 0.00060	− 0.00032
	Technology	− 0.00195	0.01930 ***	− 0.00054
	Open	− 0.00592 ***	0.00085	− 0.00035
	Finance	− 0.02585 **	0.04685 ***	− 0.01448
	Population	0.00010 ***	− 0.00009 **	0.00029 ***
	Regulation	0.00152 **	0.00045 *	− 0.00037
q = 0.5	Industry	0.00829 ***	− 0.00030	− 0.00051
	Technology	− 0.02466 ***	0.03203 ***	− 0.00456
	Open	− 0.00937 ***	0.00306	− 0.00148
	Finance	− 0.01204	− 0.00220	− 0.01025
	Population	0.00005 *	0.00006	0.00022 ***
	Regulation	0.00342 ***	− 0.00009	0.00043

续表

分位点	变量	下游地区	中游地区	上游地区
	Industry	0.00668***	-0.00012	0.00069
	Technology	-0.05015***	0.02885***	-0.02008***
q=0.75	Open	-0.01524***	0.00370	-0.00564
	Finance	0.00312	-0.00975	-0.03505**
	Population	0.00007*	0.00015***	0.00021***
	Regulation	0.00264*	0.00033	-0.00089*

注：***、**、*分别表示在1%、5%和10%的水平上显著。
资料来源：笔者测算并绘制。

表6-6   "十一五"时期上中下游地区生态效率的回归结果

分位点	变量	下游地区	中游地区	上游地区
	Industry	0.00359*	-0.00011	0.00321**
	Technology	0.00452	0.02477**	0.00390
q=0.25	Open	-0.00273	-0.00095	0.00567
	Finance	-0.01014	0.06936***	-0.06916***
	Population	0.00009*	-0.00014***	0.00024***
	Regulation	0.00085	0.00095***	-0.00022
	Industry	0.00168	-0.00187**	0.00253
	Technology	-0.01667	0.03523*	0.00289
q=0.5	Open	-0.00023	-0.00517	0.00092
	Finance	-0.00951	0.04753*	-0.04620***
	Population	0.00007	-0.00007	0.00027***
	Regulation	0.00466**	0.00103**	-0.00017

续表

分位点	变量	下游地区	中游地区	上游地区
q = 0.75	Industry	− 0.00006	− 0.00436 ***	− 0.00485
	Technology	− 0.04742 *	0.04675 ***	− 0.01581
	Open	− 0.00851	− 0.00484	0.00123
	Finance	0.02487	0.05140 **	− 0.02098
	Population	0.00002	− 0.00002	0.00018
	Regulation	0.00766 **	0.00252 ***	− 0.00001

注：***、**、*分别表示在1%、5%和10%的水平上显著。
资料来源：笔者测算并绘制。

表 6 - 7　　"十二五"和"十三五"时期上中下游地区生态效率的回归结果

分位点	变量	下游地区	中游地区	上游地区
q = 0.25	Industry	0.00783 ***	0.00037	0.00009
	Technology	− 0.01599 **	0.01251	− 0.02896 ***
	Open	− 0.00533 *	0.01118 **	− 0.00239
	Finance	− 0.01745	0.00879	− 0.00962
	Population	0.00010 ***	− 0.00008	0.00013 ***
	Regulation	0.00178 **	− 0.00019	0.00022
q = 0.5	Industry	0.00757 ***	0.00105	0.00216
	Technology	− 0.03437 ***	0.01707 **	− 0.02649 ***
	Open	− 0.01399 ***	0.01444 ***	− 0.00754
	Finance	− 0.00917	− 0.0009	− 0.03190 ***
	Population	0.00006 *	0.00002	0.00016 ***
	Regulation	0.00170	− 0.00083	− 0.00037
q = 0.75	Industry	0.00442	0.00214	0.00147
	Technology	− 0.06640 ***	0.00881	− 0.02759 ***
	Open	− 0.02991 ***	0.01057	− 0.01236
	Finance	− 0.01530	− 0.01963	− 0.04015 **
	Population	0.00013 **	0.00007	0.00023 ***
	Regulation	0.00157	0.00009	− 0.00096 **

注：***、**、*分别表示在1%、5%和10%的水平上显著。
资料来源：笔者测算并绘制。

1. 全样本时期

从全样本观测期来看，下游地区第三产业产值比重增加对生态效率表现出显著的正向影响，且影响程度随分位点上升逐渐减弱，而长江中上游地区生态效率与产业结构不存在统计学意义上的相关关系。技术进步对中游地区各分位点处的生态效率产生正向影响，且均通过1%的显著性检验，但在上游和下游地区较高分位点处对生态效率产生了明显的抑制作用，说明上游和下游地区研发投入结构不合理现象依旧存在，政府需要将有限的资金投入清洁技术研发，使得技术进步真正起到带动生态效率提升的作用。对于对外开放水平，下游地区在分位点处的回归系数显著为负，而在中上游地区的作用强度并不明显，这与张治栋和吴迪（2018）的研究结论一致，说明外商直接投资增加未能促进长江下游地区生态效率水平实现有效提升，现阶段下游地区依然符合"污染天堂假说"。金融发展在下游地区0.25分位点、上游地区0.75分位点处显著为负，而对中游地区生态效率低水平城市具有积极促进作用，由此说明绿色金融并没有在上游和下游地区发挥应有作用。人口密度在上游和下游地区任一分位点处的回归系数显著为正，在中游地区0.25分位点和0.75分位点处通过显著性检验，但作用方向截然相反，人口密集对中游低水平地区生态效率提升产生阻碍。环境规制仅对下游地区生态效率具有显著的正向影响，说明下游地区生态环境保护的政策设计更加合理，但在中游和上游地区均未通过显著性检验，说明环境规制对中游和上游地区生态效率的影响并不明显。

2. "十一五"时期

在"十一五"时期，产业结构在上游、下游地区0.25分位点处的影响系数显著为正，而对中游地区生态效率提升具有明显的抑制作用。"十一五"时期正是我国产业结构转型升级的关键时期，由于长江中游地区第二产业占比较高，要转变传统的"二三一"格局并对生态效率发挥正向作用需要一定时间。技术进步对中游地区生态效率的影响显著为正，且作用强度随着分位点上升而递增，同时该变量在下游0.75分位点10%水平上显著为负，在上游地区未能通过显著性检验。金融发展程度对中游地区各分位点处生态效率均具有显著的正向影响，但在上游地区 0.25 分位点和 0.5 分位点处的回归系数显著为负，在下游地区并不明显。

由此说明，在"十一五"时期，污染排放较为严重的中游地区更加重视对清洁技术的研发及绿色金融手段的利用。人口密度在下游地区 0.25 分位点处显著为正，在中游地区 0.25 分位点处显著为负，在上游地区 0.25 分位点和 0.5 分位点处通过 1% 的显著性检验且系数为正，说明人口密度对下游和上游地区生态效率提升具有积极作用。环境规制在下游和中游地区显著为正，但在上游地区并不显著，说明在"十一五"时期，环境规制与上游地区生态效率提升的相关性较弱。对外开放水平在上中下游地区均未通过显著性检验，说明在"十一五"时期，外商直接投资与三大地区生态效率之间的关系尚不明朗。

3. "十二五"和"十三五"期间

在"十二五"和"十三五"期间，产业结构仅在下游地区 0.25 分位点和 0.5 分位点处显著为正，说明第三产业占比提升对下游地区生态效率中低水平城市的正向促进作用更大，而对生态效率高水平城市作用不显著。环境规制仅在下游地区 0.25 分位点、上游地区 0.75 分位点处通过 5% 的显著性检验，前者系数为正，后者系数为负。

由此表明在"十二五"和"十三五"期间，环境规制对上游地区生态效率的影响仍然呈现负相关关系，这与我们的预期方向不一致，造成这种现象的原因可能在于，上游地区经济发展长期依赖资源或劳动密集型产业，而环境规制政策实施过程会对制造业生产造成一定阻碍，当环境规制对生产阶段的抑制作用明显高于对污染治理的促进作用时，生态效率则会呈现不升反降的现象（李胜兰，2014；张子龙等，2015）。除中游地区 0.25 分位点和 0.75 分位点之外，技术进步在其余生态效率水平下的回归系数均通过显著性检验，在上游和下游地区为负，在中游地区为正。对外开放水平在下游地区各分位点处显著为负，在中游地区 0.25 分位点和 0.5 分位点处显著为正，上游地区不显著，这意味着在"十二五"和"十三五"期间，外商直接投资在下游地区仍存在"污染避难所"现象，但在向中游地区产业转移的过程中能够通过技术外溢与示范效应不断改善当地生产方式，使得对外开放为中游地区生态效率提升带来益处。金融发展仅在上游地区中、高分位点处通过显著性检验，且对生态效率提升起到阻碍作用。人口密度对下游和上游各分位点处的生态效率提升起到显著的积极作用，但中游地区的回归系数均未通过显著性检验。

6.3.3 沿江与非沿江地区

本部分以全样本、"十一五""十二五""十三五"时期为考察单元，分别探究在 25%、50%、75% 分位点处各影响因素对沿江与非沿江地区生态效率的影响，回归结果如表 6-8、表 6-9、表 6-10 所示。

表6-8 全样本时期沿江与非沿江地区生态效率的回归结果

分位点	变量	沿江地区	非沿江地区
q = 0.25	Industry	0.00366 **	0.00158 ***
	Technology	0.00075	− 0.00255
	Open	− 0.00825 ***	− 0.00443 *
	Finance	− 0.01609	− 0.00251
	Population	0.00012 ***	0.00008 ***
	Regulation	− 0.00008	0.00057
q = 0.5	Industry	0.00803 ***	0.00043
	Technology	− 0.00299	− 0.00995 ***
	Open	− 0.01025 ***	− 0.00203
	Finance	− 0.04332 ***	0.01473 *
	Population	0.00015 ***	0.00007 ***
	Regulation	− 0.00011	0.00047
q = 0.75	Industry	0.00728 ***	− 0.00133
	Technology	− 0.00096	− 0.03082 ***
	Open	− 0.00785 ***	− 0.00669
	Finance	− 0.03627 ***	0.02596 **
	Population	0.00027 ***	0.00005
	Regulation	0.00047	0.00041

注：***、**、* 分别表示在 1%、5% 和 10% 的水平上显著。
资料来源：笔者测算并绘制。

表6-9　　　"十一五"时期沿江与非沿江地区生态效率的回归结果

分位点	变量	沿江地区	非沿江地区
q = 0.25	Industry	-0.00077	0.00216 ***
	Technology	-0.00961	0.001086 ***
	Open	-0.01048 **	-0.00337
	Finance	0.00235	-0.01859
	Population	0.00012 ***	0.00009 ***
	Regulation	0.00063 *	0.00044
q = 0.5	Industry	-0.00295	-0.00011
	Technology	0.00319	-0.00734
	Open	0.00556	-0.00497
	Finance	-0.02263	-0.01035
	Population	0.00015 ***	0.00010 ***
	Regulation	0.00148 ***	0.00063
q = 0.75	Industry	0.00026	-0.00610 ***
	Technology	0.00290	-0.03343 ***
	Open	0.00637	-0.01178 ***
	Finance	-0.01667	0.03408 *
	Population	0.00023 **	0.000003
	Regulation	0.00146	0.00124 *

注： *** 、 ** 、 * 分别表示在1%、5%和10%的水平上显著。
资料来源：笔者测算并绘制。

表6-10　　　"十二五"和"十三五"时期沿江与非沿江地区
生态效率的回归结果

分位点	变量	沿江地区	非沿江地区
q = 0.25	Industry	0.00794 ***	0.00135 ***
	Technology	-0.00420	-0.01681 ***
	Open	-0.01230 ***	-0.00507 *
	Finance	-0.05096 **	0.00017
	Population	0.00016 ***	0.00008 ***
	Regulation	-0.00080 ***	-0.000002

续表

分位点	变量	沿江地区	非沿江地区
q = 0.5	Industry	0.00877 ***	0.00038
	Technology	− 0.00882	− 0.02528 ***
	Open	− 0.01363 ***	− 0.00375
	Finance	− 0.04895 ***	0.01127 *
	Population	0.00014 ***	0.00002
	Regulation	0.00017	− 0.00008
q = 0.75	Industry	0.00797 ***	− 0.00082
	Technology	− 0.00630	− 0.04964 ***
	Open	− 0.01259 ***	− 0.00280
	Finance	− 0.03418 *	0.00928
	Population	0.00028 ***	− 0.00002
	Regulation	0.00040	0.00072

注：*** 、** 、* 分别表示在1%、5%和10%的水平上显著。
资料来源：笔者测算并绘制。

1. 全样本时期

从全样本观测期来看，产业结构对沿江与非沿江地区生态效率具有正向影响，除非沿江地区0.5分位点和0.75分位点之外，回归系数在其余分位点处均通过1%的显著性检验。由于长江经济带沿江地区经济社会基础、高素质人才与技术实力等方面相对非沿江地区而言占据明显优势，因此在产业结构转型升级过程所发挥的积极作用更大，这将显著带动沿江地区生态效率提升。对于技术进步而言，非沿江地区0.5分位点和0.75分位点处的回归系数显著为负，但沿江地区未能通过显著性检验，这说明技术进步对非沿江地区生态效率提升的正向影响尚未显现。对外开放水平在沿江和非沿江地区的回归系数均为负值，但对沿江地区生态效率的影响更加明显。改革开放以来，长江经济带相继开放了芜湖、九江、武汉、宜昌等沿江内陆城市，使得沿江地区在引进外资方面拥有比较优势，但在产业转移过程中也会出现高耗能高污染企业乘虚而入的情况，从而对生态效率提升产生负面影响。金融发展程度对生态效率的影响系数在两大地区中、高水平处通过显著性检验，但其对沿江地区生态效率具有负向影响，而对非沿江地区生态效率提升具有正向影响。人口密度在两大地区的回归系数均为正值，仅非沿江地区 0.75 分位点处未能通过显著性检验，这与长江经济带总体的回归结果一致，人口密度对沿江与非沿江地区生态效率提升起到正向带动作用。对于环境规制，沿江与非沿江地区在各分位点处的回归系数均未通过显著性检验，因此，在全样本时期，环境规制政策对沿江与非沿江地区生态效率的影响并不明显。

2. "十一五"时期

从"十一五"时期来看，产业结构和技术进步在沿江地区均未通过显著性检验，而在非沿江地区，二者的回归系数随着分位点上升呈现由正变负的演变过程。这意味着在"十一五"时期，产业结构和技术进步与沿江地区生态效率的关系尚不明显，而在非沿江地区高分位点处的产业转型力度或投资水平有待进一步提升，二者对环境治理带来的改善没有充分体现。对外开放水平在沿江地区低分位点、非沿江地区高分位点处通过 5% 和 1% 的显著性检验，回归系数分别为 -0.01048 和 -0.01178，说明对外开放水平的提升在"十一五"时期对沿江与非沿江地区生态效率具有显著的负向影响。人口密度在两大地区各分位点处的回归系数均为正值，仅在非沿江地区高分位点处未能通过显著性检验，在"十一五"时期，人口密度增加对沿江与非沿江地区生态效率具有显著的正向影响。对于环境规制，两大地区在各分位点处的回归系数均为正值，其中，沿江地区 0.25 分位点和 0.5 分位点、非沿江地区 0.75 分位点处通过显著性检验。此外，对于金融发展程度，沿江与非沿江地区的回归系数均未通过显著性检验。

3. "十二五"和"十三五"期间

从"十二五"和"十三五"时期来看，产业结构在沿江地区各分位点处显著为正，而对非沿江地区而言，仅在 0.25 分位点处通过显著性检验，这与全样本时期的分位数回归结果一致。

技术进步在沿江地区各分位点处的回归系数没有通过显著性检验，而对非沿江地区生态效率提升产生明显的抑制作用，这表明非沿江地区的研发投入并未引导生产技术向绿色环保方向转变，经济发展所产生的资源环境压力依然较大，进而抑制了当地生态效率的提升。对外开放水平对沿江与非沿江地区生态效率提升具有负向影响，除沿江地区 0.5 分位点和 0.75 分位点处之外，其余的回归系数均通过显著性检验，这意味着在"十二五"和"十三五"期间，外商直接投资在沿江与非沿江地区同样符合"污染天堂假说"。对于金融发展程度，沿江地区在各分位点处的回归系数显著为负，非沿江地区为正，仅 0.5 分位点处通过显著性检验，说明长江沿岸绿色金融体系仍需进一步完善。在剔除系数不显著的前提下，人口密度对沿江和非沿江地区生态效率提升产生明显的促增效应。环境规制仅在沿江地区 0.25 分位点处显著为负，其回归系数为 - 0.0008，说明在"十二五"和"十三五"期间，环境规划对沿江地区生态效率具有显著的阻碍作用。

6.3.4 三大城市群

本部分以全样本、"十一五""十二五""十三五"时期为考察单元，分别探究在 25%、50%、75% 分位点处各影响因素对长三角城市群、长江中游城市群、成渝城市群生态效率的影响，回归结果如表 6 - 11、表 6 - 12、表 6 - 13 所示。

表 6 - 11   全样本时期三大城市群生态效率的回归结果

分位点	变量	长三角城市群	长江中游城市群	成渝城市群
q = 0.25	Industry	0.00372 **	0.00090	0.00209
	Technology	- 0.01023	0.01421 **	0.01027
	Open	- 0.01321 ***	- 0.00469 **	- 0.00785
	Finance	- 0.00895	0.07059 ***	0.00286
	Population	0.00011 ***	- 0.00017 ***	0.00025 ***
	Regulation	0.00486 ***	0.00038	- 0.00047
q = 0.5	Industry	0.00625 ***	0.00501 **	0.00029
	Technology	- 0.03406 ***	0.03054 ***	- 0.01037
	Open	- 0.01482 ***	- 0.00811 ***	- 0.00935
	Finance	- 0.01754	0.03840 **	0.01963
	Population	0.00010 ***	- 0.00013	0.00021 ***
	Regulation	0.00527 ***	0.00075	- 0.00043

续表

分位点	变量	长三角城市群	长江中游城市群	成渝城市群
q = 0.75	Industry	0.00852 **	0.00788 ***	− 0.00012
	Technology	− 0.06166 ***	0.03534 **	− 0.03979 **
	Open	− 0.02750 ***	− 0.01650 ***	− 0.01403 *
	Finance	− 0.04741 *	0.02441	0.01311
	Population	0.00011 **	− 0.00018 *	0.00027 ***
	Regulation	0.00261	0.00172 ***	− 0.00045

注：*** 、** 、* 分别表示在1% 、5% 和10% 的水平上显著。
资料来源：笔者测算并绘制。

表 6 – 12   "十一五"时期三大城市群生态效率的回归结果

分位点	变量	长三角城市群	长江中游城市群	成渝城市群
q = 0.25	Industry	− 0.00481	0.00506	0.00075
	Technology	− 0.03669	0.02724 **	0.00276
	Open	− 0.01251	− 0.00288	0.00104
	Finance	0.00804	0.05412 **	− 0.02058
	Population	0.00012 **	− 0.00020 ***	0.00030 ***
	Regulation	0.00678 ***	0.00115 **	− 0.00172 ***
q = 0.5	Industry	− 0.00891	0.00407	− 0.00388
	Technology	− 0.06885 **	0.04471 ***	− 0.01065
	Open	− 0.01584	− 0.00753	0.00490
	Finance	0.03346	0.04769 **	− 0.01096
	Population	0.00016 ***	− 0.00021	0.00035 ***
	Regulation	0.00926 ***	0.00165 ***	− 0.00170
q = 0.75	Industry	− 0.00482	0.00135	− 0.00668
	Technology	− 0.04913	0.05259 ***	− 0.06455 *
	Open	− 0.01227	− 0.01138 ***	0.01429
	Finance	0.01535	0.06108 **	− 0.06216
	Population	0.00003	− 0.00008	0.00039 ***
	Regulation	0.01045 ***	0.00292 ***	− 0.00065

注：*** 、** 、* 分别表示在1% 、5% 和10% 的水平上显著。
资料来源：笔者测算并绘制。

表6-13 "十二五"和"十三五"时期三大城市群生态效率的回归结果

分位点	变量	长三角城市群	长江中游城市群	成渝城市群
q = 0.25	Industry	0.00313	-0.00045	0.00067
	Technology	-0.01762 *	0.00172	-0.03617 ***
	Open	-0.01648 ***	-0.00244	-0.00579
	Finance	-0.01377	0.08034 ***	-0.00188
	Population	0.00014 ***	-0.00018 ***	0.00011 **
	Regulation	0.00456 ***	-0.00102 **	-0.00058
q = 0.5	Industry	0.00357	0.00741 **	0.00140
	Technology	-0.05048 ***	0.01234	-0.05323 ***
	Open	-0.02730 ***	0.00348	-0.01215 ***
	Finance	-0.01029	0.02398	-0.02000
	Population	0.00013 **	-0.00018	0.00022 ***
	Regulation	0.00139	-0.00033	-0.00021
q = 0.75	Industry	0.00859 *	0.01092 ***	0.00207
	Technology	-0.08026 ***	0.02008	-0.06942 ***
	Open	-0.03422 ***	-0.01889 *	-0.01497 **
	Finance	-0.06589 **	0.01866	-0.03450
	Population	0.00014 ***	-0.00023 *	0.00026 ***
	Regulation	0.00144	0.00123 *	0.00020

注：*** 、 ** 、 * 分别表示在1%、5%和10%的水平上显著。
资料来源：笔者测算并绘制。

1. 全样本时期

从全样本观测期来看，产业结构的回归系数在长三角城市群所有分位点水平上具有较高的显著性，在长江中游城市群0.5分位点和0.75分位点处具有较高的显著性，且符号均为正值，表明第三产业比重上升会推动长三角城市群和长江中游城市群生态效率提升，但在成渝城市群尚未通过显著性检验，所以应将该地区作为未来长江经济带产业结构调整的重点区域。技术进步的回归系数在长江中游城市群所有分位数水平上显著为正，而仅在长三角城市群、成渝城市群较高分位点处通过显著性检验，且符号为负。对于对外开放水平，长三角城市群和长江中游城市群的所有分位数回归系数均通过 1% 和 5% 的显著性检验，且对生态效率改善均有抑制作用，成渝城市群则仅在 0.75 分位点处显著为负。金融发展程度在成渝城市群不具有显著性，长江中游城市群的回归系数在 0.25 分位点和 0.5 分位点处显著为正，长三角城市群的回归系数仅在高分位点处显著为负，说明对于经济高速增长的长三角城市群而言，虽然各城市在绿色金融手段方面不断拓展，但整体运用水平仍然较低，且在不同城市间存在严重分化（陈诗一，2019），尚未对生态效率提升发挥积极作用。除长江中游城市群 0.5 分位点之外，人口密度在其他城市群任一分位点处均通过显著性检验，但作用方向存在差别，其对长三角和成渝城市群生态效率提升发挥正向作用，却对长江中游城市群产生阻碍。由于长三角城市群人口素质普遍较高，在环境意识、环保设施运转效率方面更具优势，而对长江中游城市群而言，人口过分集中对环境污染带来的压力占据主导，进而不利于长江中游城市群生态效率提升。环境规制的回归系数在长三角和长江中游城市群均为正值，其中，长三角城市群在 0.25 分位点和 0.5 分位点处通过 1% 的显著性检验，长江中游城市群在 0.75 分位点处通过 1% 的显著性检验。

187

2. "十一五"时期

从"十一五"时期来看，环境规制在长三角城市群和长江中游城市群各分位点上均能显著推动生态效率提升，但对成渝城市群而言仅 0.25 分位点处通过 1% 显著性检验，且符号为负。对于成渝城市群而言，人口密度在各个分位点水平均通过 1% 的显著性检验，且回归系数呈现上升趋势，也就是说对于生态效率较高地区，人口集聚能够更好地促进生态效率提升。对于长三角城市群和长江中游城市群而言，人口密度仅在低分位点处通过显著性检验，前者回归系数为正，后者回归系数为负，说明在"十一五"时期，人口密度增加对长三角城市群生态效率提升发挥显著的正向作用，却对长江中游城市群生态效率提升产生阻碍。金融发展程度和技术进步在长江中游城市群各分位点处显著为正，其中技术进步的回归系数随分位上升而递增，金融发展程度的回归系数则呈现先下降后上升趋势。此外，技术进步在长三角城市群 0.5 分位点、成渝城市群 0.75 分位点处同样通过显著性检验，但对生态效率提升产生抑制效应。在"十一五"时期,产业结构在三大城市群未能通过显著性检验,对外开放水平则仅在长江中游城市群0.75分位点处对生态效率产生抑制效应。

3. "十二五"和"十三五"期间

在"十二五"和"十三五"期间,产业结构对长三角和成渝城市群生态效率提升发挥正向作用,而在长江中游城市群的回归系数由负转正,这意味着应将生态效率低水平地区作为重点产业扶持对象。对于长三角和成渝城市群而言,技术进步和对外开放水平均对生态效率提升产生抑制作用,其中对外开放水平仅在成渝城市群0.25分位点处未能通过显著性检验,但二者与长江中游城市群生态效率的关系并不显著。金融发展程度对长三角城市群高分位点处生态效率提升造成不利影响,而使长江中游城市群生态效率有所改善。环境规制仅对长三角城市群生态效率提升发挥正向带动作用,且在0.25分位点处通过1%的显著性检验;对于长江中游城市群而言,随着分位点上升,环境规制的回归系数由负转正,且在0.25分位点和0.75分位点处通过显著性检验;但在"十二五"和"十三五"期间,该变量与成渝城市群生态效率的关系并不密切。人口密度在长三角城市群和成渝城市群所有分位点处显著为正,而对长江中游城市群生态效率较低水平地区产生明显阻碍。

6.4 本 章 小 结

本章基于生态效率影响因素的理论逻辑框架,分别从整体、上中下游地区、沿江与非沿江地区以及三大城市群层面出发,充分考察长江经济带生态效率在全样本时期、"十一五"时期、"十二五"与"十三五"期间的内部与外部成因,具体研究结论如下:

(1) 长江经济带生态效率的内部影响因素。基于无效率分解结果,从整体层面看,污染排放是造成生态无效率的主要内部因素,在投入要素的四个子项中,水资源供给的无效率值在"十一五"时期达到最大,资本存量在该时期内的利用效率最高。而在"十二五"和"十三五"期间,影响生态效率提升的主要因素从经济负外部性转变为内部增长效率，能源利用的无效率达到最高。从上中下游地区的视角看，污染排放是上中下游地区"十一五"及"十二五"期间生态无效率的根源，而在"十三五"时期，投入无效率占比的上升速度明显加快，成为三大地区生态无效率的关键内部因素，且均表现为水资源供给无效率＞劳动力投入无效率＞能源利用无效率＞资本存量无效率。从沿江与非沿江地区的视角看，两地区在环境保护上取得的成果反映到生态效率上基本持平，而在"十一五"至"十三五"期间，沿江与非沿江地区的投入无效率占比逐渐提升，提升各生产要素使用效率将成为未来促进生态效率提高的关键手段，其中，水资源供给无效率依然是造成沿江与非沿江地区要素投入无效率的最主要因素。从三大城市群视角来看，制约生态效率提升的内部因素主要为环境污染，水资源供给无效率依然是造成三大城市群要素投入无效率的最主要因素，劳动力投入无效率是造成长江中游城市群和成渝城市群要素投入无效率的次要因素，能源利用无效率是造成长三角城市群要素投入无效率的次要因素，与"十一五"时期相比，能源利用的负向影响在"十二五"和"十三五"期间明显增强，逐渐成为制约三大城市群生态效率提升的首要因素。

（2）长江经济带生态效率的外部影响因素。基于分位数回归结果，从整体层面看，人口密度、产业结构和环境规制在全样本时期对生态效率表现出显著的促增效应，技术进步、对外开放水平和金融发展程度对生态效率具有显著的负向影响，其中，技术进步与对外开放水平在高分位点处的影响程度较大，金融发展程度在低分位点处的影响程度较大。与全样本时期相比，技术进步和环境规制在"十一五"时期对生态效率发挥一定程度的正向作用，但在"十二五"和"十三五"期间技术进步的作用方向由负转正，环境规制与生态效率的关系在统计检验上并不密切。从上中下游地区的视角看，在全样本时期，产业结构、人口密度和环境规制对下游地区生态效率具有显著的正向影响，技术进步和金融发展是促进中游地区生态效率提升的主要外部因素，人口密度是上游地区生态效率提升的主要外部因素。此外，对外开放水平对上中下游地区生态效率提升均产生阻碍。与全样本时期相比，产业结构在"十一五"时期对上游地区生态效率发挥正向影响，环境规制对中游地区生态效率发挥正向影响，但上述两种积极作用在"十二五"和"十三五"期间不再显著。从沿江与非沿江地区的视角看，在全样本时期，产业结构和人口密度有利于两大地区生态效率提升，金融发展程度能够有效带动非沿江地区生态效率提升，对外开放水平和技术进步的正向作用尚未显现，环境规制政策的影响并不显著。与全样本时期相比，环境规制在"十一五"时期对两大地区生态效率具有显著的正向影响，随着分位点增大，产业结构和技术进步对非沿江地区生态效率的影响由正变负。而在"十二五"和"十三五"期间，产业结构仅对沿江地区生态效率发挥带动作用，技术进步则对非沿江地区产生阻碍。从三大城市群的视角看，产业结构、人口密度和环境规制对长三角城市群生态效率具有显著的正向影响，技术进步、金融发展和环境规制是促进长江中游城市群生态效率提升的主要外部因素，人口密度是成渝城市群生态效率提升的主要外部因素。此外，对外开放水平对三大城市群生态效率提升均产生阻碍。与全样本时期相比，环境规制在"十一五"时期对中游地区生态效率发挥正向影响，产业结构在三大城市群均不显著，而在"十二五"和"十三五"期间，产业结构在成渝和长江中游地区的正向作用开始显现，环境规制仅对长三角生态效率提升发挥正向作用。

第7章 长江经济带生态效率空间异质性的成因分析

第4章、第5章采用 Dagum 基尼系数、Kernel 密度估计等方法探究了长江经济带生态效率的空间异质性特征。本章采用地理探测器方法，对长江经济带不同地区和不同时期生态效率空间异质性的内部与外部成因进行深入探析。

7.1 研究方法及变量选取

地理探测器是分析空间异质性问题、探索驱动因素的相对重要程度和交互作用强度的重要工具，目前被广泛应用于区域经济、生态环境和人口问题等多个领域。其原理是利用各因素层内方差与全局方差的关系探测自变量对因变量的驱动力，即某因素 X 在多大程度上影响了 Y 的空间差异（Wang et al.，2010）。地理探测器方法通常包括风险探测（Risk detector）、因子探测（Factor detector）、生态探测（Ecological detector）与交互作用探测（Interaction detector）四类，本书利用地理探测器"因子探测"模型考察了不同因素对长江经济带生态效率空间异质性的影响程度，如式（7-1）所示。

$$q = 1 - \frac{1}{N\sigma^2} \sum_{n=1}^{L} N_h \sigma_h^2 \qquad (7-1)$$

其中，q 代表驱动因素的决定力，q 值越大表示各因素对城市生态效率空间异质性的解释力越强，反之则越弱；h 为自变量的分类个数（分层或分区）；N 和 N_h 分别为整体和各因素类型 h 的样本数；σ^2 和 σ_h^2 分别代表整个区域和各类型 h 的离散方差。

7.2 长江经济带生态效率空间
异质性的内部成因

本部分基于结构影响因素，分别从整体、上中下游地区、沿江与非沿江地区、三大城市群层面出发，借助地理探测器方法考察不同因素在全样本、"十一五""十二五"和"十三五"时期对生态效率空间异质性的作用机制，从而厘清长江经济带生态效率空间异质性的内部成因。

7.2.1 整体层面

表 7-1 报告了内部因素对长江经济带生态效率整体空间差异的因子探测结果。全样本期内，各内部因素对长江经济带生态效率整体空间差异的决定力由大到小依次为：经济发展（0.2915）、劳动力投入（0.1861）、资本存量（0.1699）、污染排放（0.0678）、能源利用（0.0667）、水资源供给（0.0266），所有变量均通过 1% 的显著性检验。由此表明，经济发展差异是长江经济带整体生态效率空间差异的最大内部成因，水资源供给差异的驱动力最小。

表 7-1　　　长江经济带整体生态效率空间异质性的内部成因

变量	全样本		"十一五" 时期		"十二五" 和 "十三五" 时期	
	q 统计量	p 值	q 统计量	p 值	q 统计量	p 值
GDP	0.2915	0.0000	0.2069	0.0000	0.3214	0.0000
Labor	0.1861	0.0000	0.1355	0.0000	0.1957	0.0000
Capital	0.1699	0.0000	0.0843	0.0000	0.1682	0.0000
Energy	0.0667	0.0000	0.0237	0.0736	0.0801	0.0000
Water	0.0266	0.0000	0.0074	0.4372	0.0619	0.0000
Pollution	0.0678	0.0000	0.0902	0.0000	0.0608	0.0000

资料来源：笔者测算并绘制。

　　图 7 - 1 进一步刻画了各因素在不同时段之间的相对作用大小。分时期来看，除污染排放之外，"十二五"与"十三五"时期各内部因素对长江经济带生态效率空间差异的作用强度均显著高于"十一五"时期。无论是"十一五"时期还是"十二五"和"十三五"时期，经济发展差异、劳动力投入差异和资本存量差异对生态效率空间差异的贡献均排在前三位，其他三种要素的决定力则发生地位转换。在这一过程中，能源利用和水资源供给的决定力有所提升，长江经济带生态效率空间差异的最小驱动因素转换为污染排放差异。

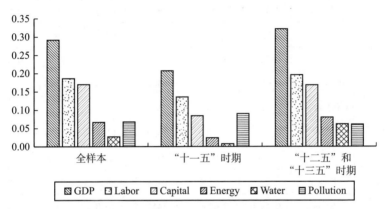

图 7 - 1　长江经济带整体生态效率空间异质性的内部成因

资料来源：笔者测算并绘制。

7.2.2　上中下游地区

　　表 7 - 2 报告了内部因素对上中下游地区生态效率空间差异的因子探测结果。全样本期内，上中下游内部生态效率空间差异的最强驱动因素都是经济发展差异，其决定力大小分别达到 0.1443、0.2108 和 0.4707。其中，水资源供给差异对下游地区生态效率空间差异的驱动作用最小，且通过 1% 的显著性检验；中游和上游地区则是污染排放差异的决定力最小，但该变量在上述两地区均未通过显著性检验。总体而言，除能源利用差异之外，经济发展差异、劳动力投入差异、资本存量差异、水资源供给差异和污染排放差异对下游地区内部生态效率差异的驱动作用显著高于中游和上游地区，这可能是因为长江下游地区形成相

对完整城市生态经济体系较早，其内部经济发展、资源投入等方面与生态效率的空间分布格局更具一致性。

表7-2　　　　　　上中下游地区生态效率空间异质性的内部成因

地区	变量	全样本		"十一五"时期		"十二五"和"十三五"时期	
		q统计量	p值	q统计量	p值	q统计量	p值
下游地区	GDP	0.4707	0.0000	0.4573	0.0000	0.5130	0.0000
	Labor	0.3840	0.0000	0.3914	0.0000	0.3924	0.0000
	Capital	0.2787	0.0000	0.2428	0.0000	0.2918	0.0000
	Energy	0.1277	0.0000	0.0775	0.0078	0.1186	0.0000
	Water	0.0869	0.0000	0.0549	0.0736	0.1345	0.0000
	Pollution	0.2144	0.0000	0.2311	0.0000	0.2101	0.0000
中游地区	GDP	0.2108	0.0000	0.1550	0.0182	0.2354	0.0000
	Labor	0.1182	0.0000	0.0975	0.0561	0.1020	0.0000
	Capital	0.1278	0.0000	0.0174	0.9888	0.1337	0.0000
	Energy	0.1336	0.0000	0.1422	0.0030	0.1808	0.0000
	Water	0.0156	0.2451	0.0861	0.0097	0.0434	0.0954
	Pollution	0.0014	0.9775	0.0747	0.2038	0.0203	0.2665
上游地区	GDP	0.1443	0.0000	0.1112	0.1158	0.1954	0.0000
	Labor	0.0428	0.0280	0.0963	0.1005	0.0745	0.0108
	Capital	0.0512	0.0060	0.0393	0.7394	0.0704	0.0056
	Energy	0.0286	0.0396	0.0820	0.0528	0.0493	0.0227
	Water	0.0197	0.3018	0.0733	0.1057	0.0315	0.3112
	Pollution	0.0106	0.5377	0.0789	0.0828	0.0439	0.1449

资料来源：笔者测算并绘制。

图7-2、图7-3、图7-4更加直观地刻画了各因素在上中下游地区不同时段的相对作用大小。总体而言，经济发展差异在各时期上中下

游地区生态效率空间差异中占据十分重要的地位。对于下游地区而言，经济发展差异、劳动力投入差异和资本存量差异是其"十一五"至"十三五"期间生态效率空间差异的主要成因。"十二五"和"十三五"时期仅污染排放差异的驱动作用相较于"十一五"时期有所减弱，其中，能源利用差异和水资源供给差异的贡献排名在 2010 年前后发生改变，对生态效率空间差异影响最小的因素由水资源供给变为能源利用。对于中游地区而言，经济发展差异、劳动力投入差异和能源利用差异是其"十一五"期间生态效率空间差异的主要成因。相对"十一五"时期而言，中游地区经济发展差异、资本存量差异、能源利用差异的作用强度在"十二五"和"十三五"时期呈现较大幅度的提升，而水资源供给差异和污染排放差异则下滑明显，资本存量差异取代劳动力投入差异成为中游地区生态效率空间差异的主要成因。对于上游地区而言，"十一五"时期各变量的作用强度较为均衡，经济发展差异的决定力最大，资本存量差异的决定力相对较小。在"十二五"和"十三五"时期，劳动力投入差异、能源利用差异、水资源供给差异和污染排放差异的作用强度有所减弱，其中，经济发展差异的决定力显著高于其他内部因素，其影响系数高达 0.1954，决定力最小的水资源供给差异仅为 0.0315。

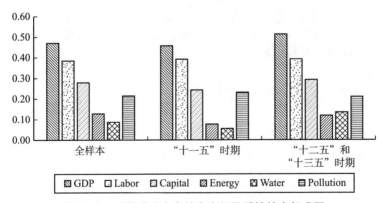

图 7 - 2　下游地区生态效率空间异质性的内部成因

资料来源：笔者测算并绘制。

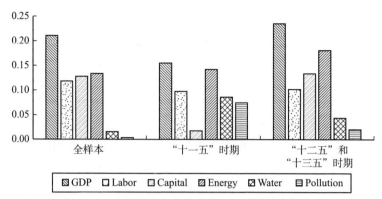

图7-3 中游地区生态效率空间异质性的内部成因

资料来源：笔者测算并绘制。

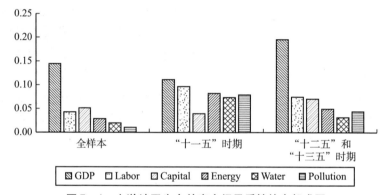

图7-4 上游地区生态效率空间异质性的内部成因

资料来源：笔者测算并绘制。

7.2.3 沿江与非沿江地区

表7-3报告了内部因素对沿江与非沿江地区生态效率空间差异的因子探测结果。全样本期内，沿江与非沿江地区生态效率空间差异的最强驱动因素都是经济发展差异，其决定力大小分别达到0.3882和0.2689。水资源供给差异对沿江与非沿江地区生态效率空间差异的驱动作用最小，其决定力大小分别为0.1142和0.0147。总体而言，各内部因素对沿江地区内部生态效率差异的驱动作用显著高于非沿江地区，这可能是因为沿江地区航运交通的联动性相对完善，其内部经济发展、资源投入等方面与生态效率的空间分布格局更加密切。

表 7 - 3　　　沿江与非沿江地区生态效率空间异质性的内部成因

地区	变量	全样本		"十一五"时期		"十二五"和 "十三五"时期	
		q 统计量	p 值	q 统计量	p 值	q 统计量	p 值
沿江地区	GDP	0.3882	0.0000	0.2527	0.0000	0.4337	0.0000
	Labor	0.3325	0.0000	0.3134	0.0000	0.3418	0.0000
	Capital	0.3030	0.0000	0.2159	0.0000	0.2876	0.0000
	Energy	0.1561	0.0000	0.0898	0.0082	0.1655	0.0000
	Water	0.1142	0.0000	0.0440	0.2150	0.2189	0.0000
	Pollution	0.1272	0.0000	0.1915	0.0000	0.1211	0.0000
非沿江 地区	GDP	0.2689	0.0000	0.2239	0.0000	0.2883	0.0000
	Labor	0.1538	0.0000	0.1041	0.0000	0.1616	0.0000
	Capital	0.1303	0.0000	0.0681	0.0477	0.1287	0.0000
	Energy	0.0399	0.0000	0.0101	0.8175	0.0523	0.0000
	Water	0.0147	0.0156	0.0041	0.8643	0.0368	0.0000
	Pollution	0.0528	0.0000	0.0837	0.0000	0.0449	0.0000

资料来源：笔者测算并绘制。

图 7 - 5、图 7 - 6 更加直观地刻画了各因素在沿江与非沿江地区不同时段的相对作用大小。对于沿江地区而言，劳动力投入差异是其"十一五"期间生态效率空间差异的主要成因，作用强度为 0.3134。"十二五"和"十三五"时期，经济发展差异成为沿江地区生态效率空间差异的主要驱动因素，作用强度为 0.4337。仅污染排放差异的驱动作用相对于"十一五"时期有所减弱，其中，对生态效率差异影响最小的因素由水资源供给变为污染排放。对于非沿江地区而言，经济发展差异是其"十一五"至"十三五"时期生态效率空间差异的主要成因，水资源供给差异的决定力始终最小。相对"十一五"时期而言，非沿江地区经济发展差异、劳动力投入差异、资本存量差异、能源利用差异和水资源供给差异的作用强度在"十二五"和"十三五"时期出现不同程度的提升，而污染排放差异则下滑明显。

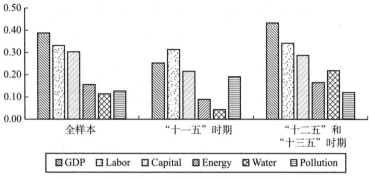

图 7 – 5　沿江地区生态效率空间异质性的内部成因

资料来源：笔者测算并绘制。

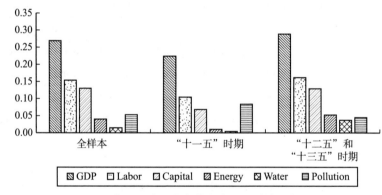

图 7 – 6　非沿江地区生态效率空间异质性的内部成因

资料来源：笔者测算并绘制。

7.2.4　三大城市群

　　表 7 – 4 报告了内部因素对三大城市群生态效率空间差异的因子探测结果。全样本期内，三大城市群内部生态效率空间差异的最强驱动因素都是经济发展差异，其决定力分别达到 0.4259、0.2081 和 0.1169。其中，能源利用差异对长三角城市群生态效率差异的驱动作用最小，且通过 1% 的显著性检验；污染排放差异对长江中游城市群生态效率差异的驱动作用最小，劳动力投入差异对成渝城市群生态效率差异的驱动作用最小，但上述变量均未通过显著性检验。总体而言，除能源利用差异之外，经济发展差异、劳动力投入差异、资本存量差异、水资源供给差

异和污染排放差异对长三角城市群内部生态效率差异的驱动作用显著高于长江中游城市群和成渝城市群，这可能是因为长三角地区形成相对完整城市生态经济体系较早，其内部经济发展、资源投入等方面与生态效率的空间分布格局更具一致性。

表 7－4　　　　　　三大城市群生态效率空间异质性的内部成因

地区	变量	全样本		"十一五"时期		"十二五"和"十三五"时期	
		q 统计量	p 值	q 统计量	p 值	q 统计量	p 值
长三角城市群	GDP	0.4259	0.0000	0.4311	0.0000	0.4455	0.0000
	Labor	0.3902	0.0000	0.4360	0.0000	0.3821	0.0000
	Capital	0.2422	0.0000	0.2749	0.0000	0.2153	0.0000
	Energy	0.0915	0.0000	0.0856	0.0285	0.0960	0.0244
	Water	0.1289	0.0000	0.1538	0.0126	0.1566	0.0000
	Pollution	0.2293	0.0000	0.2771	0.0000	0.2361	0.0000
长江中游城市群	GDP	0.2081	0.0000	0.1606	0.0217	0.2465	0.0000
	Labor	0.1393	0.0000	0.1033	0.0655	0.1340	0.0000
	Capital	0.1182	0.0000	0.0122	0.9909	0.1385	0.0000
	Energy	0.1868	0.0000	0.1849	0.0000	0.2405	0.0000
	Water	0.0224	0.1611	0.1027	0.0122	0.0643	0.0403
	Pollution	0.0031	0.9632	0.0635	0.6202	0.0160	0.5785
成渝城市群	GDP	0.1169	0.0000	0.0666	0.6362	0.0407	0.6843
	Labor	0.0075	0.9058	0.0699	0.3094	0.0468	0.4064
	Capital	0.0515	0.0690	0.0626	0.6464	0.0299	0.7614
	Energy	0.0376	0.2080	0.0901	0.5444	0.1661	0.0061
	Water	0.0167	0.7306	0.0740	0.5378	0.0590	0.2642
	Pollution	0.0472	0.0787	0.3545	0.0000	0.0870	0.1599

资料来源：笔者测算并绘制。

　　图 7－7、图 7－8、图 7－9 进一步刻画了各因素在长三角城市群、长江中游城市群和成渝城市群不同时段之间的相对作用大小。对于长三

角城市群而言，劳动力投入差异是其"十一五"期间生态效率空间差异的主要驱动因素，作用强度为 0.4360，经济发展差异是其"十二五"和"十三五"时期生态效率空间差异的主要驱动因素，作用强度为 0.4455。劳动力投入差异、资本存量差异和污染排放差异的驱动作用相对于"十一五"时期有所减弱，经济发展差异、能源利用差异和污染排放差异的驱动作用有所增强，其中，对生态效率空间差异影响最小的因素始终为能源利用。对于长江中游城市群而言，能源利用差异是其"十一五"时期生态效率空间差异的主要驱动因素，作用强度为 0.1849，经济发展差异是其"十二五"和"十三五"时期生态效率空间差异的主要驱动因素，作用强度为 0.2465。相对"十一五"时期而言，长江中游城市群经济发展差异、劳动力投入差异、资本存量差异和能源利用差异的作用强度在"十二五"和"十三五"时期呈现较大幅度的提升，而水资源供给差异和污染排放差异则下滑明显，决定力最小的影响因素由资本存量转换为污染排放。对于成渝城市群而言，"十一五"时期污染排放差异的决定力显著高于其他内部因素，作用强度为 0.3545，"十二五"和"十三五"时期能源利用差异的决定力达到最大，作用强度为 0.1661，资本存量差异的决定力始终最低。相对"十一五"时期而言，污染排放差异的作用强度下滑明显，能源利用差异的作用强度有所上升，其余变量则变化不大。

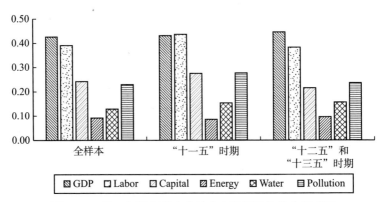

图 7-7　长三角城市群生态效率空间异质性的内部成因

资料来源：笔者测算并绘制。

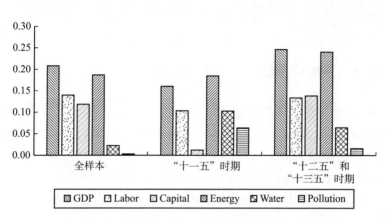

图7-8 长江中游城市群生态效率空间异质性的内部成因

资料来源：笔者测算并绘制。

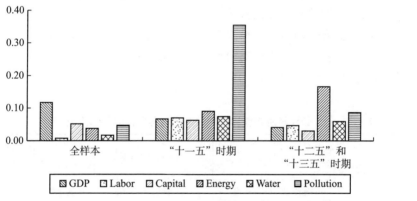

图7-9 成渝城市群生态效率空间异质性的内部成因

资料来源：笔者测算并绘制。

7.3 长江经济带生态效率空间
异质性的外部成因

本部分基于外部影响因素，分别从整体、上中下游地区、沿江与非沿江地区、三大城市群层面出发，借助地理探测器方法考察不同因素在全样本、"十一五""十二五""十三五"时期对生态效率空间异质性的作用机制，从而厘清长江经济带生态效率空间异质性的外部成因。

7.3.1 整体层面

表7-5报告了外部因素对长江经济带整体生态效率空间差异的因子探测结果。全样本期内，各外部因素对长江经济带生态效率整体空间差异的决定力由大到小依次为：人口密度（0.0703）、环境规制（0.0564）、产业结构（0.0431）、金融发展程度（0.0155）、技术进步（0.0152）、对外开放水平（0.0018），仅对外开放水平没有通过显著性检验。由此表明，人口密度差异是长江经济带整体生态效率空间差异的最大外部成因。图7-10进一步刻画了各外部因素在不同时段之间的相对作用大小。相对"十一五"时期而言，产业结构差异、技术进步差异和人口密度差异的作用强度在"十二五"和"十三五"时期呈现较大幅度的提升，而对外开放水平差异、金融发展差异和环境规制差异则下滑明显，长江经济带生态效率空间差异的最小驱动因素始终为对外开放水平差异。

表7-5　长江经济带整体生态效率空间异质性的外部成因

变量	全样本		"十一五"时期		"十二五"和"十三五"时期	
	q统计量	p值	q统计量	p值	q统计量	p值
Industry	0.0431	0.0000	0.0250	0.0216	0.0607	0.0000
Technology	0.0152	0.0000	0.0284	0.0145	0.0659	0.0000
Open	0.0018	0.6480	0.0234	0.0166	0.0047	0.4050
Finance	0.0155	0.0000	0.0237	0.0644	0.0148	0.0217
Population	0.0703	0.0000	0.0468	0.0000	0.0941	0.0000
Regulation	0.0564	0.0000	0.0686	0.0000	0.0484	0.0000

资料来源：笔者测算并绘制。

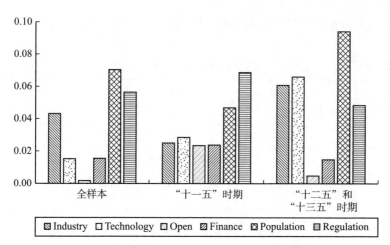

图7-10 长江经济带整体生态效率空间异质性的外部成因

资料来源：笔者测算并绘制。

7.3.2 上中下游地区

表7-6报告了外部因素对上中下游地区生态效率空间差异的因子探测结果。全样本期内，上中下游内部生态效率空间差异的最强外部驱动因素有所不同。对于下游地区而言，产业结构差异和人口密度差异对其生态效率空间差异起主要作用，作用强度分别为0.1628和0.1494，且均通过1%的显著性检验，金融发展程度、环境规制、技术进步和对外开放水平对其生态效率空间差异的影响依次减小，作用强度分别为0.0849、0.0808、0.0479和0.0240。对于中游地区而言，技术进步差异和对外开放水平差异对其生态效率空间差异起主要作用，作用强度分别为0.0656和0.0424，且均通过1%和5%的显著性检验，产业结构、人口密度、金融发展程度和环境规制对其生态效率空间分异的影响依次减小，作用强度分别为0.0297、0.0283、0.0234和0.0189。对于上游地区而言，人口密度差异对其生态效率空间差异起主要作用，且通过1%的显著性检验，金融发展程度、技术进步、产业结构、对外开放水平和环境规制对其生态效率空间差异的影响依次减小，作用强度分别为0.1004、0.0781、0.0509、0.0415和0.0405。总体而言，产业结构差异和环境规制差异对下游地区内部生态效率空间差异的驱动作用显著高于中上游地区，技术进步差异和对外开放水平差异的决定力在中游地区

最大，人口密度差异和金融发展差异的决定力在上游地区最高。

表7-6　　　　上中下游地区生态效率空间异质性的外部成因

地区	变量	全样本		"十一五"时期		"十二五"和"十三五"时期	
		q统计量	p值	q统计量	p值	q统计量	p值
下游地区	Industry	0.1628	0.0000	0.1295	0.0000	0.2091	0.0000
	Technology	0.0479	0.0000	0.0736	0.0617	0.1526	0.0000
	Open	0.0240	0.1583	0.0270	0.7687	0.0615	0.0197
	Finance	0.0849	0.0000	0.1280	0.0000	0.0506	0.0390
	Population	0.1494	0.0000	0.1181	0.0000	0.1912	0.0000
	Regulation	0.0808	0.0000	0.0688	0.0137	0.1087	0.0000
中游地区	Industry	0.0297	0.0278	0.0465	0.2516	0.0312	0.0915
	Technology	0.0656	0.0000	0.0683	0.4389	0.0634	0.0000
	Open	0.0424	0.0166	0.0355	0.6131	0.0887	0.0000
	Finance	0.0234	0.3174	0.0047	0.9992	0.0229	0.4975
	Population	0.0283	0.0733	0.0440	0.2042	0.0428	0.1709
	Regulation	0.0189	0.1284	0.0735	0.0566	0.0101	0.6813
上游地区	Industry	0.0509	0.0000	0.1284	0.0000	0.0426	0.0757
	Technology	0.0781	0.0000	0.0496	0.2200	0.1997	0.0000
	Open	0.0415	0.1659	0.0429	0.7377	0.0679	0.1793
	Finance	0.1004	0.0000	0.2589	0.0000	0.1402	0.0000
	Population	0.2317	0.0000	0.2187	0.0000	0.2608	0.0000
	Regulation	0.0405	0.0376	0.0433	0.5682	0.0400	0.1754

资料来源：笔者测算并绘制。

图7-11、图7-12、图7-13进一步刻画了各因素在上中下游地区不同时段之间的相对作用大小。在下游地区，产业结构差异和人口密

度差异是其"十一五"至"十三五"期间生态效率空间差异的主要成
因。"十二五"和"十三五"时期，产业结构差异、技术进步差异、对
外开放水平差异、人口密度差异和环境规制差异的决定力有所提升，仅
金融发展差异的驱动作用相对于"十一五"时期有所减弱，对生态效
率空间差异影响最小的因素由对外开放水平变为金融发展程度。对于中
游地区而言，技术进步差异和环境规制差异是其"十一五"时期生态
效率空间差异的主要成因。相对"十一五"时期而言，中游地区对外
开放水平差异和金融发展差异的作用强度在"十二五"和"十三五"
时期呈现较大幅度的提升，产业结构差异、技术进步差异、人口密度差
异和环境规制差异则下滑明显，对外开放水平差异取代环境规制差异成
为中游地区生态效率空间差异的主要成因。对于上游地区而言，金融发
展差异和人口密度差异是其"十一五"时期生态效率空间差异的主要
成因。在"十二五"和"十三五"时期，产业结构差异、金融发展差
异和环境规制差异的作用强度有所减弱，技术进步差异、对外开放水平
差异和人口密度差异的决定力出现较大幅度上升，环境规制差异始终
最小。

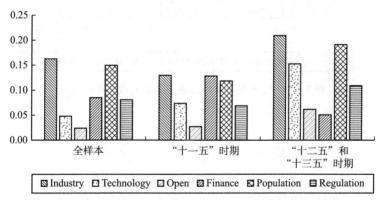

图 7 – 11　下游地区生态效率空间异质性的外部成因

资料来源：笔者测算并绘制。

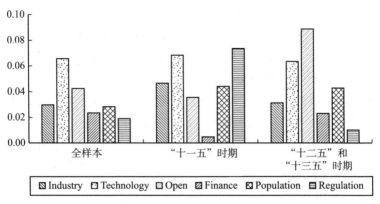

图 7 - 12   中游地区生态效率空间异质性的外部成因

资料来源：笔者测算并绘制。

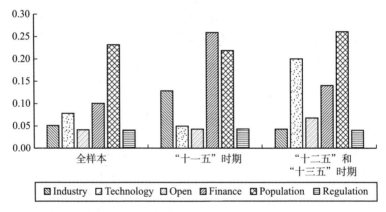

图 7 - 13   上游地区生态效率空间异质性的外部成因

资料来源：笔者测算并绘制。

7.3.3   沿江与非沿江地区

表 7 - 7 报告了外部因素对沿江与非沿江地区生态效率空间差异的因子探测结果。全样本期内，沿江与非沿江地区生态效率空间差异的最强外部驱动因素都是人口密度差异，其决定力大小分别达到 0.3491 和 0.0298。对外开放水平差异对沿江和非沿江地区生态效率空间差异的驱动作用最小，其决定力大小分别为 0.0172 和 0.0061。总体而言，各外部因素对沿江地区内部生态效率差异的驱动作用显著高于非沿江地区，

这可能是因为沿江地区航运交通的联动性相对完善，其内部经济发展、资源投入等方面与生态效率的空间分布格局更加密切。

表 7-7 沿江与非沿江地区生态效率空间异质性的外部成因

地区	变量	全样本		"十一五"时期		"十二五"和"十三五"时期	
		q 统计量	p 值	q 统计量	p 值	q 统计量	p 值
沿江地区	Industry	0.1525	0.0000	0.0895	0.0174	0.2303	0.0000
	Technology	0.0252	0.0427	0.0831	0.1113	0.0840	0.0000
	Open	0.0172	0.1288	0.1431	0.0000	0.0727	0.0000
	Finance	0.1148	0.0000	0.1991	0.0000	0.0768	0.0000
	Population	0.3491	0.0000	0.2213	0.0000	0.5240	0.0000
	Regulation	0.1574	0.0000	0.2455	0.0000	0.1506	0.0000
非沿江地区	Industry	0.0220	0.0000	0.0247	0.0989	0.0279	0.0035
	Technology	0.0224	0.0000	0.0336	0.0205	0.0780	0.0000
	Open	0.0061	0.2398	0.0265	0.0676	0.0249	0.0108
	Finance	0.0244	0.0000	0.0244	0.1693	0.0412	0.0000
	Population	0.0298	0.0000	0.0234	0.1142	0.0334	0.0000
	Regulation	0.0261	0.0000	0.0309	0.0414	0.0200	0.0222

资料来源：笔者测算并绘制。

图 7-14、图 7-15 更加直观地刻画了各因素在沿江与非沿江地区不同时段之间的相对作用大小。对于沿江地区而言，环境规制差异、人口密度差异和金融发展差异是其"十一五"时期生态效率空间差异的主要成因，作用强度分别为 0.2455、0.2213 和 0.1991。在"十二五"和"十三五"时期，人口密度差异和产业结构差异对沿江地区生态效率空间差异的影响显著高于其他外部因素，作用强度分别为 0.5240 和 0.2303。其中，产业结构差异和人口密度差异的驱动作用相对于"十一五"时期有所上升，对外开放水平差异、金融发展程度差异和环境规制差异的决定力有所下滑，对生态效率空间差异影响最小的外部因素由技术进步变为对外开放水平。对于非沿江地区而言，"十一五"时期各变

量的作用强度较为均衡，技术进步差异的决定力相对较大，人口密度差异的决定力相对较小。在"十二五"和"十三五"时期，技术进步差异对非沿江地区生态效率空间差异的影响显著高于其他外部因素，其作用强度达到 0.0780。相对"十一五"时期而言，非沿江地区产业结构差异、技术进步差异、金融发展程度差异和人口密度差异的作用强度在"十二五"和"十三五"时期出现不同程度的提升，而对外开放水平差异和环境规制差异则下滑明显。

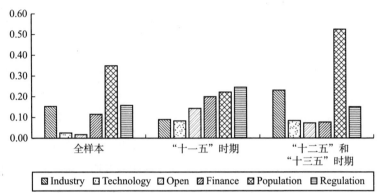

图 7 – 14 沿江地区生态效率空间异质性的外部成因

资料来源：笔者测算并绘制。

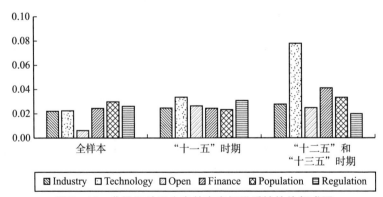

图 7 – 15 非沿江地区生态效率空间异质性的外部成因

资料来源：笔者测算并绘制。

7.3.4 三大城市群

表 7 -8 报告了外部因素对三大城市群生态效率空间差异的因子探

测结果。全样本期内，三大城市群内部生态效率空间差异的最强外部驱
动因素有所不同。对于长三角城市群而言，人口密度差异和产业结构差
异对其生态效率空间差异起主要作用，作用强度分别为 0.2715 和
0.1517，且均通过 1% 的显著性检验，环境规制、对外开放水平、金融
发展程度和技术进步对其生态效率空间差异的影响依次减小，作用强度
分别为 0.1015、0.0974、0.0972 和 0.0412。对于长江中游城市群而言，
技术进步差异和产业结构差异对其生态效率空间差异起主要作用，作用
强度分别为 0.0831 和 0.0600，且均通过 1% 的显著性检验，金融发展
程度、对外开放水平、人口密度和环境规制对其生态效率空间差异的影
响依次减小，作用强度分别为 0.0335、0.0309、0.0291 和 0.0247。对
于成渝城市群而言，人口密度差异对其生态效率空间差异起主要作用，
且通过 1% 的显著性检验，金融发展程度、对外开放水平、技术进步、
环境规制和产业结构对其生态效率空间差异的影响依次减小，作用强度
分别为 0.0358、0.0245、0.0218、0.0214 和 0.0175。总体而言，产业
结构差异、对外开放水平差异、金融发展程度差异和环境规制差异对长
三角城市群内部生态效率差异的驱动作用显著高于长江中游城市群和成
渝城市群，技术进步差异的决定力在中游地区最大，人口密度差异的决
定力在上游地区最高。

209

表 7-8   三大城市群生态效率空间异质性的外部成因

地区	变量	全样本		"十一五"时期		"十二五"和"十三五"时期	
		q统计量	p值	q统计量	p值	q统计量	p值
长三角城市群	Industry	0.1517	0.0000	0.1680	0.0000	0.2176	0.0000
	Technology	0.0412	0.0242	0.1035	0.0359	0.1054	0.0000
	Open	0.0974	0.0037	0.0288	0.9935	0.1293	0.0067
	Finance	0.0972	0.0000	0.2061	0.0000	0.0745	0.5710
	Population	0.2715	0.0000	0.2002	0.0000	0.3724	0.0000
	Regulation	0.1015	0.0000	0.0950	0.0510	0.1263	0.0000

地区	变量	全样本		"十一五"时期		"十二五"和 "十三五"时期	
		q 统计量	p 值	q 统计量	p 值	q 统计量	p 值
长江中游 城市群	Industry	0.0600	0.0068	0.0628	0.4714	0.0591	0.0412
	Technology	0.0831	0.0000	0.1097	0.0881	0.0898	0.0000
	Open	0.0309	0.1672	0.0513	0.4565	0.0677	0.0426
	Finance	0.0335	0.2730	0.0126	0.9930	0.0444	0.2943
	Population	0.0291	0.1056	0.0552	0.1658	0.0422	0.2375
	Regulation	0.0247	0.1053	0.0996	0.0290	0.0199	0.5242
成渝 城市群	Industry	0.0175	0.9625	0.0440	0.9825	0.0361	0.9447
	Technology	0.0218	0.5449	0.0604	0.7825	0.2038	0.0411
	Open	0.0245	0.9156	0.0200	0.9926	0.0398	0.9699
	Finance	0.0358	0.1438	0.2172	0.0082	0.0977	0.2963
	Population	0.3208	0.0000	0.4296	0.0000	0.3339	0.0000
	Regulation	0.0214	0.5564	0.0801	0.4483	0.0174	0.8160

资料来源：笔者测算并绘制。

　　图 7-16、图 7-17、图 7-18 更加直观地刻画了各因素在三大城市群不同时段之间的相对作用大小。对于长三角城市群而言，金融发展程度差异是其"十一五"时期生态效率空间差异的主要驱动因素，作用强度为 0.2061，人口密度差异是其"十二五"和"十三五"时期生态效率空间差异的主要驱动因素，作用强度为 0.3724。金融发展差异的驱动作用相对于"十一五"时期有所减弱，产业结构差异、技术进步差异、对外开放水平差异、人口密度差异和环境规制差异的驱动作用有所增强，其中，对生态效率差异影响最小的因素由对外开放水平转换为金融发展程度。对于长江中游城市群而言，技术进步差异是"十二五"和"十三五"时期生态效率空间差异的主要驱动因素，作用强度分别为 0.1097 和 0.0898。相对"十一五"时期而言，长江中游城市群对外开放水平差异和金融发展程度差异的作用强度在"十二五"和"十三五"时期呈现较大幅度的提升，而产业结构差异、技术进步差

异、人口密度差异和环境规制差异则下滑明显，决定力最小的影响因素由金融发展程度转换为环境规制。对于成渝城市群而言，人口密度差异在"十二五"和"十三五"时期的决定力显著高于其他外部因素，作用强度分别为 0.4296 和 0.3339。相对"十一五"时期而言，除技术进步差异外，其他变量的作用强度下滑明显，决定力最小的影响因素由对外开放水平转换为环境规制。

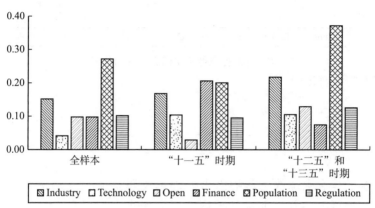

图 7 - 16 长三角城市群生态效率空间异质性的外部成因

资料来源：笔者测算并绘制。

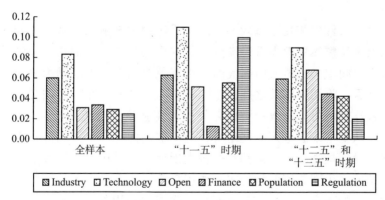

图 7 - 17 长江中游城市群生态效率空间异质性的外部成因

资料来源：笔者测算并绘制。

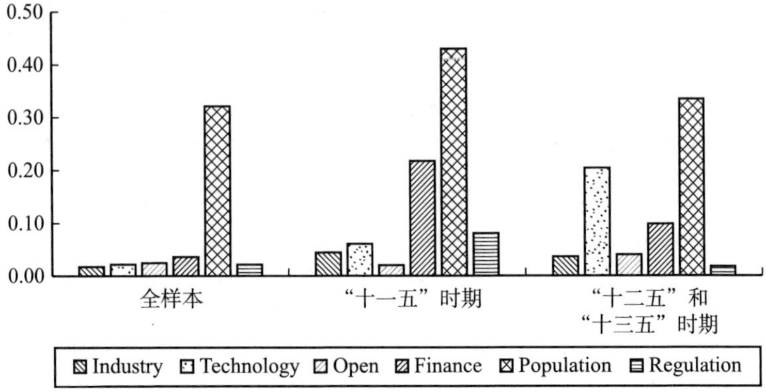

图 7 - 18　成渝生态效率空间异质性的外部成因

资料来源：笔者测算并绘制。

7.4　本章小结

　　本章基于生态效率影响因素的理论逻辑框架，分别从整体、上中下游地区、沿江与非沿江地区、三大城市群层面出发，充分考察了长江经济带生态效率空间异质性在全样本时期、"十一五"时期、"十二五"和"十三五"时期的内部与外部成因，具体研究结论如下：

　　（1）长江经济带生态效率空间异质性的内部成因。基于地理探测器结果，从整体层面来看，经济发展差异是全样本时期长江经济带生态效率空间差异的最大内部成因，水资源供给差异的驱动力最小。分时期来看，除污染排放之外，"十二五"与"十三五"时期各内部因素对长江经济带生态效率空间差异的作用强度均显著高于"十一五"时期。从上中下游地区的视角看，全样本期内上中下游内部生态效率空间差异的最强驱动因素都是经济发展差异，其中，水资源供给差异对下游地区生态效率差异的驱动作用最小，中游和上游地区则是污染排放差异的决定力最小。总体而言，除能源利用差异之外，经济发展差异、劳动力投入差异、资本存量差异、水资源供给差异和污染排放差异对下游地区内部生态效率差异的驱动作用显著高于中游和上游地区。从沿江与非沿江地区的视角来看，全样本期内，沿江与非沿江地区生态效率空间差异的最强驱动因素都是经济发展差异，最弱驱动因素均为水资源供给差异。对于沿江地区而言，劳动力投入差异是其"十一五"时期生态效率空间差异的主要成因，而在"十二五"和"十三五"时期转变为经济发展差异。对于非沿江地区而言，经济发展差异是其"十一五"至"十三五"时期生态效率空间差异的主要成因。从三大城市群的视角看，全样本期内，三大城市群生态效率空间差异的最强内部驱动因素都是经济发展差异。能源利用差异对长三角城市群生态效率差异的驱动作用最小，污染排放差异对长江中游城市群生态效率差异的驱动作用最小，劳动力投入差异对成渝城市群生态效率差异的驱动作用最小。对于三大城市群而言，劳动力投入差异是长三角城市群"十一五"时期生态效率空间差异的主要驱动因素，能源利用差异是长江中游城市群生态效率空间差异的主要驱动因素，污染排放差异在成渝城市群的决定力显著高于其他内部因素，但在"十二五"与"十三五"时期导致三大城市群生态效率差异的最强内部驱动因素均转变为经济发展差异。

（2）长江经济带生态效率空间异质性的外部成因。基于地理探测器结果，从整体层面来看，人口密度差异是全样本时期长江经济带生态效率空间差异的最大外部成因，对外开放水平差异的驱动力始终最小。相对"十一五"时期而言，产业结构差异、技术进步差异和人口密度差异的作用强度在"十二五"和"十三五"时期呈现较大幅度的提升，而对外开放水平差异、金融发展差异和环境规制差异则下滑明显。从上中下游地区的视角看，全样本期内上中下游内部生态效率空间差异的最强外部驱动因素有所不同，产业结构和人口密度对下游地区生态效率空间差异起主要作用，技术进步和对外开放水平对中游地区生态效率空间差异起主要作用，人口密度对其生态效率空间差异起主要作用。与全样本时期相比，环境规制差异在"十一五"时期对中游生态效率空间差异发挥重要作用，金融发展差异对上游生态效率空间差异发挥重要作用。而在"十二五"与"十三五"时期，对外开放水平差异取代环境规制差异成为中游地区生态效率空间差异的主要成因。从沿江与非沿江地区的视角来看，全样本期内，沿江与非沿江地区生态效率空间差异的最强驱动因素都是人口密度差异，最弱驱动因素均为对外开放水平差异。对于沿江地区而言，环境规制差异是其"十一五"时期生态效率空间差异的主要成因，而在"十二五"

和"十三五"时期转变为人口密度差异。对于非沿江地区而言，技术进步差异是其"十一五"至"十三五"期间生态效率空间差异的主要成因。从三大城市群的视角看，全样本期内，三大城市群内部生态效率空间差异的最强外部驱动因素有所不同。对于长三角城市群而言，人口密度差异对其生态效率空间差异起主要作用，技术进步差异的决定力最小。对于长江中游城市群而言，技术进步差异对其生态效率空间差异起主要作用，产业结构差异的决定力最小。对于成渝城市群而言，人口密度差异对其生态效率空间差异起主要作用，环境规制差异的决定力最小。与"十一五"时期相比，长三角城市群产业结构差异、技术进步差异、对外开放水平差异、人口密度差异和环境规制差异的驱动作用在"十二五"和"十三五"时期有所增强，长江中游城市群对外开放水平差异和金融发展程度差异的作用强度呈现较大幅度的提升，成渝城市群除技术进步差异外，其他变量的作用强度下滑明显。

第8章　研究结论与提升路径

当前，长江经济带正面临着土地承载压力俱增、水体质量下降、协同治理程度不高、结构性矛盾突出等问题的严峻考验。在生态优先、绿色发展要求下，本书利用可靠翔实的数据基础及多样化的研究方法，对长江经济带生态效率进行测度，在此基础上深入研究长江经济带生态效率的总体特征、空间格局、分布动态、空间差异以及影响因素等问题。本章主要对所得的研究结论做简要回顾及总结，同时围绕研究结论探寻长江经济带生态效率协调提升路径。

8.1　研　究　结　论

为科学测度长江经济带生态效率水平，本书参考已有研究，首先，构建了考虑资源环境约束的生产可能性集，在全局参比的非期望产出SBM模型基础上，通过多种投入产出要素测算得到生态效率，运用GIS可视化方法考察其生态效率的总体特征及空间分布，借此全面揭示长江经济带生态效率现状（见第3章）。其次，在多种地理单元划分标准下，通过综合运用统计分析方法、Dagum基尼系数按子群分解方法、绝对β收敛检验方法、Kernel密度估计方法、Markov链分析方法等，从空间差异及其来源、收敛性、分布动态演进及长期转移趋势等多个方面，全面揭示了长江经济带生态效率的空间格局及演变态势（见第4章、第5章）。再次，在对生态效率影响因素进行理论分析基础上，基于无效率分解、分位数回归和地理探测器方法，从内源与外源双重视角实证考察了长江经济带生态效率的影响因素及其空间异质性的成因（见第6章、第7章）。最后，围绕本书的研究结论，为有效提升生态效率及制定差别化的区域提升路径提供了一定实证支持（见第8章）。主要结论如下：

（1）长江经济带生态效率总体呈现上升趋势，但空间非均衡特征显著。依据生态效率测度结果，从整体层面来看，长江经济带生态效率呈波动上升的变化趋势，尤其在"十二五"时期内增长势头强劲，年均增长率由"十一五"时期的 1.22% 波动上升至 2.22%，但样本期内的生态效率增长率未超过 3%，增长幅度较低。基于空间格局分析工具，在空间分布方面，长江经济带生态效率呈现东高西低的空间分布特征，具体从各区域层面来看，上中下游地区、沿江与非沿江地区和三大城市群的生态效率呈波动上升态势，尤其在将长江经济带发展确立为国家战略后的一段时期内，各地区生态效率均为正增长。其中，下游地区生态效率在样本考察期内始终处于最高水平，中游和上游地区生态效率的提升空间较大；沿江地区生态效率水平相对较高，非沿江地区应成为生态治理工作的重中之重；长三角城市群、长江中游城市群和成渝城市群均呈波动上升的演变趋势，说明国家重大区域战略的实施对区域生态持续向好和绿色发展具有显著的推动作用。

（2）长江经济带生态效率总体空间差异存在扩大趋势，区域协调提升问题亟须解决。在空间差异方面，2006～2018 年长江经济带整体生态效率空间差异呈现波动上升趋势，且这种非均衡态势于"十三五"时期加速扩大。除超变密度差异外，区域内差异均是导致生态效率空间差异存在的主要因素，其中，下游地区、沿江地区和长三角城市群内部差异较其他地区偏高。在分布动态方面，长江经济带生态效率呈现主峰位置右移、峰值下降且宽度增大的分布特征，其分布延展性呈右拖尾且拓宽趋势，多数地区出现两极分化或多极分化现象。在长期转移趋势方面，长江经济带生态效率在不同滞后期发生跳跃转移的概率较大，具有一定的"俱乐部趋同"和"马太效应"，其中，低水平和高水平趋同发生的概率相对较大，中低和中高水平趋同发生的概率相对较低，未来实现向上跨越的可能性更高。在收敛性方面，无论是从整体层面还是三种地域划分层面，长江经济带生态效率均存在绝对 β 收敛现象，即低生态效率城市对高生态效率城市存在一定追赶效应。因此，根据空间差异、分布动态、长期转移趋势、收敛性等方面的研究结论可知，长江经济带生态效率的区域协调提升问题亟须解决。

（3）资本、能源利用高效与人口聚集、产业结构转型是有效带动长江经济带生态效率提升的内在动力与外部因素。依据无效率分解结果，资本存量与能源利用的无效率值在样本期内相对低于其余投入产出要素，表明资本使用效率成为带动长江经济带生态效率提升的主要内在动力，污染排放是制约生态效率提升的根源所在。依据分位数回归结果，第三产业比重增加与人口聚集是长江经济带整体及各地域划分下生态效率提升的关键外部因素。具体到各因素而言，在整体层面，人口密度和环境规制有助于促进生态效率增长。在上中下游地区层面，人口集聚和环境规制强度增加对下游地区生态效率提升具有正向作用；技术进步和金融发展对中游地区具有积极正向作用；人口密度的提高是上游地区生态效率提升的主要外部因素。在沿江与非沿江地区层面，人口密度对两大地区生态效率提升的推动作用明显。在三大城市群层面，人口密度及环境规制的完善有助于推动长三角城市群生态效率增长，技术进步和金融发展对长江中游城市群生态效率提升的推动作用明显，人口密度的提高对成渝城市群具有正向推动作用。

（4）基于内源与外源双重视角，经济发展与人口密度的地区不平衡是造成长江经济带生态效率空间差异的关键成因。从内源视角来看，经济发展差异是长江经济带整体、上中下游地区、沿江与非沿江地区、三大城市群生态效率空间差异的关键内部因素，且多数因素对下游地区、沿江地区及长三角城市群的作用强度显著高于其他地区。分时期来说，除污染排放之外，"十二五"与"十三五"时期各内部因素对长江经济带生态效率空间差异的作用强度均显著高于"十一五"时期。从外源视角来看，总体而言，人口密度差异是长江经济带整体、上游地区、沿江与非沿江地区、长三角城市群和成渝城市群生态效率空间差异的关键外部成因，而产业结构差异是导致下游地区差异扩大的主要因素，技术进步差异是中游地区和长江中游城市群生态效率差异的主要源泉。相对"十一五"时期而言，产业结构差异、技术进步差异和人口密度差异对生态效率总体差异的作用强度在"十二五"和"十三五"时期呈现较大幅度的提升，而对外开放水平差异、金融发展差异和环境规制差异则下滑明显。

8.2 提升路径

基于上述研究结论,本书从三个方面全面探寻生态效率协调提升路径,为最终实现长江经济带高质量发展提供相应的政策建议。

(1) 贯彻落实长江经济带发展战略,深入推动经济发展与生态保护的有机融合。当前,长江流域经济社会迅速发展,综合实力快速提升,对于推动中国经济转型升级、实现高质量发展具有举足轻重的作用。与此同时,以供水不足、能源紧缺、大气污染为代表的"城市病"日益凸显(张倩等,2015),资源与环境恶化已然成为制约长江经济带绿色发展的要素瓶颈。因此,贯彻落实长江经济带发展战略,深入推动经济发展与环境保护的有机融合显得尤为重要。依据相关研究结论,为深化长江经济带发展战略,力争绿水青山和金山银山的有机统一,本书提出三大举措。

①强化顶层设计,注重问题导向,统筹推进共抓大保护格局。推动长江经济带发展必须立足于中华民族长远利益,将修复长江生态环境摆在压倒性位置,共抓大保护、不搞大开发。由于长江治理工作涉及面广、责任主体多,构建必要的共抓工作机制是确保政策有效实施的长久保障,例如,在实践中坚持多部门协同推进理念,积极推进政府与环保产业、龙头企业之间的合作交流,针对城镇污水处理、重污染化工园区改造、大气环境管理等现实问题提出切实可行的应对方案,确保各项工作落到实处。

②推动制度重构,建立健全绿色发展考核机制。推动长江经济带绿色发展,不能将生态保护与经济发展割裂开来,传统单纯以 GDP 为核心的经济增长考核指标已不符合时代发展要求(李扬、张晓晶,2015)。在生态优先、绿色发展背景下,资源开发强度和开发方式必须以环境容量作为基本前提,应通过巩固和完善水质考核奖惩机制、生态补偿措施与利益协调机制等方式确保绿色发展目标得以实现,逐步形成高质量发展背景下的绿色 GDP 政绩考核机制。

③依靠创新驱动引领发展,打造经济增长绿色新动能。党的十八大做出了实施创新驱动发展战略的重大部署,这为解决长江经济带发展方

式粗放、资源环境约束等迫切性问题提供了动力源泉。第一，政府部门应加快构建绿色创新体系，加大对节能减排、污染防治技术研发的支持力度，积极引导中小企业对清洁生产技术的吸纳与推广。第二，科技创新成果要想真正发挥作用，最终须落地转化为现实生产力。在数字经济时代，长江经济带各地区可借助人工智能、大数据等平台形成新时代技术服务体系，促进企业与科研院校之间实现精准对接，进而不断提高科技成果转化率。

（2）基于区位比较优势，全面提高流域生态效率水平。从生态经济来看，为了评估某地区是否以尽可能少的资源投入和环境代价获得尽可能多的经济效益，生态效率无疑是一个理想的概念（Thanawong et al.，2014）。无论是投入产出构成还是经济社会变量，各因素对不同地区不同水平下生态效率的影响程度不尽相同。鉴于生态效率提升是长江经济带绿色发展的重要方面，为探寻因地制宜、因时制宜的生态效率提升路径，最终形成同环境资源承载力相匹配、生产生活生态相协调的长江经济带高质量发展新格局，本书提出四项提议。

①各地区依据自身生态无效率短板，实施因地制宜的生态效率提升战略。总体而言，污染排放无效率是制约长江经济带生态效率提升的关键问题。2017 年，环境保护部发布的《长江经济带生态环境保护规划》指出长江经济带正面临着严峻的生态环境污染形势。新形势下，为有效提升生态效率须更加重视污染防治。就上中下游地区而言，下游地区作为生态效率较高的聚集地，要加快绿色技术创新步伐，通过倡导生态文明、发展循环经济等方式来抑制污染排放；中上游地区工业产业相对密集，须由粗放型发展模式逐渐向循环高效型、低碳清洁型模式转变。就沿江与非沿江地区而言，两大地区应加强水污染防治设施建设，建立健全水环境生态保护机制，另外，非沿江地区须重视能源利用无效率对生态效率的负面影响，不断推进能源生产与消费模式变革。就三大城市群而言，长三角城市群应倡导资本从绿色投资角度挖掘市场潜力，为长江经济带绿色发展营造良好的市场氛围；长江中游城市群和成渝城市群须充分发挥人力资本对生态效率的促进作用，不断提升劳动力的受教育水平。

②深耕战略性新兴产业，着力培育先进产能。加快推进产业结构绿色升级、巩固并完善绿色产业体系对于全面提升长江经济带生态效

率水平具有重要意义。党的十九大报告也强调，转变发展方式，调整产业结构是谋划更高水平发展的根本途径。因此，在实践中，应积极推进传统产业转型升级、新兴产业补缺进位，以创新驱动和数字经济作为产业升级的有力支撑，促进信息化与工业化深度融合，着力培育战略性新兴产业。

③重视绿色金融服务体系的建设与应用。绿色金融既是现代经济社会发展的核心，又是生态文明治理能力的重要体现。2016 年财政部等七部委联合印发《关于构建绿色金融体系的指导意见》，强调要依靠绿色金融抑制污染性投资建设、促进资源利用高效。因此，在促进生态效率全面提升的过程中，应充分发挥绿色金融的多样化调节作用，通过其配置功能引导社会资源资金向环保领域汇聚，进而为产业链的绿色转型升级提供保障，同时也要注重绿色金融产品创新，不断健全资本市场、货币市场及碳交易市场机制，以便绿色金融更好地服务于生态效率提升。

④营造良好的对外开放环境，强化环境规制力度。随着国际经贸合作的持续深入，引进外资在促进经济增长、产业转型等方面扮演着重要角色，但污染产业的乘虚而入也使长江经济带生态环境面临严峻挑战，其高消耗的生产消费模式会对经济增长质量产生长期不良影响（刘朝等，2014）。针对上述问题，要认识到经济全球化仍是历史潮流，长江三角洲地区要营造良好的对外开放环境，在通关效率、产权保护、人才引进等方面提供相应的便利措施，同时长江中游城市群和成渝城市群须加快建设国际枢纽城市，依托"一带一路"倡议扩大对外经贸合作。更为重要的是，相关政府部门应做到环境保护与引进外资"两手抓"，不断健全外商投资的环境准入制度，对清洁型、高技术和高附加值外资企业予以倾斜支持，进而发挥 FDI 对长江经济带生态效率的促进作用。

（3）将提升生态效率贯穿到区域协调发展大局之中，推进长江经济带生态一体化。长江经济带横贯中国东中西部，各地区的要素禀赋、资源消耗、技术进步等方面的发展情况千差万别。不同地理单元划分标准下的生态效率现状存在显著的空间异质性，探索协同推进的生态优先与绿色发展路径成为长江经济带当前面临的重要问题之一。基于空间异质性视角，为实现长江经济带生态效率的全面协调，推进生态一体化发展，本书提出三条路径。

①坚持互联互通，加快资源要素的跨区域流动与集聚。推动资源要素在区域内自由流动和优化配置是促进长江经济带绿色协调发展的关键一环（孙欣等，2016）。一方面，大力推动产业布局、人才互动、资源共享等方面的协调工作，依托长江黄金水道实现邻近地区的深度协作，通过打造协同创新网络等方式破除要素流动壁垒，进而增强各地区经济发展的协调性；另一方面，在制定经济规划的同时考虑人口集聚的作用，给予相对落后城市更多的资金与政策支持，通过人才流入缓解人口密度差异所导致的城市生态效率空间非均衡现状。

②加强联防联控，促进环保监督部门、企业、居民共同参与生态环境治理。一般而言，环境污染表现出很强的空间流动性与区域集聚性特征，这种天然属性可能导致某些单边治理措施难以奏效。因此，要想从根本上实现空间高效，就必须建立生态环境治理的区域联防联控机制。一方面，地方政府应消除保护主义倾向，在区域整体权益与责任等方面达成共识，通过集中统一的环境管理体系形成良性协调关系。另一方面，环保监督部门并不是生态保护与治理的唯一主体，还应充分调动企业与居民的积极性。通过采取税收补贴、押金退还等方式使环境成本内部化，进而激励企业生产方式变革、集约利用资源。公众应成为环境破坏与污染行为的"监督者"，通过电子政务渠道及时反馈环境整治绩效。

③倡导共治共享，充分发挥生态高效率城市的示范带动作用。随着区域空间关联的日益密切，应在明确各城市资源禀赋优势和主体功能定位的基础上，通过邻近地区分工协作增强长江经济带生态效率提升合力。根据本书的测算结果，金华、苏州、盐城、无锡等生态效率高水平城市的绿色发展进程较快，须高度重视这些地区的区域优势，使其在继续保持发展的基础上，主动扮演好"引领者"的角色，通过绿色生产技术与先进的环保理念带动低水平地区生态效率的协同提升。其他地区，尤其是广元、鄂州、新余等生态效率低水平城市应学习并借鉴相关绿色发展经验，结合自身的实际情况，进行针对性的创新与完善，与此同时，低水平城市在承接产业转移时须做到统筹兼顾，防止污染迁移，最终达到共享治理成果、提高整体效率的目的。

8.3 未来研究展望

本书从空间异质性视角出发，从长江经济带上中下游地区、沿江与非沿江地区、三大城市群层面深入揭示了生态效率的空间差异及影响因素，进而全面探寻长江经济带生态效率的协调提升路径。但受科研水平及能力的制约，本书仍存在诸多不足之处，后续研究可着重从以下几个方面展开：

1. 研究方法方面

本书基于全局参比的非期望产出 SBM 模型，有效解决了传统 DEA 模型忽略变量松弛、非期望产出及跨期不可比问题，使得测度结果更加准确。未来可能的改进是采用 Bootstrap 方法通过重复抽样给出效率结果的置信区间和纠偏值，以确保生态效率评价结果更加精准。此外，相较于省际层面来看，本书所使用的城市口径数据更加微观，但在数据可得性方面存在一定阻碍，未来可将 PM2.5、COD、AQI 等污染指标纳入生态效率评价体系，以更加全面地考察资源环境约束下的生态效率水平。

2. 研究内容方面

本书从内源与外源双重视角探讨长江经济带生态效率及其空间差异的作用机制，这在已有文献中也是较少讨论的。然而，随着区域一体化战略的快速推进，城市之间的要素流动与分工协作日益密切，空间溢出效应将成为影响地区生态效率提升的重要方面。因此，未来研究可基于空间回归模型偏微分方法将溢出效应予以分解，进而考察各因素对长江经济带整体及各地域划分下生态效率的即时影响效应和滞后影响效应。另外，由于长江经济带城市生态效率的空间分异是多种因素综合作用的结果，未来应通过识别驱动因素之间的交互作用类型，进一步探讨不同因素间的共同作用是否增强或减弱对长江经济带城市生态效率空间差异的决定力。

参 考 文 献

［1］曹俊文、曾康：《低碳视角下长江经济带农业生态效率及影响因素研究》，载于《生态经济》2019 年第 8 期。

［2］陈傲：《中国区域生态效率评价及影响因素实证分析——以 2000～2006 年省际数据为例》，载于《中国管理科学》2008 年第 S1 期。

［3］陈明华、刘华军、孙亚男：《中国五大城市群金融发展的空间差异及分布动态：2003～2013 年》，载于《数量经济技术经济研究》2016 年第 7 期。

［4］陈明华、张晓萌、刘玉鑫，等：《绿色 TFP 增长的动态演进及趋势预测——基于中国五大城市群的实证研究》，载于《南开经济研究》2020a 年第 1 期。

［5］陈明华、刘文斐、王山，等：《长江经济带城市生态效率的空间格局及演进趋势》，载于《资源科学》2020b 年第 6 期。

［6］陈明华、刘文斐、王山，等：《长江经济带城市生态效率的时空分异及其驱动因素》，载于《中国人口·资源与环境》2020c 年第 9 期。

［7］陈诗一：《绿色金融助力长三角一体化发展》，载于《环境经济研究》2019 年第 1 期。

［8］陈晓玲、李国平：《地区经济收敛实证研究方法评述》，载于《数量经济技术经济研究》2007 年第 8 期。

［9］成金华、孙琼、郭明晶，等：《中国生态效率的区域差异及动态演化研究》，载于《中国人口·资源与环境》2014 年第 1 期。

［10］初善冰、黄安平：《外商直接投资对区域生态效率的影响——基于中国省际面板数据的检验》，载于《国际贸易问题》2012 年第 11 期。

［11］董博：《长江经济带省市生态效率测算及影响因素研究》，载

于《武汉理工大学学报（社会科学版）》2020年第2期。

[12] 邓霞：《区域生态效率评价研究——以长江经济带为例》，载于《价格理论与实践》2019年第11期。

[13] 方杏村、田淑英、王晓玲：《财政分权、产业集聚与绿色经济效率——基于270个地级及以上城市面板数据的实证分析》，载于《经济问题探索》2019年第11期。

[14] 付丽娜、陈晓红、冷智花：《基于超效率DEA模型的城市群生态效率研究——以长株潭"3+5"城市群为例》，载于《中国人口·资源与环境》2013年第4期。

[15] 顾程亮、李宗尧、成祥东：《财政节能环保投入对区域生态效率影响的实证检验》，载于《统计与决策》2016年第19期。

[16] 韩吉媛、周红蕾、俞雅乖：《浙江省生态效率区域差异及影响因素分析——基于超效率DEA模型》，载于《科技与管理》2019年第3期。

[17] 韩永辉、黄亮雄、王贤彬：《产业结构优化升级改进生态效率了吗?》，载于《数量经济技术经济研究》2016年第4期。

[18] 郝国彩、徐银良、张晓萌，等：《长江经济带城市绿色经济绩效的溢出效应及其分解》，载于《中国人口·资源与环境》2018年第5期。

[19] 黄建欢、杨晓光、胡毅：《资源、环境和经济的协调度和不协调来源——基于CREE-EIE分析框架》，载于《中国工业经济》2014年第7期。

[20] 黄磊、吴传清：《长江经济带生态环境绩效评估及其提升方略》，载于《改革》2018年第7期。

[21] 侯孟阳、姚顺波：《中国城市生态效率测定及其时空动态演变》，载于《中国人口·资源与环境》2018年第3期。

[22] 胡彪、付业腾：《中国生态效率测度与空间差异实证——基于SBM模型与空间自相关性的分析》，载于《干旱区资源与环境》2016年第6期。

[23] 何砚、赵弘：《京津冀城市可持续发展效率收敛性及影响因素研究》，载于《当代经济管理》2018年第2期。

[24] 靳京、吴绍洪、戴尔阜：《农业资源利用效率评价方法及其

比较》，载于《资源科学》2005 年第 1 期。

［25］李斌、赵新华：《经济结构、技术进步与环境污染——基于中国工业行业数据的分析》，载于《财经研究》2011 年第 4 期。

［26］李栋雁、董炳南：《山东省区域生态效率研究——基于数据包络分析的实证分析》，载于《当代经济》2010 年第 12 期。

［27］李佳佳、罗能生：《城市规模对生态效率的影响及区域差异分析》，载于《中国人口·资源与环境》2016 年第 2 期。

［28］李兰冰、刘秉镰：《中国区域经济增长绩效、源泉与演化：基于要素分解视角》，载于《经济研究》2015 年第 8 期。

［29］李强、高楠：《长江经济带生态效率时空格局演化及影响因素研究》，载于《重庆大学学报（社会科学版）》2018 年第 3 期。

［30］李胜兰、初善冰、申晨：《地方政府竞争、环境规制与区域生态效率》，载于《世界经济》2014 年第 4 期。

［31］李扬、张晓晶：《"新常态"：经济发展的逻辑与前景》，载于《经济研究》2015 年第 5 期。

［32］刘朝、韩先锋、宋文飞：《环境规制强度与外商直接投资的互动机制》，载于《统计研究》2014 年第 5 期。

［33］刘丙泉、李雷鸣、宋杰鲲：《中国区域生态效率测度与差异性分析》，载于《技术经济与管理研究》2011 年第 10 期。

［34］刘华军、赵浩：《中国二氧化碳排放强度的地区差异分析》，载于《统计研究》2012 年第 6 期。

［35］刘慧：《区域差异测度方法与评价》，载于《地理研究》2006 年第 4 期。

［36］刘军、马勇、问鼎，等：《2000～2014 年中国区域生态效率测度及其时空差异》，载于《生态环境学报》2018 年第 3 期。

［37］刘宁、吴小庆、王志凤，等：《基于主成分分析法的产业共生系统生态效率评价研究》，载于《长江流域资源与环境》2008 年第 6 期。

［38］刘瑞翔、安同良：《资源环境约束下中国经济增长绩效变化趋势与因素分析——基于一种新型生产率指数构建与分解方法的研究》，载于《经济研究》2012 年第 11 期。

［39］梁星、卓得波：《中国区域生态效率评价及影响因素分析》，

载于《统计与决策》2017 年第 19 期。

[40] 林文凯、林壁属：《区域旅游产业生态效率评价及其空间差异研究——以江西省为例》，载于《华东经济管理》2018 年第 6 期。

[41] 罗能生、王玉泽：《财政分权、环境规制与区域生态效率——基于动态空间杜宾模型的实证研究》，载于《中国人口·资源与环境》2017 年第 4 期。

[42] 马骏、周盼超：《长江经济带生态效率空间异质性及其影响因素研究》，载于《水利经济》2019 年第 6 期。

[43] 毛建素、曾润、杜艳春，等：《中国工业行业的生态效率》，载于《环境科学》2010 年第 11 期。

[44] 彭红松、章锦河、韩娅，等：《旅游地生态效率测度的 SBM – DEA 模型及实证分析》，载于《生态学报》2017 年第 2 期。

[45] 彭静、何蒲明：《农业环境效率及其影响因素研究——基于长江经济带的实证分析》，载于《生态经济》2020 年第 2 期。

[46] 屈文波：《中国区域生态效率的时空差异及驱动因素》，载于《华东经济管理》2018 年第 3 期。

[47] 任梅、王小敏、刘忠梅，等：《中国区域生态效率时空变化及其影响因素分析》，载于《华东经济管理》2019 年第 9 期。

[48] 任胜刚、张如波、袁宝龙：《长江经济带工业生态效率评价及区域差异研究》，载于《生态学报》2018 年第 15 期。

[49] 任宇飞、方创琳：《京津冀城市群县域尺度生态效率评价及空间格局分析》，载于《地理科学进展》2017 年第 1 期。

[50] 任宇飞、方创琳、蔺雪芹：《中国东部沿海地区四大城市群生态效率评价》，载于《地理学报》2017 年第 11 期。

[51] 单豪杰：《中国资本存量 K 的再估算：1952～2006 年》，载于《数量经济技术经济研究》2008 年第 10 期。

[52] 邵帅、李欣、曹建华，等：《中国雾霾污染治理的经济政策选择——基于空间溢出效应的视角》，载于《经济研究》2016 年第 9 期。

[53] 史丹、王俊杰：《基于生态足迹的中国生态压力与生态效率测度与评价》，载于《中国工业经济》2016 年第 5 期。

[54] 施本植、许宁、刘明：《金融集聚对城市绿色经济效率的影

响及作用渠道——基于中国 249 个地级以上城市的实证分析》，载于《技术经济》2018 年第 8 期。

[55] 孙欣、赵鑫、宋马林：《长江经济带生态效率评价及收敛性分析》，载于《华南农业大学学报（社会科学版）》2016 年第 5 期。

[56] 童玉芬、王莹莹：《中国城市人口与雾霾：相互作用机制路径分析》，载于《北京社会科学》2014 年第 5 期。

[57] 涂正革：《环境、资源与工业增长的协调性》，载于《经济研究》2008 年第 2 期。

[58] 王宝义、张卫国：《中国农业生态效率的省际差异和影响因素——基于 1996～2015 年 31 个省份的面板数据分析》，载于《中国农村经济》2018 年第 1 期。

[59] 王兵、刘光天：《节能减排与中国绿色经济增长——基于全要素生产率的视角》，载于《中国工业经济》2015 年第 5 期。

[60] 王兵、吴延瑞、颜鹏飞：《中国区域环境效率与环境全要素生产率增长》，载于《经济研究》2010 年第 5 期。

[61] 王兵、王丽：《环境约束下中国区域工业技术效率与生产率及其影响因素实证研究》，载于《南方经济》2010 年第 11 期。

[62] 王飞儿、史铁锤：《基于物质代谢的中国纺织业生态效率评价》，载于《中国人口·资源与环境》2008 年第 6 期。

[63] 王建民、仇定三、蒋倩颖，等：《长江经济带工业绿色发展效率测量与提升路径研究》，载于《科技管理研究》2019 年第 12 期。

[64] 汪克亮、孟祥瑞、程云鹤：《环境压力视角下区域生态效率测度及收敛性——以长江经济带为例》，载于《系统工程》2016 年第 4 期。

[65] 汪克亮、孟祥瑞、杨宝臣：《生态压力、生态技术差距与地区生态经济效率——基于 2006～2015 年中国省际面板数据的实证分析》，载于《山西财经大学学报》2017 年第 12 期。

[66] 汪克亮、孟祥瑞、杨宝臣，等：《基于环境压力的长江经济带工业生态效率研究》，载于《资源科学》2015 年第 7 期。

[67] 王晓玲、方杏村：《东北老工业基地生态效率测度及影响因素研究——基于 DEA - Malmquist - Tobit 模型分析》，载于《生态经济》2017 年第 5 期。

[68] 吴磊、熊英：《长江经济带生态效率测评及提升模式构建》，

载于《生态经济》2018 年第 12 期。

［69］吴延瑞：《生产率对中国经济增长的贡献：新的估计》，载于《经济学（季刊）》2008 年第 3 期。

［70］吴义根、冯开文、曾珍：《我国省际区域生态效率的空间收敛性研究》，载于《中国农业大学学报》2019 年第 2 期。

［71］谢高地、齐文虎、章予舒，等：《主要农业资源利用效率研究》，载于《资源科学》1998 年第 5 期。

［72］邢贞成、王济干、张婕：《长江经济带全要素生态效率的时空分异与演变》，载于《长江流域资源与环境》2018 年第 4 期。

［73］徐勇：《农业资源高效利用评价指标体系初步研究》，载于《地理科学进展》2001 年第 3 期。

［74］杨力、刘程程、宋利，等：《基于熵权法的煤矿应急救援能力评价》，载于《中国软科学》2013 年第 11 期。

［75］杨桐彬、朱英明、王念，等：《长三角城市生态效率的地区差异与空间收敛》，载于《华东经济管理》2020 年第 7 期。

［76］杨文举、文欢：《长江经济带高质量发展的理论探索和现实思考——"2018·长江经济带高质量发展研讨会"综述》，载于《西部论坛》2019 年第 1 期。

［77］尹科、王如松、周传斌，等：《国内外生态效率核算方法及其应用研究述评》，载于《生态学报》2012 年第 11 期。

［78］余珊、张文彬：《FDI 是否促进了生态效率的提高——来自我国省际数据的考察》，载于《国际商务》2016 年第 1 期。

［79］张波：《中国信息化对工业企业技术创新效率的影响研究——基于 DEA－Tobit 两步法的分析》，中央财经大学 2016 年博士学位论文。

［80］张倩、邓祥征、周青：《城市生态管理概念、模式与资源利用效率》，载于《中国人口·资源与环境》2015 年第 6 期。

［81］张伟、吴文元：《基于环境绩效的长三角都市圈全要素能源效率研究》，载于《经济研究》2011 年第 10 期。

［82］张煊、王国顺、王一苇：《生态经济效率评价及时空差异研究》，载于《经济地理》2014 年第 12 期。

［83］张妍、杨志峰：《城市物质代谢的生态效率——以深圳市为例》，载于《生态学报》2007 年第 8 期。

［84］张治栋、吴迪：《区域融合、对外开放与产业集聚发展——以长江经济带为例》，载于《科技进步与对策》2018 年第 15 期。

［85］张子龙、鹿晨昱、陈兴鹏，等：《陇东黄土高原农业生态效率的时空演变分析——以庆阳市为例》，载于《地理科学》2014 年第 4 期。

［86］张子龙、王开泳、陈兴鹏：《中国生态效率演变与环境规制的关系》，载于《经济经纬》2015 年第 3 期。

［87］张志强、徐中民、程国栋，等：《中国西部 12 省（区市）的生态足迹》，载于《地理学报》2001 年第 5 期。

［88］朱平芳、张征宇、姜国麟：《FDI 与环境规制：基于地方分权视角的实证研究》，载于《经济研究》2011 年第 6 期。

［89］曾贤刚、牛木川：《高质量发展下长江经济带生态效率及影响因素》，载于《中国环境科学》2020 年第 2 期。

［90］郑德凤、郝帅、孙才志，等：《中国大陆生态效率时空演化分析及其趋势预测》，载于《地理研究》2018 年第 5 期。

［91］朱玉林、周杰、李莎，等：《基于能值理论的湖南农业生态经济系统生态效率分析》，载于《湖南科技大学学报（社会科学版）》2011 年第 6 期。

［92］Anselin L. , *Spatial Econometrics: Methods and Models*. Kluwer Academic Piblishers, 1988.

［93］Barro R. J. and Sala – i – Martin X. , Convergence. *Journal of Political Economy*, Vol. 100, No. 2, April 1992, pp. 223 – 251.

［94］Baumol W. J. , Productivity Growth, Convergence, and Welfare: What the Long – Run Data Show. *American Economic Review*, Vol. 76, No. 5, December 1986, pp. 1072 – 1085.

［95］Charnes A. , Cooper W. W. and Rhodes E. , Measuring the Efficiency of Decision Making Units. *European Journal of Operational Research*, Vol. 2, No. 6, November 1978, pp. 429 – 444.

［96］Camarero M. , Castillo J. , Picazo – Tadeo A. J. , et al. , Eco – Efficiency and Convergence in OECD Countries. *Environmental and Resource Economics*, Vol. 55, No. 1, May 2013, pp. 87 – 106.

［97］Cerutti A. K. , Beccaro G. L. , Bagliani M. , et al. , Multifunctional Ecological Footprint Analysis for Assessing Eco-efficiency: A Case Study of Fruit Production Systems in Northern Italy. *Journal of Cleaner Production*, Vol. 40, February 2013, pp. 108 – 117.

[98] Dagum C. , A New Approach to the Decomposition of the Gini Income Inequality Ratio. *Empirical Economics*, Vol. 22, No. 4, December 1997, pp. 515 – 531.

[99] Eskeland G. and Harrison E. , Moving to greener pastures? Multinationals and the pollution haven hypothesis. *Journal of Development Economics*, Vol. 70, No. 1, June 2003, pp. 1 – 23.

[100] Elhorst J. P. , *Spatial Econometrics: From Cross-sectional Data to Spatial Panels*. Heidelberg: Springer, 2014.

[101] Färe R. , Grosskopf S. and Pasurka C. A. , Environmental Production Functions and Environmental Directional Distance Functions. *Energy*, Vol. 32, No. 7, July 2007, pp. 1055 – 1066.

[102] Glaeser E. L. and Kahn M. E. , The greenness of cities: Carbon dioxide emissions and urban development. *Journal of Urban Economics*, Vol. 67, No. 3, June 2009, pp. 404 – 418.

[103] Gudipudi R. , Lüdeke M. K. B. , Rybski D. , et al. , Benchmarking urban eco-efficiency and urbanites' perception. *Cities*, Vol. 74, April 2018, pp. 109 – 118.

[104] Koenker R. and Bassett G. , Regression Quantiles. *Econo-metrica*, Vol. 46, No. 1, January 1978, pp. 33 – 50.

[105] LeSage J. P. and Pace R. K. , *Introduction to Spatial Econometrics*. CRC Press, 2009.

[106] List J. A. and CO C. Y. , The Effects of Environmental Regulations on Foreign Direct Investment. *Journal of Environmental Economics & Management*, Vol. 40, No. 1, July 2000, pp. 1 – 20.

[107] Michelsen O. , Fet A. M. and Dahlsrud A. , Eco-efficiency in Extended Supply Chains: A Case Study of Furniture Production. *Journal of Environmental Management*, Vol. 79, No. 3, May 2006, pp. 290 – 297.

[108] Pastor J. T. and Lovell C. A. K. , A Global Malmquist Productivity Index. *Economics Letters*, Vol. 88, No. 2, June 2005, pp. 266 – 271.

［109］ Porter M. E. and Van Der Linde C. ， Toward a New Conception of the Environment – Competitiveness Relationship. *Journal of Economic Perspectives*， Vol. 9， No. 4， November 1995， pp. 97 – 118.

［110］ Quah D. T. ， Empirical Cross-section Dynamics in Economic Growth. *European Economic Review*， Vol. 37， No. 2 – 3， April 1993， pp. 427 – 443.

［111］ Schaltegger S. and Sturm A. ， Ökologische Rationalität: Ansatzpunkte Zur Ausgestaltung Von ökologie Orientierten Management Instrumenten. *Die Unternehmung*， Vol. 4， No. 4， January 1990， pp. 273 – 290.

［112］ Shestalova V. ， Sequential Malmquist Indices of Productivity Growth: An Application to OECD Industrial Activities. *Journal of Productivity Analysis*， Vol. 19， No. 2 – 3， April 2003， pp. 211 – 226.

［113］ Thanawong K. ， Perret S. R. and Basset – Mens C. ， Eco-efficiency of paddy rice production in Northeastern Thailand: a comparison of rain-fed and irrigated cropping systems. *Journal of Cleaner Production*， Vol. 73， June 2014， pp. 204 – 217.

［114］ Tone K. ， A Slacks-based Measure of Efficiency in Data Envelopment Analysis. *European Journal of Operational Research*， Vol. 130， No. 3， May 2001， pp. 498 – 509.

［115］ Van Caneghem J. ， Block C. ， Cramm P. ， et al. ， Improving eco-efficiency in the steel industry: The ArcelorMittal Gent case. *Journal of Cleaner Production*， Vol. 18， No. 8， May 2010， pp. 807 – 817.

［116］ Wackernagel M. ， Onisto L. ， Bello P. ， et al. ， National Natural Capital Accounting with the Ecological Footprint Concept. *Ecological Economics*， Vol. 29， No. 3， June 1999， pp. 375 – 390.

［117］ Wang J. F. ， Li X. H. ， Christakos G. ， et al. ， Geographical Detectors-based Health Risk Assessment and Its Application in the Neural Tube Defects Study of the Heshun Region， China. *International journal of geographical information science*， Vol. 24， No. 1， February 2010， pp. 107 – 127.

［118］ Yu H. T. ， Jiao J. F. ， Houston E. ， et al. ， Evaluating the relationship between rail transit and industrial agglomeration: An observation from the Dallas-fort worth region, TX. *Journal of Transport Geography*, Vol. 67, No. 2, February 2018, pp. 33 – 52.

[119] Zhang B., Bi J., Fan Z., et al., Eco-efficiency Analysis of Industrial System in China: A Data Envelopment Analysis Approach. *Ecological Economics*, Vol. 68, No. 1, December 2008, pp. 306 – 316.

附表 1　长江经济带 108 个地级及以上城市资本存量（2006～2018 年）

单位：亿元

城市	2006 年	2007 年	2008 年	2009 年	2010 年	2011 年	2012 年	2013 年	2014 年	2015 年	2016 年	2017 年	2018 年
上海	52336	54891	57608	60580	63329	65607	68075	70810	73679	76761	79814	83178	86707
南京	11417	12763	14280	16193	18436	20769	23489	26518	29685	32680	35631	39106	42490
无锡	10310	11528	12860	14604	16775	18848	21199	23794	27099	30670	33972	37301	40417
徐州	3988	4763	5728	6935	8336	9695	11374	13298	15557	18248	21208	24417	27805
常州	6420	7312	8346	9536	10915	12252	13865	15597	17574	19580	21641	23849	26042
苏州	19388	20895	22468	24213	26312	28761	31748	35165	38747	42204	45282	48215	50761
南通	6446	7400	8478	9777	11233	12709	14542	16636	19083	21843	24813	27777	30729
连云港	2318	2795	3389	4076	4821	5359	6036	6733	7659	8813	10103	11491	13070
淮安	2424	2920	3563	4366	5366	5896	6569	7364	8343	9553	10914	12429	14163
盐城	3362	4034	4933	6082	7423	8383	9588	10964	12721	14922	17452	20198	23173
扬州	2657	3242	3977	4752	5666	6601	7745	9033	10533	12347	14393	16667	19092
镇江	2463	2934	3490	4258	5223	6026	7011	8164	9586	11314	13245	14945	16940
泰州	2651	3219	3934	4820	5894	6589	7466	8553	9917	11629	13595	15831	18291

城市	2006年	2007年	2008年	2009年	2010年	2011年	2012年	2013年	2014年	2015年	2016年	2017年	2018年
宿迁	1994	2348	2797	3330	3917	4269	4747	5375	6129	7025	8004	9026	10171
杭州	9999	11219	12583	14249	16175	18151	20513	23230	26328	29834	33308	36655	40087
宁波	11833	12896	13965	15203	16450	17682	19257	21179	23495	26224	29161	32019	34827
温州	3166	3757	4319	4966	5637	6953	8521	10470	12715	15249	18013	20902	24055
嘉兴	5394	6054	6758	7687	8752	9705	10766	12020	13517	15258	17118	19098	21084
湖州	3206	3525	3873	4333	4818	5323	5953	6644	7458	8397	9441	10564	11813
绍兴	4781	5410	6054	6827	7684	8576	9683	10981	12481	14206	16081	18078	20344
金华	2995	3399	3810	4269	4804	5359	6120	7057	8154	9442	10883	12367	14052
衢州	1806	2033	2269	2553	2861	3139	3466	3863	4343	4911	5525	6168	6893
舟山	1024	1252	1513	1825	2109	2405	2764	3251	3895	4667	5532	6473	7712
台州	3928	4479	5009	5623	6282	6922	7759	8800	10032	11447	13021	14752	16562
丽水	1471	1638	1799	1987	2185	2386	2664	3010	3416	3883	4388	4922	5511
合肥	4171	5207	6588	8313	10232	11924	13904	16242	18835	21695	24794	27641	30443
芜湖	1178	1537	1992	2638	3478	4140	4991	6011	7208	8606	10123	11782	13585
蚌埠	498	670	872	1168	1591	2064	2695	3452	4288	4918	6025	7276	8638
淮南	1151	1343	1472	1651	1905	2212	2530	3059	3545	4075	4604	5157	5655
马鞍山	1122	1381	1683	2135	2715	3279	4036	4932	6051	7345	8744	10237	11708

续表

城市	2006 年	2007 年	2008 年	2009 年	2010 年	2011 年	2012 年	2013 年	2014 年	2015 年	2016 年	2017 年	2018 年
淮北	473	592	731	936	1180	1454	1792	2227	2755	3350	3941	4580	5182
铜陵	328	427	577	845	1131	1413	1797	2260	2829	3500	4274	5124	5993
安庆	913	1178	1511	1987	2544	3037	3609	4311	5138	6092	7118	8276	9417
黄山	994	1155	1349	1618	1975	2204	2485	2823	3166	3500	3852	4231	4615
滁州	525	728	1026	1496	2108	2614	3258	4039	4909	5943	7140	8480	9934
阜阳	386	518	659	848	1102	1373	1714	2142	2658	3323	4168	5238	6494
宿州	396	496	659	906	1223	1556	1975	2502	3125	3868	4681	5558	6547
六安	768	920	1099	1366	1760	2132	2588	3150	3810	4551	5316	6157	7065
亳州	438	561	700	905	1181	1409	1703	2077	2506	3023	3590	4286	5096
池州	433	544	678	854	1087	1239	1441	1695	1981	2307	2655	3029	3421
宣城	834	1075	1389	1891	2455	2842	3288	3812	4534	5356	6243	7221	8270
南昌	2883	3582	4489	5754	7338	8788	10517	12614	15091	17978	21228	24854	28918
景德镇	378	474	668	950	1285	1542	1838	2187	2589	3050	3568	4151	4943
萍乡	592	770	1058	1495	2016	2392	2901	3444	4028	4711	5477	6334	7494
九江	1087	1396	1766	2287	2921	3579	4357	5334	6494	7882	9443	11176	12988
新余	456	578	816	1133	1489	1766	2084	2411	2760	3155	3591	4079	4738
鹰潭	347	405	483	616	774	919	1090	1296	1538	1824	2146	2504	2910
赣州	896	1115	1408	1834	2440	3016	3739	4673	5794	7137	8651	10356	12211

城市	2006年	2007年	2008年	2009年	2010年	2011年	2012年	2013年	2014年	2015年	2016年	2017年	2018年
吉安	576	751	1097	1584	2160	2647	3277	3950	4749	5702	6780	7990	9381
宜春	865	1087	1385	1804	2301	2762	3197	3914	4777	5817	6984	8290	9743
抚州	681	875	1159	1562	2053	2426	2870	3405	4049	4805	5651	6588	7703
上饶	1697	2027	2348	2816	3507	4016	4607	5316	6127	7104	8207	9434	10798
武汉	7846	9144	10693	12757	15215	17713	20446	23732	27497	31616	35038	38840	42477
黄石	520	676	864	1172	1579	2009	2533	3209	4046	5068	6055	7166	8353
十堰	439	555	696	916	1202	1525	1945	2495	3148	3918	4717	5643	6662
宜昌	1643	1949	2329	2846	3467	4077	4884	5951	7236	8760	10372	11528	12775
襄阳	693	922	1210	1641	2207	2812	3631	4511	5848	7437	9110	11014	13282
鄂州	279	365	474	624	815	1004	1262	1594	1997	2474	2954	3504	4077
荆门	473	595	749	988	1309	1660	2127	2727	3458	4341	5268	6342	7517
孝感	514	680	891	1212	1658	2195	2862	3723	4767	6010	7306	8661	10137
荆州	541	716	943	1285	1737	2257	2900	3733	4729	5904	7118	8449	9895
黄冈	794	1002	1275	1666	2167	2650	3288	4115	5115	6285	7448	8651	9948
咸宁	364	483	643	894	1219	1590	2068	2683	3409	4262	5142	6161	7263
随州	240	327	447	623	864	1142	1487	1929	2468	3097	3749	4501	5340
长沙	5702	6823	8015	9451	11260	13029	15023	17302	20056	23332	26655	30400	34631

续表

城市	2006年	2007年	2008年	2009年	2010年	2011年	2012年	2013年	2014年	2015年	2016年	2017年	2018年
株洲	724	960	1255	1696	2282	2827	3499	4484	5671	6905	8414	10069	12189
湘潭	900	1104	1323	1659	2099	2484	3023	3770	4712	5850	7019	8334	9870
衡阳	615	802	1031	1392	1846	2368	2927	3868	5006	6362	7745	9311	11334
邵阳	764	979	1259	1674	2131	2494	2994	3688	4534	5541	6559	7697	8998
岳阳	937	1190	1512	1979	2567	3137	3778	4699	5799	7124	8417	9983	11890
常德	751	940	1153	1491	1923	2380	3001	3843	4843	5953	7215	8641	10306
张家界	260	310	362	450	557	652	725	863	1025	1190	1375	1587	1826
益阳	523	680	870	1126	1426	1711	2074	2573	3178	3892	4619	5439	6371
郴州	826	1023	1243	1673	2201	2854	3542	4477	5621	6992	8400	9968	11936
永州	686	893	1176	1696	2376	2764	3112	3591	4422	5415	6422	7631	9202
怀化	439	554	690	903	1176	1429	1749	2096	2602	3200	3811	4501	5413
娄底	434	531	610	866	1114	1398	1767	2272	2865	3564	4293	5120	6169
重庆	12149	14686	17672	21176	25633	29924	35205	41543	48910	57620	67031	76145	86578
成都	11989	13722	15820	18738	21470	24379	27675	31278	34737	38303	42474	47201	51853
自贡	276	363	485	680	926	1167	1473	1860	2270	2705	3072	3666	4349
攀枝花	611	726	859	1083	1340	1600	1916	2281	2681	3097	3531	4015	4531
泸州	390	519	688	957	1290	1615	2045	2596	3371	4345	5485	6836	8580

城市	2006 年	2007 年	2008 年	2009 年	2010 年	2011 年	2012 年	2013 年	2014 年	2015 年	2016 年	2017 年	2018 年
德阳	487	622	790	1439	1907	2302	2772	3299	3877	4517	5243	6117	7024
绵阳	801	988	1262	1954	2620	3125	3718	4343	5034	5770	6579	7531	8513
广元	446	535	654	992	1338	1653	1902	2176	2463	2760	3066	3456	3863
遂宁	430	560	750	1071	1437	1777	2197	2720	3304	3938	4627	5407	6251
内江	381	470	589	783	1029	1268	1544	1894	2242	2745	3298	3812	4424
乐山	729	885	1063	1371	1750	2071	2478	2981	3535	4171	4875	5723	5717
南充	671	819	1038	1427	1906	2368	2914	3617	4381	5229	6153	7258	8464
眉山	743	906	1083	1368	1674	1963	2359	2856	3477	3997	4762	5471	6260
宜宾	780	947	1155	1468	1859	2243	2724	3321	4053	4904	5853	6962	8204
广安	497	630	785	1029	1329	1629	1994	2466	3031	3685	4616	5714	7072
达州	1004	1233	1539	1945	2361	2767	3277	3898	4630	5409	6360	7483	8774
雅安	644	751	912	1199	1495	1700	1907	2073	2337	2671	3002	3279	3592
巴中	175	243	327	476	671	887	1230	1695	2297	3002	3799	4706	5780
资阳	448	543	679	890	1172	1454	1812	2251	2800	3271	3901	4357	4779
贵阳	1939	2388	2907	3546	4376	5639	7030	9306	10859	12671	14887	17398	20087
六盘水	621	770	923	1112	1374	1626	2195	2978	3928	4652	5565	6620	7826
遵义	909	1139	1391	1674	2090	2577	3410	4519	5920	6987	8319	9949	11814

续表

城市	2006年	2007年	2008年	2009年	2010年	2011年	2012年	2013年	2014年	2015年	2016年	2017年	2018年
安顺	164	238	294	350	432	582	806	997	1262	1574	1954	2349	2859
昆明	3441	4134	5076	6450	8259	10046	11744	13887	16131	18644	21448	24427	27709
曲靖	1570	1856	2172	2601	3135	3761	4278	4969	5753	6589	7901	9010	10323
玉溪	606	732	874	1071	1337	1662	1857	2138	2512	3026	3740	4320	5021
保山	381	468	570	704	865	1050	1185	1366	1612	1942	2388	2792	3296
昭通	722	851	996	1182	1440	1771	2033	2381	2720	3106	3578	4037	4539
丽江	462	532	625	740	892	1047	1198	1393	1574	1739	1955	2168	2400
普洱	453	541	643	773	948	1162	1379	1660	1917	2194	2501	2839	3208
临沧	226	285	353	441	625	880	1163	1443	1813	2218	2829	3327	3954

资料来源:《中国城市统计年鉴》(2006~2018年,历年)。

附表 2　长江经济带 108 个地级及以上城市劳动力就业量 (2006～2018 年)

单位: 万人

城市	2006年	2007年	2008年	2009年	2010年	2011年	2012年	2013年	2014年	2015年	2016年	2017年	2018年
上海	594.46	633.82	676.90	707.38	736.02	864.57	949.57	1046.85	1235.17	1309.77	1270.84	1346.71	1357.32
南京	187.91	203.87	236.41	261.21	280.97	306.68	331.18	438.92	489.50	533.06	634.08	689.37	704.98
无锡	148.58	166.60	193.56	209.25	255.83	265.76	274.55	342.48	350.79	358.26	385.34	401.00	427.78
徐州	104.90	113.88	119.89	130.28	141.99	151.19	157.12	214.68	217.48	217.57	234.52	255.26	255.32

城市	2006 年	2007 年	2008 年	2009 年	2010 年	2011 年	2012 年	2013 年	2014 年	2015 年	2016 年	2017 年	2018 年
常州	125.33	137.18	155.83	165.34	179.37	195.36	202.71	248.09	255.78	267.41	281.53	300.73	312.61
苏州	222.56	277.91	289.59	318.67	363.74	390.68	408.79	617.72	664.53	695.20	729.16	791.33	820.79
南通	100.80	109.06	111.34	117.01	126.63	135.04	140.27	270.62	314.18	306.77	314.42	337.18	352.01
连云港	49.21	56.08	61.10	66.52	70.21	74.34	77.32	86.48	92.27	92.47	112.77	110.06	118.07
淮安	63.93	73.30	91.46	97.96	103.50	109.69	106.77	125.38	142.59	148.84	154.71	161.31	153.64
盐城	90.44	105.14	114.63	130.45	143.69	141.31	148.84	186.44	176.28	188.74	202.01	209.37	217.80
扬州	76.54	88.78	95.50	110.46	117.27	123.31	115.28	193.49	222.31	233.70	237.20	245.47	202.23
镇江	56.52	60.70	66.82	70.33	97.62	107.58	110.02	120.13	121.27	130.29	140.38	149.39	170.47
泰州	66.27	74.55	82.36	93.23	102.07	110.81	116.46	180.24	202.75	212.25	226.92	241.08	191.87
宿迁	45.03	54.32	59.13	64.30	72.70	80.23	86.67	131.76	129.47	132.69	145.76	152.49	104.76
杭州	227.36	272.35	304.07	338.19	383.96	434.42	446.03	465.69	511.38	535.48	472.81	492.28	717.21
宁波	178.35	195.05	229.95	352.92	270.10	301.49	338.81	341.88	358.64	358.62	367.32	510.12	150.83
温州	155.29	180.52	182.32	206.56	225.37	325.32	328.67	284.11	323.24	347.78	485.90	388.91	355.22
嘉兴	100.86	105.02	111.36	120.88	121.64	122.95	119.13	138.53	148.56	157.51	172.68	190.26	75.26
湖州	52.59	56.17	73.02	74.31	78.01	88.53	105.17	105.97	113.78	117.95	121.59	139.08	192.53
绍兴	93.70	111.97	130.74	143.03	166.94	185.19	197.35	211.90	240.78	265.58	277.58	262.79	251.61
金华	126.03	135.55	130.89	143.26	159.04	174.41	215.37	230.85	272.84	364.62	393.89	391.69	366.23

续表

城市	2006 年	2007 年	2008 年	2009 年	2010 年	2011 年	2012 年	2013 年	2014 年	2015 年	2016 年	2017 年	2018 年
衢州	26.35	31.87	32.74	37.51	41.49	47.06	49.02	49.71	58.11	64.19	69.84	72.71	81.47
舟山	17.11	20.60	22.86	26.36	27.61	27.76	29.61	29.78	57.41	60.56	63.22	43.27	37.05
台州	75.74	90.85	103.50	114.93	125.12	147.50	163.58	178.29	193.24	201.28	191.53	221.53	215.88
丽水	28.35	62.76	31.61	31.61	33.77	36.57	41.55	46.56	53.45	65.85	72.46	66.04	19.01
合肥	72.12	123.63	126.08	141.92	140.79	199.55	218.61	272.50	273.70	314.24	316.89	348.99	329.58
芜湖	37.26	35.31	51.08	52.85	69.05	75.58	73.96	113.86	46.18	99.06	108.92	108.59	118.28
蚌埠	33.07	37.37	50.41	34.18	42.94	44.19	55.11	54.19	53.51	62.76	27.35	43.36	66.71
淮南	42.13	45.66	40.25	46.36	45.78	52.21	47.10	51.96	55.00	50.45	56.26	62.02	56.76
马鞍山	21.35	22.52	25.49	25.92	27.69	31.72	31.70	47.99	59.23	64.41	64.04	61.12	59.08
淮北	33.84	37.93	39.68	42.74	43.37	41.32	46.33	57.06	58.05	61.32	61.60	67.66	52.52
铜陵	19.03	19.98	21.03	15.22	19.69	19.57	20.84	25.20	28.77	30.93	38.08	44.02	35.19
安庆	79.36	43.74	44.92	78.37	62.44	60.63	57.39	70.31	70.77	66.64	62.51	58.38	96.17
黄山	17.21	16.71	16.49	16.45	19.03	21.65	24.34	28.12	32.32	33.79	36.90	39.79	42.88
滁州	32.21	50.01	50.82	52.42	56.05	57.80	61.86	82.30	90.61	97.27	90.71	95.71	85.89
阜阳	66.29	46.93	48.22	48.50	52.40	63.50	64.96	74.34	88.17	119.01	139.24	162.69	121.05
宿州	32.31	31.94	29.95	36.85	39.55	41.56	40.65	50.00	60.61	121.96	117.73	421.40	73.71
六安	59.60	39.63	35.64	36.19	37.17	97.40	97.20	100.70	51.88	137.57	137.75	144.33	208.29

续表

城市	2006 年	2007 年	2008 年	2009 年	2010 年	2011 年	2012 年	2013 年	2014 年	2015 年	2016 年	2017 年	2018 年
亳州	23.95	24.73	25.85	27.31	50.45	49.15	52.62	63.95	60.62	50.08	75.59	74.74	92.65
池州	13.75	20.93	51.39	14.86	24.52	24.42	21.95	30.39	32.71	10.72	37.94	40.91	28.62
宣城	26.70	26.18	26.03	26.56	44.85	82.27	64.89	86.72	54.88	54.93	67.25	87.91	61.47
南昌	110.53	118.70	113.63	102.31	126.49	158.57	166.47	188.41	194.45	200.14	207.67	254.82	249.53
景德镇	26.38	28.37	29.94	31.48	31.25	38.64	38.99	36.38	38.30	37.74	44.79	44.50	45.98
萍乡	37.11	40.53	42.28	43.28	54.51	54.57	61.74	50.50	56.06	62.14	61.94	61.76	61.78
九江	62.57	53.22	68.24	70.42	78.18	96.26	105.42	105.95	98.94	100.79	104.71	111.61	115.86
新余	69.33	72.37	32.95	14.33	14.82	23.05	22.36	29.24	39.44	35.18	36.23	30.03	31.13
鹰潭	16.06	14.78	17.82	18.51	22.23	23.94	24.88	28.40	31.47	33.79	29.87	37.89	41.53
赣州	95.25	100.89	106.32	119.46	138.74	98.57	108.74	119.07	127.00	134.03	114.83	174.82	256.34
吉安	50.26	50.28	52.59	53.13	66.22	43.29	51.36	84.56	95.97	108.58	106.35	72.93	70.12
宜春	57.53	61.83	66.70	70.61	29.59	54.17	52.60	78.12	89.41	105.50	136.51	135.99	193.66
抚州	42.85	50.32	52.20	54.51	62.23	70.21	80.96	99.37	107.99	110.82	107.28	103.95	92.15
上饶	80.31	84.10	63.27	68.65	125.71	117.69	76.92	91.97	89.99	92.52	114.57	118.40	123.23
武汉	285.62	258.75	282.79	304.30	337.40	397.70	392.72	410.75	417.90	444.53	437.35	448.30	455.88
黄石	54.49	55.34	56.04	62.67	64.33	67.38	68.20	69.65	69.60	68.35	66.82	99.76	115.84
十堰	49.82	55.31	67.19	71.23	74.32	81.70	103.86	120.50	130.67	129.75	132.63	118.66	127.60

续表

城市	2006年	2007年	2008年	2009年	2010年	2011年	2012年	2013年	2014年	2015年	2016年	2017年	2018年
宜昌	69.74	62.32	65.02	100.75	111.51	132.72	135.98	244.22	275.43	262.37	188.11	186.48	197.16
襄樊	70.57	72.51	74.22	82.85	89.90	106.47	129.42	148.08	161.26	133.70	137.88	143.51	153.86
鄂州	22.36	22.83	24.43	25.80	28.30	29.40	30.59	30.99	30.92	32.40	33.19	33.62	35.35
荆门	40.44	42.93	39.32	42.24	57.62	67.04	69.17	74.92	75.29	75.94	77.45	78.41	82.15
孝感	84.72	91.76	98.61	105.16	113.40	123.90	130.45	143.61	145.11	151.80	154.89	232.80	127.50
荆州	67.93	69.72	70.66	70.22	78.73	83.26	96.92	113.23	140.05	84.82	155.94	172.46	189.76
黄冈	59.27	68.35	69.38	70.27	73.45	46.76	48.49	60.82	82.71	81.45	86.46	105.35	107.20
咸宁	34.44	34.18	36.58	35.59	40.86	47.14	44.28	43.67	46.11	48.40	61.95	51.55	51.88
随州	19.69	25.00	29.70	45.16	54.93	64.94	66.34	69.37	68.78	68.36	46.72	76.97	78.61
长沙	123.67	130.20	143.91	158.62	176.10	193.97	204.76	214.87	221.09	235.37	249.06	275.64	354.22
株洲	68.94	73.57	59.92	58.33	61.58	113.72	115.26	119.96	119.76	120.78	118.79	117.90	114.62
湘潭	43.51	47.02	51.97	49.43	53.22	53.89	56.17	50.50	68.08	56.76	64.22	49.58	55.11
衡阳	79.79	84.88	89.70	101.84	134.02	122.99	130.37	137.96	154.15	156.74	159.74	158.10	46.24
邵阳	56.92	58.60	61.32	56.43	77.21	98.97	107.34	113.88	121.50	124.48	127.70	129.74	127.56
岳阳	57.50	66.98	75.45	90.27	104.32	107.58	110.50	117.45	126.82	134.41	132.99	129.18	124.58
常德	49.91	55.77	52.00	58.79	64.13	67.07	126.97	129.90	147.64	156.94	161.83	149.46	172.93
张家界	12.17	11.08	13.77	13.48	14.61	15.80	16.79	17.62	17.80	17.47	18.44	20.76	18.80

续表

城市	2006年	2007年	2008年	2009年	2010年	2011年	2012年	2013年	2014年	2015年	2016年	2017年	2018年
益阳	31.89	32.45	40.35	35.50	36.86	42.79	47.28	53.81	58.75	26.56	26.93	58.70	48.34
郴州	52.78	54.11	54.91	57.06	62.93	65.23	72.20	78.53	85.11	91.43	45.35	104.41	112.60
永州	40.98	47.44	47.40	51.87	53.85	47.54	54.76	53.42	58.98	61.94	79.06	62.19	101.41
怀化	41.36	39.56	37.33	76.97	82.59	87.62	93.01	95.53	98.13	71.30	96.03	75.03	77.20
娄底	46.39	47.47	47.81	48.67	52.65	54.73	50.81	52.40	52.15	51.16	51.78	56.22	28.70
重庆	524.55	563.75	595.82	604.43	604.43	729.28	1338.68	1427.28	1483.94	1551.44	1015.87	1328.29	1C50.93
成都	235.57	286.77	322.96	368.49	387.48	355.99	445.98	743.73	500.23	774.96	834.57	868.46	919.03
自贡	27.45	29.60	30.46	29.04	27.33	57.41	57.85	63.34	60.44	51.49	59.22	59.98	52.15
攀枝花	27.77	29.74	30.43	31.17	31.32	36.58	35.92	38.31	44.95	49.43	46.71	47.70	28.70
泸州	33.13	34.89	38.26	40.43	42.34	50.21	47.24	58.43	71.36	75.72	81.66	77.30	87.99
德阳	34.57	38.68	37.66	40.44	41.74	38.19	47.04	56.39	56.83	63.11	64.98	68.05	71.72
绵阳	49.83	54.94	73.25	59.05	80.06	66.97	77.39	88.21	90.96	51.26	108.39	109.37	50.55
广元	23.13	23.35	29.25	34.96	34.72	38.49	37.21	40.53	41.89	43.27	38.73	39.97	44.80
遂宁	26.34	32.77	31.56	33.07	31.66	31.15	33.01	36.08	39.77	39.57	51.56	45.28	48.86
内江	29.56	30.97	31.58	27.85	27.39	43.46	41.57	45.32	65.05	64.45	65.30	58.53	41.45
乐山	69.17	69.62	70.52	48.86	48.02	42.90	47.61	47.55	47.66	52.49	49.14	58.99	55.63
南充	44.66	47.05	51.97	62.60	62.46	64.11	77.15	85.23	106.86	113.04	113.98	114.68	119.53

续表

城市	2006年	2007年	2008年	2009年	2010年	2011年	2012年	2013年	2014年	2015年	2016年	2017年	2018年
眉山	19.40	21.28	20.64	33.80	25.94	28.00	39.58	47.43	44.73	75.69	76.17	47.76	46.13
宜宾	48.02	72.12	67.23	80.24	54.17	74.36	80.11	83.92	78.92	85.39	80.46	71.16	87.40
广安	22.01	23.63	27.49	26.81	28.22	26.39	27.12	39.79	40.79	286.11	15.52	48.91	81.37
达州	46.88	48.13	48.53	48.41	50.05	70.11	68.71	70.61	89.78	87.96	94.28	107.09	112.93
雅安	19.99	20.61	22.34	22.92	24.10	24.10	36.44	15.06	15.52	15.84	15.63	15.67	14.67
巴中	23.40	24.96	24.67	26.78	28.36	34.55	36.16	46.55	51.56	55.26	47.95	50.89	54.10
资阳	21.30	22.13	23.99	25.35	25.76	27.82	28.56	40.36	39.78	41.93	33.08	29.89	37.49
贵阳	84.91	93.17	94.84	97.27	116.99	76.52	123.17	143.50	149.82	147.87	143.42	159.29	145.56
六盘水	25.42	25.94	30.55	33.23	27.23	33.39	49.58	36.53	38.51	38.60	63.26	69.19	51.77
遵义	56.45	56.98	53.95	60.04	60.06	39.54	44.84	59.64	63.23	62.54	64.14	65.74	67.34
安顺	17.92	18.42	15.69	23.17	20.47	21.41	26.83	36.45	41.59	37.77	36.47	36.26	34.47
昆明	144.29	192.83	204.24	166.92	172.22	184.09	231.69	343.76	247.92	198.13	271.77	269.65	363.36
曲靖	51.54	60.01	52.02	55.61	76.21	71.30	101.36	111.11	113.38	120.05	128.38	124.65	133.99
玉溪	48.49	52.01	33.83	39.34	42.63	46.01	70.40	76.74	61.51	60.99	62.24	59.53	67.98
保山	18.07	18.05	17.61	18.79	19.35	25.78	29.10	29.51	30.27	30.49	29.92	34.59	37.81
昭通	23.35	29.50	34.68	28.52	31.95	46.89	47.10	39.29	47.31	43.34	53.41	43.37	46.92
丽江	9.77	11.66	10.91	16.56	10.92	13.75	14.62	15.72	15.75	18.25	26.94	25.40	27.46

续表

城市	2006 年	2007 年	2008 年	2009 年	2010 年	2011 年	2012 年	2013 年	2014 年	2015 年	2016 年	2017 年	2018 年
普洱	21.28	30.11	29.65	27.12	35.34	34.77	42.72	43.59	47.49	42.16	47.44	32.69	57.43
临沧	14.93	16.52	17.41	16.41	21.88	22.20	22.94	25.76	32.74	38.41	40.56	33.77	29.30

资料来源：《中国城市统计年鉴》（2006~2018 年，历年）。

附表 3　长江经济带 108 个地级及以上城市全社会用电量（2006~2018 年）

单位：亿千瓦时

城市	2006 年	2007 年	2008 年	2009 年	2010 年	2011 年	2012 年	2013 年	2014 年	2015 年	2016 年	2017 年	2018 年
上海	990	1072	1138	1153	1296	1340	1353	1411	1347	1406	1486	1527	1567
南京	260	287	298	322	355	379	404	463	470	495	525	557	606
无锡	189	215	215	215	251	259	260	276	272	280	301	687	733
徐州	72	76	80	98	150	173	195	203	198	203	204	361	352
常州	165	177	178	187	215	241	254	280	280	340	357	455	490
苏州	181	211	227	230	269	290	514	549	545	568	607	1504	1562
南通	61	70	69	96	110	118	86	134	137	143	152	401	433
连云港	24	24	26	28	33	40	43	48	95	66	64	183	179
淮安	44	51	59	63	70	78	83	91	93	97	118	173	187
盐城	22	26	28	30	37	40	42	46	47	99	107	287	321
扬州	37	43	59	64	61	69	99	108	113	113	133	237	249

续表

城市	2006年	2007年	2008年	2009年	2010年	2011年	2012年	2013年	2014年	2015年	2016年	2017年	2018年
镇江	63	71	74	79	85	96	101	108	104	110	117	244	255
泰州	28	32	33	37	40	41	46	76	78	80	84	274	286
宿迁	14	17	20	24	34	46	56	66	71	72	78	172	192
杭州	280	313	326	347	393	433	445	484	553	560	584	738	797
宁波	175	206	214	224	254	277	301	308	318	345	417	709	775
温州	88	95	98	102	116	123	120	123	128	125	140	399	423
嘉兴	50	58	61	63	74	85	93	99	101	106	117	484	522
湖州	42	47	49	52	60	66	70	76	78	83	92	244	275
绍兴	40	43	43	42	49	53	55	245	250	253	251	412	438
金华	24	27	29	31	36	40	43	49	50	52	58	338	371
衢州	37	43	47	48	53	58	63	68	68	74	80	155	172
舟山	17	20	24	27	32	33	32	34	35	35	36	53	24
台州	49	56	62	67	76	82	87	94	95	95	106	311	330
丽水	8	10	11	12	14	16	17	18	18	18	20	87	103
合肥	57	65	72	75	86	100	109	117	129	141	156	296	345
芜湖	25	35	43	48	53	64	74	86	94	97	107	180	193
蚌埠	21	22	23	26	29	31	33	39	41	43	46	78	86

续表

城市	2006年	2007年	2008年	2009年	2010年	2011年	2012年	2013年	2014年	2015年	2016年	2017年	2018年
淮南	34	39	42	46	48	48	51	55	54	53	55	85	88
马鞍山	49	59	93	92	97	99	104	112	123	125	130	197	206
淮北	23	25	27	29	31	31	28	34	34	34	36	59	64
铜陵	33	37	38	43	46	49	50	58	59	68	71	86	90
安庆	22	25	26	29	32	39	36	41	39	37	39	96	108
黄山	5	6	7	8	9	11	12	13	13	14	15	32	37
滁州	10	15	17	13	16	14	21	21	22	23	24	151	171
阜阳	13	14	17	22	25	29	33	37	30	44	48	125	143
宿州	10	15	16	19	21	23	29	32	34	34	35	78	88
六安	13	13	9	11	18	20	19	24	14	27	27	78	89
亳州	5	6	6	7	8	11	12	14	16	17	17	58	68
池州	9	10	13	15	16	20	26	30	32	17	17	61	67
宣城	7	8	9	10	11	13	17	20	20	21	23	106	125
南昌	56	73	88	91	101	115	122	149	114	132	147	206	230
景德镇	9	13	13	7	18	15	16	16	16	17	18	53	58
萍乡	28	29	30	32	38	45	45	43	42	42	42	65	69
九江	25	29	33	38	41	25	32	38	38	42	47	178	198

续表

城市	2006年	2007年	2008年	2009年	2010年	2011年	2012年	2013年	2014年	2015年	2016年	2017年	2018年
新余	32	43	38	49	64	86	59	56	76	78	85	92	94
鹰潭	4	4	5	5	6	6	7	7	7	7	9	45	48
赣州	20	24	28	13	16	18	20	21	38	40	42	166	186
吉安	5	7	8	9	7	14	14	14	14	16	18	99	110
宜春	5	7	7	8	11	13	14	16	17	19	22	179	194
抚州	9	10	11	9	11	13	14	16	15	16	18	70	85
上饶	9	10	11	5	6	7	7	8	8	20	24	143	158
武汉	207	226	253	273	312	328	348	377	376	393	417	519	580
黄石	55	56	51	50	64	67	63	67	65	65	70	123	137
十堰	39	22	31	28	38	37	37	36	41	41	46	90	97
宜昌	42	54	56	64	78	82	80	80	73	77	71	219	228
襄樊	25	25	30	34	41	45	49	59	61	62	67	143	156
鄂州	33	35	35	39	55	59	55	59	64	63	67	61	67
荆门	22	25	28	23	23	35	35	35	41	47	51	95	104
孝感	7	7	8	4	10	12	15	17	18	19	22	120	132
荆州	29	40	42	25	28	30	46	40	42	41	45	116	133
黄冈	4	5	5	6	6	7	8	9	9	12	11	108	123

续表

城市	2006年	2007年	2008年	2009年	2010年	2011年	2012年	2013年	2014年	2015年	2016年	2017年	2018年
咸宁	7	10	9	12	23	8	15	16	16	15	16	72	89
随州	7	8	9	11	14	12	9	11	12	13	15	38	42
长沙	60	64	68	82	94	116	127	137	138	150	176	313	364
株洲	44	49	52	59	65	66	70	80	79	80	67	111	119
湘潭	38	47	61	69	75	82	78	79	77	79	82	109	120
衡阳	31	33	44	45	54	63	66	67	66	62	78	137	151
邵阳	7	8	8	10	11	12	14	16	16	16	18	81	91
岳阳	28	51	52	56	55	59	62	69	68	71	73	136	149
常德	14	10	11	19	19	21	23	26	32	30	34	102	114
张家界	3	5	5	10	7	7	9	10	10	10	12	25	27
益阳	10	11	13	15	17	19	20	22	22	21	23	74	81
郴州	20	26	27	30	34	36	38	40	39	38	41	117	127
永州	13	15	17	17	19	25	22	21	22	21	20	83	92
怀化	14	16	19	24	21	27	16	19	17	19	19	87	96
娄底	24	26	25	25	27	34	48	67	68	59	66	130	143
重庆	312	346	374	399	468	569	548	642	711	759	826	993	1114
成都	88	88	100	189	218	247	263	284	233	295	361	570	637

续表

城市	2006年	2007年	2008年	2009年	2010年	2011年	2012年	2013年	2014年	2015年	2016年	2017年	2018年
自贡	22	29	30	30	28	31	32	31	22	21	22	36	41
攀枝花	62	71	75	79	96	107	109	89	100	86	83	115	123
泸州	21	21	22	23	26	32	30	37	41	40	45	77	89
德阳	17	19	20	22	27	28	28	29	28	26	27	108	121
绵阳	25	23	21	26	29	32	34	48	48	49	61	95	118
广元	22	25	25	28	31	33	30	37	37	39	42	60	63
遂宁	11	11	9	12	10	13	13	14	16	19	19	43	48
内江	8	8	8	9	10	15	14	16	17	16	17	67	78
乐山	31	37	40	60	77	83	77	77	73	77	79	183	195
南充	16	21	21	18	21	24	24	25	26	25	34	66	75
眉山	32	40	41	17	22	45	53	54	19	19	25	100	114
宜宾	25	25	28	29	40	46	43	38	36	33	32	80	112
广安	6	7	7	5	11	12	10	20	22	17	21	53	59
达州	9	12	13	18	20	25	28	25	43	41	35	79	90
雅安	5	5	7	9	6	5	16	21	23	25	22	97	105
巴中	3	3	4	3	3	4	5	8	10	7	12	30	34
资阳	6	7	7	8	9	10	9	11	10	10	11	23	26

续表

城市	2006 年	2007 年	2008 年	2009 年	2010 年	2011 年	2012 年	2013 年	2014 年	2015 年	2016 年	2017 年	2018 年
贵阳	109	115	113	124	147	171	160	175	158	141	124	273	258
六盘水	25	27	22	33	26	29	47	48	37	31	24	143	92
遵义	34	39	31	53	36	46	48	46	35	44	82	223	332
安顺	1	4	2	20	26	31	34	37	36	43	43	98	66
昆明	66	72	90	117	92	92	204	104	103	102	101	307	337
曲靖	8	11	11	108	111	111	24	35	37	25	24	260	285
玉溪	18	18	23	26	36	32	32	40	40	34	42	121	134
保山	4	5	6	6	6	8	9	9	10	11	13	65	65
昭通	5	8	9	10	12	13	16	14	17	14	14	68	83
丽江	3	3	4	5	5	5	5	4	7	5	5	20	25
普洱	4	4	4	7	5	4	4	7	8	8	9	32	36
临沧	1	1	2	5	3	3	4	5	5	5	4	23	26

资料来源：《中国城市统计年鉴》（2006～2018 年，历年）。

附表 4　长江经济带 108 个地级及以上城市全社会用水量（2006～2018 年）

单位：万立方米

城市	2006 年	2007 年	2008 年	2009 年	2010 年	2011 年	2012 年	2013 年	2014 年	2015 年	2016 年	2017 年	2018 年
上海	291900	346068	349481	341389	308999	311282	309704	319072	317260	304440	320385	245215	243514
南京	117604	133408	105130	108735	112326	118862	121401	126656	122404	125255	132652	92115	92176

续表

城市	2006年	2007年	2008年	2009年	2010年	2011年	2012年	2013年	2014年	2015年	2016年	2017年	2018年
无锡	29509	33380	36043	39449	45907	43033	45257	43021	40726	42493	43837	37843	34495
徐州	15699	11509	16155	19001	19957	21543	22029	23363	25950	24350	26199	14454	18242
常州	30704	33770	29138	32794	30031	29311	27416	26465	25408	29537	30825	23910	27210
苏州	37635	45550	42522	49341	52348	55557	79575	70278	72698	74925	78279	62267	59731
南通	14848	11304	16500	20041	21189	20442	20803	21688	22686	28150	29277	20151	20973
连云港	8367	8742	9036	9900	9839	10282	10099	10074	10719	12984	12292	10114	10585
淮安	7502	5957	7509	11486	16734	19747	19257	19366	15881	16107	17831	9465	13138
盐城	9829	6026	4174	6318	6623	7258	7328	7210	7817	10862	10953	8617	9069
扬州	11316	10664	10593	10959	12534	15898	16819	17529	17878	19051	19376	14395	15528
镇江	14137	15389	15625	16432	16660	15824	16096	16750	16929	17297	17710	11431	12798
泰州	5213	4884	4695	4903	5321	6585	7038	8945	9258	9343	10238	8315	9210
宿迁	2655	2765	2695	2952	5044	5517	6108	6873	7632	7358	8064	6097	6373
杭州	64734	66753	68178	69499	53565	52660	58182	60747	66172	66760	65087	71076	76667
宁波	35795	40107	40987	38357	43375	44758	46325	47309	50111	55022	59589	52943	53210
温州	24602	25138	25755	24982	25837	25152	24713	26390	24840	27522	28518	29189	24865
嘉兴	6396	7127	6324	6243	9362	9117	9614	10044	9371	8907	9082	7748	7733
湖州	6985	7971	7838	8510	8783	8804	8873	8877	9006	9019	9596	8700	9225

续表

城市	2006年	2007年	2008年	2009年	2010年	2011年	2012年	2013年	2014年	2015年	2016年	2017年	2018年
绍兴	9138	9482	10206	10573	10640	11286	11775	32915	35758	38029	39493	39741	35004
金华	5137	5171	4989	5243	5621	5986	6890	6221	6380	8279	8897	8034	8765
衢州	12158	11621	10443	8690	10300	6630	4875	5030	5211	7872	6629	5010	5158
舟山	3862	4194	4033	4046	4524	4535	4405	4662	4730	4757	5240	4715	4860
台州	10899	12708	11791	12457	13227	13719	13425	14075	14427	15159	16189	15439	15967
丽水	2843	2850	3557	3671	3874	4312	4157	4180	3985	4105	4115	3948	4175
合肥	23791	24681	25830	27713	29453	32207	34573	37596	40439	43568	47891	42501	46358
芜湖	24128	13071	13028	14338	15457	17218	16448	15809	16931	18361	19535	14728	15190
蚌埠	6100	5804	5635	18999	14918	15073	14419	15784	16560	17252	18100	10592	8512
淮南	13055	13623	8678	11093	10879	11034	9484	9722	8116	9566	9447	7760	6780
马鞍山	48860	69785	55115	24128	22145	19623	17765	17033	17125	14652	12740	8072	8363
淮北	8632	4530	4630	4610	5518	5594	5719	5530	5516	5535	5342	3137	3530
铜陵	18093	18478	17631	2673	13309	7035	7112	8174	6761	6556	7452	6400	6559
安庆	6900	6302	9103	6691	7217	8658	9437	8744	9605	9850	9187	6748	7505
黄山	2171	2380	2537	2717	2968	3238	3524	3588	3920	4283	4276	3558	3947
滁州	2859	2785	2787	2898	3073	3517	4967	5748	5953	6158	6461	5286	5817
阜阳	6004	6008	5922	5879	6007	6106	6746	6769	6806	7280	8100	4662	5435

续表

城市	2006 年	2007 年	2008 年	2009 年	2010 年	2011 年	2012 年	2013 年	2014 年	2015 年	2016 年	2017 年	2018 年
宿州	4374	5657	5907	6031	6390	6539	5400	5073	4958	4684	4715	2166	2548
六安	8812	8802	9617	4565	3578	5303	4524	4546	5174	5548	6246	4681	5281
亳州	2854	2210	2255	2315	2426	2815	2935	2993	3119	3417	5470	2192	2597
池州	1862	2125	2408	2328	2462	2432	2535	2689	2857	2862	3020	3137	2794
宣城	1638	2115	1811	2232	2337	2172	2270	3013	3071	3713	3170	2897	3398
南昌	34504	33220	31823	35166	41018	38352	39397	45171	44231	40329	42753	33534	35733
景德镇	6574	6892	4827	6134	6134	4756	4028	4815	5114	5215	5215	5111	4092
萍乡	6720	4846	5068	4882	4800	4810	4270	3955	3950	3733	3781	3375	3384
九江	25758	25653	9666	7834	8679	7647	7678	8088	8212	8403	8728	7355	7943
新余	8634	7986	4188	4225	4609	5633	5548	5573	5902	6066	6423	5467	5500
鹰潭	1987	1769	1781	1656	1791	2072	1959	1981	2236	2082	2173	1940	2304
赣州	5234	5881	6739	4860	4887	5387	5887	7724	10929	10982	11787	12740	13879
吉安	1865	2760	2910	2946	3037	3146	2807	2876	3570	3472	3946	3521	3911
宜春	2871	2904	2856	3165	3398	3760	3890	4191	4559	5106	5315	4611	4927
抚州	4001	7415	7545	5563	3751	4236	4954	5021	5375	5762	6104	5783	5401
上饶	3008	3194	3124	3177	3192	3498	3810	4000	4251	6389	6936	6003	6420
武汉	80477	94203	96596	97612	100072	120051	121552	126257	130735	131784	132833	116946	115958

城市	2006年	2007年	2008年	2009年	2010年	2011年	2012年	2013年	2014年	2015年	2016年	2017年	2018年
黄石	18097	15916	16001	12933	13038	13887	8360	8939	14087	9059	7733	7733	7058
十堰	13638	13010	12530	11029	11494	9957	9749	10009	11007	11873	12687	10785	10395
宜昌	13587	10267	10709	10221	9906	10755	11077	10764	10850	11276	15089	12803	13578
襄樊	25240	26240	28500	30954	16574	17347	16078	18007	19278	17174	17046	9861	10326
鄂州	26260	26260	6304	6021	6955	3668	6668	3940	4663	5111	5648	5584	6225
荆门	6948	7306	8259	7408	7770	7825	8038	7350	7183	7205	7354	4214	4358
孝感	2986	2921	2927	2933	2904	3178	3467	3510	4611	5320	6310	4809	4087
荆州	8392	10986	11026	11026	7493	8101	7592	7812	8130	8462	8411	7742	7299
黄冈	3810	3820	3880	3893	2858	4176	4066	3882	4068	3177	3900	3953	3306
咸宁	5250	3580	3694	3712	3257	2660	2926	2979	3220	3320	4000	3075	3507
随州	4772	4769	5715	3749	3318	3722	3756	3760	3875	3879	4210	3234	3864
长沙	43328	32840	44866	45144	46430	51224	41997	52739	55589	57652	60558	55199	65054
株洲	31526	18158	17760	16206	16324	17236	17229	17689	17609	17413	17415	18329	15233
湘潭	6858	7051	7082	12402	10480	10482	11681	9809	12130	12385	12049	9102	7772
衡阳	23381	21899	22033	15968	17128	24987	24619	20128	20128	18067	18299	10122	11584
邵阳	10143	8102	9563	9049	7476	7391	7190	7693	7602	8590	9048	9317	6101
岳阳	46140	16828	16974	16828	16298	20592	21366	21765	16580	14340	14716	9342	6294

续表

城市	2006 年	2007 年	2008 年	2009 年	2010 年	2011 年	2012 年	2013 年	2014 年	2015 年	2016 年	2017 年	2018 年
常德	7630	8180	7790	6374	6267	6801	7824	8145	8521	8649	8832	7287	7470
张家界	2725	2488	2059	1983	1985	3102	2408	2620	2725	2722	2733	3303	2417
益阳	5288	4264	4247	3771	3829	4058	4185	5400	5358	5188	5202	4572	5259
郴州	7863	8157	8083	8055	8725	6707	7113	7113	7468	6632	6610	6605	6136
永州	8135	10287	9663	9575	9256	10220	9300	9500	8675	9075	9801	7196	7780
怀化	4080	4930	4863	4603	4861	5204	4725	4723	5125	5015	5607	6050	4554
娄底	3704	3895	3910	4132	4521	4897	4482	4481	5312	5298	5302	5058	4775
重庆	61158	69496	59797	77146	86926	89756	95903	104996	112859	121494	139456	153366	124504
成都	51182	52127	59462	61096	86037	70736	76021	81554	93134	86841	111813	110953	94611
自贡	6296	4291	4545	4622	5639	6234	6439	5295	5538	5948	6225	6297	5544
攀枝花	10235	10081	11067	11328	12173	12347	12776	13257	15262	12762	12815	12779	12662
泸州	8906	7558	8060	8414	9045	9770	10747	10458	8117	7966	8412	7605	8062
德阳	4312	4509	4689	4774	5248	5667	4985	5430	5588	5977	6172	5749	4327
绵阳	6396	7293	7637	7695	7731	8386	8943	9178	9788	10357	10468	9660	10111
广元	5069	5169	2403	2542	2670	3006	3044	3323	3632	3898	4370	3534	3928
遂宁	4553	2588	2704	2668	2571	3020	3321	3478	4123	5808	5014	4523	4310
内江	3513	3619	3718	3667	3801	3865	3075	3502	4022	4498	4782	3967	3969

续表

城市	2006年	2007年	2008年	2009年	2010年	2011年	2012年	2013年	2014年	2015年	2016年	2017年	2018年
乐山	7340	4538	4361	4301	4484	4179	4259	4522	4801	5112	5305	5076	5119
南充	7856	6675	6685	6820	7100	7200	7910	8140	8309	8550	9330	8945	9310
眉山	2703	2756	2779	2954	2976	3303	2845	3141	2978	3803	4071	3519	4169
宜宾	5986	5484	4531	4881	4871	4452	4841	6039	6201	6675	6355	5069	6320
广安	1973	2330	2339	2319	1210	1474	1585	1981	2383	2470	2834	2532	2679
达州	3578	3434	3553	3698	3711	4010	4010	3936	6952	5400	5400	4815	5312
雅安	2623	2808	2876	2250	3385	1872	1951	2421	2449	2561	2163	2178	1981
巴中	1956	2096	1887	1325	1451	1652	1890	2394	2523	4910	5586	4631	4652
资阳	2509	2620	2630	2650	2136	2336	2393	2412	2467	2487	2576	2510	2097
贵阳	21335	24135	20995	21257	21696	22542	23855	26201	28156	31253	34350	27121	29480
六盘水	2871	4312	3469	2168	2191	3217	3388	3421	4424	3237	3443	3422	2941
遵义	6118	9179	9715	4871	4634	4831	4893	5126	5724	6159	6324	5860	6059
安顺	1112	1382	1540	1805	1849	1861	1928	2226	2369	3466	3569	4232	3436
昆明	36541	25549	29579	32855	31526	35314	21984	32843	40519	41524	44968	33049	32010
曲靖	3207	5234	4530	3863	4045	3881	3989	4011	3818	4581	4577	3741	5014
玉溪	1836	1956	1916	2345	2359	2533	2661	2781	2851	2647	3257	2940	3019
保山	1533	2160	2160	2160	2170	2232	1850	1965	1985	2001	2150	2033	1802

续表

城市	2006年	2007年	2008年	2009年	2010年	2011年	2012年	2013年	2014年	2015年	2016年	2017年	2018年
昭通	1288	1313	1265	1296	1272	1606	1638	1530	1571	1607	1636	1659	2091
丽江	999	1009	1009	1553	1602	1298	1311	1700	1986	2078	2217	1860	2188
普洱	866	851	933	1203	1121	1250	1392	1173	1921	1660	2158	1605	1757
临沧	538	834	550	402	1062	1020	672	677	1249	723	1273	688	1162

资料来源:《中国城市统计年鉴》(2006~2018年，历年)。

附表 5　长江经济带 108 个地级及以上城市名义地区生产总值 (2006~2018 年)

单位: 亿元

城市	2006年	2007年	2008年	2009年	2010年	2011年	2012年	2013年	2014年	2015年	2016年	2017年	2018年
上海	10366	12189	13698	15046	17166	19196	20182	21602	23568	25123	28179	30123	32680
南京	2774	3284	3775	4230	5131	6146	7202	8012	8821	9721	10503	11354	12820
无锡	3301	3859	4420	4992	5793	6880	7568	8070	8205	8518	9210	9919	11439
徐州	1429	1680	2007	2390	2942	3552	4017	4436	4964	5320	5809	6105	6755
常州	1569	1881	2202	2520	3045	3581	3970	4361	4902	5273	5774	6247	7050
苏州	4820	5701	6701	7740	9229	10717	12012	13016	13761	14504	15475	16605	18597
南通	1758	2112	2510	2873	3466	4080	4559	5039	5653	6148	6768	7296	8427
连云港	527	618	750	941	1193	1411	1603	1785	1966	2161	2376	2555	2772
淮安	651	765	916	1122	1388	1690	1921	2156	2455	2745	3048	3269	3601

城市	2006年	2007年	2008年	2009年	2010年	2011年	2012年	2013年	2014年	2015年	2016年	2017年	2018年
盐城	1174	1371	1603	1917	2333	2771	3120	3476	3836	4213	4576	4851	5487
扬州	1100	1312	1573	1856	2229	2630	2933	3252	3698	4017	4449	4788	5466
镇江	1022	1207	1408	1672	1988	2311	2630	2927	3252	3502	3834	4102	4050
泰州	1002	1202	1394	1661	2049	2423	2702	3007	3371	3688	4102	4455	5108
宿迁	454	542	655	827	1064	1321	1522	1706	1931	2126	2351	2532	2751
杭州	3442	4100	4781	5088	5949	7019	7802	8344	9206	10050	11314	12243	13509
宁波	2874	3435	3964	4329	5163	6059	6582	7129	7610	8004	8686	9277	10745
温州	1838	2159	2424	2527	2925	3419	3669	4004	4303	4618	5102	5480	6006
嘉兴	1347	1585	1815	1918	2300	2677	2891	3148	3353	3518	3862	4171	4872
湖州	761	892	1035	1102	1302	1520	1664	1803	1956	2084	2284	2487	2719
绍兴	1678	1972	2223	2376	2795	3332	3654	3967	4266	4466	4789	5126	5417
金华	1235	1466	1682	1776	2110	2458	2711	2959	3208	3402	3685	3916	4100
衢州	387	479	580	627	755	920	972	1057	1115	1146	1252	1378	1471
舟山	335	408	490	535	644	773	853	931	1015	1093	1241	1349	1317
台州	1463	1722	1965	2040	2426	2754	2911	3153	3387	3554	3899	4247	4875
丽水	355	434	506	547	663	798	894	983	1052	1103	1210	1273	1395
合肥	1074	1335	1665	2102	2702	3637	4164	4673	5181	5660	6274	6838	7823

续表

城市	2006年	2007年	2008年	2009年	2010年	2011年	2012年	2013年	2014年	2015年	2016年	2017年	2018年
芜湖	480	582	750	902	1109	1658	1874	2100	2310	2457	2699	2955	3279
蚌埠	359	410	486	532	637	780	890	1008	1151	1253	1386	1516	1715
淮南	305	344	454	509	604	710	782	819	789	901	964	1026	1133
马鞍山	429	532	636	666	811	1144	1232	1293	1333	1365	1494	1627	1918
淮北	225	267	349	372	462	555	621	704	760	760	799	854	985
铜陵	244	287	325	344	467	579	621	681	716	912	957	1038	1222
安庆	494	588	705	771	988	1216	1360	1418	1544	1417	1531	1663	1918
黄山	187	213	250	267	309	379	425	470	507	531	577	624	678
滁州	372	436	520	576	696	850	971	1086	1214	1306	1423	1579	1802
阜阳	378	454	541	608	722	853	962	1062	1189	1267	1402	1514	1760
宿州	359	424	511	541	651	802	915	1014	1141	1236	1352	1476	1630
六安	356	435	534	584	676	821	918	1010	1096	1016	1108	1203	1288
亳州	299	336	404	432	513	627	716	791	884	943	1046	1144	1277
池州	130	158	192	246	301	372	417	462	517	545	589	623	685
宣城	288	333	412	433	526	671	757	843	918	971	1058	1142	1317
南昌	1184	1390	1660	1838	2200	2689	3001	3336	3668	4000	4355	4747	5275
景德镇	225	262	322	364	462	565	628	680	738	772	840	913	847

续表

城市	2006年	2007年	2008年	2009年	2010年	2011年	2012年	2013年	2014年	2015年	2016年	2017年	2018年
萍乡	265	316	388	421	520	658	733	798	865	912	998	1089	1009
九江	506	593	701	831	1032	1256	1420	1602	1780	1903	2096	2288	2700
新余	214	281	402	484	631	779	830	845	900	947	1036	1123	1027
鹰潭	143	220	257	257	345	428	482	553	607	639	695	750	819
赣州	583	702	835	941	1120	1336	1508	1673	1844	1974	2207	2424	2807
吉安	352	406	505	584	721	879	1006	1124	1242	1329	1461	1591	1742
宜春	440	509	615	700	870	1078	1248	1387	1523	1621	1782	1951	2181
抚州	314	368	434	503	630	743	825	941	1037	1105	1211	1316	1382
上饶	451	528	628	729	901	1111	1265	1401	1550	1651	1818	1989	2217
武汉	2591	3142	3960	4621	5566	6762	8004	9051	10069	10906	11913	12866	14847
黄石	401	467	557	572	690	926	1041	1142	1219	1228	1306	1423	1587
十堰	338	411	488	551	737	851	956	1081	1201	1300	1429	1573	1748
宜昌	695	821	1027	1272	1547	2141	2509	2818	3132	3385	3709	3861	4064
襄阳	675	785	1002	1201	1538	2132	2502	2814	3129	3382	3695	3938	4310
鄂州	168	209	270	324	395	491	560	631	687	730	798	866	1005
荆门	349	420	520	600	730	943	1085	1203	1311	1388	1521	1638	1848
孝感	404	481	593	673	801	958	1105	1239	1355	1457	1577	1695	1913

续表

城市	2006年	2007年	2008年	2009年	2010年	2011年	2012年	2013年	2014年	2015年	2016年	2017年	2018年
荆州	438	520	624	710	837	1043	1196	1335	1480	1591	1727	1867	2082
黄冈	391	474	601	730	862	1045	1193	1333	1459	1589	1726	1852	2035
咸宁	234	287	359	405	520	652	761	872	964	1030	1108	1204	1362
随州	218	258	310	342	402	518	591	662	723	785	852	916	1011
长沙	1799	2190	3001	3745	4547	5619	6400	7153	7825	8510	9357	10134	11003
株洲	605	751	910	1025	1275	1564	1761	1949	2161	2335	2488	2688	2632
湘潭	422	527	655	739	894	1124	1282	1443	1571	1703	1867	2025	2161
衡阳	672	821	1000	1168	1420	1734	1958	2169	2397	2602	2853	3090	3046
邵阳	410	476	562	601	727	907	1028	1130	1262	1387	1530	1648	1783
岳阳	733	916	1106	1272	1539	1899	2200	2436	2669	2886	3101	3306	3411
常德	724	864	1050	1239	1492	1811	2039	2265	2514	2709	2954	3184	3394
张家界	128	151	184	203	242	298	339	366	410	448	493	536	579
益阳	336	418	511	592	712	884	1020	1123	1253	1354	1493	1613	1758
郴州	546	651	734	843	1082	1346	1517	1686	1873	2012	2204	2374	2392
永州	415	506	593	640	767	945	1060	1175	1301	1418	1566	1704	1806
怀化	334	412	504	559	675	846	1001	1118	1181	1273	1400	1512	1513
娄底	359	423	528	568	679	847	1003	1118	1211	1292	1400	1546	1540

城市	2006年	2007年	2008年	2009年	2010年	2011年	2012年	2013年	2014年	2015年	2016年	2017年	2018年
重庆	3492	4123	5097	6530	7926	10011	11410	12657	14263	15717	17741	19586	20363
成都	2750	3324	3901	4503	5551	6855	8139	9109	10057	10801	12170	13229	15343
自贡	320	394	487	541	648	780	885	1002	1073	1143	1235	1335	1407
攀枝花	290	345	428	424	524	646	740	801	871	925	1015	1090	1174
泸州	331	404	508	588	715	901	1030	1140	1260	1353	1482	1626	1695
德阳	539	648	695	780	921	1137	1280	1396	1516	1605	1752	1903	2214
绵阳	561	673	743	820	960	1189	1346	1455	1580	1700	1830	2006	2304
广元	166	208	234	270	322	404	469	519	566	605	660	718	802
遂宁	241	305	373	412	495	603	682	737	810	916	1008	1096	1221
内江	301	375	488	561	690	855	978	1069	1157	1199	1298	1396	1412
乐山	366	453	562	619	744	918	1038	1135	1208	1301	1407	1526	1615
南充	396	508	602	686	828	1029	1180	1329	1432	1516	1651	1797	2006
眉山	281	344	413	465	552	673	775	860	945	1030	1117	1180	1256
宜宾	428	529	646	721	871	1091	1243	1343	1444	1526	1653	1804	2026
广安	281	339	405	450	537	660	752	835	920	1006	1079	1166	1250
达州	400	510	604	683	819	1012	1135	1245	1348	1351	1447	1561	1690

续表

城市	2006年	2007年	2008年	2009年	2010年	2011年	2012年	2013年	2014年	2015年	2016年	2017年	2018年
雅安	149	177	213	240	287	350	398	418	462	503	545	592	646
巴中	146	176	214	238	281	343	390	416	457	501	545	591	646
资阳	300	374	468	535	658	836	985	1092	1196	1270	943	1022	1067
贵阳	603	694	811	972	1122	1383	1700	2085	2497	2891	3158	3530	3798
六盘水	254	301	384	430	501	614	739	882	1043	1201	1314	1458	1526
遵义	465	541	656	778	909	1121	1344	1585	1874	2168	2404	2721	3039
安顺	124	146	168	196	233	286	353	429	520	625	701	796	849
昆明	1207	1405	1512	1809	2120	2510	3011	3415	3713	3968	4300	4859	5207
曲靖	537	650	788	871	1006	1210	1400	1584	1649	1650	1775	1954	2013
玉溪	416	496	596	644	736	877	1000	1102	1185	1245	1312	1394	1493
保山	135	162	194	222	261	320	390	450	501	552	613	684	738
昭通	196	227	272	320	380	465	556	635	670	708	766	836	890
丽江	70	85	101	121	144	179	212	249	262	290	309	334	351
普洱	125	152	180	212	248	301	367	425	477	514	568	631	662
临沧	114	136	157	181	217	272	353	416	465	502	551	606	630

资料来源：《中国城市统计年鉴》（2006~2018年，历年）。

附表6　长江经济带108个地级及以上城市地区生产总值指数（2006～2018年）

城市	2006年	2007年	2008年	2009年	2010年	2011年	2012年	2013年	2014年	2015年	2016年	2017年	2018年
上海	100.00	114.30	125.39	135.72	149.75	162.03	174.18	186.45	199.50	213.26	227.98	243.71	259.79
南京	100.00	115.70	129.70	144.68	163.58	183.20	204.64	227.66	250.65	273.97	295.88	319.85	345.44
无锡	100.00	115.30	129.60	144.63	163.72	182.71	201.17	214.50	232.09	248.57	267.22	287.79	309.09
徐州	100.00	115.30	130.87	149.12	170.01	192.96	218.44	241.24	266.57	291.90	315.83	331.94	345.88
常州	100.00	115.60	129.93	145.14	164.15	184.18	205.36	225.58	248.37	271.22	294.27	318.40	340.69
苏州	100.00	116.00	130.50	145.51	164.86	184.64	203.29	220.29	238.57	256.46	275.70	295.82	315.94
南通	100.00	116.20	131.65	150.09	169.60	190.12	212.55	234.93	259.60	284.52	310.99	335.24	359.38
连云港	100.00	115.10	130.18	147.93	168.05	189.90	214.02	238.31	262.62	290.98	313.68	337.20	353.05
淮安	100.00	115.20	130.64	149.19	169.85	192.27	217.46	244.05	270.65	298.53	325.40	348.99	371.67
盐城	100.00	115.00	130.18	147.62	167.66	189.12	213.13	237.41	263.29	290.93	316.83	335.84	354.31
扬州	100.00	115.70	131.20	149.34	169.48	190.16	212.41	235.50	261.40	288.32	315.43	339.40	362.14
镇江	100.00	115.50	130.28	148.09	167.79	188.43	212.55	236.54	262.33	287.51	314.25	336.25	346.67
泰州	100.00	115.70	131.32	149.44	169.62	190.14	213.91	238.08	263.79	290.70	318.31	345.69	368.35
宿迁	100.00	115.30	130.63	148.27	168.58	190.16	214.88	240.91	266.92	293.62	320.34	345.00	368.46
杭州	100.00	114.60	127.21	139.93	156.72	172.55	188.08	201.13	217.54	239.62	262.62	284.19	303.28
宁波	100.00	114.90	126.53	135.01	151.88	167.07	180.10	195.07	209.89	226.68	242.78	259.29	277.44
温州	100.00	114.30	124.02	134.56	149.49	163.71	174.66	190.59	204.31	221.25	239.84	257.61	277.62

续表

城市	2006年	2007年	2008年	2009年	2010年	2011年	2012年	2013年	2014年	2015年	2016年	2017年	2018年
嘉兴	100.00	114.50	126.71	138.50	157.48	174.17	189.32	206.15	221.66	237.17	253.89	274.20	295.04
湖州	100.00	114.40	126.55	139.46	156.33	173.22	189.97	205.81	223.14	241.70	260.17	283.25	306.05
绍兴	100.00	114.30	124.59	136.17	151.15	167.07	183.36	199.07	214.00	229.26	241.92	258.95	277.31
金华	100.00	114.80	126.97	138.52	155.98	172.43	190.11	207.50	224.81	242.25	260.35	276.70	291.92
衢州	100.00	116.50	131.65	146.13	165.85	184.76	200.46	217.85	233.53	248.71	266.62	293.54	314.68
舟山	100.00	117.00	133.97	148.70	165.50	184.21	203.00	221.47	244.06	266.56	296.81	322.64	344.12
台州	100.00	114.50	125.49	136.18	154.16	166.49	178.31	193.15	207.64	221.01	238.25	259.55	279.19
丽水	100.00	115.90	129.58	143.31	161.80	180.41	199.35	219.18	234.53	249.47	267.23	281.18	304.15
合肥	100.00	118.10	138.37	163.00	191.52	221.01	251.07	281.73	309.90	342.44	376.00	409.80	444.80
芜湖	100.00	116.60	134.98	155.71	184.05	213.50	242.96	272.26	301.39	332.31	364.55	399.07	432.39
蚌埠	100.00	113.50	125.99	141.32	161.77	184.41	208.48	236.02	259.86	286.39	313.31	342.76	371.89
淮南	100.00	112.00	129.25	146.95	166.06	186.24	209.89	219.98	219.10	227.30	242.32	257.83	268.94
马鞍山	100.00	117.80	136.06	152.52	175.40	196.62	220.22	231.10	253.40	273.34	297.94	324.46	350.93
淮北	100.00	112.10	128.35	142.47	162.70	182.55	206.69	234.38	256.82	268.12	281.39	300.77	311.60
铜陵	100.00	115.10	130.29	148.14	173.48	195.33	216.82	237.51	261.26	285.81	311.71	338.02	351.06
安庆	100.00	113.40	127.23	142.88	162.32	183.74	204.87	213.68	233.49	250.77	270.83	294.12	317.06
黄山	100.00	112.50	126.00	140.49	158.89	178.76	199.49	220.78	237.51	252.00	271.56	293.55	316.16

续表

城市	2006年	2007年	2008年	2009年	2010年	2011年	2012年	2013年	2014年	2015年	2016年	2017年	2018年
滁州	100.00	113.20	135.17	153.56	177.51	202.36	228.83	256.04	280.11	307.84	336.16	373.13	407.09
阜阳	100.00	112.80	126.34	142.47	161.90	181.38	202.58	223.63	242.97	266.06	290.00	313.20	342.96
宿州	100.00	111.60	127.28	142.68	161.37	183.48	206.41	228.83	251.03	273.34	298.22	325.54	353.21
六安	100.00	115.34	131.27	148.78	169.16	189.97	210.87	231.99	250.32	267.67	286.94	311.62	335.43
亳州	100.00	111.98	125.19	141.26	160.75	181.49	203.08	224.49	242.00	264.02	287.52	314.37	346.12
池州	100.00	115.16	133.59	153.76	178.51	201.65	226.45	250.75	273.77	297.04	321.19	339.53	358.74
宣城	100.00	111.60	126.06	143.18	164.66	186.72	210.25	233.95	255.00	275.91	299.92	323.91	350.80
南昌	100.00	115.40	132.71	150.10	171.11	193.35	217.52	241.84	265.54	291.03	317.23	345.78	376.55
景德镇	100.00	114.50	132.02	150.24	172.92	193.85	216.33	234.25	254.86	276.78	300.58	326.73	353.52
萍乡	100.00	113.93	131.02	148.84	169.23	193.43	216.25	235.50	255.75	278.51	303.86	331.51	360.35
九江	100.00	114.10	128.36	146.08	166.97	189.00	211.69	238.76	263.35	288.77	315.82	344.69	374.61
新余	100.00	115.80	135.60	153.91	177.92	201.58	222.34	226.30	246.22	267.14	290.12	314.49	340.59
鹰潭	100.00	114.00	130.19	146.20	166.82	187.33	210.56	241.71	265.15	287.69	313.01	337.73	367.12
赣州	100.00	113.50	128.48	145.57	165.66	186.37	208.54	231.34	254.47	278.90	305.40	335.32	366.54
吉安	100.00	113.60	130.87	148.80	169.93	191.68	213.33	238.27	262.58	286.73	313.11	340.89	371.16
宜春	100.00	113.60	129.28	146.73	167.42	188.85	210.75	234.32	257.75	282.23	307.63	336.86	364.15
抚州	100.00	114.00	130.19	148.23	170.48	191.71	212.41	242.17	265.90	290.37	315.92	343.40	370.87

续表

城市	2006年	2007年	2008年	2009年	2010年	2011年	2012年	2013年	2014年	2015年	2016年	2017年	2018年
上饶	100.00	113.40	128.71	146.21	167.85	189.81	211.64	234.37	257.57	282.04	307.42	336.32	366.59
武汉	100.00	115.60	133.06	151.28	173.52	195.21	217.47	245.93	269.79	293.53	316.43	341.74	369.08
黄石	100.00	116.40	129.90	144.32	166.98	193.36	216.57	237.60	259.22	272.95	292.61	318.94	343.82
十堰	100.00	116.40	128.85	147.02	175.69	195.02	211.01	238.59	261.26	286.08	311.54	343.00	367.70
宜昌	100.00	115.00	131.79	151.69	175.66	203.94	229.63	257.93	283.20	308.41	335.55	349.30	376.20
襄阳	100.00	114.00	130.64	150.24	174.58	202.58	227.90	256.32	291.44	317.47	344.55	367.22	395.68
鄂州	100.00	115.80	134.10	149.52	172.39	199.98	228.29	257.04	281.97	304.53	328.89	357.17	386.46
荆门	100.00	112.80	128.59	147.62	170.65	197.34	221.42	245.35	269.64	294.45	319.48	344.08	371.61
孝感	100.00	114.60	131.19	151.14	173.96	198.48	222.70	249.65	273.86	298.24	321.80	345.93	373.95
荆州	100.00	112.40	126.56	143.27	162.18	183.91	204.33	228.05	250.40	271.68	291.51	315.24	338.89
黄冈	100.00	114.40	131.56	151.29	172.63	196.79	217.65	243.14	266.73	290.47	312.54	335.36	359.50
咸宁	100.00	120.00	139.32	160.50	186.02	215.41	241.69	276.97	303.56	327.85	352.76	383.45	416.05
随州	100.00	113.90	129.85	147.38	169.78	195.58	219.05	245.54	269.45	293.43	316.91	340.80	367.38
长沙	100.00	116.00	133.52	153.14	176.88	202.53	228.86	255.79	282.65	310.63	339.83	368.04	399.40
株洲	100.00	115.30	130.75	149.67	172.72	197.07	220.80	244.38	270.04	295.70	318.91	344.42	371.28
湘潭	100.00	115.40	131.33	149.28	171.97	196.73	220.93	248.61	275.21	301.63	326.97	354.76	382.43
衡阳	100.00	115.30	129.14	147.94	170.28	194.46	217.40	240.92	264.78	287.86	310.61	336.39	364.31

续表

城市	2006年	2007年	2008年	2009年	2010年	2011年	2012年	2013年	2014年	2015年	2016年	2017年	2018年
邵阳	100.00	111.60	123.99	139.98	160.42	180.79	201.95	221.90	245.86	269.47	291.02	313.43	337.25
岳阳	100.00	115.20	131.33	149.74	171.87	196.28	220.26	243.85	266.53	289.72	312.32	332.93	360.56
常德	100.00	114.60	129.73	145.42	167.53	191.15	214.34	238.15	263.27	286.18	311.08	335.34	362.84
张家界	100.00	114.20	129.27	146.98	169.36	193.08	215.54	232.50	257.38	279.26	301.88	328.14	352.75
益阳	100.00	114.80	130.02	146.93	168.52	190.77	213.55	235.07	260.46	282.34	304.36	328.71	355.33
郴州	100.00	111.80	119.63	139.38	160.52	183.47	206.28	229.16	254.13	275.84	298.73	321.73	348.44
永州	100.00	114.00	129.16	147.23	168.36	190.25	211.25	234.34	257.61	280.79	303.14	329.82	355.55
怀化	100.00	112.61	127.26	144.70	166.11	189.70	212.46	237.21	249.31	270.50	292.47	315.86	341.45
娄底	100.00	114.40	126.98	143.19	163.66	185.10	207.15	231.01	249.72	268.68	289.10	319.16	346.61
重庆	100.00	115.60	132.13	151.82	177.78	206.94	235.08	260.77	289.20	321.01	355.36	392.31	415.85
成都	100.00	115.30	129.25	148.25	170.49	196.40	221.94	248.39	270.50	291.87	314.34	341.69	369.02
自贡	100.00	115.60	132.43	151.69	175.35	210.42	239.71	271.35	291.98	316.56	341.00	368.72	400.80
攀枝花	100.00	114.20	130.82	145.47	167.43	193.05	220.08	238.17	260.10	281.28	303.78	326.26	348.44
泸州	100.00	115.30	132.60	151.82	176.87	204.99	235.33	260.47	289.12	320.92	351.41	385.50	414.79
德阳	100.00	114.80	115.95	132.64	151.75	175.42	198.22	216.14	235.59	254.91	276.33	300.09	327.10
绵阳	100.00	114.30	119.44	136.66	157.62	181.50	205.64	222.23	242.45	263.31	285.16	312.54	340.66
广元	100.00	114.41	118.19	136.15	157.80	182.41	207.55	229.74	250.87	272.45	294.24	320.14	347.03

续表

城市	2006年	2007年	2008年	2009年	2010年	2011年	2012年	2013年	2014年	2015年	2016年	2017年	2018年
遂宁	100.00	114.80	131.45	150.77	172.33	198.52	226.12	244.07	267.65	303.00	330.67	359.44	391.10
内江	100.00	115.00	132.25	153.09	183.86	212.00	240.83	263.27	286.73	309.67	333.23	358.46	386.42
乐山	100.00	115.20	131.44	151.55	176.11	204.28	233.70	255.55	273.57	298.57	323.05	350.51	380.97
南充	100.00	114.44	130.80	150.29	173.29	199.80	228.18	256.81	275.43	296.36	317.70	345.72	376.84
眉山	100.00	114.20	130.42	149.33	172.62	199.03	227.89	252.82	278.36	306.86	332.67	351.30	377.65
宜宾	100.00	114.80	131.56	151.16	174.74	202.01	230.41	248.98	268.92	291.64	315.79	344.69	376.40
广安	100.00	114.30	130.53	149.72	173.07	199.56	227.49	252.56	278.32	307.83	332.14	359.05	387.77
达州	100.00	114.50	130.64	149.20	171.72	197.83	224.73	246.49	267.19	275.47	296.13	319.53	346.05
雅安	100.00	114.90	137.65	158.16	182.36	210.26	239.70	251.68	279.37	304.51	329.17	357.48	386.44
巴中	100.00	112.00	125.78	143.76	164.89	189.96	216.36	230.51	251.26	272.87	294.15	319.15	344.69
资阳	100.00	115.00	131.79	151.16	176.86	205.34	234.70	260.35	286.39	311.59	335.89	363.77	392.15
贵阳	100.00	115.80	130.97	148.39	169.61	198.61	230.19	282.33	321.57	361.77	398.31	445.31	489.39
六盘水	100.00	116.00	133.40	148.74	172.24	200.83	232.97	278.21	317.44	354.90	397.48	441.21	480.03
遵义	100.00	114.10	126.99	143.12	164.16	192.07	222.61	262.48	300.27	339.91	382.06	432.49	493.04
安顺	100.00	115.10	124.42	138.73	155.52	178.85	206.39	251.20	288.37	327.59	368.21	417.92	460.97
昆明	100.00	112.30	125.78	141.88	161.74	184.38	210.38	238.61	257.94	278.57	302.25	341.55	370.24
曲靖	100.00	113.00	127.01	143.27	162.04	183.26	207.09	234.28	243.65	254.01	275.85	303.71	329.53

续表

城市	2006年	2007年	2008年	2009年	2010年	2011年	2012年	2013年	2014年	2015年	2016年	2017年	2018年
玉溪	100.00	113.20	127.92	142.97	161.27	180.79	202.84	223.59	241.48	262.01	281.92	299.48	325.14
保山	100.00	113.90	128.82	145.70	163.91	185.38	213.37	246.08	273.64	305.11	338.98	377.96	413.87
昭通	100.00	111.20	123.54	139.23	159.00	180.79	209.89	239.78	252.49	272.69	296.14	323.39	350.88
丽江	100.00	113.93	134.44	151.91	175.04	203.92	236.14	276.82	289.56	315.62	337.71	365.06	399.01
普洱	100.00	114.60	128.35	145.94	166.66	190.32	220.02	255.13	277.84	303.40	334.34	371.79	403.39
临沧	100.00	112.90	125.43	139.73	156.78	180.61	210.95	248.67	276.52	304.17	335.20	368.72	403.01

资料来源:《中国城市统计年鉴》(2006~2018年,历年)。

附表 7　长江经济带 108 个地级及以上城市实际地区生产总值(2006~2018 年)

单位:亿元

城市	2006年	2007年	2008年	2009年	2010年	2011年	2012年	2013年	2014年	2015年	2016年	2017年	2018年
上海	10366	11849	12998	14069	15524	16797	18057	19328	20681	22108	23633	25264	26931
南京	2774	3209	3598	4013	4537	5082	5676	6315	6953	7599	8207	8872	9582
无锡	3301	3806	4277	4774	5404	6031	6640	7080	7660	8204	8820	9499	10202
徐州	1429	1647	1870	2131	2429	2757	3121	3447	3809	4171	4513	4743	4942
常州	1569	1814	2039	2278	2576	2891	3223	3540	3898	4257	4618	4997	5347
苏州	4820	5592	6290	7014	7947	8900	9799	10618	11500	12362	13289	14260	15229
南通	1758	2043	2315	2639	2982	3343	3737	4131	4565	5003	5468	5895	6319

城市	2006年	2007年	2008年	2009年	2010年	2011年	2012年	2013年	2014年	2015年	2016年	2017年	2018年
连云港	527	607	687	780	886	1001	1129	1257	1385	1535	1654	1778	1862
淮安	651	750	851	971	1106	1252	1416	1589	1762	1944	2119	2272	2420
盐城	1174	1350	1529	1733	1969	2221	2503	2788	3092	3416	3720	3944	4160
扬州	1100	1273	1443	1643	1865	2092	2337	2591	2876	3172	3470	3734	3984
镇江	1022	1180	1331	1513	1714	1925	2171	2416	2680	2937	3210	3435	3541
泰州	1002	1160	1316	1498	1700	1906	2144	2386	2644	2914	3190	3465	3697
宿迁	454	524	593	673	766	864	976	1094	1212	1334	1455	1567	1674
杭州	3442	3944	4378	4816	5393	5938	6473	6922	7487	8247	9038	9780	10437
宁波	2874	3303	3637	3881	4366	4802	5177	5607	6033	6516	6979	7453	7975
温州	1838	2100	2279	2472	2747	3008	3209	3502	3754	4065	4407	4734	5101
嘉兴	1347	1542	1706	1865	2121	2345	2550	2776	2985	3194	3419	3693	3973
湖州	761	871	963	1061	1190	1318	1446	1566	1698	1839	1980	2156	2329
绍兴	1678	1918	2090	2284	2536	2803	3076	3340	3590	3846	4058	4344	4652
金华	1235	1417	1568	1710	1926	2129	2347	2562	2776	2991	3215	3416	3604
衢州	387	451	510	566	643	716	777	844	905	964	1033	1137	1219
舟山	335	392	449	498	555	617	680	742	818	894	995	1081	1153
台州	1463	1675	1836	1993	2256	2436	2609	2826	3038	3234	3486	3798	4085

273

续表

城市	2006年	2007年	2008年	2009年	2010年	2011年	2012年	2013年	2014年	2015年	2016年	2017年	2018年
丽水	355	412	460	509	575	641	708	779	833	887	950	999	1081
合肥	1074	1268	1486	1750	2056	2373	2696	3025	3328	3677	4037	4400	4776
芜湖	480	559	648	747	883	1024	1166	1306	1446	1594	1749	1914	2074
蚌埠	359	407	452	507	581	662	748	847	933	1028	1125	1231	1335
淮南	305	342	394	448	506	568	640	671	668	693	739	786	820
马鞍山	429	505	584	654	752	843	945	991	1087	1172	1278	1392	1505
淮北	225	252	288	320	366	410	464	527	577	603	632	676	700
铜陵	244	280	317	361	423	476	528	579	636	696	759	824	855
安庆	494	560	629	706	802	908	1013	1056	1154	1239	1338	1454	1567
黄山	187	211	236	263	298	335	374	414	445	472	509	550	593
滁州	372	421	503	572	661	753	852	953	1043	1146	1251	1389	1516
阜阳	378	427	478	539	613	686	766	846	919	1007	1097	1185	1298
宿州	359	401	457	512	579	659	741	822	901	981	1071	1169	1268
六安	356	411	468	530	603	677	751	827	892	954	1023	1110	1195
亳州	299	335	374	422	480	542	607	671	723	789	859	939	1034
池州	130	150	174	200	232	262	295	326	356	386	418	442	467
宣城	288	321	363	412	474	538	605	673	734	794	863	932	1010

续表

城市	2006 年	2007 年	2008 年	2009 年	2010 年	2011 年	2012 年	2013 年	2014 年	2015 年	2016 年	2017 年	2018 年
南昌	1184	1366	1571	1777	2026	2289	2575	2863	3144	3446	3756	4094	4458
景德镇	225	257	297	338	389	436	486	527	573	622	676	734	795
萍乡	265	302	348	395	449	514	574	625	679	739	807	880	957
九江	506	578	650	739	845	957	1072	1209	1333	1462	1599	1745	1896
新余	214	248	291	330	381	432	476	485	528	572	622	674	730
鹰潭	143	163	186	209	239	268	302	346	380	412	448	484	526
赣州	583	661	749	848	965	1086	1215	1348	1483	1625	1780	1954	2136
吉安	352	400	460	523	598	674	750	838	924	1009	1101	1199	1306
宜春	440	500	568	645	736	830	927	1030	1133	1241	1353	1481	1601
抚州	314	357	408	465	535	601	666	759	834	910	991	1077	1163
上饶	451	512	581	660	758	857	955	1058	1163	1273	1388	1518	1655
武汉	2591	2995	3447	3919	4496	5058	5634	6372	6990	7605	8198	8854	9562
黄石	401	467	521	579	670	775	868	953	1040	1095	1173	1279	1379
十堰	338	394	436	497	594	659	714	807	883	967	1053	1160	1243
宜昌	695	799	916	1054	1221	1417	1596	1792	1968	2143	2332	2427	2614
襄阳	675	770	882	1014	1179	1368	1539	1731	1968	2143	2326	2479	2672
鄂州	168	195	226	252	290	337	384	433	475	513	554	601	651

续表

城市	2006 年	2007 年	2008 年	2009 年	2010 年	2011 年	2012 年	2013 年	2014 年	2015 年	2016 年	2017 年	2018 年
荆门	349	393	448	515	595	688	772	856	940	1027	1114	1200	1296
孝感	404	463	530	611	703	802	900	1009	1107	1205	1301	1398	1511
荆州	438	492	554	628	710	806	895	999	1097	1190	1277	1381	1485
黄冈	391	448	515	592	675	770	851	951	1043	1136	1223	1312	1406
咸宁	234	281	326	376	436	504	566	649	711	768	826	898	974
随州	218	249	283	322	371	427	478	536	588	641	692	744	802
长沙	1799	2087	2402	2755	3182	3643	4117	4602	5085	5588	6113	6621	7185
株洲	605	698	791	906	1045	1193	1336	1479	1634	1790	1930	2085	2247
湘潭	422	487	554	630	726	830	932	1049	1162	1273	1380	1497	1614
衡阳	672	775	868	994	1144	1307	1461	1619	1779	1935	2087	2261	2448
邵阳	410	457	508	573	657	740	827	909	1007	1103	1192	1284	1381
岳阳	733	845	963	1098	1261	1440	1615	1788	1955	2125	2291	2442	2644
常德	724	830	939	1053	1213	1384	1551	1724	1906	2071	2252	2427	2626
张家界	128	146	165	187	216	246	275	297	328	356	385	419	450
益阳	336	386	437	494	567	641	718	790	876	949	1023	1105	1195
郴州	546	611	653	761	877	1002	1127	1252	1388	1507	1632	1757	1903
永州	415	473	535	610	698	789	876	971	1068	1164	1257	1367	1474

续表

城市	2006年	2007年	2008年	2009年	2010年	2011年	2012年	2013年	2014年	2015年	2016年	2017年	2018年
怀化	334	376	425	483	555	633	709	792	832	903	977	1055	1140
娄底	359	411	456	514	588	665	744	830	897	965	1038	1146	1245
重庆	3492	4036	4613	5301	6207	7225	8208	9105	10097	11208	12407	13698	14520
成都	2750	3171	3555	4078	4689	5402	6104	6832	7440	8028	8646	9398	10150
自贡	320	370	424	485	561	673	767	868	934	1013	1091	1180	1283
攀枝花	290	331	379	422	486	560	638	691	754	816	881	946	1011
泸州	331	382	439	503	586	679	779	862	957	1063	1164	1276	1373
德阳	539	619	625	715	818	946	1069	1165	1270	1374	1490	1618	1764
绵阳	561	641	670	766	884	1018	1153	1246	1360	1477	1599	1753	1911
广元	166	190	197	227	263	304	346	382	418	454	490	533	578
遂宁	241	277	317	363	415	478	545	588	645	730	797	866	942
内江	301	346	398	461	554	639	726	793	864	933	1004	1080	1164
乐山	366	422	482	555	645	749	856	936	1002	1094	1184	1284	1396
南充	396	454	519	596	687	792	905	1018	1092	1175	1260	1371	1494
眉山	281	321	366	419	485	559	640	710	782	862	934	987	1061
宜宾	428	491	563	647	748	865	986	1066	1151	1248	1352	1475	1611
广安	281	321	367	421	487	561	640	710	782	865	934	1009	1090

续表

城市	2006年	2007年	2008年	2009年	2010年	2011年	2012年	2013年	2014年	2015年	2016年	2017年	2018年
达州	400	458	523	597	688	792	900	987	1070	1103	1186	1279	1386
雅安	149	171	205	236	272	313	357	375	416	453	490	532	575
巴中	146	164	184	210	241	277	316	337	367	399	430	466	504
资阳	300	345	396	454	531	616	704	781	859	935	1008	1092	1177
贵阳	603	698	790	895	1023	1197	1388	1702	1939	2181	2401	2685	2950
六盘水	254	295	339	378	437	510	592	706	806	901	1009	1120	1219
遵义	465	530	590	665	763	892	1034	1219	1395	1579	1775	2009	2290
安顺	124	142	154	172	192	221	255	311	357	405	456	517	570
昆明	1207	1356	1518	1713	1953	2226	2540	2881	3114	3363	3649	4123	4470
曲靖	537	607	682	769	870	984	1112	1258	1308	1364	1481	1630	1769
玉溪	416	471	532	595	671	752	844	930	1004	1090	1172	1245	1356
保山	135	154	175	197	222	251	289	333	371	413	459	512	561
昭通	196	218	242	272	311	354	411	469	494	533	579	633	686
丽江	70	80	94	107	123	143	166	194	203	221	237	256	280
普洱	125	143	160	182	208	237	274	318	346	378	417	464	503
临沧	114	129	143	160	179	206	241	284	316	347	383	421	460

资料来源：《中国城市统计年鉴》(2006~2018年，历年)。

附表 8　　长江经济带 108 个地级及以上城市工业废水排放量（2006～2018 年）

单位：万吨

城市	2006年	2007年	2008年	2009年	2010年	2011年	2012年	2013年	2014年	2015年	2016年	2017年	2018年
上海	48336	47570	44120	41192	36696	44626	24223	45400	43939	46900	36599	31586	29144
南京	43182	40416	37712	35446	33784	24268	22987	25291	21561	23216	21624	15710	15534
无锡	53751	45303	43278	41637	35846	26972	16050	23093	21551	21993	20935	20783	20622
徐州	9752	9360	9100	6981	9122	10751	14630	15376	10774	10968	8694	3449	3062
常州	27300	31962	32601	35942	37715	19324	70754	12017	11909	12977	12178	13315	12407
苏州	73227	73227	58094	57349	64055	71307	18200	66916	61438	60506	48437	42380	39730
南通	15376	15692	16174	15551	15708	19589	6390	14584	15809	15470	15367	13372	13351
连云港	3855	3402	3170	3021	3538	7221	9951	5618	6204	7339	6769	4860	3770
淮安	6155	7568	9513	8130	10484	10129	20117	8348	7989	6984	6624	3690	3207
盐城	9124	9319	8652	8655	13028	20449	9387	17555	17472	16193	14207	11003	9174
扬州	12594	9067	9640	8956	9059	9168	9982	9731	8790	8871	8233	6782	7366
镇江	10320	9782	9280	8782	8187	11173	8331	9665	9085	9059	7981	5592	5560
泰州	18352	15570	15680	16449	15493	12558	5093	7514	7376	6943	5687	4596	4312
宿迁	4203	4449	4641	5006	6012	5571	42724	4850	4930	4397	5322	5652	5500
杭州	76539	75359	75585	79959	80468	47954	20125	39186	35370	33807	28382	24559	23615
宁波	15827	17726	17266	17735	18970	19797	7913	19666	16546	16098	15760	14426	15086
温州	11409	10609	10590	7900	17008	8038	23267	7433	6020	6278	5012	4249	4022

续表

城市	2006 年	2007 年	2008 年	2009 年	2010 年	2011 年	2012 年	2013 年	2014 年	2015 年	2016 年	2017 年	2018 年
嘉兴	16291	15759	16235	17488	19812	22381	11069	21130	20636	21947	19763	19695	19104
湖州	9862	10326	10706	10518	10888	11980	30418	10789	10020	8611	8532	8470	8280
绍兴	27867	29043	28461	29862	30230	33124	9667	27245	26341	26069	24383	25057	24758
金华	8911	11812	10144	11074	12309	10436	14575	8710	7627	7638	6467	6404	6795
衢州	15676	15464	16250	13977	12256	12566	1951	14856	12478	12742	10693	10668	9420
舟山	1755	1687	1848	2091	1493	2125	6152	2094	2150	2202	1439	1250	1099
台州	4892	5292	5328	5125	5709	6305	7436	31025	6822	6251	5725	5125	5114
丽水	10445	8054	7961	7945	6926	7720	4144	6246	6127	5710	3757	3013	2603
合肥	5502	5054	2093	2036	3290	5978	5971	6018	6920	5335	5130	4389	4056
芜湖	3509	5977	4785	4723	4305	2691	3148	7365	3900	4933	3302	3575	3765
蚌埠	8277	7792	6854	5975	5742	4370	10787	4172	3037	2474	1917	1715	1373
淮南	5791	6027	6295	5778	5607	10626	2881	10686	10650	9112	4082	4992	4127
马鞍山	9007	9558	9478	8060	5563	7391	6914	6745	7338	7695	7558	8601	9140
淮北	2115	1799	1652	1749	1818	2641	5035	2520	2277	5378	3153	1727	1484
铜陵	4397	4464	4222	4222	4512	4351	4708	5654	5693	5338	3935	3180	3126
安庆	3633	4675	4649	5479	5644	4615	632	4863	4661	4470	4018	2659	2287
黄山	1944	1731	1842	2052	2102	1124	5089	626	644	737	707	700	726

续表

城市	2006 年	2007 年	2008 年	2009 年	2010 年	2011 年	2012 年	2013 年	2014 年	2015 年	2016 年	2017 年	2018 年
滁州	2853	3687	3929	9145	7643	3972	2878	6460	5755	5860	3799	2360	1835
阜阳	2722	2657	2956	2947	2575	3045	4049	2820	2640	2946	2500	2144	2002
宿州	1433	1693	2325	3147	3688	7229	2803	3963	4029	6127	3572	2241	1943
六安	5481	5408	5472	5315	3436	3084	2448	2689	2740	2443	810	686	488
亳州	1531	1284	1217	1669	1527	3282	1459	2055	2755	3502	1879	1934	1333
池州	1506	2307	1132	1306	1485	1572	4316	2174	2648	1422	945	486	528
宣城	6373	5344	5196	6007	6883	4673	5333	5749	3893	3665	1811	1620	1564
南昌	9942	10475	10118	10118	10536	9367	8511	10602	8656	10016	10258	11188	3740
景德镇	5199	5276	4328	4566	5296	8448	2462	6431	6852	6720	3928	3532	2719
萍乡	1496	1588	1431	1334	1808	2453	10056	2353	1903	1549	1832	802	666
九江	6154	6099	6687	6457	8784	9178	5715	11050	10739	16784	8561	7904	9045
新余	5267	4955	4466	4351	5681	6780	2877	5395	4746	5654	3277	2665	2275
鹰潭	6204	6595	3670	3708	4725	4558	11255	2803	2216	2531	1669	1471	1141
赣州	6723	7998	9920	9435	10437	10983	4910	10738	11434	12510	10128	5791	5327
吉安	9563	10187	12354	11529	11201	5931	7175	3935	3251	3733	3503	3351	3237
宜春	1675	1946	2584	3639	4286	8780	4010	6584	7072	7824	5506	3466	3517
抚州	7168	10835	11377	6925	4543	4451	4644	3539	2924	3057	3190	2046	1875

续表

城市	2006年	2007年	2008年	2009年	2010年	2011年	2012年	2013年	2014年	2015年	2016年	2017年	2018年
上饶	4721	3746	4574	4649	5184	4886	6653	4800	5048	6534	6124	6318	6014
武汉	24822	22811	22483	22532	22465	23304	5095	14700	17097	15452	12623	11931	11324
黄石	8818	8018	7233	7685	7749	7062	2244	5037	5812	5313	4375	4017	3477
十堰	4336	2488	2702	2772	2700	2327	20635	2144	2112	2105	1262	832	707
宜昌	9784	9991	11350	12665	14484	19988	8515	18419	17763	18130	5919	5693	6079
襄樊	11158	11911	12143	11098	11328	8330	2250	8619	8412	8184	5380	4355	4071
鄂州	2488	3030	3026	3012	2073	3350	4362	2278	1710	1734	1013	1902	1818
荆门	5430	7690	6621	6959	7177	4792	5441	3825	3825	3568	2053	1829	1964
孝感	6565	6437	7776	5262	5928	5705	10579	5111	4900	4540	4405	3898	3918
荆州	6089	5616	5409	5398	6104	13893	3308	10387	9923	10897	5167	4129	3279
黄冈	3623	3666	4609	4500	3704	2544	2137	3045	3011	2989	1664	1635	1400
咸宁	2683	2763	3135	2949	2462	2957	1800	2018	1918	1876	1421	1561	1464
随州	1694	1569	1794	1884	2018	1905	3777	1771	1700	1606	472	303	325
长沙	4073	4377	4162	3726	4336	4010	5992	4049	4397	5102	4287	4066	3475
株洲	8991	8508	7750	8180	7900	7152	6053	7227	5929	3967	3851	2177	1978
湘潭	9029	11133	10803	10479	7557	9640	13118	5526	5260	5165	3254	2326	2568
衡阳	7263	6779	7098	7441	7180	6832	5208	7469	6466	6103	5688	3566	3114

续表

城市	2006年	2007年	2008年	2009年	2010年	2011年	2012年	2013年	2014年	2015年	2016年	2017年	2018年
邵阳	7747	7635	6830	6158	6939	6326	6263	9135	6771	4732	1979	1125	1176
岳阳	11147	11044	10882	11707	12245	13214	12855	12686	10468	11375	8207	6742	5756
常德	8800	12504	10119	13091	12575	9965	13677	11601	10202	9799	4064	2677	3637
张家界	609	526	838	664	429	546	579	552	546	541	88	60	64
益阳	6644	6100	6549	7420	7548	6094	4117	4970	4794	5388	4581	3271	2578
郴州	7033	6192	6234	6526	6768	10879	10099	9014	8898	8682	4520	2944	3166
永州	3926	4109	3225	4053	3854	5539	4084	4073	3811	3619	1629	682	363
怀化	6772	5777	5387	5973	6471	8406	6181	6246	6454	5382	2579	1901	1433
娄底	17345	14830	14976	9502	9856	10895	6828	7159	5519	4806	2821	1884	1349
重庆	85347	67243	67027	65684	45180	33954	30611	33450	34968	35524	36080	19304	20780
成都	23599	24247	21005	24553	12558	12904	11780	10524	10064	11454	9262	8319	7911
自贡	2782	2522	2521	2329	2781	2540	2293	1828	1684	1693	1262	929	867
攀枝花	1481	1639	1246	1771	1904	2272	4011	4138	2553	2432	2311	2199	4668
泸州	9369	10430	8158	6522	6267	3513	3707	3541	3084	3745	3050	3405	3993
德阳	6053	5395	4538	5372	5448	6914	6386	6638	6506	5411	4191	3366	3494
绵阳	7490	9014	10025	9781	9492	9625	6798	5788	5614	6890	2576	2062	1428
广元	3162	4287	3583	2790	2783	1197	399	364	329	407	332	222	511

续表

城市	2006年	2007年	2008年	2009年	2010年	2011年	2012年	2013年	2014年	2015年	2016年	2017年	2018年
遂宁	2588	2715	3036	3095	3560	1794	1529	1111	1478	1419	1373	1323	1060
内江	6196	6389	3257	3409	2654	2740	2904	3146	2789	2617	2821	1156	1127
乐山	7408	7782	7221	6874	6342	5333	3947	4297	4588	5098	4398	4609	4450
南充	2702	1417	1778	1220	1133	2859	3110	3229	2537	2614	2691	2771	609
眉山	9004	9972	14097	4238	10409	2924	6448	3974	3974	6402	8830	2542	2273
宜宾	9216	11913	10780	11143	12256	7613	8404	5825	8560	22125	35690	6107	5900
广安	1239	2421	2455	1934	2547	1424	1615	3368	1758	1337	1337	1191	786
达州	4404	3852	3659	3822	3225	2694	232	2062	2222	2068	1914	968	884
雅安	1957	2101	3234	1514	1943	1758	1028	1168	967	815	663	549	566
巴中	645	735	983	980	827	342	303	347	294	165	36	14	113
资阳	2859	3383	3701	3557	2613	800	728	645	820	822	824	826	262
贵阳	4457	3946	2404	2356	2380	1986	2009	2262	2895	2700	3768	4452	5854
六盘水	3217	2680	3177	3932	3912	4959	5324	4093	4093	4099	4014	5588	5342
遵义	1663	1318	1502	2030	2203	2514	2805	2563	2778	2447	1590	1052	842
安顺	667	651	641	613	719	1406	2094	2097	1681	1429	300	159	266
昆明	5097	4708	4425	4111	4435	6255	5193	4808	3747	3917	5359	3346	3056
曲靖	5555	3112	3420	3098	3078	4558	3224	3224	3014	3847	2586	1486	1423

续表

城市	2006年	2007年	2008年	2009年	2010年	2011年	2012年	2013年	2014年	2015年	2016年	2017年	2018年
玉溪	2310	1808	1758	1879	1510	1520	4994	5045	5456	5352	5533	1954	1977
保山	2946	3193	3361	3709	3645	7924	7930	6542	7941	6727	7509	820	994
昭通	1086	1086	473	463	365	1192	1102	1419	1497	1540	1309	1822	2137
丽江	150	143	156	156	132	471	2969	2808	294	309	321	210	195
普洱	2331	2433	2509	2585	2456	2006	2124	2796	2366	3588	4501	2606	2331
临沧	2613	2097	1904	2163	2290	4925	4493	4568	3682	6441	4661	1004	1030

资料来源：《中国城市统计年鉴》（2006~2018年，历年）。

附表9　长江经济带108个地级及以上城市工业二氧化硫排放量（2006~2018年）

单位：吨

城市	2006年	2007年	2008年	2009年	2010年	2011年	2012年	2013年	2014年	2015年	2016年	2017年	2018年
上海	374327	364416	298000	239348	221476	210091	240100	172900	155360	104900	67376	12651	9100
南京	145751	138352	137577	134026	115507	122156	119155	110665	103949	101021	28639	15416	12375
无锡	141992	116586	96064	93710	99857	96415	86833	83213	78847	76092	61633	50154	40242
徐州	121000	83174	125875	86519	85851	143068	142678	134558	111130	102162	84995	60172	18221
常州	83847	72231	66656	62255	48000	43734	35984	35830	35308	34420	31683	28167	22888
苏州	228962	228962	176990	147286	496377	191925	183401	164970	168413	150010	109594	84388	61674
南通	97498	87281	72153	66166	60740	65253	69821	63010	61812	55062	37115	14518	8299

续表

城市	2006年	2007年	2008年	2009年	2010年	2011年	2012年	2013年	2014年	2015年	2016年	2017年	2018年
连云港	39507	32607	33565	27245	34430	45390	40629	43462	47569	41579	36705	18160	9501
淮安	51754	47056	44790	51037	39597	47879	46937	44957	43055	68540	25214	18258	11222
盐城	39121	35688	29279	29285	31966	37335	40343	44815	45519	41338	29722	19180	11425
扬州	89442	88007	83009	82960	65994	56346	46046	45803	44357	42415	15193	11197	15588
镇江	86405	76478	62068	59007	56402	86868	70455	63190	54579	46329	32477	8993	7095
泰州	42318	41500	58576	57816	52950	52738	51979	50372	54224	34170	15106	11721	10580
宿迁	23827	22829	19296	18251	20072	25997	24948	24634	21413	21301	15127	13634	8486
杭州	121189	118474	91983	92926	88682	91688	86181	82021	80349	63814	39499	26497	17166
宁波	211263	160247	134302	128709	109840	152601	144356	134630	118102	101980	41928	25535	16100
温州	70834	55483	52308	53337	61788	39982	36695	34479	34125	37316	14920	11888	7046
嘉兴	109760	115055	111739	102805	67198	80036	76572	72960	77133	67924	27437	22516	18556
湖州	57187	49512	46316	58695	50976	40285	38474	36806	36521	40226	28298	22117	18757
绍兴	71156	68950	61490	57880	54882	60425	59280	59635	64935	59980	27499	16092	11074
金华	34050	38078	36511	29175	28045	41367	39547	37141	35036	39542	16321	14941	11871
衢州	33329	32432	30889	29752	26322	48024	37428	43359	48069	46792	22609	18937	12322
舟山	27635	26557	24851	23358	22634	15277	13769	13687	11481	12379	1925	1666	984
台州	75494	65624	48378	30878	24552	48981	44209	43170	28083	31868	13211	10958	8004

续表

城市	2006 年	2007 年	2008 年	2009 年	2010 年	2011 年	2012 年	2013 年	2014 年	2015 年	2016 年	2017 年	2018 年
丽水	16141	15227	14789	13853	13372	28382	28019	26816	26248	24228	11616	9501	6908
合肥	27206	24667	27473	30453	31988	49497	45572	41483	42364	40829	39294	9379	6467
芜湖	38189	34100	45840	41203	40765	36289	36789	38116	38706	38064	31872	21245	13128
蚌埠	17708	17135	17614	17432	17735	19004	18700	16970	16407	15926	5662	3633	2471
淮南	116085	106823	112436	113076	98680	70362	67899	60770	59492	60934	35363	29316	24432
马鞍山	51969	50687	49746	51569	60543	66457	67717	64723	58819	48713	18947	17222	12369
淮北	63647	57100	60952	61805	51200	48141	44859	43581	44621	45320	26856	11868	11205
铜陵	45059	44237	40637	40637	40126	38478	37869	36889	31436	27813	12343	11468	8321
安庆	25209	29522	28392	20156	17409	17685	17130	17168	16014	14738	8023	6541	5139
黄山	3288	2643	2674	2405	2440	4105	3238	3184	3009	2971	2920	2888	2838
滁州	18471	19403	17595	15129	13451	17233	17702	18522	20525	18516	11210	6496	4999
阜阳	12377	11478	10735	9071	10405	20454	19201	18267	50657	16827	14831	19770	20165
宿州	11294	10402	14005	13743	14847	30906	30002	29360	26452	25897	25618	12623	10221
六安	13170	5946	11627	10601	15809	15307	14085	13645	14279	14290	4399	2608	1724
亳州	4895	4895	4502	4257	14579	16206	12436	12051	12247	12660	8935	15946	13809
池州	25550	27931	26085	23537	21847	16561	16017	15883	19881	17345	5556	7414	8237
宣城	10555	9631	10149	10007	10045	17023	20346	19790	19357	19195	8641	10993	10000

续表

城市	2006年	2007年	2008年	2009年	2010年	2011年	2012年	2013年	2014年	2015年	2016年	2017年	2018年
南昌	32799	27085	22500	22514	30636	34999	43470	40756	37049	30399	13800	8794	6540
景德镇	50781	48434	47611	43270	35902	35666	27634	27954	29352	29515	15058	9806	4963
萍乡	52219	39994	41179	44577	42358	90749	87127	90051	88039	83117	36747	20808	11347
九江	93099	89264	83092	72570	66817	88950	92076	93816	79681	79995	23955	15858	15662
新余	50700	55501	53631	49718	45654	62309	60637	58335	54292	54027	32136	23232	25984
鹰潭	52181	62783	51505	41001	25501	20103	18892	18937	22238	21564	7428	4070	4212
赣州	26234	22617	26168	31816	29559	51517	50885	52420	51365	57431	31893	26416	21593
吉安	57620	53805	54872	52117	48140	36963	36823	35374	34918	38322	24287	18391	15712
宜春	89947	87842	74805	76503	86721	89866	83384	71715	65333	66593	39424	40599	25284
抚州	22500	17992	18092	20622	22366	20273	19908	19748	19708	19676	19644	8430	6373
上饶	36923	45060	33939	35740	35480	34766	34823	34386	35432	35021	20991	18286	13833
武汉	132613	128281	123660	114579	87256	108500	100072	97600	84500	75035	17917	14100	8693
黄石	86160	93950	90608	83603	74480	91518	83362	82400	65513	63048	23157	16791	12627
十堰	28825	27658	32000	25073	25210	21175	18342	18071	17530	15986	9614	4616	2662
宜昌	40512	36832	34741	34870	69389	70464	65349	55077	5969	72771	25996	21707	16377
襄樊	83868	78116	73441	64762	46861	48780	46667	43958	36726	33617	25264	8214	5672
鄂州	41880	37574	34872	34311	42527	37737	31083	35752	32875	38776	8932	6057	3886

288

续表

城市	2006年	2007年	2008年	2009年	2010年	2011年	2012年	2013年	2014年	2015年	2016年	2017年	2018年
荆门	57925	50572	44618	42125	41168	40877	37083	34602	34602	34602	13368	9350	8478
孝感	48319	46325	44009	41699	36275	42393	45394	42991	39800	34081	18097	9303	9421
荆州	36280	34646	31770	31653	30111	56441	48486	43985	46842	39744	8990	8861	5936
黄冈	11184	10236	11099	11690	13922	23971	20531	17441	15339	16746	7804	5097	3748
咸宁	32259	30011	24073	13839	13400	19733	21768	24009	23510	22400	12600	4286	2786
随州	11075	10321	8621	7925	7810	4317	4327	7922	8017	2777	759	287	212
长沙	48340	49538	60550	52052	54678	26029	21209	21173	19576	15952	6634	3532	2723
株洲	80841	75686	68844	65197	57883	247387	35636	41671	39589	36464	24142	19966	15259
湘潭	79030	72440	62737	67637	66704	57454	42869	46242	39173	38038	29906	29202	14746
衡阳	74965	70741	62331	56680	56543	84526	86499	83738	75889	73232	51706	18317	13700
邵阳	27190	23458	23228	18514	15852	18928	17054	15794	15225	15612	13546	10181	5028
岳阳	69992	69974	67644	62699	57114	52485	60156	58231	53782	43084	19469	13858	9679
常德	58123	65625	56616	63613	47728	46373	39364	37246	38704	33333	17436	8377	4002
张家界	8415	7293	6606	6654	6379	21177	20438	23280	26369	25652	15614	2141	1358
益阳	74107	73185	67731	62647	62145	65188	49085	51294	47525	44136	16008	6389	4858
郴州	59664	67881	47897	45340	40587	45823	47044	39244	38256	36337	14212	8557	8466
永州	20194	19714	19351	21806	20762	26655	24582	23679	23654	22303	8956	4188	3832

续表

城市	2006年	2007年	2008年	2009年	2010年	2011年	2012年	2013年	2014年	2015年	2016年	2017年	2018年
怀化	54648	50436	43916	42218	42160	41276	40095	39017	37677	39561	12502	7401	5527
娄底	91904	88253	88658	74746	75132	3689	4207	100173	94980	87777	43440	14241	8745
重庆	672851	682922	627238	586117	572747	531340	509788	494415	474805	426800	174048	139880	132012
成都	87264	119236	107062	93045	61928	52577	56730	52040	50754	37224	17318	10379	7741
自贡	35171	37538	34978	33321	36611	5256	31337	26995	24761	17732	8105	2833	1832
攀枝花	106415	112334	105934	102724	100568	97858	111301	106256	107066	82227	57388	42063	44895
泸州	31602	42480	42106	83707	91275	61344	46571	41528	33745	30076	25045	12752	11033
德阳	22061	20321	18042	20016	22541	26740	19389	16039	20009	18570	13705	11417	6334
绵阳	72034	47305	42955	43758	46081	38171	35973	35002	34586	32026	9294	5652	6970
广元	35000	34169	34258	32153	35365	26065	21111	20930	18151	18807	6188	4251	3223
遂宁	8410	8916	9378	8089	10989	8038	7859	6694	6765	6658	2922	2079	1404
内江	138465	126047	48859	51891	64586	99781	84414	103305	92236	70516	50084	44260	33210
乐山	74348	78598	78578	80304	77516	56661	51907	46698	42721	45402	41716	32886	19971
南充	7202	9666	3702	3671	5733	10605	9230	7881	7090	7091	7092	7093	1092
眉山	22744	25151	21287	17298	20818	27495	27076	20775	21192	20159	19126	10390	8737
宜宾	135489	120854	106326	80954	86786	123137	138162	106171	91234	84078	76922	26733	22442
广安	31169	33476	33740	63059	74851	67853	56912	66405	44993	41366	41366	12026	6950

续表

城市	2006年	2007年	2008年	2009年	2010年	2011年	2012年	2013年	2014年	2015年	2016年	2017年	2018年
达州	104691	136675	119401	106933	85222	57693	55375	20602	48069	45767	43465	17140	15294
雅安	2724	3592	4322	5487	6652	5988	4899	4899	5933	5277	3581	2808	3955
巴中	10610	8683	8754	8786	8676	2038	1996	1968	1709	2037	2365	2782	2254
资阳	20648	22593	19043	21558	23160	5569	6423	6091	6107	6590	7073	7612	1379
贵阳	107289	115484	85273	84488	84508	81625	65259	70602	70533	57192	40373	50631	16758
六盘水	139969	131459	93887	92159	88517	236022	204043	183321	193500	136992	78915	129604	108918
遵义	13402	85572	73247	48671	66804	79025	85711	93948	96579	74921	46347	45596	38057
安顺	101519	11560	118400	95900	147733	87799	80645	76017	51518	33221	17159	9964	5995
昆明	103273	99308	93263	88337	94265	404340	113277	101669	61456	74017	80083	50882	48119
曲靖	79335	82741	74991	105095	172800	217663	175178	175178	161422	171413	144804	100082	96064
玉溪	14700	12061	18331	11478	10056	11026	29899	43911	46766	32385	33912	32452	31911
保山	7322	7965	7772	8186	7169	14869	16996	15136	15333	14131	14131	9258	6720
昭通	9116	9547	9563	9348	9037	13261	31519	32441	27976	25273	18663	10906	9748
丽江	4326	3512	3958	4241	3723	7151	7387	6831	6787	6748	6744	4521	4476
普洱	10456	10845	10238	9645	8723	9351	9642	8205	8351	7718	6034	5799	5534
临沧	3647	3505	3252	3240	3627	28090	28547	28251	27184	26743	15333	2837	2169

资料来源:《中国城市统计年鉴》(2006～2018年, 历年)。

291

附表 10　长江经济带 108 个地级及以上城市污染指数（2006～2018 年）

城市	2006 年	2007 年	2008 年	2009 年	2010 年	2011 年	2012 年	2013 年	2014 年	2015 年	2016 年	2017 年	2018 年
上海	0.0444	0.0448	0.0435	0.0418	0.0404	0.0425	0.0403	0.0424	0.0427	0.0422	0.0427	0.0435	0.0385
南京	0.0384	0.0384	0.0384	0.0381	0.0370	0.0362	0.0364	0.0366	0.0363	0.0369	0.0355	0.0345	0.0347
无锡	0.0400	0.0387	0.0383	0.0380	0.0369	0.0359	0.0341	0.0353	0.0355	0.0358	0.0381	0.0492	0.0396
徐州	0.0327	0.0318	0.0332	0.0321	0.0322	0.0344	0.0356	0.0354	0.0343	0.0344	0.0369	0.0417	0.0315
常州	0.0345	0.0354	0.0357	0.0362	0.0359	0.0330	0.0429	0.0317	0.0320	0.0323	0.0333	0.0372	0.0350
苏州	0.0450	0.0460	0.0429	0.0420	0.0523	0.0468	0.0375	0.0463	0.0469	0.0467	0.0494	0.0741	0.0482
南通	0.0330	0.0330	0.0330	0.0330	0.0326	0.0337	0.0318	0.0330	0.0337	0.0336	0.0346	0.0327	0.0335
连云港	0.0299	0.0297	0.0298	0.0299	0.0299	0.0309	0.0316	0.0307	0.0312	0.0314	0.0323	0.0286	0.0307
淮安	0.0305	0.0307	0.0312	0.0314	0.0312	0.0315	0.0337	0.0312	0.0314	0.0323	0.0313	0.0279	0.0307
盐城	0.0307	0.0307	0.0307	0.0309	0.0314	0.0330	0.0315	0.0330	0.0335	0.0333	0.0336	0.0328	0.0326
扬州	0.0324	0.0319	0.0322	0.0324	0.0317	0.0315	0.0318	0.0315	0.0317	0.0317	0.0308	0.0275	0.0325
镇江	0.0320	0.0318	0.0316	0.0317	0.0313	0.0328	0.0322	0.0321	0.0321	0.0319	0.0322	0.0260	0.0309
泰州	0.0322	0.0319	0.0326	0.0329	0.0324	0.0320	0.0310	0.0313	0.0317	0.0310	0.0302	0.0263	0.0310
宿迁	0.0296	0.0296	0.0297	0.0300	0.0299	0.0300	0.0373	0.0299	0.0301	0.0300	0.0301	0.0276	0.0311
杭州	0.0430	0.0439	0.0437	0.0443	0.0439	0.0396	0.0349	0.0383	0.0385	0.0379	0.0382	0.0437	0.0377
宁波	0.0357	0.0350	0.0348	0.0350	0.0345	0.0363	0.0343	0.0363	0.0357	0.0354	0.0351	0.0370	0.0350
温州	0.0318	0.0314	0.0316	0.0314	0.0328	0.0308	0.0340	0.0307	0.0307	0.0310	0.0300	0.0262	0.0304

续表

城市	2006 年	2007 年	2008 年	2009 年	2010 年	2011 年	2012 年	2013 年	2014 年	2015 年	2016 年	2017 年	2018 年
嘉兴	0.0334	0.0337	0.0340	0.0343	0.0335	0.0346	0.0329	0.0346	0.0352	0.0355	0.0349	0.0393	0.0365
湖州	0.0312	0.0312	0.0315	0.0320	0.0316	0.0316	0.0354	0.0315	0.0317	0.0316	0.0320	0.0322	0.0332
绍兴	0.0343	0.0349	0.0349	0.0351	0.0348	0.0360	0.0321	0.0353	0.0360	0.0361	0.0361	0.0406	0.0373
金华	0.0306	0.0312	0.0311	0.0313	0.0312	0.0313	0.0324	0.0311	0.0311	0.0314	0.0305	0.0285	0.0319
衢州	0.0316	0.0317	0.0320	0.0318	0.0311	0.0319	0.0300	0.0324	0.0326	0.0327	0.0321	0.0325	0.0328
舟山	0.0293	0.0292	0.0294	0.0296	0.0293	0.0291	0.0301	0.0291	0.0292	0.0292	0.0279	0.0209	0.0288
台州	0.0309	0.0307	0.0306	0.0303	0.0300	0.0308	0.0312	0.0355	0.0307	0.0308	0.0300	0.0264	0.0309
丽水	0.0304	0.0301	0.0302	0.0303	0.0299	0.0305	0.0301	0.0303	0.0305	0.0304	0.0293	0.0246	0.0300
合肥	0.0299	0.0298	0.0295	0.0298	0.0298	0.0308	0.0310	0.0307	0.0312	0.0309	0.0321	0.0254	0.0304
芜湖	0.0298	0.0301	0.0304	0.0305	0.0302	0.0298	0.0302	0.0308	0.0304	0.0307	0.0309	0.0288	0.0311
蚌埠	0.0301	0.0301	0.0301	0.0301	0.0298	0.0296	0.0311	0.0296	0.0295	0.0294	0.0284	0.0218	0.0291
淮南	0.0320	0.0318	0.0324	0.0326	0.0320	0.0322	0.0311	0.0322	0.0325	0.0325	0.0315	0.0324	0.0326
马鞍山	0.0310	0.0311	0.0313	0.0314	0.0309	0.0315	0.0318	0.0316	0.0318	0.0317	0.0310	0.0306	0.0327
淮北	0.0302	0.0300	0.0303	0.0306	0.0301	0.0301	0.0308	0.0301	0.0303	0.0311	0.0305	0.0246	0.0302
铜陵	0.0301	0.0301	0.0302	0.0304	0.0302	0.0301	0.0305	0.0305	0.0306	0.0304	0.0295	0.0253	0.0303
安庆	0.0295	0.0298	0.0300	0.0301	0.0298	0.0296	0.0291	0.0297	0.0298	0.0298	0.0291	0.0234	0.0297
黄山	0.0288	0.0287	0.0288	0.0291	0.0288	0.0285	0.0296	0.0284	0.0286	0.0285	0.0278	0.0209	0.0289

续表

城市	2006年	2007年	2008年	2009年	2010年	2011年	2012年	2013年	2014年	2015年	2016年	2017年	2018年
滁州	0.0293	0.0294	0.0296	0.0306	0.0300	0.0294	0.0296	0.0300	0.0302	0.0302	0.0293	0.0232	0.0295
阜阳	0.0291	0.0291	0.0292	0.0294	0.0291	0.0294	0.0298	0.0293	0.0306	0.0295	0.0293	0.0275	0.0314
宿州	0.0289	0.0289	0.0292	0.0295	0.0294	0.0304	0.0299	0.0299	0.0301	0.0305	0.0305	0.0251	0.0302
六安	0.0296	0.0294	0.0297	0.0298	0.0294	0.0292	0.0294	0.0292	0.0294	0.0293	0.0280	0.0208	0.0287
亳州	0.0288	0.0287	0.0288	0.0291	0.0291	0.0293	0.0291	0.0290	0.0293	0.0295	0.0286	0.0261	0.0304
池州	0.0292	0.0294	0.0293	0.0295	0.0292	0.0290	0.0298	0.0291	0.0295	0.0292	0.0281	0.0223	0.0295
宣城	0.0296	0.0295	0.0296	0.0299	0.0298	0.0296	0.0301	0.0299	0.0298	0.0298	0.0286	0.0242	0.0300
南昌	0.0307	0.0307	0.0308	0.0309	0.0310	0.0309	0.0314	0.0315	0.0314	0.0315	0.0312	0.0295	0.0303
景德镇	0.0304	0.0303	0.0304	0.0306	0.0302	0.0308	0.0298	0.0303	0.0308	0.0308	0.0297	0.0250	0.0298
萍乡	0.0298	0.0295	0.0297	0.0301	0.0298	0.0313	0.0330	0.0315	0.0316	0.0316	0.0310	0.0270	0.0299
九江	0.0315	0.0314	0.0317	0.0317	0.0316	0.0325	0.0323	0.0333	0.0332	0.0348	0.0317	0.0298	0.0330
新余	0.0304	0.0305	0.0306	0.0307	0.0306	0.0313	0.0309	0.0311	0.0311	0.0315	0.0310	0.0289	0.0322
鹰潭	0.0306	0.0309	0.0304	0.0304	0.0299	0.0296	0.0312	0.0294	0.0295	0.0296	0.0284	0.0218	0.0292
赣州	0.0300	0.0302	0.0308	0.0311	0.0309	0.0317	0.0310	0.0319	0.0324	0.0331	0.0327	0.0319	0.0326
吉安	0.0312	0.0313	0.0320	0.0320	0.0315	0.0304	0.0310	0.0301	0.0302	0.0305	0.0304	0.0278	0.0313
宜春	0.0307	0.0307	0.0308	0.0313	0.0314	0.0324	0.0318	0.0318	0.0320	0.0324	0.0322	0.0352	0.0325
抚州	0.0300	0.0306	0.0309	0.0304	0.0298	0.0296	0.0300	0.0295	0.0296	0.0297	0.0299	0.0236	0.0297

续表

城市	2006年	2007年	2008年	2009年	2010年	2011年	2012年	2013年	2014年	2015年	2016年	2017年	2018年
上饶	0.0300	0.0300	0.0301	0.0304	0.0302	0.0301	0.0308	0.0302	0.0306	0.0310	0.0308	0.0296	0.0319
武汉	0.0353	0.0352	0.0354	0.0354	0.0344	0.0356	0.0325	0.0341	0.0347	0.0343	0.0322	0.0317	0.0329
黄石	0.0317	0.0319	0.0320	0.0322	0.0317	0.0322	0.0314	0.0318	0.0317	0.0317	0.0305	0.0276	0.0310
十堰	0.0297	0.0294	0.0297	0.0298	0.0295	0.0293	0.0329	0.0292	0.0294	0.0293	0.0285	0.0216	0.0289
宜昌	0.0308	0.0309	0.0313	0.0317	0.0326	0.0339	0.0321	0.0335	0.0323	0.0348	0.0311	0.0303	0.0322
襄樊	0.0321	0.0322	0.0324	0.0322	0.0315	0.0312	0.0303	0.0313	0.0313	0.0313	0.0309	0.0250	0.0303
鄂州	0.0298	0.0297	0.0299	0.0301	0.0299	0.0299	0.0303	0.0298	0.0298	0.0301	0.0284	0.0228	0.0294
荆门	0.0306	0.0308	0.0307	0.0309	0.0307	0.0303	0.0306	0.0300	0.0303	0.0303	0.0290	0.0238	0.0300
孝感	0.0305	0.0305	0.0309	0.0306	0.0304	0.0305	0.0319	0.0306	0.0307	0.0305	0.0301	0.0251	0.0307
荆州	0.0302	0.0301	0.0302	0.0304	0.0302	0.0324	0.0306	0.0316	0.0320	0.0321	0.0295	0.0251	0.0301
黄冈	0.0292	0.0292	0.0295	0.0297	0.0294	0.0294	0.0295	0.0294	0.0295	0.0295	0.0285	0.0223	0.0292
咸宁	0.0296	0.0295	0.0296	0.0295	0.0292	0.0293	0.0295	0.0294	0.0295	0.0295	0.0288	0.0220	0.0291
随州	0.0289	0.0288	0.0290	0.0292	0.0289	0.0287	0.0293	0.0288	0.0290	0.0287	0.0276	0.0198	0.0285
长沙	0.0301	0.0302	0.0307	0.0307	0.0306	0.0297	0.0303	0.0297	0.0299	0.0300	0.0291	0.0233	0.0297
株洲	0.0316	0.0315	0.0315	0.0318	0.0313	0.0368	0.0307	0.0309	0.0309	0.0305	0.0304	0.0275	0.0308
湘潭	0.0316	0.0319	0.0319	0.0322	0.0314	0.0316	0.0323	0.0307	0.0307	0.0308	0.0308	0.0307	0.0309
衡阳	0.0312	0.0311	0.0312	0.0314	0.0311	0.0319	0.0321	0.0323	0.0322	0.0323	0.0333	0.0279	0.0310

城市	2006年	2007年	2008年	2009年	2010年	2011年	2012年	2013年	2014年	2015年	2016年	2017年	2018年
邵阳	0.0302	0.0302	0.0302	0.0302	0.0300	0.0299	0.0316	0.0305	0.0303	0.0299	0.0290	0.0236	0.0293
岳阳	0.0317	0.0318	0.0320	0.0323	0.0319	0.0322	0.0327	0.0325	0.0323	0.0323	0.0312	0.0284	0.0313
常德	0.0311	0.0320	0.0316	0.0325	0.0317	0.0314	0.0298	0.0316	0.0318	0.0316	0.0299	0.0240	0.0299
张家界	0.0287	0.0286	0.0288	0.0289	0.0286	0.0289	0.0303	0.0291	0.0293	0.0293	0.0287	0.0203	0.0285
益阳	0.0311	0.0311	0.0313	0.0316	0.0313	0.0312	0.0307	0.0308	0.0309	0.0310	0.0299	0.0237	0.0297
郴州	0.0309	0.0309	0.0307	0.0309	0.0306	0.0315	0.0318	0.0312	0.0315	0.0315	0.0298	0.0242	0.0303
永州	0.0295	0.0295	0.0295	0.0299	0.0296	0.0300	0.0300	0.0298	0.0299	0.0299	0.0286	0.0214	0.0289
怀化	0.0307	0.0305	0.0305	0.0308	0.0306	0.0310	0.0309	0.0307	0.0309	0.0309	0.0291	0.0232	0.0295
娄底	0.0332	0.0329	0.0333	0.0322	0.0320	0.0303	0.0299	0.0328	0.0326	0.0325	0.0318	0.0255	0.0298
重庆	0.0570	0.0555	0.0556	0.0552	0.0512	0.0499	0.0496	0.0503	0.0513	0.0514	0.0516	0.0780	0.0509
成都	0.0341	0.0352	0.0347	0.0352	0.0321	0.0321	0.0324	0.0319	0.0321	0.0321	0.0313	0.0282	0.0317
自贡	0.0296	0.0296	0.0298	0.0299	0.0298	0.0288	0.0299	0.0294	0.0295	0.0293	0.0284	0.0211	0.0288
攀枝花	0.0311	0.0312	0.0313	0.0317	0.0314	0.0315	0.0326	0.0324	0.0324	0.0318	0.0329	0.0349	0.0353
泸州	0.0306	0.0311	0.0309	0.0320	0.0319	0.0307	0.0306	0.0302	0.0301	0.0302	0.0303	0.0259	0.0309
德阳	0.0299	0.0297	0.0297	0.0301	0.0299	0.0303	0.0303	0.0300	0.0304	0.0301	0.0296	0.0254	0.0302
绵阳	0.0312	0.0310	0.0313	0.0314	0.0312	0.0311	0.0309	0.0304	0.0307	0.0309	0.0288	0.0227	0.0296
广元	0.0297	0.0298	0.0299	0.0300	0.0298	0.0292	0.0292	0.0290	0.0290	0.0291	0.0280	0.0211	0.0289

续表

城市	2006年	2007年	2008年	2009年	2010年	2011年	2012年	2013年	2014年	2015年	2016年	2017年	2018年
遂宁	0.0290	0.0290	0.0292	0.0294	0.0293	0.0288	0.0290	0.0286	0.0289	0.0288	0.0280	0.0211	0.0288
内江	0.0325	0.0323	0.0302	0.0306	0.0306	0.0316	0.0316	0.0321	0.0320	0.0314	0.0324	0.0350	0.0327
乐山	0.0313	0.0315	0.0317	0.0319	0.0315	0.0308	0.0308	0.0305	0.0307	0.0310	0.0321	0.0333	0.0322
南充	0.0290	0.0288	0.0289	0.0290	0.0287	0.0290	0.0294	0.0291	0.0291	0.0291	0.0287	0.0236	0.0287
眉山	0.0303	0.0306	0.0314	0.0298	0.0307	0.0296	0.0305	0.0296	0.0299	0.0304	0.0313	0.0246	0.0301
宜宾	0.0329	0.0331	0.0330	0.0327	0.0327	0.0332	0.0342	0.0327	0.0331	0.0361	0.0433	0.0322	0.0329
广安	0.0293	0.0295	0.0297	0.0307	0.0308	0.0305	0.0305	0.0310	0.0302	0.0301	0.0312	0.0243	0.0294
达州	0.0315	0.0321	0.0321	0.0322	0.0312	0.0304	0.0302	0.0293	0.0304	0.0304	0.0316	0.0258	0.0305
雅安	0.0288	0.0288	0.0291	0.0291	0.0289	0.0287	0.0288	0.0286	0.0287	0.0286	0.0279	0.0208	0.0290
巴中	0.0288	0.0287	0.0289	0.0291	0.0288	0.0283	0.0286	0.0283	0.0285	0.0284	0.0276	0.0205	0.0286
资阳	0.0293	0.0294	0.0296	0.0298	0.0295	0.0285	0.0288	0.0285	0.0287	0.0287	0.0282	0.0226	0.0286
贵阳	0.0316	0.0317	0.0310	0.0313	0.0311	0.0310	0.0308	0.0309	0.0313	0.0309	0.0318	0.0391	0.0322
六盘水	0.0321	0.0318	0.0314	0.0318	0.0314	0.0360	0.0356	0.0348	0.0355	0.0341	0.0351	0.0661	0.0433
遵义	0.0290	0.0305	0.0306	0.0303	0.0306	0.0310	0.0316	0.0317	0.0321	0.0315	0.0317	0.0353	0.0332
安顺	0.0308	0.0287	0.0315	0.0313	0.0325	0.0310	0.0313	0.0310	0.0304	0.0298	0.0289	0.0230	0.0291
昆明	0.0316	0.0314	0.0316	0.0317	0.0317	0.0412	0.0329	0.0324	0.0311	0.0318	0.0356	0.0385	0.0352
曲靖	0.0311	0.0308	0.0309	0.0320	0.0336	0.0354	0.0344	0.0344	0.0343	0.0353	0.0404	0.0537	0.0405

续表

城市	2006年	2007年	2008年	2009年	2010年	2011年	2012年	2013年	2014年	2015年	2016年	2017年	2018年
玉溪	0.0291	0.0289	0.0292	0.0293	0.0289	0.0288	0.0303	0.0306	0.0310	0.0306	0.0317	0.0315	0.0328
保山	0.0290	0.0291	0.0292	0.0295	0.0292	0.0301	0.0305	0.0300	0.0305	0.0302	0.0305	0.0231	0.0295
昭通	0.0288	0.0287	0.0288	0.0290	0.0287	0.0288	0.0297	0.0295	0.0296	0.0295	0.0293	0.0243	0.0302
丽江	0.0285	0.0284	0.0286	0.0288	0.0285	0.0285	0.0293	0.0290	0.0286	0.0286	0.0280	0.0212	0.0289
普洱	0.0290	0.0290	0.0292	0.0293	0.0290	0.0289	0.0292	0.0290	0.0291	0.0293	0.0291	0.0231	0.0297
临沧	0.0289	0.0288	0.0289	0.0291	0.0289	0.0299	0.0302	0.0300	0.0300	0.0306	0.0299	0.0211	0.0289

资料来源：笔者测算并整理。

附表 11　长江经济带 108 个地级及以上城市生态效率（2006～2018 年）

城市	2006年	2007年	2008年	2009年	2010年	2011年	2012年	2013年	2014年	2015年	2016年	2017年	2018年
上海	0.4560	0.4843	0.5126	0.5485	0.6468	0.6348	0.6714	0.6766	0.7042	0.7455	0.7952	0.8801	1.0000
南京	0.3423	0.3604	0.3826	0.3876	0.4052	0.4265	0.4459	0.4251	0.4534	0.4772	0.4813	0.5446	0.5747
无锡	0.6108	0.6474	0.6835	0.7031	0.6872	0.7992	0.9243	0.8501	0.9130	0.9666	1.0000	0.8339	1.0000
徐州	0.4591	0.5369	0.5203	0.5115	0.4961	0.5312	0.5527	0.5353	0.5668	0.6143	0.6237	0.7045	0.6801
常州	0.3325	0.3431	0.3690	0.3792	0.4069	0.4527	0.4673	0.5000	0.5405	0.5445	0.5702	0.5908	0.6098
苏州	0.7245	0.7352	0.8491	1.0000	0.8814	1.0000	0.9018	0.7792	0.8385	0.9172	1.0000	0.7791	1.0000
南通	0.5721	0.6563	0.6828	0.6426	0.6827	0.7732	1.0000	0.7143	0.7633	0.8083	0.9058	0.7649	0.8032

续表

城市	2006 年	2007 年	2008 年	2009 年	2010 年	2011 年	2012 年	2013 年	2014 年	2015 年	2016 年	2017 年	2018 年
连云港	0.3083	0.3122	0.3172	0.3326	0.3514	0.4102	0.4281	0.4648	0.4034	0.4586	0.4680	0.4389	0.4365
淮安	0.3174	0.3203	0.3005	0.2933	0.2917	0.3723	0.3979	0.4076	0.4428	0.4568	0.4483	0.5355	0.4898
盐城	0.5878	0.6602	0.7253	0.6805	0.6978	0.8530	0.9413	0.9642	1.0000	0.8467	0.9132	1.0000	1.0000
扬州	0.5296	0.5357	0.5330	0.5682	0.6104	0.6158	0.6039	0.5622	0.5819	0.6052	0.6221	0.6557	0.6785
镇江	0.4639	0.4802	0.4989	0.5105	0.4920	0.5476	0.5864	0.6032	0.6479	0.6641	0.6880	0.7535	0.6699
泰州	0.5847	0.6077	0.6538	0.6652	0.6917	0.8562	0.9104	0.7244	0.7395	0.7848	0.8287	0.9001	0.8770
宿迁	0.3907	0.3819	0.3849	0.3897	0.3492	0.4183	0.3842	0.3816	0.3927	0.4213	0.4298	0.4472	0.4815
杭州	0.4357	0.4476	0.4651	0.4703	0.5182	0.5477	0.5635	0.5632	0.5512	0.6039	0.7031	0.6810	0.6574
宁波	0.4867	0.5268	0.5489	0.5256	0.5820	0.6022	0.5962	0.6237	0.6369	0.6453	0.6317	0.5766	1.0000
温州	0.5262	0.5592	0.6186	0.6238	0.6554	0.5483	0.5573	0.5918	0.6055	0.6491	0.6336	0.5468	0.5851
嘉兴	0.5541	0.6060	0.6748	0.6739	0.6735	0.7574	0.8092	0.7952	0.8479	0.9098	0.9497	0.7520	1.0000
湖州	0.3900	0.4620	0.4719	0.4562	0.4994	0.5341	0.5061	0.5580	0.5693	0.5870	0.5893	0.5075	0.4783
绍兴	0.7429	0.8043	0.8545	0.8756	0.8823	0.9604	1.0000	0.5115	0.5023	0.5027	0.5103	0.4893	0.5366
金华	0.6876	0.7644	0.8765	1.0000	0.9483	1.0000	0.9460	1.0000	1.0000	1.0000	1.0000	1.0000	0.7785
衢州	0.2764	0.2915	0.3181	0.3208	0.3370	0.3903	0.4158	0.4121	0.3989	0.3606	0.3803	0.4096	0.4104
舟山	0.3672	0.3683	0.3776	0.3704	0.4042	0.4421	0.4533	0.4515	0.3908	0.4088	0.4407	0.5726	0.6607
台州	0.6530	0.6536	0.7088	0.6974	0.7530	0.8000	0.7709	0.7296	0.7550	0.7787	0.8038	0.6562	0.6698

续表

城市	2006 年	2007 年	2008 年	2009 年	2010 年	2011 年	2012 年	2013 年	2014 年	2015 年	2016 年	2017 年	2018 年
丽水	0.4549	0.4264	0.5115	0.5269	0.5645	0.5957	0.5717	0.5714	0.5718	0.5697	0.5801	0.4765	1.0000
合肥	0.3687	0.3270	0.3493	0.3778	0.4191	0.4205	0.4420	0.4444	0.4596	0.4682	0.4815	0.4738	0.4768
芜湖	0.3166	0.3140	0.2904	0.2841	0.2844	0.3404	0.3561	0.3349	0.4810	0.3910	0.3938	0.4128	0.4174
蚌埠	0.3797	0.3668	0.3534	0.3302	0.3059	0.3271	0.3109	0.3238	0.3458	0.3942	0.5664	0.5009	0.4110
淮南	0.2085	0.2077	0.2991	0.2813	0.2803	0.2821	0.3220	0.2654	0.2698	0.2710	0.2803	0.2721	0.2979
马鞍山	0.3145	0.3276	0.3247	0.3140	0.3248	0.3488	0.3615	0.3001	0.2830	0.2923	0.3271	0.3854	0.4170
淮北	0.2276	0.2564	0.2678	0.2381	0.2433	0.2614	0.2717	0.2610	0.2683	0.2636	0.2746	0.2966	0.3004
铜陵	0.2977	0.3069	0.2997	0.3343	0.2958	0.3447	0.3334	0.3089	0.3100	0.3114	0.2979	0.3138	0.3328
安庆	0.3552	0.3963	0.3850	0.3487	0.3763	0.4228	0.4700	0.4261	0.4535	0.4896	0.5455	0.5838	0.4801
黄山	0.3271	0.3183	0.3233	0.3172	0.3027	0.3452	0.3419	0.3492	0.3572	0.3622	0.3650	0.3383	0.3183
滁州	0.5029	0.4027	0.4078	0.4444	0.4382	0.5493	0.4752	0.4700	0.4825	0.4901	0.5261	0.4577	0.4506
阜阳	0.4060	0.4404	0.4636	0.4463	0.4433	0.4485	0.4403	0.4243	0.4436	0.3852	0.3692	0.3567	0.3558
宿州	0.5048	0.4940	0.4723	0.4200	0.4113	0.4406	0.4462	0.4372	0.4386	0.4156	0.4428	0.5360	0.5789
六安	0.2974	0.3797	0.4696	0.4982	0.4470	0.3900	0.4413	0.4279	0.5938	0.3957	0.4150	0.4074	0.3534
亳州	0.5661	0.5896	0.6078	0.5918	0.5090	0.5609	0.5442	0.5210	0.5280	0.5409	0.4989	0.4917	0.4461
池州	0.2624	0.2260	0.1890	0.2457	0.2190	0.2692	0.2679	0.2444	0.2445	0.4232	0.3046	0.2415	0.2729
宣城	0.4317	0.3897	0.4081	0.3813	0.3693	0.4191	0.4181	0.3918	0.4329	0.4355	0.4623	0.3610	0.3692

续表

城市	2006 年	2007 年	2008 年	2009 年	2010 年	2011 年	2012 年	2013 年	2014 年	2015 年	2016 年	2017 年	2018 年
南昌	0.3760	0.3705	0.3848	0.4100	0.3983	0.4185	0.4432	0.4254	0.4990	0.5120	0.5235	0.5149	0.5348
景德镇	0.3062	0.3109	0.3021	0.3502	0.2817	0.3651	0.3898	0.3903	0.3998	0.4118	0.4198	0.3498	0.3468
萍乡	0.2466	0.2506	0.2259	0.2149	0.2098	0.2593	0.2576	0.2997	0.3146	0.3283	0.3542	0.3763	0.3757
九江	0.2810	0.3067	0.3344	0.3283	0.3349	0.4386	0.4301	0.4319	0.4724	0.4792	0.5048	0.4596	0.4635
新余	0.1852	0.1834	0.2109	0.2709	0.2877	0.2857	0.3122	0.2865	0.2658	0.2834	0.2904	0.3343	0.3231
鹰潭	0.3645	0.4353	0.4212	0.3884	0.3869	0.4202	0.4385	0.4614	0.4601	0.4686	0.4848	0.3406	0.3145
赣州	0.4217	0.4256	0.4122	0.5687	0.5341	0.6149	0.6089	0.5893	0.4831	0.4919	0.5468	0.3942	0.3712
吉安	0.5717	0.5088	0.4346	0.4259	0.4961	0.5220	0.5459	0.5542	0.5402	0.5419	0.5499	0.4667	0.4629
宜春	0.6084	0.5914	0.5871	0.5630	0.6613	0.6448	0.7434	0.6093	0.6027	0.5792	0.5636	0.4069	0.4188
抚州	0.3738	0.3151	0.3159	0.3564	0.3863	0.4439	0.4377	0.4398	0.4607	0.4651	0.4680	0.3850	0.3714
上饶	0.4098	0.4157	0.5049	0.7070	0.6547	0.8125	1.0000	0.9163	1.0000	0.5877	0.5592	0.4491	0.4546
武汉	0.3348	0.3594	0.3748	0.3891	0.4028	0.4100	0.4472	0.4718	0.5147	0.5447	0.6080	0.5882	0.6404
黄石	0.2819	0.2995	0.3168	0.2892	0.2869	0.3175	0.3502	0.3402	0.3296	0.3493	0.3963	0.3642	0.3651
十堰	0.2808	0.3217	0.3047	0.3065	0.3133	0.3357	0.3068	0.3158	0.3104	0.3227	0.3332	0.3490	0.3268
宜昌	0.3669	0.4145	0.4331	0.4016	0.4179	0.4621	0.4873	0.4429	0.4670	0.4723	0.5555	0.4962	0.5049
襄樊	0.4312	0.4526	0.4696	0.4438	0.4779	0.5078	0.4964	0.4993	0.5020	0.5742	0.6011	0.6264	0.6112
鄂州	0.2072	0.2048	0.2498	0.2339	0.2204	0.2651	0.2467	0.2631	0.2605	0.2574	0.2695	0.2968	0.2884

续表

城市	2006 年	2007 年	2008 年	2009 年	2010 年	2011 年	2012 年	2013 年	2014 年	2015 年	2016 年	2017 年	2018 年
荆门	0.3481	0.3656	0.3810	0.3845	0.3734	0.3709	0.3670	0.3766	0.3758	0.3761	0.4034	0.4807	0.4501
孝感	0.5303	0.5422	0.5572	1.0000	0.5457	0.5430	0.5243	0.5240	0.5011	0.5064	0.4895	0.3865	0.4783
荆州	0.3503	0.3218	0.3228	0.3419	0.3603	0.3695	0.3410	0.3554	0.3539	0.4088	0.3760	0.3516	0.3476
黄冈	0.5471	0.5534	0.5827	0.5986	0.6611	0.7668	0.7532	0.7778	0.7954	0.7886	1.0000	0.4967	0.5149
咸宁	0.3242	0.3615	0.3880	0.3590	0.3077	0.4774	0.4169	0.4511	0.4711	0.4955	0.4832	0.4249	0.3888
随州	0.3992	0.3709	0.3490	0.3377	0.3193	0.3566	0.3970	0.3957	0.3992	0.4057	0.4572	0.3780	0.3294
长沙	0.4708	0.5302	0.5649	0.5774	0.6045	0.6304	0.7180	0.7726	0.9184	1.0000	1.0000	1.0000	0.6683
株洲	0.3427	0.3752	0.3982	0.3968	0.4049	0.3925	0.4114	0.3972	0.4272	0.4636	0.5127	0.4699	0.5008
湘潭	0.3152	0.3319	0.3474	0.3054	0.3085	0.3711	0.3588	0.3893	0.3640	0.4057	0.4263	0.5101	0.5405
衡阳	0.4472	0.4745	0.4621	0.4424	0.4198	0.4195	0.4454	0.4395	0.4531	0.4923	0.4951	0.5557	1.0000
邵阳	0.3876	0.4126	0.4198	0.4116	0.4342	0.4902	0.4841	0.4480	0.4675	0.4842	0.4959	0.3725	0.4010
岳阳	0.4443	0.4507	0.4492	0.4264	0.4482	0.4801	0.5078	0.4937	0.5495	0.5793	0.6248	0.6602	0.8495
常德	0.7265	1.0000	1.0000	0.8060	0.8624	1.0000	0.9279	0.8312	0.7303	0.8685	0.8655	0.8066	0.7378
张家界	0.3850	0.3878	0.4245	0.3462	0.3924	0.4391	0.5201	0.4238	0.4420	0.4649	0.4596	0.4056	0.4265
益阳	0.4158	0.4405	0.4353	0.4425	0.4560	0.4970	0.4979	0.4631	0.4856	0.6282	0.6983	0.4944	0.4838
郴州	0.4281	0.4525	0.4577	0.4061	0.4155	0.4529	0.4897	0.4983	0.5329	0.5603	1.0000	0.5663	0.5478
永州	0.3909	0.3702	0.3759	0.3611	0.3651	0.4543	0.5391	0.5624	0.5357	0.5695	0.5807	0.5404	0.4178

续表

城市	2006年	2007年	2008年	2009年	2010年	2011年	2012年	2013年	2014年	2015年	2016年	2017年	2018年
怀化	0.4188	0.4217	0.4414	0.3385	0.3617	0.3889	0.4710	0.4955	0.4843	0.5221	0.5186	0.4255	0.4148
娄底	0.4098	0.4801	1.0000	0.3776	0.4271	0.4346	0.4215	0.3906	0.3878	0.4098	0.4319	0.4637	0.5983
重庆	0.2954	0.3014	0.3366	0.3482	0.3739	0.4077	0.4042	0.4015	0.4110	0.4275	0.4774	0.4351	0.5374
成都	0.4757	0.5218	0.5263	0.4269	0.4671	0.5529	0.5705	0.5622	1.0000	0.6899	0.6289	0.5156	0.5513
自贡	0.5026	0.4992	0.4911	0.4515	0.4733	0.4725	0.4876	0.5198	0.6024	0.6798	0.7544	0.6791	0.6334
攀枝花	0.2693	0.2808	0.2966	0.2735	0.2882	0.3128	0.3229	0.3252	0.3181	0.3401	0.3656	0.3562	0.4487
泸州	0.3394	0.3751	0.3776	0.3568	0.3624	0.3957	0.4188	0.3875	0.3732	0.3950	0.3986	0.4178	0.3684
德阳	1.0000	0.9194	0.6737	0.4211	0.4981	0.6506	0.6794	0.6801	0.7296	0.7760	0.8242	0.6718	0.7743
绵阳	0.4953	0.5085	0.4358	0.3617	0.3916	0.4991	0.5245	0.5017	0.5303	0.6559	0.5558	0.5545	0.7729
广元	0.2219	0.2361	0.2220	0.1551	0.1718	0.1933	0.2435	0.2422	0.2541	0.2648	0.2842	0.2979	0.2817
遂宁	0.3297	0.3651	0.3861	0.3369	0.3950	0.4232	0.4441	0.4350	0.4262	0.4329	0.4580	0.4403	0.4192
内江	0.4837	0.5306	0.5561	0.5719	0.6328	0.5931	0.6908	0.6448	0.6330	0.6355	0.6322	0.5093	0.5783
乐山	0.2768	0.3132	0.3372	0.3147	0.3282	0.4277	0.4475	0.4550	0.4707	0.4758	0.5048	0.4590	0.5022
南充	0.3642	0.4006	0.3924	0.3762	0.3904	0.4360	0.4593	0.4752	0.4644	0.4804	0.4574	0.4419	0.4351
眉山	0.3192	0.3143	0.3466	0.3474	0.3937	0.3975	0.3778	0.3710	0.5238	0.5243	0.4633	0.4691	0.4409
宜宾	0.3597	0.3650	0.3991	0.3820	0.4070	0.4457	0.4708	0.4742	0.4961	0.5100	0.5304	0.5478	0.5027
广安	0.5189	0.5176	0.5507	0.5803	0.5669	0.6344	0.7336	0.5463	0.5462	0.4825	1.0000	0.5451	0.4563

续表

城市	2006年	2007年	2008年	2009年	2010年	2011年	2012年	2013年	2014年	2015年	2016年	2017年	2018年
达州	0.4259	0.4311	0.4288	0.4052	0.4526	0.4709	0.4993	0.5472	0.4155	0.4505	0.4813	0.4566	0.4254
雅安	0.2794	0.2912	0.2850	0.2627	0.3048	0.4493	0.3344	0.4166	0.4026	0.4075	0.4697	0.4763	0.5015
巴中	0.4046	0.3812	0.3984	0.4028	0.4147	0.4188	0.3913	0.2966	0.2699	0.2753	0.2406	0.2094	0.1976
资阳	0.5987	0.6241	0.6139	0.6014	0.6437	0.7349	0.8314	0.7670	0.8139	1.0000	1.0000	1.0000	1.0000
贵阳	0.2152	0.2186	0.2385	0.2452	0.2377	0.2728	0.2712	0.2775	0.3413	0.3802	0.4166	0.3775	0.4335
六盘水	0.2892	0.2994	0.3498	0.3430	0.3829	0.3923	0.2857	0.3486	0.3754	0.5137	0.5287	0.3408	0.4850
遵义	0.3434	0.3372	0.3763	0.4048	0.4267	0.5004	0.4821	0.5122	0.6022	0.7104	0.6943	0.6421	0.6392
安顺	0.5336	0.3739	0.5000	0.3395	0.3142	0.2521	0.2261	0.2680	0.2589	0.2581	0.2730	0.2849	0.3051
昆明	0.3408	0.3491	0.3224	0.3136	0.3677	0.3965	0.4028	0.4510	0.5032	0.5775	0.5651	0.4624	0.4633
曲靖	0.5891	0.5186	0.6158	0.3693	0.3542	0.3909	0.6281	0.5982	0.5954	0.6227	0.6011	0.4379	0.4620
玉溪	0.6488	0.6662	1.0000	0.6356	0.5734	0.5860	1.0000	0.6565	0.6919	0.7032	0.6231	0.6400	0.6348
保山	0.3368	0.3188	0.3403	0.3456	0.3559	0.3359	0.4075	0.4184	0.4144	0.4162	0.4116	0.3393	0.3407
昭通	0.4013	0.3372	0.3486	0.3503	0.3479	0.3215	0.3751	0.4403	0.4247	0.4823	0.4793	0.4115	0.3730
丽江	0.2321	0.2387	0.2505	0.2112	0.2440	0.2732	0.3127	0.3267	0.3016	0.3505	0.3136	0.2514	0.2369
普洱	0.3451	0.3347	0.3450	0.2991	0.3346	0.3809	0.4127	0.4067	0.3783	0.4308	0.4194	0.3757	0.3262
临沧	1.0000	0.6107	0.6111	0.4424	0.3617	0.3711	0.4621	0.5171	0.4129	1.0000	0.4899	1.0000	0.3696

资料来源：笔者测算并整理。

附表 12　　长江经济带上中下游地区生态效率的 Dagum 基尼系数结果 (2006~2018 年)

年份	整体	地区内			三大地区间			贡献率（%）		
		下游	中游	上游	下游—中游	下游—上游	中游—上游	地区内	地区间	超变密度
2006	0.1838	0.1741	0.1469	0.2199	0.1702	0.2016	0.1914	32.60	13.76	53.61
2007	0.1825	0.1854	0.1588	0.1878	0.182	0.1934	0.1777	33.03	13.56	53.38
2008	0.1938	0.1983	0.1787	0.188	0.1996	0.2013	0.1862	33.21	13.73	53.10
2009	0.1935	0.2079	0.1774	0.1523	0.2051	0.2098	0.1704	32.94	29.47	37.62
2010	0.1876	0.2085	0.1683	0.146	0.2013	0.2026	0.1601	33.14	26.67	40.22
2011	0.1858	0.2057	0.1632	0.1535	0.196	0.201	0.1612	33.23	26.39	40.38
2012	0.1976	0.2097	0.172	0.1917	0.1999	0.2114	0.1834	33.37	18.51	48.09
2013	0.1754	0.1951	0.1589	0.1526	0.1833	0.1815	0.1578	33.66	15.31	50.99
2014	0.1867	0.1973	0.1624	0.1845	0.1892	0.1978	0.1764	33.34	14.45	52.22
2015	0.183	0.1968	0.1498	0.1884	0.1821	0.1948	0.1742	33.32	11.79	54.86
2016	0.1892	0.2044	0.1684	0.1832	0.1922	0.1985	0.1769	33.65	10.46	55.9
2017	0.1842	0.1928	0.1446	0.1886	0.1883	0.202	0.1695	32.70	21.74	45.55
2018	0.2016	0.2173	0.1641	0.1821	0.2144	0.2213	0.1744	32.71	26.01	41.26

资料来源：笔者测算并整理。

附表 13　长江经济带沿江与非沿江地区生态效率的 Dagum 基尼系数结果 (2006～2018 年)

年份	整体	地区内		地区间	沿江与非沿江地区		贡献率 (%)		
		沿江	非沿江	沿江—非沿江	地区内		地区间	超变密度	
2006	0.1838	0.1691	0.1867	0.1849	57.00		12.21	30.96	
2007	0.1825	0.1713	0.1864	0.1847	57.74		12.05	31.10	
2008	0.1938	0.179	0.1989	0.1956	57.78		13.01	29.92	
2009	0.1935	0.2122	0.1848	0.2008	55.64		2.13	42.92	
2010	0.1876	0.1933	0.1847	0.1914	56.63		6.28	37.79	
2011	0.1858	0.1916	0.1814	0.1881	56.22		3.87	40.33	
2012	0.1976	0.1969	0.1975	0.2000	57.39		6.47	37.20	
2013	0.1754	0.1737	0.1732	0.1759	56.39		6.82	36.94	
2014	0.1867	0.1844	0.185	0.1863	56.47		4.66	39.05	
2015	0.183	0.1798	0.182	0.1819	56.46		2.65	41.04	
2016	0.1892	0.2004	0.1822	0.1927	55.72		0.14	44.58	
2017	0.1842	0.1877	0.1802	0.186	55.79		1.54	42.96	
2018	0.2016	0.2054	0.1986	0.2032	55.92		4.02	40.48	

资料来源：笔者测算并整理。

附表 14　　长江经济带三大城市群生态效率的 Dagum 基尼系数结果 (2006～2018 年)

年份	整体	三大城市群						贡献率（%）		
		地区内			地区间					
		长三角	长江中游	成渝	长三角— 长江中游	长三角— 成渝	长江中游— 成渝	地区内	地区间	超变密度
2006	0.1780	0.1612	0.1662	0.1893	0.1828	0.1846	0.1845	32.89	25.74	41.37
2007	0.1861	0.1780	0.1811	0.1723	0.1986	0.1845	0.1813	33.61	22.43	43.97
2008	0.1965	0.2000	0.2017	0.1349	0.2202	0.1866	0.1730	34.45	19.93	45.62
2009	0.1988	0.2069	0.1927	0.1248	0.2220	0.2058	0.1637	34.09	30.63	35.29
2010	0.1910	0.1982	0.1835	0.1196	0.2188	0.1929	0.1559	33.63	30.51	35.86
2011	0.1854	0.1985	0.1773	0.1071	0.2158	0.1821	0.1490	33.76	30.46	35.78
2012	0.1974	0.2046	0.1874	0.1417	0.2235	0.1943	0.1704	33.71	28.78	37.51
2013	0.1775	0.1915	0.1717	0.1156	0.2024	0.1693	0.1515	34.19	23.85	41.96
2014	0.1882	0.1917	0.1799	0.1560	0.2069	0.1826	0.1746	33.80	23.70	42.50
2015	0.1775	0.1827	0.1640	0.1480	0.1954	0.1752	0.1631	33.60	26.15	40.25
2016	0.1865	0.1929	0.1701	0.1613	0.2033	0.1855	0.1731	33.59	23.81	42.60
2017	0.1752	0.1827	0.1531	0.1211	0.2053	0.1760	0.1467	32.51	33.31	34.18
2018	0.1931	0.1964	0.1713	0.1492	0.2210	0.1953	0.1671	32.76	33.74	33.50

资料来源：笔者测算并整理。

附表 15　长江经济带 108 个地级及以上城市生态无效率值（2006～2018 年）

城市	2006 年	2007 年	2008 年	2009 年	2010 年	2011 年	2012 年	2013 年	2014 年	2015 年	2016 年	2017 年	2018 年
上海	0.3529	0.3291	0.3045	0.2753	0.1951	0.2207	0.1893	0.1848	0.1653	0.1373	0.1104	0.0718	0.0000
南京	0.4670	0.4539	0.4393	0.4324	0.4176	0.4008	0.3861	0.3894	0.3695	0.3535	0.3424	0.3053	0.2855
无锡	0.2608	0.2266	0.1962	0.1907	0.1865	0.1422	0.0380	0.0978	0.0474	0.0113	0.0000	0.1039	0.0000
徐州	0.3781	0.3319	0.3335	0.3245	0.3369	0.3162	0.2988	0.2964	0.2685	0.2384	0.2335	0.1790	0.1924
常州	0.4341	0.4208	0.4007	0.3879	0.3630	0.3217	0.3501	0.2959	0.2685	0.2563	0.2386	0.2488	0.2242
苏州	0.1847	0.1645	0.1107	0.0000	0.0827	0.0000	0.0531	0.1422	0.0961	0.0448	0.0000	0.1591	0.0000
南通	0.3140	0.2784	0.2297	0.2672	0.2218	0.1693	0.0000	0.1784	0.1240	0.0776	0.0314	0.1294	0.1019
连云港	0.4096	0.3914	0.3745	0.3502	0.3225	0.2836	0.2589	0.2173	0.2205	0.1805	0.2907	0.3844	0.3800
淮安	0.3628	0.3404	0.3567	0.3377	0.3118	0.4238	0.4088	0.3920	0.3689	0.3713	0.3668	0.3217	0.3360
盐城	0.2789	0.2320	0.1872	0.1925	0.1702	0.1030	0.0391	0.0237	0.0000	0.0635	0.0289	0.0000	0.0000
扬州	0.3150	0.2972	0.1733	0.2561	0.2949	0.2784	0.2908	0.3005	0.2829	0.2636	0.2439	0.2177	0.2187
镇江	0.3917	0.3771	0.3619	0.3492	0.3483	0.3182	0.3048	0.2893	0.2613	0.2461	0.2286	0.1746	0.2331
泰州	0.2320	0.1884	0.1946	0.2131	0.1966	0.0968	0.0518	0.1700	0.1448	0.0717	0.0658	0.0424	0.0410
宿迁	0.3713	0.3599	0.3438	0.3253	0.3464	0.2731	0.3034	0.2718	0.2469	0.2139	0.3144	0.3860	0.3729
杭州	0.4190	0.4096	0.3975	0.3920	0.3643	0.3365	0.3198	0.3151	0.3198	0.2715	0.2012	0.2180	0.2040
宁波	0.3166	0.2817	0.3561	0.2608	0.3327	0.3190	0.3159	0.2889	0.2682	0.2587	0.2698	0.2701	0.0000
温州	0.3449	0.3245	0.2782	0.2718	0.2458	0.2685	0.2899	0.2552	0.2410	0.1784	0.1778	0.2039	0.2206

续表

城市	2006 年	2007 年	2008 年	2009 年	2010 年	2011 年	2012 年	2013 年	2014 年	2015 年	2016 年	2017 年	2018 年
嘉兴	0.1887	0.1570	0.2122	0.2009	0.2106	0.1666	0.1572	0.1502	0.0738	0.0534	0.0168	0.1222	0.0000
湖州	0.3364	0.2782	0.2504	0.2607	0.2445	0.2335	0.2031	0.3359	0.3268	0.3114	0.3044	0.3482	0.3584
绍兴	0.1980	0.1532	0.0980	0.0807	0.0797	0.0231	0.0000	0.2877	0.2849	0.2755	0.2910	0.3055	0.2671
金华	0.1929	0.1469	0.0840	0.0000	0.0303	0.0000	0.0234	0.0000	0.0000	0.0000	0.0000	0.0000	0.1007
衢州	0.4556	0.4370	0.4152	0.4030	0.3797	0.3253	0.2927	0.2934	0.3137	0.3198	0.2967	0.2366	0.2220
舟山	0.4187	0.4070	0.3924	0.3869	0.3602	0.3314	0.3193	0.3045	0.3156	0.2943	0.2546	0.1425	0.1493
台州	0.2843	0.2756	0.2425	0.2430	0.1910	0.1493	0.1630	0.1983	0.1796	0.1500	0.1341	0.2134	0.2179
丽水	0.3497	0.4006	0.3207	0.3040	0.2752	0.2538	0.2452	0.2536	0.2461	0.2403	0.2814	0.2149	0.0000
合肥	0.4310	0.4407	0.4192	0.3427	0.3786	0.3497	0.3480	0.3340	0.3185	0.3013	0.2882	0.2394	0.2558
芜湖	0.3564	0.4017	0.3960	0.3799	0.3515	0.2995	0.2697	0.2560	0.1772	0.4110	0.4044	0.3844	0.3819
蚌埠	0.4035	0.3996	0.3964	0.4045	0.3999	0.3739	0.3709	0.3390	0.3134	0.2758	0.1528	0.1664	0.2093
淮南	0.4665	0.4548	0.4388	0.4368	0.4163	0.4030	0.3865	0.4093	0.4092	0.4037	0.3871	0.3860	0.3700
马鞍山	0.4290	0.4092	0.3967	0.3884	0.3638	0.3398	0.3182	0.3325	0.3228	0.3027	0.2649	0.2210	0.2066
淮北	0.4788	0.4831	0.4704	0.4730	0.4586	0.4401	0.4253	0.4129	0.4187	0.4188	0.4059	0.3287	0.3567
铜陵	0.4406	0.4247	0.4165	0.4314	0.4366	0.4041	0.4005	0.4014	0.3903	0.3777	0.3663	0.3208	0.3380
安庆	0.4216	0.3464	0.3573	0.3587	0.3277	0.2882	0.2482	0.2605	0.2337	0.2050	0.1632	0.2594	0.1733
黄山	0.4474	0.4499	0.4410	0.4370	0.4335	0.4270	0.4233	0.4092	0.3997	0.3921	0.3809	0.3469	0.3679

续表

城市	2006年	2007年	2008年	2009年	2010年	2011年	2012年	2013年	2014年	2015年	2016年	2017年	2018年
滁州	0.3433	0.3726	0.3531	0.3089	0.3289	0.2523	0.2775	0.3439	0.3308	0.3181	0.2899	0.3780	0.1831
阜阳	0.3474	0.3179	0.3713	0.3358	0.3154	0.3535	0.2870	0.2978	0.2833	0.2841	0.2713	0.2144	0.2147
宿州	0.3100	0.3023	0.3402	0.3512	0.3531	0.3299	0.3109	0.3000	0.2859	0.2832	0.3464	0.1547	0.1404
六安	0.4028	0.3497	0.2966	0.3255	0.3333	0.3803	0.3483	0.2990	0.1708	0.3745	0.3544	0.3096	0.2155
亳州	0.3225	0.3097	0.2914	0.2782	0.2861	0.2781	0.2868	0.2796	0.2775	0.2616	0.3358	0.2008	0.2299
池州	0.5042	0.5170	0.5459	0.4957	0.4999	0.4687	0.4634	0.4649	0.4588	0.3831	0.4123	0.4050	0.4196
宣城	0.3892	0.3900	0.3717	0.3721	0.3611	0.3408	0.3289	0.3244	0.3170	0.3049	0.2753	0.2307	0.2601
南昌	0.4238	0.4180	0.4020	0.3817	0.3757	0.3550	0.3333	0.3288	0.3089	0.2936	0.2771	0.2606	0.2440
景德镇	0.4432	0.4308	0.4530	0.3984	0.4496	0.4043	0.3811	0.3752	0.3639	0.3501	0.3327	0.3246	0.3411
萍乡	0.4558	0.4688	0.4697	0.4642	0.4527	0.4215	0.4152	0.3803	0.3629	0.3444	0.3161	0.2639	0.2686
九江	0.3711	0.3957	0.3703	0.3678	0.3458	0.2887	0.2722	0.2544	0.3197	0.3116	0.2777	0.3784	0.3778
新余	0.5022	0.4919	0.4924	0.4672	0.4491	0.4421	0.4207	0.4313	0.4147	0.4172	0.4031	0.3657	0.3741
鹰潭	0.4414	0.4178	0.4195	0.4156	0.4072	0.3834	0.3702	0.3432	0.3437	0.3331	0.3130	0.3475	0.3866
赣州	0.3808	0.3693	0.3660	0.2796	0.3152	0.2648	0.2639	0.2624	0.2998	0.2867	0.2505	0.3988	0.4043
吉安	0.3210	0.3564	0.3340	0.3335	0.2857	0.2895	0.2294	0.3168	0.3158	0.3085	0.2966	0.2048	0.2137
宜春	0.2649	0.2702	0.2511	0.2337	0.1916	0.1994	0.1957	0.2805	0.2758	0.2786	0.2757	0.1977	0.1937
抚州	0.4156	0.3986	0.4245	0.3597	0.3384	0.2832	0.2702	0.3742	0.3579	0.3489	0.3409	0.2203	0.2609

续表

城市	2006年	2007年	2008年	2009年	2010年	2011年	2012年	2013年	2014年	2015年	2016年	2017年	2018年
上饶	0.3393	0.3206	0.2666	0.1877	0.1899	0.0826	0.0000	0.0381	0.0000	0.2678	0.2696	0.1836	0.1818
武汉	0.4702	0.4537	0.4416	0.4297	0.4156	0.4079	0.3789	0.3628	0.3117	0.2754	0.2264	0.2787	0.2316
黄石	0.5206	0.5110	0.3543	0.4057	0.3983	0.3680	0.3343	0.3250	0.3130	0.2955	0.2556	0.2234	0.2329
十堰	0.4166	0.3797	0.3749	0.4066	0.3817	0.4068	0.4233	0.3947	0.3868	0.4090	0.3930	0.4283	0.2547
宜昌	0.3441	0.4235	0.3383	0.2824	0.2536	0.3238	0.2921	0.3003	0.2643	0.2606	0.1934	0.3406	0.3356
襄樊	0.2656	0.2325	0.2616	0.2596	0.3287	0.2988	0.2858	0.2725	0.2520	0.2029	0.2585	0.2612	0.2752
鄂州	0.5061	0.4982	0.4675	0.4899	0.4866	0.4552	0.4532	0.4330	0.4408	0.4355	0.4155	0.3630	0.3917
荆门	0.3869	0.3667	0.3868	0.3728	0.3607	0.3314	0.3412	0.3189	0.3048	0.2888	0.2537	0.1731	0.2105
孝感	0.3331	0.3183	0.2969	0.0000	0.3240	0.3259	0.3292	0.3166	0.3184	0.3068	0.3038	0.3108	0.1739
荆州	0.3571	0.3516	0.3888	0.3663	0.3535	0.3420	0.3286	0.3097	0.2949	0.2585	0.3516	0.3268	0.3455
黄冈	0.2898	0.2745	0.2464	0.2322	0.1963	0.1300	0.1255	0.0973	0.0766	0.0705	0.0000	0.2582	0.1617
咸宁	0.4301	0.4269	0.4055	0.4026	0.4105	0.3059	0.3534	0.3231	0.3041	0.2364	0.2224	0.2320	0.2864
随州	0.3992	0.4024	0.4016	0.4285	0.4199	0.4284	0.3345	0.3161	0.3155	0.2981	0.2575	0.2678	0.3114
长沙	0.3514	0.3005	0.2588	0.2452	0.2134	0.1964	0.1375	0.0843	0.0272	0.0000	0.0000	0.0000	0.2071
株洲	0.3175	0.4274	0.4323	0.4282	0.2802	0.4247	0.4004	0.4009	0.3802	0.3699	0.3424	0.3483	0.3375
湘潭	0.4240	0.3990	0.3792	0.3996	0.3777	0.3356	0.3236	0.2824	0.2714	0.2363	0.2100	0.1633	0.1532
衡阳	0.2932	0.2162	0.4138	0.4023	0.3142	0.4003	0.3820	0.3784	0.2914	0.2632	0.3511	0.2787	0.0000

续表

城市	2006 年	2007 年	2008 年	2009 年	2010 年	2011 年	2012 年	2013 年	2014 年	2015 年	2016 年	2017 年	2018 年
邵阳	0.3503	0.3254	0.3077	0.3468	0.2740	0.3024	0.3529	0.3590	0.3408	0.3116	0.3072	0.3207	0.2063
岳阳	0.2428	0.4134	0.4028	0.4066	0.3890	0.3670	0.3483	0.3472	0.3151	0.3061	0.2683	0.2496	0.0735
常德	0.1411	0.0000	0.0000	0.1197	0.0937	0.0000	0.0240	0.0694	0.1660	0.0438	0.0587	0.1139	0.1133
张家界	0.4339	0.4267	0.4038	0.4502	0.4214	0.3969	0.3513	0.3896	0.3855	0.3699	0.3656	0.3505	0.3678
益阳	0.3627	0.3731	0.3663	0.3467	0.3423	0.2985	0.2967	0.2990	0.2759	0.2079	0.1547	0.1775	0.2146
郴州	0.3474	0.3202	0.3139	0.3283	0.3023	0.2706	0.2373	0.2096	0.2833	0.2619	0.0000	0.2525	0.2282
永州	0.3442	0.3828	0.3673	0.3708	0.3511	0.2994	0.2469	0.2235	0.2233	0.2694	0.2634	0.3292	0.1941
怀化	0.4051	0.3714	0.3594	0.4334	0.4130	0.3914	0.3450	0.3236	0.3508	0.2577	0.3175	0.2070	0.2476
娄底	0.3999	0.3283	0.0000	0.3731	0.3469	0.3187	0.2970	0.3064	0.3199	0.2990	0.2741	0.1962	0.2231
重庆	0.4275	0.4077	0.3776	0.3536	0.3378	0.4079	0.2745	0.3970	0.3867	0.3714	0.3409	0.2513	0.2845
成都	0.3167	0.2515	0.2331	0.3220	0.2720	0.2148	0.2359	0.2097	0.0000	0.1034	0.1365	0.2911	0.2807
自贡	0.3614	0.3208	0.3184	0.3432	0.3158	0.3430	0.2866	0.2320	0.2226	0.2039	0.1588	0.2318	0.1402
攀枝花	0.5282	0.5219	0.5134	0.4369	0.4313	0.4042	0.3919	0.3808	0.3725	0.3497	0.3327	0.3347	0.2889
泸州	0.3961	0.3671	0.3908	0.3906	0.3817	0.3453	0.3183	0.3141	0.3016	0.2742	0.2552	0.1941	0.2325
德阳	0.0000	0.0584	0.2042	0.3266	0.2759	0.1722	0.1435	0.1542	0.1241	0.1211	0.0983	0.2724	0.0752
绵阳	0.3229	0.3344	0.3220	0.3481	0.3137	0.2475	0.2142	0.2042	0.1767	0.1173	0.3311	0.3091	0.1588
广元	0.4998	0.4854	0.5084	0.5327	0.5156	0.4940	0.4608	0.4516	0.4378	0.4246	0.4030	0.3437	0.3867

续表

城市	2006 年	2007 年	2008 年	2009 年	2010 年	2011 年	2012 年	2013 年	2014 年	2015 年	2016 年	2017 年	2018 年
遂宁	0.4240	0.4210	0.4028	0.4150	0.3631	0.3646	0.3439	0.3384	0.3323	0.3133	0.2862	0.2254	0.2788
内江	0.3460	0.3130	0.3055	0.3027	0.2583	0.2758	0.2320	0.2344	0.2384	0.2664	0.2532	0.2256	0.2031
乐山	0.4149	0.4546	0.4360	0.3907	0.3641	0.2984	0.2682	0.2756	0.2591	0.2434	0.2239	0.2324	0.1912
南充	0.3590	0.3711	0.3613	0.3633	0.3388	0.3015	0.2733	0.3326	0.3304	0.3156	0.3155	0.2824	0.3016
眉山	0.4440	0.4380	0.4153	0.3989	0.3822	0.3452	0.3401	0.3232	0.2715	0.2602	0.2769	0.2203	0.2567
宜宾	0.4062	0.4247	0.4001	0.3459	0.3159	0.2800	0.2529	0.2580	0.2384	0.2339	0.2432	0.1635	0.1658
广安	0.3508	0.3439	0.3178	0.2784	0.2917	0.2465	0.1932	0.2586	0.2636	0.3439	0.0000	0.1855	0.2070
达州	0.3781	0.3605	0.3485	0.3618	0.3229	0.2699	0.2628	0.2241	0.2665	0.2474	0.2293	0.3003	0.2070
雅安	0.4933	0.4827	0.4625	0.4697	0.4400	0.3632	0.4160	0.3868	0.3856	0.3760	0.3389	0.2942	0.3261
巴中	0.4189	0.4242	0.4289	0.4062	0.3914	0.3781	0.3882	0.4241	0.4277	0.4162	0.4186	0.4214	0.4586
资阳	0.2973	0.2794	0.2891	0.2849	0.2454	0.1910	0.1231	0.1341	0.1183	0.0000	0.0000	0.0000	0.0000
贵阳	0.5509	0.5230	0.5081	0.5002	0.4970	0.2999	0.4629	0.4596	0.4059	0.3766	0.3722	0.3978	0.3465
六盘水	0.4673	0.4532	0.4201	0.4154	0.3841	0.3784	0.4086	0.3767	0.3519	0.2745	0.2565	0.3824	0.2515
遵义	0.4298	0.3889	0.3600	0.3369	0.2944	0.2675	0.2543	0.2131	0.1560	0.0965	0.1019	0.2506	0.2035
安顺	0.3669	0.4492	0.3756	0.4746	0.4737	0.4902	0.4951	0.4624	0.4544	0.4417	0.4200	0.3678	0.3799
昆明	0.4407	0.4297	0.4348	0.4301	0.3947	0.3925	0.3764	0.3419	0.2899	0.2267	0.2230	0.3170	0.2943
曲靖	0.2726	0.2969	0.2434	0.3233	0.3169	0.2903	0.2601	0.2297	0.2648	0.2593	0.2734	0.2557	0.1793

续表

城市	2006年	2007年	2008年	2009年	2010年	2011年	2012年	2013年	2014年	2015年	2016年	2017年	2018年
玉溪	0.2322	0.2299	0.0000	0.2638	0.2722	0.2399	0.0000	0.2383	0.1861	0.1282	0.1795	0.1293	0.1217
保山	0.4689	0.4735	0.4591	0.4372	0.4247	0.4425	0.4018	0.3862	0.3815	0.3709	0.3642	0.3482	0.3685
昭通	0.4116	0.4471	0.4362	0.4288	0.4203	0.4225	0.3880	0.3462	0.3478	0.3145	0.3053	0.2936	0.3304
丽江	0.5330	0.5220	0.5180	0.5272	0.5094	0.4897	0.4658	0.4510	0.4743	0.4319	0.4434	0.4554	0.4792
普洱	0.4653	0.4661	0.4477	0.4744	0.4384	0.4081	0.3840	0.3740	0.3788	0.3570	0.3410	0.3469	0.3890
临沧	0.0000	0.3271	0.3201	0.4109	0.4339	0.4288	0.3784	0.3446	0.3824	0.0000	0.3321	0.0000	0.3769

资料来源：笔者测算并整理。

附表16　长江经济带108个地级及以上城市劳动力投入无效率值（2006~2018年）

城市	2006年	2007年	2008年	2009年	2010年	2011年	2012年	2013年	2014年	2015年	2016年	2017年	2018年
上海	0.0101	0.0048	0.0027	0.0000	0.0000	0.0017	0.0035	0.0058	0.0130	0.0124	0.0052	0.0045	0.0000
南京	0.0213	0.0172	0.0194	0.0188	0.0155	0.0137	0.0113	0.0229	0.0237	0.0235	0.0290	0.0293	0.0263
无锡	0.0021	0.0000	0.0025	0.0000	0.0062	0.0000	0.0000	0.0057	0.0032	0.0000	0.0000	0.0006	0.0000
徐州	0.0335	0.0304	0.0263	0.0235	0.0210	0.0169	0.0110	0.0249	0.0196	0.0135	0.0133	0.0221	0.0157
常州	0.0375	0.0350	0.0355	0.0329	0.0308	0.0292	0.0254	0.0314	0.0278	0.0254	0.0236	0.0253	0.0236
苏州	0.0041	0.0097	0.0024	0.0000	0.0028	0.0000	0.0000	0.0167	0.0170	0.0130	0.0000	0.0029	0.0000
南通	0.0195	0.0151	0.0034	0.0012	0.0000	0.0000	0.0000	0.0263	0.0269	0.0186	0.0150	0.0213	0.0191

续表

城市	2006年	2007年	2008年	2009年	2010年	2011年	2012年	2013年	2014年	2015年	2016年	2017年	2018年
连云港	0.0589	0.0586	0.0577	0.0566	0.0545	0.0526	0.0500	0.0502	0.0491	0.0451	0.0136	0.0269	0.0259
淮安	0.0563	0.0562	0.0621	0.0607	0.0590	0.0416	0.0348	0.0370	0.0381	0.0358	0.0335	0.0341	0.0260
盐城	0.0139	0.0187	0.0186	0.0202	0.0182	0.0029	0.0000	0.0000	0.0000	0.0027	0.0017	0.0000	0.0000
扬州	0.0065	0.0067	0.0488	0.0038	0.0230	0.0213	0.0095	0.0346	0.0362	0.0339	0.0301	0.0297	0.0136
镇江	0.0172	0.0122	0.0105	0.0046	0.0191	0.0179	0.0115	0.0101	0.0029	0.0013	0.0001	0.0028	0.0107
泰州	0.0339	0.0478	0.0282	0.0114	0.0042	0.0000	0.0000	0.0242	0.0262	0.0186	0.0209	0.0259	0.0221
宿迁	0.0566	0.0577	0.0567	0.0555	0.0593	0.0547	0.0534	0.0644	0.0620	0.0604	0.0359	0.0474	0.0275
杭州	0.0198	0.0225	0.0229	0.0235	0.0243	0.0262	0.0225	0.0214	0.0222	0.0205	0.0074	0.0043	0.0253
宁波	0.0244	0.0214	0.0169	0.0431	0.0155	0.0166	0.0194	0.0158	0.0148	0.0092	0.0049	0.0255	0.0000
温州	0.0382	0.0385	0.0286	0.0337	0.0297	0.0495	0.0478	0.0385	0.0410	0.0383	0.0491	0.0390	0.0332
嘉兴	0.0529	0.0442	0.0045	0.0072	0.0074	0.0000	0.0000	0.0001	0.0000	0.0000	0.0000	0.0488	0.0000
湖州	0.0503	0.0403	0.0416	0.0506	0.0453	0.0435	0.0520	0.0295	0.0290	0.0261	0.0231	0.0292	0.0411
绍兴	0.0000	0.0000	0.0000	0.0000	0.0003	0.0000	0.0000	0.0257	0.0288	0.0304	0.0301	0.0231	0.0160
金华	0.0165	0.0119	0.0025	0.0000	0.0021	0.0000	0.0132	0.0000	0.0000	0.0000	0.0000	0.0000	0.0563
衢州	0.0498	0.0510	0.0478	0.0489	0.0480	0.0429	0.0413	0.0383	0.0478	0.0491	0.0496	0.0418	0.0436
舟山	0.0386	0.0399	0.0385	0.0402	0.0375	0.0326	0.0309	0.0265	0.0508	0.0497	0.0474	0.0234	0.0119
台州	0.0127	0.0159	0.0154	0.0199	0.0104	0.0073	0.0147	0.0185	0.0219	0.0200	0.0130	0.0234	0.0172

城市	2006 年	2007 年	2008 年	2009 年	2010 年	2011 年	2012 年	2013 年	2014 年	2015 年	2016 年	2017 年	2018 年
丽水	0.0385	0.0385	0.0392	0.0376	0.0301	0.0225	0.0376	0.0450	0.0478	0.0514	0.0263	0.0488	0.0000
合肥	0.0289	0.0458	0.0402	0.0448	0.0302	0.0398	0.0384	0.0429	0.0391	0.0407	0.0369	0.0374	0.0306
芜湖	0.0239	0.0472	0.0544	0.0511	0.0542	0.0524	0.0474	0.0572	0.0119	0.0247	0.0249	0.0191	0.0195
蚌埠	0.0394	0.0393	0.0471	0.0495	0.0525	0.0492	0.0523	0.0477	0.0436	0.0460	0.0000	0.0116	0.0377
淮南	0.0499	0.0488	0.0438	0.0443	0.0540	0.0545	0.0523	0.0539	0.0556	0.0520	0.0534	0.0544	0.0504
马鞍山	0.0375	0.0321	0.0311	0.0257	0.0213	0.0227	0.0154	0.0362	0.0415	0.0418	0.0378	0.0314	0.0252
淮北	0.0527	0.0565	0.0540	0.0634	0.0610	0.0570	0.0567	0.0588	0.0607	0.0609	0.0599	0.0568	0.0479
铜陵	0.0242	0.0186	0.0137	0.0292	0.0344	0.0278	0.0255	0.0309	0.0329	0.0320	0.0378	0.0406	0.0279
安庆	0.0408	0.0493	0.0514	0.0628	0.0540	0.0492	0.0431	0.0491	0.0461	0.0409	0.0345	0.0000	0.0438
黄山	0.0426	0.0488	0.0442	0.0396	0.0405	0.0480	0.0483	0.0497	0.0519	0.0514	0.0518	0.0518	0.0466
滁州	0.0366	0.0610	0.0570	0.0535	0.0564	0.0521	0.0519	0.0283	0.0286	0.0274	0.0178	0.0326	0.0415
阜阳	0.0570	0.0414	0.0162	0.0384	0.0469	0.0096	0.0525	0.0574	0.0595	0.0640	0.0654	0.0627	0.0550
宿州	0.0321	0.0254	0.0217	0.0481	0.0499	0.0472	0.0417	0.0458	0.0494	0.0650	0.0401	0.0745	0.0385
六安	0.0557	0.0355	0.0228	0.0499	0.0463	0.0359	0.0306	0.0646	0.0363	0.0504	0.0481	0.0468	0.0678
亳州	0.0317	0.0287	0.0309	0.0319	0.0478	0.0454	0.0560	0.0578	0.0561	0.0474	0.0293	0.0500	0.0537
池州	0.0582	0.0643	0.0602	0.0476	0.0582	0.0548	0.0477	0.0548	0.0544	0.0011	0.0541	0.0547	0.0400
宣城	0.0547	0.0498	0.0452	0.0409	0.0544	0.0660	0.0586	0.0627	0.0528	0.0503	0.0540	0.0552	0.0397

续表

城市	2006年	2007年	2008年	2009年	2010年	2011年	2012年	2013年	2014年	2015年	2016年	2017年	2018年
南昌	0.0442	0.0412	0.0328	0.0198	0.0248	0.0305	0.0267	0.0277	0.0245	0.0207	0.0175	0.0248	0.0183
景德镇	0.0440	0.0415	0.0433	0.0433	0.0550	0.0576	0.0549	0.0503	0.0492	0.0457	0.0489	0.0457	0.0439
萍乡	0.0503	0.0635	0.0615	0.0591	0.0614	0.0583	0.0586	0.0505	0.0512	0.0517	0.0488	0.0455	0.0422
九江	0.0460	0.0395	0.0449	0.0594	0.0587	0.0607	0.0601	0.0573	0.0193	0.0144	0.0108	0.0287	0.0261
新余	0.0691	0.0675	0.0599	0.0308	0.0246	0.0406	0.0347	0.0455	0.0478	0.0462	0.0442	0.0321	0.0298
鹰潭	0.0422	0.0387	0.0411	0.0411	0.0432	0.0415	0.0380	0.0378	0.0495	0.0500	0.0423	0.0494	0.0497
赣州	0.0416	0.0386	0.0353	0.0452	0.0495	0.0245	0.0294	0.0298	0.0279	0.0257	0.0097	0.0426	0.0530
吉安	0.0443	0.0336	0.0506	0.0564	0.0586	0.0473	0.0434	0.0362	0.0376	0.0392	0.0341	0.0458	0.0408
宜春	0.0521	0.0516	0.0472	0.0492	0.0158	0.0417	0.0000	0.0207	0.0231	0.0274	0.0362	0.0550	0.0562
抚州	0.0538	0.0506	0.0517	0.0515	0.0598	0.0513	0.0526	0.0470	0.0467	0.0443	0.0395	0.0597	0.0545
上饶	0.0623	0.0606	0.0490	0.0257	0.0482	0.0399	0.0000	0.0138	0.0000	0.0179	0.0258	0.0502	0.0513
武汉	0.0452	0.0347	0.0321	0.0292	0.0274	0.0299	0.0231	0.0182	0.0148	0.0141	0.0078	0.0004	0.0000
黄石	0.0524	0.0479	0.0404	0.0460	0.0596	0.0571	0.0543	0.0521	0.0493	0.0468	0.0433	0.0541	0.0562
十堰	0.0520	0.0505	0.0534	0.0551	0.0510	0.0282	0.0364	0.0376	0.0372	0.0435	0.0409	0.0477	0.0611
宜昌	0.0431	0.0364	0.0436	0.0595	0.0584	0.0262	0.0206	0.0441	0.0494	0.0445	0.0244	0.0378	0.0370
襄樊	0.0392	0.0343	0.0342	0.0339	0.0132	0.0147	0.0198	0.0208	0.0181	0.0072	0.0167	0.0220	0.0213
鄂州	0.0486	0.0439	0.0407	0.0574	0.0561	0.0529	0.0500	0.0463	0.0483	0.0472	0.0453	0.0425	0.0413

续表

城市	2006年	2007年	2008年	2009年	2010年	2011年	2012年	2013年	2014年	2015年	2016年	2017年	2018年
荆门	0.0435	0.0410	0.0373	0.0341	0.0416	0.0561	0.0579	0.0573	0.0548	0.0525	0.0505	0.0451	0.0473
孝感	0.0543	0.0540	0.0538	0.0000	0.0544	0.0526	0.0506	0.0500	0.0471	0.0456	0.0434	0.0548	0.0551
荆州	0.0536	0.0507	0.0516	0.0472	0.0627	0.0613	0.0623	0.0632	0.0655	0.0513	0.0444	0.0453	0.0462
黄冈	0.0563	0.0574	0.0512	0.0433	0.0439	0.0083	0.0152	0.0189	0.0237	0.0363	0.0000	0.0242	0.0533
咸宁	0.0520	0.0501	0.0473	0.0553	0.0550	0.0541	0.0542	0.0494	0.0482	0.0400	0.0469	0.0436	0.0405
随州	0.0322	0.0374	0.0393	0.0546	0.0654	0.0384	0.0564	0.0545	0.0599	0.0577	0.0428	0.0613	0.0562
长沙	0.0301	0.0210	0.0144	0.0226	0.0201	0.0155	0.0117	0.0082	0.0070	0.0000	0.0000	0.0000	0.0017
株洲	0.0428	0.0476	0.0350	0.0265	0.0446	0.0450	0.0409	0.0382	0.0334	0.0294	0.0242	0.0190	0.0119
湘潭	0.0441	0.0529	0.0502	0.0543	0.0522	0.0478	0.0455	0.0359	0.0444	0.0322	0.0343	0.0139	0.0128
衡阳	0.0452	0.0412	0.0449	0.0476	0.0250	0.0445	0.0423	0.0404	0.0216	0.0173	0.0358	0.0281	0.0000
邵阳	0.0501	0.0473	0.0451	0.0423	0.0515	0.0439	0.0467	0.0454	0.0440	0.0425	0.0390	0.0363	0.0586
岳阳	0.0245	0.0351	0.0363	0.0388	0.0391	0.0344	0.0299	0.0276	0.0270	0.0251	0.0183	0.0147	0.0000
常德	0.0166	0.0000	0.0000	0.0000	0.0000	0.0000	0.0210	0.0206	0.0188	0.0199	0.0131	0.0161	0.0134
张家界	0.0350	0.0227	0.0281	0.0464	0.0441	0.0204	0.0154	0.0386	0.0412	0.0368	0.0357	0.0373	0.0287
益阳	0.0347	0.0353	0.0396	0.0464	0.0483	0.0451	0.0487	0.0498	0.0493	0.0018	0.0000	0.0404	0.0269
郴州	0.0415	0.0372	0.0353	0.0529	0.0515	0.0483	0.0477	0.0470	0.0058	0.0050	0.0000	0.0128	0.0030
永州	0.0367	0.0431	0.0377	0.0565	0.0538	0.0455	0.0405	0.0418	0.0395	0.0000	0.0078	0.0033	0.0462

续表

城市	2006年	2007年	2008年	2009年	2010年	2011年	2012年	2013年	2014年	2015年	2016年	2017年	2018年
怀化	0.0315	0.0433	0.0366	0.0405	0.0375	0.0340	0.0313	0.0267	0.0430	0.0539	0.0350	0.0513	0.0496
娄底	0.0367	0.0408	0.0000	0.0553	0.0430	0.0433	0.0445	0.0413	0.0441	0.0403	0.0376	0.0368	0.0000
重庆	0.0590	0.0571	0.0550	0.0513	0.0459	0.0417	0.0610	0.0565	0.0548	0.0530	0.0320	0.0458	0.0261
成都	0.0398	0.0368	0.0376	0.0430	0.0393	0.0281	0.0307	0.0483	0.0000	0.0451	0.0438	0.0379	0.0369
自贡	0.0298	0.0261	0.0228	0.0254	0.0215	0.0033	0.0294	0.0453	0.0325	0.0117	0.0000	0.0003	0.0363
攀枝花	0.0395	0.0365	0.0310	0.0474	0.0480	0.0476	0.0428	0.0422	0.0450	0.0457	0.0403	0.0381	0.0030
泸州	0.0372	0.0328	0.0370	0.0331	0.0518	0.0505	0.0457	0.0497	0.0527	0.0513	0.0508	0.0451	0.0477
德阳	0.0000	0.0000	0.0000	0.0430	0.0386	0.0128	0.0246	0.0280	0.0281	0.0114	0.0000	0.0002	0.0127
绵阳	0.0152	0.0043	0.0464	0.0537	0.0581	0.0487	0.0493	0.0511	0.0492	0.0176	0.0296	0.0250	0.0000
广元	0.0501	0.0457	0.0655	0.0661	0.0632	0.0624	0.0587	0.0583	0.0569	0.0555	0.0497	0.0479	0.0491
遂宁	0.0411	0.0609	0.0567	0.0542	0.0475	0.0483	0.0457	0.0461	0.0463	0.0412	0.0481	0.0397	0.0393
内江	0.0363	0.0317	0.0300	0.0298	0.0195	0.0164	0.0033	0.0273	0.0299	0.0182	0.0216	0.0343	0.0192
乐山	0.0589	0.0419	0.0367	0.0532	0.0477	0.0370	0.0356	0.0384	0.0353	0.0358	0.0284	0.0337	0.0261
南充	0.0424	0.0444	0.0430	0.0616	0.0582	0.0551	0.0566	0.0266	0.0348	0.0339	0.0308	0.0265	0.0239
眉山	0.0449	0.0433	0.0362	0.0504	0.0407	0.0303	0.0404	0.0436	0.0435	0.0574	0.0553	0.0362	0.0309
宜宾	0.0473	0.0368	0.0261	0.0619	0.0467	0.0525	0.0506	0.0544	0.0501	0.0500	0.0450	0.0360	0.0400
广安	0.0436	0.0413	0.0402	0.0273	0.0376	0.0268	0.0245	0.0360	0.0396	0.0586	0.0000	0.0363	0.0478

续表

城市	2006 年	2007 年	2008 年	2009 年	2010 年	2011 年	2012 年	2013 年	2014 年	2015 年	2016 年	2017 年	2018 年
达州	0.0488	0.0580	0.0547	0.0552	0.0520	0.0533	0.0535	0.0514	0.0561	0.0547	0.0546	0.0266	0.0553
雅安	0.0532	0.0498	0.0491	0.0552	0.0525	0.0478	0.0573	0.0266	0.0222	0.0180	0.0118	0.0058	0.0000
巴中	0.0545	0.0531	0.0532	0.0540	0.0516	0.0533	0.0594	0.0636	0.0639	0.0636	0.0588	0.0624	0.0621
资阳	0.0215	0.0160	0.0190	0.0290	0.0257	0.0139	0.0000	0.0269	0.0140	0.0000	0.0000	0.0000	0.0000
贵阳	0.0535	0.0559	0.0529	0.0497	0.0514	0.0476	0.0421	0.0401	0.0360	0.0294	0.0224	0.0220	0.0095
六盘水	0.0568	0.0532	0.0522	0.0532	0.0407	0.0428	0.0517	0.0392	0.0356	0.0301	0.0469	0.0403	0.0208
遵义	0.0272	0.0458	0.0392	0.0421	0.0496	0.0319	0.0307	0.0367	0.0330	0.0211	0.0137	0.0152	0.0296
安顺	0.0515	0.0521	0.0380	0.0327	0.0471	0.0559	0.0581	0.0607	0.0606	0.0548	0.0502	0.0455	0.0394
昆明	0.0527	0.0576	0.0561	0.0458	0.0419	0.0391	0.0434	0.0528	0.0374	0.0234	0.0293	0.0277	0.0385
曲靖	0.0319	0.0425	0.0304	0.0466	0.0530	0.0467	0.0214	0.0445	0.0300	0.0294	0.0285	0.0486	0.0475
玉溪	0.0238	0.0253	0.0000	0.0000	0.0090	0.0219	0.0000	0.0006	0.0029	0.0359	0.0404	0.0278	0.0305
保山	0.0530	0.0488	0.0433	0.0441	0.0404	0.0575	0.0570	0.0533	0.0508	0.0473	0.0426	0.0440	0.0440
昭通	0.0529	0.0638	0.0648	0.0580	0.0575	0.0633	0.0602	0.0516	0.0556	0.0507	0.0545	0.0446	0.0445
丽江	0.0643	0.0577	0.0604	0.0593	0.0526	0.0549	0.0523	0.0495	0.0539	0.0501	0.0593	0.0566	0.0563
普洱	0.0678	0.0707	0.0632	0.0655	0.0614	0.0578	0.0593	0.0561	0.0561	0.0588	0.0505	0.0457	0.0601
临沧	0.0000	0.0401	0.0458	0.0575	0.0528	0.0579	0.0546	0.0534	0.0570	0.0000	0.0544	0.0000	0.0416

资料来源：笔者测算并整理。

附表 17　长江经济带 108 个地级及以上城市资本存量无效率值（2006～2018 年）

城市	2006 年	2007 年	2008 年	2009 年	2010 年	2011 年	2012 年	2013 年	2014 年	2015 年	2016 年	2017 年	2018 年
上海	0.0314	0.0296	0.0275	0.0270	0.0128	0.0088	0.0077	0.0080	0.0062	0.0055	0.0012	0.0016	0.0000
南京	0.0495	0.0488	0.0489	0.0519	0.0528	0.0512	0.0523	0.0524	0.0514	0.0481	0.0460	0.0482	0.0458
无锡	0.0089	0.0065	0.0050	0.0000	0.0000	0.0000	0.0000	0.0049	0.0085	0.0076	0.0000	0.0069	0.0000
徐州	0.0227	0.0252	0.0299	0.0344	0.0211	0.0133	0.0185	0.0211	0.0247	0.0292	0.0308	0.0327	0.0404
常州	0.0284	0.0313	0.0327	0.0341	0.0352	0.0297	0.0177	0.0170	0.0191	0.0160	0.0139	0.0220	0.0193
苏州	0.0072	0.0032	0.0000	0.0000	0.0000	0.0000	0.0001	0.0132	0.0063	0.0000	0.0000	0.0109	0.0000
南通	0.0275	0.0109	0.0203	0.0142	0.0110	0.0046	0.0000	0.0149	0.0151	0.0156	0.0118	0.0255	0.0221
连云港	0.0230	0.0321	0.0366	0.0377	0.0365	0.0178	0.0227	0.0193	0.0278	0.0330	0.0238	0.0458	0.0442
淮安	0.0196	0.0280	0.0295	0.0339	0.0380	0.0282	0.0321	0.0340	0.0378	0.0293	0.0312	0.0393	0.0368
盐城	0.0142	0.0000	0.0000	0.0070	0.0096	0.0000	0.0000	0.0000	0.0000	0.0141	0.0189	0.0000	0.0000
扬州	0.0023	0.0115	0.0031	0.0148	0.0113	0.0240	0.0120	0.0137	0.0170	0.0223	0.0247	0.0322	0.0324
镇江	0.0123	0.0150	0.0181	0.0283	0.0335	0.0206	0.0073	0.0109	0.0175	0.0235	0.0255	0.0235	0.0317
泰州	0.0000	0.0006	0.0000	0.0000	0.0037	0.0000	0.0000	0.0000	0.0000	0.0022	0.0116	0.0000	0.0189
宿迁	0.0255	0.0306	0.0356	0.0377	0.0323	0.0095	0.0179	0.0193	0.0233	0.0273	0.0151	0.0392	0.0413
杭州	0.0370	0.0354	0.0358	0.0397	0.0408	0.0365	0.0415	0.0418	0.0455	0.0421	0.0335	0.0300	0.0296
宁波	0.0197	0.0118	0.0382	0.0114	0.0370	0.0326	0.0375	0.0350	0.0356	0.0393	0.0438	0.0351	0.0000
温州	0.0000	0.0000	0.0000	0.0000	0.0000	0.0184	0.0079	0.0170	0.0222	0.0213	0.0240	0.0265	0.0344

城市	2006年	2007年	2008年	2009年	2010年	2011年	2012年	2013年	2014年	2015年	2016年	2017年	2018年
嘉兴	0.0018	0.0000	0.0000	0.0000	0.0000	0.0000	0.0000	0.0000	0.0018	0.0106	0.0077	0.0063	0.0000
湖州	0.0065	0.0000	0.0000	0.0000	0.0000	0.0000	0.0003	0.0102	0.0151	0.0182	0.0199	0.0284	0.0301
绍兴	0.0000	0.0000	0.0000	0.0000	0.0000	0.0000	0.0000	0.0174	0.0217	0.0258	0.0113	0.0120	0.0158
金华	0.0121	0.0041	0.0000	0.0000	0.0000	0.0000	0.0000	0.0000	0.0000	0.0000	0.0000	0.0000	0.0005
衢州	0.0147	0.0102	0.0055	0.0102	0.0074	0.0030	0.0076	0.0139	0.0142	0.0204	0.0216	0.0253	0.0280
舟山	0.0092	0.0126	0.0133	0.0186	0.0079	0.0047	0.0109	0.0232	0.0321	0.0367	0.0375	0.0387	0.0457
台州	0.0053	0.0046	0.0000	0.0019	0.0000	0.0000	0.0000	0.0000	0.0004	0.0000	0.0032	0.0188	0.0182
丽水	0.0000	0.0298	0.0000	0.0000	0.0000	0.0000	0.0000	0.0000	0.0067	0.0116	0.0000	0.0151	0.0000
合肥	0.0396	0.0494	0.0532	0.0384	0.0451	0.0475	0.0379	0.0401	0.0410	0.0414	0.0415	0.0366	0.0338
芜湖	0.0454	0.0186	0.0243	0.0348	0.0393	0.0240	0.0300	0.0335	0.0366	0.0440	0.0444	0.0450	0.0457
蚌埠	0.0000	0.0154	0.0204	0.0108	0.0250	0.0252	0.0339	0.0373	0.0385	0.0243	0.0312	0.0456	0.0458
淮南	0.0484	0.0524	0.0175	0.0251	0.0171	0.0209	0.0110	0.0337	0.0327	0.0359	0.0344	0.0347	0.0328
马鞍山	0.0041	0.0055	0.0071	0.0243	0.0303	0.0249	0.0336	0.0396	0.0448	0.0478	0.0483	0.0484	0.0466
淮北	0.0372	0.0255	0.0275	0.0248	0.0279	0.0290	0.0336	0.0390	0.0396	0.0435	0.0430	0.0477	0.0462
铜陵	0.0236	0.0286	0.0412	0.0245	0.0209	0.0153	0.0270	0.0326	0.0381	0.0418	0.0446	0.0458	0.0465
安庆	0.0148	0.0039	0.0056	0.0213	0.0242	0.0123	0.0155	0.0254	0.0297	0.0338	0.0346	0.0406	0.0351
黄山	0.0218	0.0188	0.0229	0.0329	0.0394	0.0337	0.0371	0.0399	0.0388	0.0368	0.0366	0.0366	0.0395

续表

城市	2006年	2007年	2008年	2009年	2010年	2011年	2012年	2013年	2014年	2015年	2016年	2017年	2018年
滁州	0.0018	0.0022	0.0171	0.0125	0.0367	0.0185	0.0300	0.0230	0.0252	0.0298	0.0333	0.0520	0.0448
阜阳	0.0072	0.0194	0.0000	0.0039	0.0000	0.0218	0.0000	0.0035	0.0118	0.0222	0.0308	0.0412	0.0456
宿州	0.0090	0.0076	0.0039	0.0000	0.0058	0.0023	0.0111	0.0198	0.0249	0.0305	0.0197	0.0360	0.0386
六安	0.0369	0.0343	0.0362	0.0036	0.0201	0.0403	0.0443	0.0254	0.0129	0.0222	0.0217	0.0234	0.0397
亳州	0.0000	0.0075	0.0000	0.0000	0.0035	0.0000	0.0022	0.0152	0.0176	0.0238	0.0119	0.0361	0.0388
池州	0.0203	0.0335	0.0520	0.0413	0.0462	0.0272	0.0342	0.0392	0.0410	0.0394	0.0435	0.0449	0.0454
宣城	0.0173	0.0100	0.0196	0.0369	0.0369	0.0368	0.0380	0.0402	0.0443	0.0467	0.0471	0.0515	0.0518
南昌	0.0221	0.0269	0.0331	0.0420	0.0458	0.0391	0.0416	0.0450	0.0370	0.0400	0.0417	0.0431	0.0445
景德镇	0.0292	0.0302	0.0375	0.0244	0.0325	0.0140	0.0167	0.0221	0.0259	0.0292	0.0314	0.0336	0.0426
萍乡	0.0418	0.0167	0.0350	0.0467	0.0490	0.0331	0.0410	0.0409	0.0412	0.0442	0.0455	0.0467	0.0531
九江	0.0384	0.0292	0.0329	0.0222	0.0263	0.0228	0.0263	0.0319	0.0246	0.0297	0.0317	0.0513	0.0507
新余	0.0360	0.0428	0.0340	0.0373	0.0369	0.0204	0.0231	0.0252	0.0303	0.0276	0.0288	0.0307	0.0397
鹰潭	0.0390	0.0075	0.0177	0.0094	0.0124	0.0007	0.0047	0.0082	0.0000	0.0058	0.0091	0.0346	0.0369
赣州	0.0069	0.0067	0.0178	0.0000	0.0000	0.0000	0.0000	0.0081	0.0148	0.0210	0.0235	0.0415	0.0419
吉安	0.0000	0.0147	0.0175	0.0194	0.0226	0.0242	0.0168	0.0202	0.0249	0.0299	0.0323	0.0435	0.0458
宜春	0.0000	0.0000	0.0000	0.0099	0.0000	0.0000	0.0000	0.0096	0.0161	0.0223	0.0249	0.0410	0.0390
抚州	0.0186	0.0465	0.0411	0.0275	0.0206	0.0116	0.0166	0.0125	0.0186	0.0233	0.0255	0.0378	0.0419

城市	2006年	2007年	2008年	2009年	2010年	2011年	2012年	2013年	2014年	2015年	2016年	2017年	2018年
上饶	0.0075	0.0136	0.0048	0.0000	0.0158	0.0000	0.0000	0.0000	0.0000	0.0201	0.0226	0.0339	0.0374
武汉	0.0449	0.0477	0.0487	0.0530	0.0542	0.0521	0.0519	0.0535	0.0486	0.0463	0.0379	0.0510	0.0440
黄石	0.0262	0.0323	0.0291	0.0288	0.0128	0.0082	0.0148	0.0249	0.0320	0.0393	0.0365	0.0385	0.0391
十堰	0.0176	0.0175	0.0238	0.0185	0.0240	0.0322	0.0406	0.0463	0.0496	0.0417	0.0409	0.0391	0.0360
宜昌	0.0130	0.0133	0.0000	0.0012	0.0044	0.0107	0.0200	0.0286	0.0076	0.0141	0.0138	0.0261	0.0267
襄樊	0.0070	0.0164	0.0000	0.0149	0.0110	0.0070	0.0194	0.0182	0.0331	0.0141	0.0278	0.0402	0.0442
鄂州	0.0304	0.0383	0.0426	0.0185	0.0250	0.0175	0.0275	0.0343	0.0349	0.0395	0.0380	0.0407	0.0402
荆门	0.0215	0.0212	0.0022	0.0214	0.0300	0.0092	0.0143	0.0238	0.0300	0.0354	0.0352	0.0381	0.0403
孝感	0.0077	0.0000	0.0000	0.0000	0.0002	0.0049	0.0131	0.0224	0.0287	0.0339	0.0337	0.0337	0.0431
荆州	0.0170	0.0275	0.0132	0.0299	0.0158	0.0180	0.0251	0.0331	0.0377	0.0418	0.0318	0.0333	0.0347
黄冈	0.0000	0.0000	0.0000	0.0035	0.0040	0.0000	0.0081	0.0176	0.0229	0.0307	0.0000	0.0324	0.0430
咸宁	0.0323	0.0155	0.0248	0.0241	0.0307	0.0068	0.0335	0.0390	0.0427	0.0341	0.0336	0.0485	0.0491
随州	0.0136	0.0261	0.0356	0.0297	0.0225	0.0439	0.0188	0.0270	0.0226	0.0275	0.0269	0.0442	0.0494
长沙	0.0284	0.0316	0.0273	0.0233	0.0275	0.0273	0.0245	0.0229	0.0012	0.0000	0.0000	0.0000	0.0485
株洲	0.0159	0.0000	0.0054	0.0227	0.0069	0.0220	0.0277	0.0402	0.0442	0.0312	0.0373	0.0389	0.0455
湘潭	0.0202	0.0000	0.0000	0.0061	0.0149	0.0000	0.0138	0.0258	0.0327	0.0376	0.0367	0.0389	0.0428
衡阳	0.0000	0.0017	0.0000	0.0021	0.0185	0.0114	0.0103	0.0331	0.0301	0.0353	0.0291	0.0282	0.0000

续表

城市	2006年	2007年	2008年	2009年	2010年	2011年	2012年	2013年	2014年	2015年	2016年	2017年	2018年
邵阳	0.0336	0.0418	0.0479	0.0436	0.0173	0.0330	0.0026	0.0178	0.0238	0.0286	0.0271	0.0298	0.0427
岳阳	0.0138	0.0000	0.0000	0.0150	0.0214	0.0134	0.0147	0.0288	0.0337	0.0244	0.0190	0.0313	0.0169
常德	0.0000	0.0000	0.0000	0.0000	0.0000	0.0000	0.0000	0.0000	0.0000	0.0000	0.0000	0.0149	0.0096
张家界	0.0289	0.0292	0.0270	0.0037	0.0089	0.0161	0.0000	0.0069	0.0041	0.0015	0.0052	0.0094	0.0131
益阳	0.0244	0.0132	0.0185	0.0095	0.0051	0.0000	0.0042	0.0187	0.0244	0.0297	0.0228	0.0312	0.0342
郴州	0.0020	0.0000	0.0032	0.0073	0.0129	0.0188	0.0164	0.0279	0.0216	0.0279	0.0000	0.0368	0.0363
永州	0.0312	0.0183	0.0292	0.0317	0.0387	0.0061	0.0000	0.0072	0.0306	0.0264	0.0233	0.0437	0.0451
怀化	0.0000	0.0000	0.0000	0.0254	0.0317	0.0228	0.0294	0.0289	0.0004	0.0219	0.0060	0.0240	0.0338
娄底	0.0000	0.0000	0.0000	0.0034	0.0000	0.0000	0.0074	0.0207	0.0208	0.0269	0.0268	0.0289	0.0316
重庆	0.0359	0.0399	0.0414	0.0425	0.0338	0.0574	0.0299	0.0608	0.0619	0.0632	0.0631	0.0346	0.0612
成都	0.0348	0.0344	0.0377	0.0348	0.0267	0.0232	0.0356	0.0329	0.0000	0.0190	0.0310	0.0557	0.0541
自贡	0.0000	0.0000	0.0000	0.0000	0.0000	0.0137	0.0000	0.0000	0.0000	0.0000	0.0000	0.0000	0.0103
攀枝花	0.0371	0.0377	0.0387	0.0127	0.0066	0.0000	0.0040	0.0094	0.0109	0.0100	0.0092	0.0125	0.0134
泸州	0.0216	0.0246	0.0089	0.0285	0.0081	0.0000	0.0085	0.0185	0.0315	0.0377	0.0412	0.0449	0.0510
德阳	0.0000	0.0000	0.0000	0.0328	0.0091	0.0000	0.0000	0.0000	0.0000	0.0000	0.0000	0.0268	0.0098
绵阳	0.0000	0.0000	0.0148	0.0338	0.0267	0.0044	0.0075	0.0075	0.0093	0.0094	0.0188	0.0228	0.0192
广元	0.0427	0.0441	0.0228	0.0562	0.0538	0.0478	0.0364	0.0368	0.0357	0.0346	0.0334	0.0391	0.0383

续表

城市	2006年	2007年	2008年	2009年	2010年	2011年	2012年	2013年	2014年	2015年	2016年	2017年	2018年
遂宁	0.0339	0.0019	0.0186	0.0383	0.0189	0.0262	0.0307	0.0377	0.0393	0.0384	0.0389	0.0411	0.0416
内江	0.0093	0.0091	0.0000	0.0000	0.0000	0.0000	0.0000	0.0000	0.0000	0.0000	0.0000	0.0118	0.0117
乐山	0.0337	0.0182	0.0188	0.0148	0.0190	0.0011	0.0081	0.0098	0.0130	0.0169	0.0193	0.0253	0.0295
南充	0.0296	0.0005	0.0172	0.0172	0.0222	0.0134	0.0165	0.0106	0.0132	0.0164	0.0187	0.0243	0.0254
眉山	0.0058	0.0117	0.0095	0.0280	0.0197	0.0160	0.0253	0.0316	0.0330	0.0219	0.0356	0.0319	0.0339
宜宾	0.0083	0.0125	0.0178	0.0054	0.0115	0.0021	0.0088	0.0119	0.0203	0.0250	0.0276	0.0314	0.0330
广安	0.0000	0.0000	0.0000	0.0000	0.0216	0.0124	0.0019	0.0278	0.0274	0.0382	0.0000	0.0460	0.0537
达州	0.0253	0.0099	0.0197	0.0227	0.0173	0.0155	0.0149	0.0214	0.0265	0.0294	0.0355	0.0293	0.0423
雅安	0.0394	0.0425	0.0271	0.0372	0.0335	0.0095	0.0281	0.0119	0.0273	0.0335	0.0311	0.0211	0.0207
巴中	0.0275	0.0346	0.0202	0.0149	0.0239	0.0231	0.0303	0.0417	0.0485	0.0516	0.0537	0.0624	0.0644
资阳	0.0000	0.0000	0.0000	0.0000	0.0000	0.0000	0.0000	0.0000	0.0000	0.0000	0.0000	0.0000	0.0000
贵阳	0.0546	0.0372	0.0385	0.0420	0.0467	0.0415	0.0535	0.0535	0.0478	0.0490	0.0428	0.0436	0.0430
六盘水	0.0065	0.0054	0.0000	0.0058	0.0175	0.0060	0.0408	0.0428	0.0455	0.0310	0.0364	0.0425	0.0447
遵义	0.0206	0.0152	0.0154	0.0000	0.0107	0.0040	0.0280	0.0343	0.0391	0.0202	0.0280	0.0283	0.0217
安顺	0.0195	0.0238	0.0278	0.0043	0.0000	0.0231	0.0365	0.0190	0.0297	0.0318	0.0360	0.0326	0.0397
昆明	0.0219	0.0261	0.0356	0.0457	0.0507	0.0466	0.0277	0.0328	0.0409	0.0403	0.0295	0.0334	0.0344
曲靖	0.0000	0.0231	0.0226	0.0141	0.0201	0.0226	0.0000	0.0000	0.0000	0.0015	0.0242	0.0293	0.0340

续表

城市	2006 年	2007 年	2008 年	2009 年	2010 年	2011 年	2012 年	2013 年	2014 年	2015 年	2016 年	2017 年	2018 年
玉溪	0.0000	0.0000	0.0000	0.0000	0.0000	0.0000	0.0000	0.0014	0.0000	0.0011	0.0122	0.0032	0.0105
保山	0.0275	0.0319	0.0337	0.0128	0.0174	0.0304	0.0061	0.0146	0.0258	0.0348	0.0428	0.0355	0.0408
昭通	0.0000	0.0189	0.0202	0.0272	0.0363	0.0413	0.0253	0.0323	0.0296	0.0324	0.0377	0.0335	0.0341
丽江	0.0396	0.0321	0.0447	0.0404	0.0375	0.0319	0.0242	0.0285	0.0385	0.0149	0.0256	0.0412	0.0411
普洱	0.0161	0.0204	0.0104	0.0292	0.0269	0.0305	0.0244	0.0301	0.0222	0.0096	0.0229	0.0331	0.0340
临沧	0.0000	0.0000	0.0000	0.0119	0.0346	0.0346	0.0328	0.0287	0.0337	0.0000	0.0463	0.0000	0.0552

资料来源：笔者测算并整理。

附表 18　长江经济带 108 个地级及以上城市能源利用无效率值（2006 ~ 2018 年）

城市	2006 年	2007 年	2008 年	2009 年	2010 年	2011 年	2012 年	2013 年	2014 年	2015 年	2016 年	2017 年	2018 年
上海	0.0326	0.0298	0.0280	0.0240	0.0216	0.0226	0.0187	0.0169	0.0089	0.0071	0.0062	0.0031	0.0000
南京	0.0317	0.0291	0.0248	0.0230	0.0213	0.0183	0.0152	0.0172	0.0117	0.0089	0.0075	0.0061	0.0067
无锡	0.0360	0.0348	0.0294	0.0207	0.0212	0.0023	0.0000	0.0000	0.0000	0.0000	0.0000	0.0005	0.0000
徐州	0.0291	0.0247	0.0195	0.0244	0.0372	0.0378	0.0378	0.0350	0.0285	0.0247	0.0203	0.0000	0.0000
常州	0.0576	0.0555	0.0522	0.0503	0.0508	0.0507	0.0472	0.0474	0.0437	0.0477	0.0465	0.0176	0.0180
苏州	0.0111	0.0115	0.0000	0.0000	0.0000	0.0000	0.0000	0.0000	0.0000	0.0000	0.0000	0.0053	0.0000
南通	0.0051	0.0000	0.0000	0.0048	0.0110	0.0000	0.0000	0.0000	0.0000	0.0000	0.0000	0.0000	0.0000

城市	2006年	2007年	2008年	2009年	2010年	2011年	2012年	2013年	2014年	2015年	2016年	2017年	2018年
连云港	0.0447	0.0385	0.0368	0.0345	0.0365	0.0391	0.0374	0.0378	0.0579	0.0421	0.0503	0.0251	0.0536
淮安	0.0557	0.0561	0.0580	0.0562	0.0555	0.0400	0.0370	0.0361	0.0321	0.0263	0.0323	0.0047	0.0464
盐城	0.0052	0.0112	0.0129	0.0095	0.0150	0.0060	0.0022	0.0010	0.0000	0.0251	0.0083	0.0000	0.0000
扬州	0.0387	0.0392	0.0401	0.0453	0.0000	0.0011	0.0161	0.0151	0.0105	0.0037	0.0089	0.0000	0.0039
镇江	0.0391	0.0381	0.0347	0.0311	0.0285	0.0291	0.0224	0.0198	0.0103	0.0075	0.0049	0.0000	0.0003
泰州	0.0212	0.0193	0.0217	0.0299	0.0292	0.0114	0.0116	0.0233	0.0228	0.0353	0.0184	0.0000	0.0000
宿迁	0.0223	0.0262	0.0291	0.0312	0.0437	0.0486	0.0510	0.0542	0.0534	0.0510	0.0597	0.0287	0.0312
杭州	0.0237	0.0223	0.0182	0.0160	0.0167	0.0180	0.0132	0.0159	0.0171	0.0091	0.0026	0.0144	0.0154
宁波	0.0387	0.0398	0.0009	0.0363	0.0000	0.0000	0.0008	0.0005	0.0000	0.0000	0.0063	0.0283	0.0000
温州	0.0136	0.0065	0.0000	0.0000	0.0000	0.0170	0.0074	0.0022	0.0000	0.0000	0.0000	0.0495	0.0112
嘉兴	0.0356	0.0375	0.0439	0.0440	0.0306	0.0286	0.0000	0.0141	0.0319	0.0000	0.0091	0.0038	0.0000
湖州	0.0519	0.0470	0.0476	0.0476	0.0453	0.0427	0.0473	0.0243	0.0214	0.0212	0.0239	0.0305	0.0326
绍兴	0.0043	0.0000	0.0000	0.0000	0.0000	0.0000	0.0000	0.0463	0.0444	0.0421	0.0373	0.0533	0.0531
金华	0.0021	0.0011	0.0000	0.0000	0.0000	0.0000	0.0000	0.0000	0.0000	0.0000	0.0000	0.0000	0.0000
衢州	0.0651	0.0648	0.0645	0.0627	0.0621	0.0604	0.0605	0.0601	0.0600	0.0604	0.0608	0.0697	0.0702
舟山	0.0497	0.0484	0.0506	0.0511	0.0525	0.0502	0.0465	0.0449	0.0426	0.0384	0.0353	0.0453	0.0000
台州	0.0025	0.0025	0.0000	0.0028	0.0063	0.0043	0.0074	0.0096	0.0000	0.0000	0.0000	0.0101	0.0091

续表

城市	2006年	2007年	2008年	2009年	2010年	2011年	2012年	2013年	2014年	2015年	2016年	2017年	2018年
丽水	0.0368	0.0166	0.0145	0.0099	0.0157	0.0233	0.0063	0.0057	0.0036	0.0000	0.0205	0.0632	0.0000
合肥	0.0323	0.0302	0.0272	0.0387	0.0149	0.0192	0.0126	0.0097	0.0096	0.0088	0.0094	0.0410	0.0439
芜湖	0.0647	0.0555	0.0570	0.0560	0.0540	0.0552	0.0556	0.0567	0.0563	0.0363	0.0369	0.0530	0.0527
蚌埠	0.0622	0.0595	0.0588	0.0489	0.0476	0.0457	0.0441	0.0455	0.0436	0.0416	0.0397	0.0527	0.0562
淮南	0.0747	0.0748	0.0716	0.0711	0.0636	0.0614	0.0615	0.0620	0.0617	0.0605	0.0598	0.0671	0.0670
马鞍山	0.0679	0.0683	0.0723	0.0708	0.0698	0.0684	0.0675	0.0678	0.0678	0.0669	0.0662	0.0709	0.0705
淮北	0.0738	0.0708	0.0698	0.0631	0.0613	0.0587	0.0525	0.0543	0.0533	0.0523	0.0522	0.0622	0.0629
铜陵	0.0762	0.0759	0.0754	0.0687	0.0672	0.0662	0.0649	0.0658	0.0643	0.0655	0.0647	0.0665	0.0666
安庆	0.0481	0.0420	0.0416	0.0401	0.0399	0.0420	0.0333	0.0379	0.0309	0.0249	0.0226	0.0439	0.0561
黄山	0.0521	0.0530	0.0535	0.0530	0.0547	0.0295	0.0290	0.0254	0.0217	0.0225	0.0249	0.0528	0.0535
滁州	0.0377	0.0313	0.0268	0.0425	0.0122	0.0000	0.0106	0.0256	0.0219	0.0206	0.0173	0.0283	0.0651
阜阳	0.0559	0.0545	0.0410	0.0530	0.0425	0.0464	0.0398	0.0431	0.0288	0.0429	0.0429	0.0662	0.0665
宿州	0.0485	0.0574	0.0478	0.0337	0.0340	0.0324	0.0385	0.0382	0.0366	0.0329	0.0447	0.0441	0.0567
六安	0.0568	0.0524	0.0314	0.0002	0.0240	0.0309	0.0211	0.0227	0.0246	0.0391	0.0346	0.0653	0.0586
亳州	0.0074	0.0070	0.0000	0.0000	0.0311	0.0000	0.0000	0.0000	0.0016	0.0025	0.0195	0.0535	0.0549
池州	0.0554	0.0543	0.0630	0.0578	0.0572	0.0593	0.0621	0.0629	0.0628	0.0432	0.0390	0.0699	0.0703
宣城	0.0052	0.0475	0.0471	0.0454	0.0446	0.0053	0.0180	0.0200	0.0190	0.0163	0.0181	0.0670	0.0683

城市	2006年	2007年	2008年	2009年	2010年	2011年	2012年	2013年	2014年	2015年	2016年	2017年	2018年
南昌	0.0263	0.0324	0.0347	0.0301	0.0288	0.0293	0.0259	0.0313	0.0044	0.0091	0.0107	0.0267	0.0281
景德镇	0.0600	0.0635	0.0545	0.0392	0.0464	0.0313	0.0286	0.0267	0.0222	0.0207	0.0176	0.0588	0.0592
萍乡	0.0742	0.0641	0.0615	0.0602	0.0614	0.0620	0.0597	0.0563	0.0531	0.0504	0.0477	0.0581	0.0574
九江	0.0640	0.0585	0.0585	0.0488	0.0471	0.0157	0.0244	0.0276	0.0383	0.0393	0.0397	0.0245	0.0259
新余	0.0768	0.0778	0.0691	0.0714	0.0729	0.0745	0.0692	0.0682	0.0705	0.0704	0.0704	0.0704	0.0696
鹰潭	0.0460	0.0327	0.0333	0.0471	0.0464	0.0459	0.0438	0.0399	0.0345	0.0325	0.0358	0.0633	0.0630
赣州	0.0368	0.0411	0.0414	0.0000	0.0061	0.0038	0.0054	0.0000	0.0343	0.0322	0.0289	0.0497	0.0507
吉安	0.0000	0.0000	0.0317	0.0316	0.0065	0.0000	0.0355	0.0058	0.0018	0.0036	0.0036	0.0621	0.0625
宜春	0.0000	0.0000	0.0045	0.0139	0.0208	0.0000	0.0000	0.0026	0.0004	0.0020	0.0036	0.0681	0.0694
抚州	0.0376	0.0494	0.0372	0.0393	0.0392	0.0426	0.0415	0.0228	0.0105	0.0090	0.0133	0.0562	0.0593
上饶	0.0401	0.0398	0.0348	0.0000	0.0000	0.0000	0.0000	0.0000	0.0000	0.0038	0.0097	0.0654	0.0612
武汉	0.0226	0.0192	0.0173	0.0137	0.0134	0.0086	0.0048	0.0014	0.0000	0.0000	0.0000	0.0007	0.0000
黄石	0.0480	0.0432	0.0735	0.0686	0.0649	0.0630	0.0591	0.0584	0.0554	0.0540	0.0538	0.0651	0.0657
十堰	0.0750	0.0662	0.0696	0.0609	0.0633	0.0558	0.0530	0.0484	0.0498	0.0480	0.0495	0.0467	0.0609
宜昌	0.0627	0.0429	0.0482	0.0545	0.0559	0.0577	0.0538	0.0502	0.0492	0.0479	0.0417	0.0171	0.0146
襄樊	0.0576	0.0540	0.0474	0.0456	0.0406	0.0383	0.0370	0.0401	0.0352	0.0391	0.0000	0.0000	0.0000
鄂州	0.0784	0.0780	0.0772	0.0713	0.0736	0.0727	0.0704	0.0697	0.0703	0.0690	0.0689	0.0661	0.0663

续表

城市	2006年	2007年	2008年	2009年	2010年	2011年	2012年	2013年	2014年	2015年	2016年	2017年	2018年
荆门	0.0679	0.0683	0.0633	0.0549	0.0504	0.0464	0.0447	0.0399	0.0426	0.0453	0.0450	0.0616	0.0614
孝感	0.0000	0.0000	0.0000	0.0000	0.0000	0.0000	0.0057	0.0075	0.0069	0.0012	0.0098	0.0685	0.0635
荆州	0.0689	0.0714	0.0667	0.0519	0.0387	0.0368	0.0491	0.0393	0.0377	0.0318	0.0472	0.0682	0.0692
黄冈	0.0012	0.0000	0.0000	0.0000	0.0000	0.0000	0.0000	0.0000	0.0000	0.0000	0.0000	0.0679	0.0632
咸宁	0.0489	0.0488	0.0363	0.0246	0.0488	0.0290	0.0186	0.0121	0.0051	0.0375	0.0364	0.0613	0.0641
随州	0.0531	0.0550	0.0541	0.0461	0.0356	0.0293	0.0376	0.0400	0.0379	0.0393	0.0402	0.0486	0.0481
长沙	0.0023	0.0000	0.0000	0.0000	0.0000	0.0000	0.0000	0.0000	0.0000	0.0000	0.0000	0.0000	0.0000
株洲	0.0700	0.0476	0.0424	0.0413	0.0550	0.0339	0.0317	0.0331	0.0269	0.0198	0.0015	0.0299	0.0296
湘潭	0.0692	0.0653	0.0683	0.0673	0.0665	0.0654	0.0624	0.0600	0.0567	0.0550	0.0538	0.0591	0.0584
衡阳	0.0446	0.0606	0.0063	0.0237	0.0501	0.0266	0.0233	0.0179	0.0435	0.0368	0.0072	0.0416	0.0000
邵阳	0.0299	0.0286	0.0234	0.0138	0.0322	0.0000	0.0058	0.0119	0.0045	0.0000	0.0005	0.0632	0.0567
岳阳	0.0582	0.0274	0.0307	0.0297	0.0211	0.0174	0.0128	0.0133	0.0050	0.0000	0.0000	0.0000	0.0160
常德	0.0285	0.0000	0.0000	0.0114	0.0007	0.0000	0.0000	0.0000	0.0011	0.0000	0.0000	0.0000	0.0493
张家界	0.0356	0.0558	0.0517	0.0499	0.0290	0.0406	0.0467	0.0269	0.0238	0.0238	0.0276	0.0536	0.0538
益阳	0.0521	0.0390	0.0394	0.0203	0.0254	0.0213	0.0211	0.0189	0.0122	0.0057	0.0043	0.0570	0.0576
郴州	0.0495	0.0542	0.0526	0.0393	0.0381	0.0347	0.0312	0.0287	0.0377	0.0333	0.0000	0.0523	0.0643
永州	0.0528	0.0447	0.0437	0.0189	0.0192	0.0272	0.0180	0.0027	0.0000	0.0104	0.0017	0.0364	0.0561

续表

城市	2006 年	2007 年	2008 年	2009 年	2010 年	2011 年	2012 年	2013 年	2014 年	2015 年	2016 年	2017 年	2018 年
怀化	0.0489	0.0561	0.0557	0.0525	0.0428	0.0468	0.0156	0.0173	0.0222	0.0000	0.0179	0.0621	0.0625
娄底	0.0631	0.0665	0.0000	0.0454	0.0442	0.0476	0.0545	0.0602	0.0603	0.0548	0.0558	0.0679	0.0269
重庆	0.0529	0.0517	0.0499	0.0472	0.0456	0.0218	0.0406	0.0145	0.0145	0.0118	0.0105	0.0440	0.0190
成都	0.0000	0.0000	0.0000	0.0219	0.0221	0.0209	0.0000	0.0000	0.0000	0.0000	0.0000	0.0034	0.0061
自贡	0.0238	0.0664	0.0677	0.0591	0.0487	0.0491	0.0418	0.0310	0.0118	0.0039	0.0121	0.0168	0.0282
攀枝花	0.0608	0.0609	0.0588	0.0734	0.0744	0.0741	0.0731	0.0697	0.0700	0.0666	0.0647	0.0689	0.0689
泸州	0.0678	0.0658	0.0579	0.0556	0.0443	0.0468	0.0371	0.0420	0.0428	0.0370	0.0379	0.0538	0.0562
德阳	0.0000	0.0000	0.0472	0.0269	0.0301	0.0243	0.0137	0.0127	0.0045	0.0000	0.0000	0.0000	0.0527
绵阳	0.0533	0.0396	0.0421	0.0311	0.0296	0.0270	0.0232	0.0374	0.0341	0.0304	0.0092	0.0310	0.0000
广元	0.0759	0.0760	0.0688	0.0682	0.0678	0.0663	0.0617	0.0639	0.0622	0.0615	0.0615	0.0669	0.0664
遂宁	0.0621	0.0345	0.0160	0.0262	0.0467	0.0185	0.0118	0.0119	0.0141	0.0159	0.0094	0.0482	0.0487
内江	0.0470	0.0420	0.0275	0.0044	0.0000	0.0079	0.0000	0.0000	0.0000	0.0000	0.0004	0.0533	0.0571
乐山	0.0718	0.0654	0.0643	0.0661	0.0678	0.0667	0.0628	0.0621	0.0593	0.0583	0.0569	0.0710	0.0707
南充	0.0587	0.0565	0.0520	0.0265	0.0250	0.0255	0.0180	0.0317	0.0290	0.0235	0.0366	0.0568	0.0580
眉山	0.0671	0.0684	0.0669	0.0388	0.0455	0.0604	0.0609	0.0588	0.0092	0.0033	0.0190	0.0660	0.0670
宜宾	0.0614	0.0525	0.0523	0.0420	0.0488	0.0484	0.0403	0.0338	0.0266	0.0167	0.0101	0.0509	0.0584
广安	0.0000	0.0041	0.0000	0.0126	0.0034	0.0000	0.0000	0.0170	0.0217	0.0050	0.0000	0.0497	0.0493

续表

城市	2006 年	2007 年	2008 年	2009 年	2010 年	2011 年	2012 年	2013 年	2014 年	2015 年	2016 年	2017 年	2018 年
达州	0.0292	0.0112	0.0113	0.0265	0.0243	0.0247	0.0263	0.0153	0.0396	0.0361	0.0237	0.0627	0.0564
雅安	0.0464	0.0436	0.0574	0.0585	0.0420	0.0265	0.0413	0.0517	0.0519	0.0509	0.0442	0.0737	0.0624
巴中	0.0288	0.0379	0.0268	0.0297	0.0217	0.0224	0.0204	0.0429	0.0499	0.0324	0.0510	0.0562	0.0573
资阳	0.0283	0.0278	0.0129	0.0000	0.0000	0.0000	0.0000	0.0000	0.0000	0.0000	0.0000	0.0000	0.0000
贵阳	0.0565	0.0668	0.0643	0.0637	0.0645	0.0711	0.0597	0.0555	0.0499	0.0413	0.0281	0.0553	0.0507
六盘水	0.0644	0.0631	0.0553	0.0619	0.0515	0.0511	0.0598	0.0576	0.0455	0.0322	0.0108	0.0688	0.0588
遵义	0.0618	0.0662	0.0597	0.0611	0.0438	0.0490	0.0451	0.0365	0.0138	0.0213	0.0413	0.0000	0.0078
安顺	0.0011	0.0363	0.0169	0.0701	0.0704	0.0699	0.0695	0.0679	0.0650	0.0659	0.0637	0.0736	0.0672
昆明	0.0336	0.0325	0.0374	0.0436	0.0257	0.0176	0.0478	0.0041	0.0000	0.0000	0.0000	0.0451	0.0456
曲靖	0.0030	0.0112	0.0021	0.0701	0.0688	0.0669	0.0184	0.0280	0.0373	0.0139	0.0048	0.0717	0.0701
玉溪	0.0137	0.0267	0.0000	0.0506	0.0519	0.0413	0.0000	0.0470	0.0411	0.0238	0.0343	0.0642	0.0645
保山	0.0433	0.0456	0.0436	0.0524	0.0507	0.0222	0.0220	0.0169	0.0143	0.0134	0.0156	0.0686	0.0673
昭通	0.0428	0.0336	0.0309	0.0342	0.0338	0.0333	0.0353	0.0197	0.0278	0.0104	0.0091	0.0662	0.0680
丽江	0.0428	0.0618	0.0369	0.0640	0.0592	0.0565	0.0523	0.0431	0.0338	0.0451	0.0434	0.0593	0.0625
普洱	0.0209	0.0232	0.0516	0.0357	0.0478	0.0293	0.0234	0.0434	0.0455	0.0406	0.0405	0.0567	0.0577
临沧	0.0000	0.0000	0.0000	0.0282	0.0306	0.0269	0.0250	0.0148	0.0270	0.0000	0.0000	0.0000	0.0510

资料来源：笔者测算并整理。

附表 19　　长江经济带 108 个地级及以上城市水资源供给无效率值（2006~2018 年）

城市	2006 年	2007 年	2008 年	2009 年	2010 年	2011 年	2012 年	2013 年	2014 年	2015 年	2016 年	2017 年	2018 年
上海	0.0566	0.0575	0.0553	0.0523	0.0464	0.0427	0.0394	0.0377	0.0342	0.0286	0.0278	0.0057	0.0000
南京	0.0656	0.0652	0.0575	0.0555	0.0529	0.0511	0.0481	0.0458	0.0405	0.0376	0.0367	0.0108	0.0050
无锡	0.0252	0.0240	0.0216	0.0286	0.0339	0.0145	0.0143	0.0039	0.0019	0.0033	0.0000	0.0126	0.0000
徐州	0.0360	0.0089	0.0231	0.0250	0.0329	0.0303	0.0247	0.0222	0.0225	0.0124	0.0120	0.0000	0.0064
常州	0.0567	0.0554	0.0469	0.0472	0.0387	0.0320	0.0346	0.0279	0.0198	0.0236	0.0213	0.0244	0.0280
苏州	0.0167	0.0195	0.0034	0.0000	0.0027	0.0000	0.0159	0.0000	0.0000	0.0000	0.0000	0.0000	0.0000
南通	0.0217	0.0086	0.0178	0.0288	0.0236	0.0119	0.0000	0.0078	0.0091	0.0204	0.0046	0.0000	0.0000
连云港	0.0713	0.0700	0.0688	0.0682	0.0661	0.0647	0.0619	0.0594	0.0586	0.0603	0.0550	0.0338	0.0105
淮安	0.0704	0.0646	0.0616	0.0671	0.0707	0.0504	0.0451	0.0407	0.0256	0.0334	0.0341	0.0157	0.0070
盐城	0.0452	0.0248	0.0057	0.0255	0.0207	0.0000	0.0000	0.0000	0.0000	0.0000	0.0000	0.0000	0.0000
扬州	0.0523	0.0453	0.0572	0.0355	0.0230	0.0149	0.0258	0.0221	0.0167	0.0144	0.0092	0.0026	0.0000
镇江	0.0457	0.0435	0.0390	0.0354	0.0298	0.0201	0.0275	0.0236	0.0178	0.0130	0.0083	0.0000	0.0054
泰州	0.0447	0.0378	0.0271	0.0196	0.0160	0.0000	0.0000	0.0000	0.0038	0.0157	0.0000	0.0000	0.0000
宿迁	0.0579	0.0552	0.0506	0.0495	0.0542	0.0601	0.0596	0.0528	0.0529	0.0486	0.0453	0.0109	0.0093
杭州	0.0433	0.0388	0.0349	0.0311	0.0075	0.0000	0.0000	0.0000	0.0000	0.0000	0.0000	0.0000	0.0000
宁波	0.0416	0.0405	0.0165	0.0307	0.0075	0.0030	0.0000	0.0000	0.0019	0.0028	0.0000	0.0000	0.0000
温州	0.0394	0.0330	0.0309	0.0253	0.0214	0.0211	0.0295	0.0284	0.0208	0.0278	0.0233	0.0162	0.0255

续表

城市	2006 年	2007 年	2008 年	2009 年	2010 年	2011 年	2012 年	2013 年	2014 年	2015 年	2016 年	2017 年	2018 年
嘉兴	0.0430	0.0384	0.0071	0.0106	0.0191	0.0000	0.0000	0.0000	0.0000	0.0000	0.0000	0.0000	0.0000
湖州	0.0625	0.0623	0.0638	0.0596	0.0504	0.0406	0.0521	0.0103	0.0052	0.0000	0.0000	0.0135	0.0122
绍兴	0.0151	0.0061	0.0116	0.0109	0.0070	0.0041	0.0000	0.0306	0.0311	0.0307	0.0408	0.0381	0.0283
金华	0.0270	0.0191	0.0052	0.0000	0.0033	0.0000	0.0000	0.0000	0.0000	0.0000	0.0000	0.0000	0.0000
衢州	0.0772	0.0759	0.0740	0.0709	0.0714	0.0673	0.0597	0.0584	0.0501	0.0599	0.0535	0.0496	0.0482
舟山	0.0667	0.0654	0.0620	0.0597	0.0598	0.0572	0.0537	0.0528	0.0502	0.0473	0.0470	0.0351	0.0377
台州	0.0135	0.0148	0.0018	0.0001	0.0000	0.0000	0.0000	0.0000	0.0000	0.0051	0.0030	0.0140	0.0112
丽水	0.0570	0.0495	0.0549	0.0579	0.0482	0.0384	0.0579	0.0478	0.0433	0.0418	0.0354	0.0348	0.0000
合肥	0.0599	0.0566	0.0534	0.0540	0.0544	0.0450	0.0510	0.0500	0.0493	0.0484	0.0484	0.0405	0.0407
芜湖	0.0696	0.0751	0.0738	0.0734	0.0724	0.0719	0.0698	0.0675	0.0670	0.0474	0.0463	0.0295	0.0268
蚌埠	0.0591	0.0546	0.0505	0.0782	0.0759	0.0749	0.0734	0.0730	0.0725	0.0719	0.0703	0.0564	0.0533
淮南	0.0672	0.0660	0.0647	0.0668	0.0764	0.0757	0.0704	0.0701	0.0676	0.0694	0.0683	0.0639	0.0602
马鞍山	0.0817	0.0819	0.0813	0.0781	0.0768	0.0751	0.0731	0.0722	0.0712	0.0680	0.0641	0.0503	0.0488
淮北	0.0653	0.0606	0.0578	0.0730	0.0735	0.0724	0.0713	0.0692	0.0633	0.0625	0.0607	0.0513	0.0543
铜陵	0.0740	0.0728	0.0709	0.0575	0.0772	0.0704	0.0691	0.0698	0.0653	0.0630	0.0638	0.0587	0.0583
安庆	0.0666	0.0701	0.0701	0.0631	0.0620	0.0632	0.0628	0.0602	0.0603	0.0592	0.0554	0.0045	0.0383
黄山	0.0642	0.0645	0.0635	0.0627	0.0620	0.0635	0.0630	0.0612	0.0616	0.0622	0.0605	0.0537	0.0610

城市	2006 年	2007 年	2008 年	2009 年	2010 年	2011 年	2012 年	2013 年	2014 年	2015 年	2016 年	2017 年	2018 年
滁州	0.0300	0.0609	0.0565	0.0413	0.0421	0.0411	0.0505	0.0484	0.0464	0.0441	0.0425	0.0093	0.0317
阜阳	0.0398	0.0342	0.0635	0.0458	0.0593	0.0570	0.0659	0.0594	0.0575	0.0568	0.0574	0.0443	0.0477
宿州	0.0266	0.0344	0.0516	0.0695	0.0660	0.0640	0.0570	0.0523	0.0485	0.0432	0.0355	0.0000	0.0065
六安	0.0554	0.0511	0.0497	0.0611	0.0511	0.0534	0.0444	0.0485	0.0466	0.0471	0.0488	0.0334	0.0494
亳州	0.0353	0.0213	0.0297	0.0445	0.0395	0.0496	0.0433	0.0445	0.0389	0.0391	0.0502	0.0197	0.0242
池州	0.0730	0.0729	0.0664	0.0706	0.0693	0.0673	0.0661	0.0653	0.0648	0.0575	0.0628	0.0624	0.0585
宣城	0.0572	0.0510	0.0407	0.0440	0.0401	0.0466	0.0437	0.0501	0.0375	0.0423	0.0311	0.0355	0.0392
南昌	0.0655	0.0619	0.0577	0.0570	0.0576	0.0523	0.0493	0.0504	0.0539	0.0479	0.0469	0.0328	0.0317
景德镇	0.0597	0.0575	0.0582	0.0711	0.0712	0.0658	0.0602	0.0624	0.0619	0.0605	0.0585	0.0558	0.0461
萍乡	0.0560	0.0741	0.0731	0.0713	0.0694	0.0675	0.0634	0.0599	0.0578	0.0539	0.0517	0.0446	0.0414
九江	0.0697	0.0741	0.0558	0.0652	0.0647	0.0594	0.0566	0.0547	0.0491	0.0467	0.0447	0.0165	0.0161
新余	0.0662	0.0619	0.0730	0.0684	0.0675	0.0686	0.0669	0.0667	0.0701	0.0653	0.0648	0.0597	0.0579
鹰潭	0.0335	0.0455	0.0405	0.0553	0.0538	0.0546	0.0492	0.0446	0.0471	0.0412	0.0394	0.0463	0.0494
赣州	0.0572	0.0570	0.0573	0.0446	0.0415	0.0395	0.0371	0.0466	0.0547	0.0522	0.0515	0.0198	0.0196
吉安	0.0271	0.0497	0.0483	0.0455	0.0414	0.0419	0.0264	0.0219	0.0288	0.0221	0.0245	0.0181	0.0194
宜春	0.0197	0.0283	0.0388	0.0382	0.0374	0.0382	0.0204	0.0315	0.0310	0.0321	0.0297	0.0336	0.0291
抚州	0.0512	0.0500	0.0612	0.0648	0.0530	0.0519	0.0535	0.0515	0.0506	0.0500	0.0491	0.0477	0.0421

续表

城市	2006 年	2007 年	2008 年	2009 年	2010 年	2011 年	2012 年	2013 年	2014 年	2015 年	2016 年	2017 年	2018 年
上饶	0.0501	0.0478	0.0421	0.0227	0.0147	0.0089	0.0000	0.0055	0.0000	0.0413	0.0412	0.0343	0.0320
武汉	0.0591	0.0594	0.0564	0.0531	0.0495	0.0516	0.0484	0.0453	0.0464	0.0452	0.0432	0.0263	0.0233
黄石	0.0666	0.0612	0.0608	0.0650	0.0735	0.0726	0.0634	0.0629	0.0692	0.0602	0.0543	0.0516	0.0459
十堰	0.0662	0.0624	0.0593	0.0649	0.0622	0.0678	0.0662	0.0644	0.0645	0.0573	0.0568	0.0388	0.0604
宜昌	0.0624	0.0428	0.0559	0.0636	0.0597	0.0413	0.0374	0.0302	0.0451	0.0433	0.0508	0.0299	0.0291
襄樊	0.0648	0.0631	0.0692	0.0699	0.0606	0.0582	0.0528	0.0527	0.0508	0.0570	0.0345	0.0000	0.0000
鄂州	0.0789	0.0782	0.0586	0.0771	0.0771	0.0697	0.0748	0.0670	0.0638	0.0641	0.0646	0.0627	0.0633
荆门	0.0486	0.0461	0.0611	0.0549	0.0520	0.0703	0.0649	0.0610	0.0583	0.0560	0.0543	0.0283	0.0264
孝感	0.0308	0.0370	0.0362	0.0000	0.0321	0.0301	0.0286	0.0228	0.0328	0.0356	0.0399	0.0221	0.0122
荆州	0.0472	0.0523	0.0627	0.0600	0.0652	0.0643	0.0607	0.0588	0.0575	0.0564	0.0513	0.0457	0.0405
黄冈	0.0412	0.0434	0.0438	0.0449	0.0239	0.0370	0.0328	0.0228	0.0161	0.0035	0.0000	0.0134	0.0023
咸宁	0.0525	0.0512	0.0472	0.0683	0.0635	0.0430	0.0463	0.0416	0.0410	0.0341	0.0394	0.0274	0.0301
随州	0.0517	0.0473	0.0490	0.0482	0.0667	0.0565	0.0551	0.0517	0.0510	0.0482	0.0483	0.0393	0.0525
长沙	0.0617	0.0520	0.0585	0.0526	0.0489	0.0467	0.0334	0.0393	0.0190	0.0000	0.0000	0.0000	0.0119
株洲	0.0701	0.0626	0.0602	0.0543	0.0711	0.0473	0.0430	0.0398	0.0351	0.0408	0.0374	0.0362	0.0222
湘潭	0.0581	0.0694	0.0651	0.0736	0.0701	0.0677	0.0680	0.0628	0.0650	0.0636	0.0614	0.0514	0.0392
衡阳	0.0631	0.0589	0.0576	0.0509	0.0677	0.0561	0.0525	0.0415	0.0551	0.0492	0.0361	0.0000	0.0000

城市	2006 年	2007 年	2008 年	2009 年	2010 年	2011 年	2012 年	2013 年	2014 年	2015 年	2016 年	2017 年	2018 年
邵阳	0.0554	0.0443	0.0466	0.0574	0.0639	0.0501	0.0591	0.0584	0.0554	0.0562	0.0556	0.0543	0.0400
岳阳	0.0723	0.0536	0.0531	0.0494	0.0431	0.0470	0.0440	0.0406	0.0220	0.0230	0.0227	0.0000	0.0000
常德	0.0176	0.0000	0.0000	0.0162	0.0089	0.0000	0.0030	0.0263	0.0262	0.0240	0.0212	0.0000	0.0000
张家界	0.0510	0.0429	0.0280	0.0693	0.0672	0.0508	0.0306	0.0665	0.0603	0.0583	0.0563	0.0591	0.0477
益阳	0.0394	0.0463	0.0412	0.0639	0.0550	0.0579	0.0505	0.0553	0.0520	0.0483	0.0445	0.0370	0.0398
郴州	0.0549	0.0509	0.0502	0.0652	0.0641	0.0547	0.0530	0.0496	0.0442	0.0355	0.0000	0.0000	0.0180
永州	0.0481	0.0645	0.0606	0.0711	0.0689	0.0685	0.0607	0.0637	0.0596	0.0566	0.0563	0.0046	0.0466
怀化	0.0573	0.0456	0.0448	0.0587	0.0566	0.0548	0.0482	0.0440	0.0491	0.0488	0.0466	0.0499	0.0354
娄底	0.0446	0.0170	0.0000	0.0649	0.0615	0.0614	0.0587	0.0558	0.0510	0.0484	0.0458	0.0399	0.0373
重庆	0.0536	0.0531	0.0432	0.0476	0.0538	0.0227	0.0479	0.0180	0.0159	0.0138	0.0163	0.0463	0.0000
成都	0.0558	0.0557	0.0558	0.0557	0.0608	0.0517	0.0399	0.0398	0.0000	0.0393	0.0431	0.0195	0.0025
自贡	0.0466	0.0233	0.0308	0.0516	0.0619	0.0580	0.0622	0.0586	0.0494	0.0411	0.0232	0.0257	0.0390
攀枝花	0.0620	0.0586	0.0575	0.0778	0.0757	0.0749	0.0738	0.0733	0.0739	0.0711	0.0702	0.0691	0.0680
泸州	0.0576	0.0484	0.0610	0.0589	0.0709	0.0687	0.0694	0.0675	0.0607	0.0578	0.0568	0.0503	0.0507
德阳	0.0000	0.0000	0.0131	0.0546	0.0535	0.0525	0.0498	0.0414	0.0380	0.0338	0.0308	0.0000	0.0000
绵阳	0.0488	0.0618	0.0474	0.0643	0.0614	0.0601	0.0586	0.0573	0.0567	0.0560	0.0201	0.0082	0.0041
广元	0.0606	0.0579	0.0712	0.0701	0.0687	0.0683	0.0665	0.0662	0.0663	0.0661	0.0667	0.0609	0.0615

续表

城市	2006 年	2007 年	2008 年	2009 年	2010 年	2011 年	2012 年	2013 年	2014 年	2015 年	2016 年	2017 年	2018 年
遂宁	0.0467	0.0675	0.0659	0.0631	0.0489	0.0530	0.0519	0.0509	0.0534	0.0592	0.0529	0.0466	0.0414
内江	0.0240	0.0171	0.0297	0.0444	0.0400	0.0523	0.0316	0.0359	0.0387	0.0359	0.0403	0.0429	0.0271
乐山	0.0488	0.0615	0.0575	0.0642	0.0620	0.0567	0.0535	0.0437	0.0433	0.0423	0.0406	0.0349	0.0311
南充	0.0484	0.0555	0.0516	0.0666	0.0648	0.0623	0.0614	0.0570	0.0556	0.0544	0.0549	0.0510	0.0495
眉山	0.0679	0.0661	0.0638	0.0623	0.0521	0.0582	0.0499	0.0498	0.0330	0.0399	0.0394	0.0296	0.0346
宜宾	0.0540	0.0623	0.0542	0.0636	0.0605	0.0545	0.0531	0.0495	0.0478	0.0475	0.0426	0.0276	0.0343
广安	0.0500	0.0515	0.0457	0.0434	0.0236	0.0249	0.0020	0.0301	0.0204	0.0162	0.0000	0.0070	0.0229
达州	0.0375	0.0635	0.0615	0.0524	0.0478	0.0540	0.0403	0.0353	0.0538	0.0442	0.0413	0.0273	0.0334
雅安	0.0601	0.0584	0.0675	0.0610	0.0662	0.0477	0.0562	0.0537	0.0508	0.0494	0.0399	0.0365	0.0296
巴中	0.0317	0.0294	0.0434	0.0482	0.0465	0.0461	0.0477	0.0534	0.0524	0.0660	0.0670	0.0640	0.0626
资阳	0.0141	0.0115	0.0257	0.0385	0.0330	0.0148	0.0086	0.0157	0.0094	0.0000	0.0000	0.0000	0.0000
贵阳	0.0620	0.0683	0.0638	0.0614	0.0588	0.0732	0.0531	0.0564	0.0475	0.0470	0.0544	0.0423	0.0419
六盘水	0.0702	0.0732	0.0661	0.0575	0.0537	0.0598	0.0574	0.0438	0.0484	0.0300	0.0272	0.0347	0.0218
遵义	0.0655	0.0597	0.0585	0.0601	0.0589	0.0479	0.0428	0.0378	0.0366	0.0339	0.0188	0.0138	0.0220
安顺	0.0064	0.0411	0.0142	0.0611	0.0653	0.0657	0.0637	0.0626	0.0610	0.0660	0.0644	0.0652	0.0587
昆明	0.0661	0.0557	0.0566	0.0562	0.0511	0.0505	0.0355	0.0470	0.0454	0.0423	0.0554	0.0317	0.0255
曲靖	0.0454	0.0359	0.0217	0.0538	0.0514	0.0457	0.0218	0.0205	0.0124	0.0206	0.0152	0.0186	0.0278

续表

城市	2006年	2007年	2008年	2009年	2010年	2011年	2012年	2013年	2014年	2015年	2016年	2017年	2018年
玉溪	0.0243	0.0000	0.0000	0.0045	0.0290	0.0325	0.0000	0.0050	0.0146	0.0222	0.0144	0.0204	0.0162
保山	0.0471	0.0541	0.0502	0.0631	0.0607	0.0666	0.0601	0.0581	0.0556	0.0527	0.0516	0.0459	0.0371
昭通	0.0507	0.0587	0.0550	0.0521	0.0470	0.0506	0.0461	0.0378	0.0366	0.0340	0.0308	0.0267	0.0346
丽江	0.0729	0.0658	0.0694	0.0681	0.0670	0.0599	0.0564	0.0590	0.0637	0.0606	0.0606	0.0629	0.0643
普洱	0.0620	0.0584	0.0453	0.0609	0.0423	0.0413	0.0397	0.0232	0.0434	0.0348	0.0405	0.0404	0.0408
临沧	0.0000	0.0029	0.0000	0.0244	0.0460	0.0403	0.0070	0.0000	0.0295	0.0000	0.0168	0.0000	0.0245

资料来源：笔者测算并整理。

附表20　长江经济带108个地级及以上城市污染排放无效率值（2006~2018年）

城市	2006年	2007年	2008年	2009年	2010年	2011年	2012年	2013年	2014年	2015年	2016年	2017年	2018年
上海	0.2223	0.2074	0.1910	0.1720	0.1143	0.1450	0.1200	0.1163	0.1029	0.0837	0.0699	0.0569	0.0000
南京	0.2990	0.2935	0.2887	0.2832	0.2750	0.2665	0.2591	0.2511	0.2422	0.2354	0.2232	0.2109	0.2017
无锡	0.1887	0.1613	0.1377	0.1414	0.1252	0.1253	0.0237	0.0832	0.0339	0.0003	0.0000	0.0833	0.0000
徐州	0.2568	0.2427	0.2346	0.2172	0.2247	0.2177	0.2069	0.1932	0.1732	0.1585	0.1571	0.1242	0.1299
常州	0.2538	0.2436	0.2334	0.2233	0.2075	0.1799	0.2252	0.1723	0.1580	0.1436	0.1333	0.1595	0.1353
苏州	0.1456	0.1206	0.1049	0.0000	0.0772	0.0000	0.0370	0.1124	0.0728	0.0318	0.0000	0.1400	0.0000
南通	0.2401	0.2438	0.1883	0.2181	0.1761	0.1528	0.0000	0.1294	0.0729	0.0230	0.0000	0.0827	0.0607

续表

城市	2006年	2007年	2008年	2009年	2010年	2011年	2012年	2013年	2014年	2015年	2016年	2017年	2018年
连云港	0.2117	0.1922	0.1746	0.1532	0.1289	0.1094	0.0869	0.0506	0.0272	0.0000	0.1480	0.2529	0.2459
淮安	0.1608	0.1356	0.1454	0.1197	0.0887	0.2636	0.2598	0.2443	0.2352	0.2466	0.2357	0.2280	0.2198
盐城	0.2003	0.1773	0.1500	0.1303	0.1066	0.0941	0.0369	0.0228	0.0000	0.0216	0.0000	0.0000	0.0000
扬州	0.2152	0.1945	0.0240	0.1567	0.2376	0.2171	0.2274	0.2150	0.2025	0.1893	0.1712	0.1532	0.1689
镇江	0.2774	0.2683	0.2596	0.2497	0.2373	0.2305	0.2362	0.2248	0.2129	0.2008	0.1899	0.1483	0.1850
泰州	0.1322	0.0828	0.1177	0.1521	0.1434	0.0854	0.0402	0.1225	0.0920	0.0000	0.0149	0.0165	0.0000
宿迁	0.2091	0.1902	0.1718	0.1514	0.1568	0.1002	0.1215	0.0811	0.0553	0.0266	0.1583	0.2598	0.2636
杭州	0.2952	0.2905	0.2857	0.2816	0.2749	0.2558	0.2427	0.2360	0.2349	0.1998	0.1576	0.1694	0.1338
宁波	0.1923	0.1682	0.2836	0.1393	0.2727	0.2667	0.2582	0.2376	0.2160	0.2074	0.2149	0.1812	0.0000
温州	0.2538	0.2465	0.2187	0.2128	0.1948	0.1626	0.1973	0.1692	0.1570	0.0910	0.0815	0.0727	0.1163
嘉兴	0.0555	0.0369	0.1567	0.1390	0.1534	0.1381	0.1572	0.1360	0.0402	0.0428	0.0000	0.0634	0.0000
湖州	0.1653	0.1285	0.0973	0.1029	0.1035	0.1068	0.0515	0.2616	0.2561	0.2460	0.2375	0.2466	0.2425
绍兴	0.1786	0.1471	0.0864	0.0698	0.0724	0.0190	0.0000	0.1678	0.1589	0.1465	0.1715	0.1791	0.1539
金华	0.1352	0.1107	0.0763	0.0000	0.0249	0.0000	0.0102	0.0000	0.0000	0.0000	0.0000	0.0000	0.0440
衢州	0.2487	0.2351	0.2235	0.2104	0.1909	0.1517	0.1237	0.1227	0.1416	0.1301	0.1113	0.0501	0.0320
舟山	0.2544	0.2408	0.2280	0.2173	0.2025	0.1867	0.1772	0.1571	0.1398	0.1223	0.0874	0.0000	0.0540
台州	0.2504	0.2379	0.2253	0.2183	0.1743	0.1378	0.1409	0.1703	0.1573	0.1249	0.1149	0.1470	0.1621

续表

城市	2006年	2007年	2008年	2009年	2010年	2011年	2012年	2013年	2014年	2015年	2016年	2017年	2018年
丽水	0.2174	0.2661	0.2121	0.1986	0.1811	0.1695	0.1434	0.1550	0.1448	0.1355	0.1992	0.0530	0.0000
合肥	0.2704	0.2587	0.2452	0.1668	0.2340	0.1982	0.2080	0.1914	0.1797	0.1620	0.1520	0.0839	0.1069
芜湖	0.1528	0.2053	0.1865	0.1646	0.1317	0.0960	0.0670	0.0411	0.0055	0.2586	0.2519	0.2377	0.2373
蚌埠	0.2428	0.2308	0.2196	0.2171	0.1990	0.1788	0.1672	0.1355	0.1153	0.0920	0.0116	0.0000	0.0163
淮南	0.2262	0.2128	0.2412	0.2295	0.2051	0.1905	0.1912	0.1896	0.1917	0.1860	0.1712	0.1659	0.1597
马鞍山	0.2378	0.2213	0.2048	0.1895	0.1656	0.1486	0.1286	0.1167	0.0977	0.0782	0.0486	0.0200	0.0154
淮北	0.2498	0.2697	0.2613	0.2486	0.2349	0.2230	0.2112	0.1916	0.2018	0.1996	0.1902	0.1106	0.1454
铜陵	0.2425	0.2288	0.2154	0.2515	0.2369	0.2244	0.2139	0.2023	0.1897	0.1755	0.1554	0.1092	0.1387
安庆	0.2513	0.1811	0.1886	0.1715	0.1476	0.1215	0.0935	0.0880	0.0666	0.0462	0.0161	0.1705	0.0000
黄山	0.2667	0.2648	0.2570	0.2488	0.2370	0.2523	0.2460	0.2329	0.2258	0.2192	0.2070	0.1521	0.1673
滁州	0.2372	0.2173	0.1956	0.1590	0.1814	0.1406	0.1346	0.2186	0.2086	0.1962	0.1791	0.2557	0.0000
阜阳	0.1875	0.1685	0.2506	0.1947	0.1667	0.2187	0.1288	0.1344	0.1258	0.0981	0.0749	0.0000	0.0000
宿州	0.1938	0.1775	0.2151	0.1998	0.1974	0.1840	0.1625	0.1438	0.1265	0.1116	0.2064	0.0000	0.0000
六安	0.1980	0.1764	0.1565	0.2107	0.1918	0.2197	0.2079	0.1378	0.0504	0.2158	0.2011	0.1408	0.0000
亳州	0.2481	0.2451	0.2308	0.2018	0.1642	0.1831	0.1853	0.1622	0.1632	0.1488	0.2249	0.0415	0.0583
池州	0.2973	0.2920	0.3043	0.2784	0.2690	0.2601	0.2533	0.2427	0.2358	0.2421	0.2129	0.1731	0.2053
宣城	0.2547	0.2317	0.2191	0.2049	0.1851	0.1861	0.1706	0.1513	0.1633	0.1492	0.1249	0.0215	0.0612

续表

城市	2006年	2007年	2008年	2009年	2010年	2011年	2012年	2013年	2014年	2015年	2016年	2017年	2018年
南昌	0.2658	0.2555	0.2439	0.2327	0.2187	0.2038	0.1897	0.1744	0.1891	0.1760	0.1602	0.1332	0.1214
景德镇	0.2503	0.2381	0.2595	0.2203	0.2447	0.2357	0.2207	0.2136	0.2048	0.1940	0.1763	0.1308	0.1492
萍乡	0.2335	0.2504	0.2386	0.2270	0.2115	0.2006	0.1925	0.1727	0.1595	0.1441	0.1225	0.0690	0.0745
九江	0.1529	0.1944	0.1783	0.1722	0.1490	0.1301	0.1048	0.0830	0.1883	0.1815	0.1507	0.2574	0.2590
新余	0.2542	0.2419	0.2564	0.2592	0.2473	0.2380	0.2268	0.2258	0.1961	0.2078	0.1948	0.1726	0.1770
鹰潭	0.2807	0.2934	0.2869	0.2628	0.2515	0.2407	0.2344	0.2127	0.2127	0.2036	0.1864	0.1539	0.1876
赣州	0.2382	0.2260	0.2142	0.1898	0.2182	0.1970	0.1921	0.1780	0.1681	0.1556	0.1368	0.2452	0.2390
吉安	0.2496	0.2583	0.1860	0.1806	0.1566	0.1760	0.1073	0.2326	0.2227	0.2137	0.2022	0.0352	0.0451
宜春	0.1932	0.1903	0.1606	0.1225	0.1176	0.1195	0.1753	0.2160	0.2052	0.1948	0.1813	0.0000	0.0000
抚州	0.2544	0.2022	0.2334	0.1767	0.1658	0.1257	0.1060	0.2404	0.2315	0.2223	0.2135	0.0189	0.0631
上饶	0.1793	0.1588	0.1358	0.1393	0.1112	0.0339	0.0000	0.0188	0.0000	0.1847	0.1703	0.0000	0.0000
武汉	0.2984	0.2928	0.2870	0.2807	0.2712	0.2657	0.2507	0.2445	0.2020	0.1698	0.1376	0.2003	0.1644
黄石	0.3273	0.3264	0.1505	0.1973	0.1875	0.1671	0.1427	0.1266	0.1072	0.0952	0.0678	0.0140	0.0260
十堰	0.2057	0.1830	0.1688	0.2071	0.1812	0.2228	0.2271	0.1979	0.1858	0.2185	0.2048	0.2560	0.0363
宜昌	0.1630	0.2880	0.1906	0.1038	0.0753	0.1879	0.1602	0.1472	0.1130	0.1108	0.0626	0.2297	0.2283
襄樊	0.0969	0.0647	0.1109	0.0953	0.2032	0.1806	0.1568	0.1408	0.1148	0.0855	0.1795	0.1990	0.2097
鄂州	0.2698	0.2597	0.2485	0.2656	0.2547	0.2423	0.2305	0.2157	0.2234	0.2157	0.1988	0.1510	0.1805

续表

城市	2006 年	2007 年	2008 年	2009 年	2010 年	2011 年	2012 年	2013 年	2014 年	2015 年	2016 年	2017 年	2018 年
荆门	0.2053	0.1900	0.2230	0.2075	0.1867	0.1494	0.1594	0.1369	0.1191	0.0996	0.0687	0.0000	0.0351
孝感	0.2403	0.2274	0.2070	0.0000	0.2374	0.2382	0.2312	0.2140	0.2029	0.1905	0.1770	0.1318	0.0000
荆州	0.1704	0.1497	0.1945	0.1772	0.1711	0.1617	0.1314	0.1152	0.0966	0.0773	0.1768	0.1343	0.1549
黄冈	0.1911	0.1737	0.1514	0.1405	0.1245	0.0847	0.0694	0.0380	0.0140	0.0000	0.0000	0.1204	0.0000
咸宁	0.2444	0.2613	0.2500	0.2303	0.2124	0.1730	0.2009	0.1810	0.1672	0.0908	0.0661	0.0511	0.1026
随州	0.2486	0.2366	0.2236	0.2500	0.2297	0.2603	0.1665	0.1430	0.1440	0.1254	0.0993	0.0746	0.1052
长沙	0.2288	0.1959	0.1586	0.1467	0.1169	0.1069	0.0679	0.0138	0.0000	0.0000	0.0000	0.0000	0.1450
株洲	0.1187	0.2697	0.2894	0.2834	0.1026	0.2765	0.2571	0.2496	0.2407	0.2487	0.2420	0.2243	0.2283
湘潭	0.2324	0.2113	0.1956	0.1983	0.1741	0.1546	0.1339	0.0978	0.0726	0.0479	0.0239	0.0000	0.0000
衡阳	0.1403	0.0538	0.3050	0.2779	0.1529	0.2617	0.2536	0.2455	0.1411	0.1247	0.2429	0.1808	0.0000
邵阳	0.1813	0.1633	0.1447	0.1897	0.1091	0.1754	0.2387	0.2255	0.2131	0.1842	0.1850	0.1370	0.0083
岳阳	0.0739	0.2973	0.2827	0.2737	0.2642	0.2549	0.2469	0.2370	0.2274	0.2334	0.2084	0.2036	0.0406
常德	0.0784	0.0000	0.0000	0.0922	0.0841	0.0000	0.0000	0.0225	0.1199	0.0000	0.0244	0.0829	0.0410
张家界	0.2834	0.2762	0.2690	0.2809	0.2723	0.2690	0.2585	0.2507	0.2561	0.2496	0.2409	0.1911	0.2245
益阳	0.2121	0.2394	0.2277	0.2066	0.2085	0.1741	0.1722	0.1563	0.1379	0.1224	0.0832	0.0119	0.0560
郴州	0.1995	0.1779	0.1726	0.1636	0.1357	0.1141	0.0890	0.0565	0.1739	0.1602	0.0000	0.1506	0.1066
永州	0.1755	0.2122	0.1961	0.1926	0.1706	0.1520	0.1276	0.1080	0.0937	0.1760	0.1743	0.2412	0.0000

续表

城市	2006 年	2007 年	2008 年	2009 年	2010 年	2011 年	2012 年	2013 年	2014 年	2015 年	2016 年	2017 年	2018 年
怀化	0.2674	0.2264	0.2223	0.2563	0.2444	0.2330	0.2206	0.2066	0.2361	0.1331	0.2121	0.0197	0.0663
娄底	0.2555	0.2040	0.0000	0.2041	0.1983	0.1664	0.1320	0.1283	0.1437	0.1286	0.1081	0.0227	0.1273
重庆	0.2260	0.2059	0.1881	0.1650	0.1588	0.2644	0.0951	0.2471	0.2396	0.2296	0.2190	0.0806	0.1782
成都	0.1863	0.1246	0.1021	0.1665	0.1231	0.0909	0.1297	0.0887	0.0000	0.0000	0.0187	0.1747	0.1810
自贡	0.2612	0.2050	0.1972	0.2072	0.1837	0.2188	0.1531	0.0971	0.1289	0.1471	0.1236	0.1890	0.0264
攀枝花	0.3289	0.3283	0.3276	0.2256	0.2267	0.2076	0.1982	0.1861	0.1726	0.1563	0.1483	0.1462	0.1356
泸州	0.2118	0.1955	0.2260	0.2145	0.2066	0.1793	0.1576	0.1364	0.1139	0.0904	0.0684	0.0000	0.0268
德阳	0.0000	0.0584	0.1439	0.1693	0.1446	0.0826	0.0554	0.0721	0.0535	0.0759	0.0676	0.2454	0.0000
绵阳	0.2056	0.2287	0.1713	0.1652	0.1378	0.1074	0.0755	0.0508	0.0273	0.0039	0.2535	0.2222	0.1354
广元	0.2704	0.2617	0.2801	0.2721	0.2620	0.2491	0.2375	0.2264	0.2167	0.2069	0.1916	0.1289	0.1714
遂宁	0.2401	0.2561	0.2456	0.2333	0.2012	0.2187	0.2038	0.1917	0.1792	0.1586	0.1369	0.0498	0.1079
内江	0.2294	0.2130	0.2182	0.2240	0.1989	0.1993	0.1971	0.1712	0.1699	0.2123	0.1910	0.0833	0.0880
乐山	0.2017	0.2675	0.2587	0.1926	0.1677	0.1368	0.1082	0.1217	0.1081	0.0901	0.0787	0.0676	0.0338
南充	0.1799	0.2142	0.1975	0.1914	0.1684	0.1452	0.1207	0.2068	0.1977	0.1874	0.1746	0.1237	0.1448
眉山	0.2583	0.2485	0.2390	0.2195	0.2243	0.1802	0.1636	0.1394	0.1528	0.1377	0.1275	0.0565	0.0903
宜宾	0.2351	0.2606	0.2496	0.1729	0.1484	0.1225	0.1001	0.1084	0.0937	0.0946	0.1179	0.0176	0.0000
广安	0.2572	0.2470	0.2320	0.1951	0.2056	0.1825	0.1648	0.1477	0.1545	0.2259	0.0000	0.0466	0.0334

续表

城市	2006年	2007年	2008年	2009年	2010年	2011年	2012年	2013年	2014年	2015年	2016年	2017年	2018年
达州	0.2372	0.2178	0.2013	0.2051	0.1814	0.1224	0.1278	0.1007	0.0904	0.0829	0.0742	0.1544	0.0197
雅安	0.2942	0.2884	0.2613	0.2578	0.2458	0.2317	0.2331	0.2429	0.2335	0.2241	0.2119	0.1570	0.2134
巴中	0.2763	0.2693	0.2852	0.2594	0.2477	0.2332	0.2304	0.2226	0.2131	0.2025	0.1881	0.1763	0.2121
资阳	0.2334	0.2240	0.2315	0.2174	0.1868	0.1623	0.1145	0.0915	0.0949	0.0000	0.0000	0.0000	0.0000
贵阳	0.3242	0.2947	0.2887	0.2833	0.2757	0.0666	0.2545	0.2540	0.2247	0.2099	0.2246	0.2345	0.2013
六盘水	0.2693	0.2584	0.2465	0.2371	0.2207	0.2187	0.1990	0.1933	0.1769	0.1513	0.1352	0.1960	0.1054
遵义	0.2547	0.2021	0.1874	0.1736	0.1314	0.1347	0.1076	0.0678	0.0335	0.0000	0.0000	0.1934	0.1223
安顺	0.2883	0.2958	0.2785	0.3065	0.2908	0.2756	0.2673	0.2522	0.2382	0.2232	0.2057	0.1510	0.1749
昆明	0.2663	0.2578	0.2491	0.2387	0.2254	0.2387	0.2221	0.2051	0.1661	0.1207	0.1087	0.1792	0.1502
曲靖	0.1923	0.1843	0.1666	0.1386	0.1236	0.1084	0.1985	0.1367	0.1851	0.1939	0.2007	0.0875	0.0000
玉溪	0.1704	0.1778	0.0000	0.2086	0.1823	0.1441	0.0000	0.1842	0.1276	0.0451	0.0782	0.0137	0.0000
保山	0.2980	0.2932	0.2882	0.2649	0.2555	0.2658	0.2566	0.2432	0.2350	0.2227	0.2116	0.1541	0.1792
昭通	0.2652	0.2721	0.2654	0.2573	0.2456	0.2340	0.2212	0.2047	0.1981	0.1871	0.1733	0.1227	0.1492
丽江	0.3134	0.3046	0.3066	0.2955	0.2932	0.2866	0.2806	0.2708	0.2844	0.2611	0.2545	0.2354	0.2550
普洱	0.2985	0.2934	0.2772	0.2831	0.2601	0.2492	0.2372	0.2212	0.2116	0.2131	0.1866	0.1709	0.1964
临沧	0.0000	0.2841	0.2743	0.2890	0.2699	0.2691	0.2590	0.2476	0.2353	0.0000	0.2147	0.0000	0.2045

资料来源：笔者测算并整理。

附表21　　长江经济带108个地级及以上城市第三产业占比（2006～2018年）

单位：%

城市	2006年	2007年	2008年	2009年	2010年	2011年	2012年	2013年	2014年	2015年	2016年	2017年	2018年
上海	50.59	52.58	53.66	59.36	57.28	58.05	60.45	62.24	64.82	67.76	69.78	69.18	69.90
南京	48.01	48.42	49.99	51.31	51.85	52.40	53.40	54.38	56.49	57.32	58.39	59.73	61.04
无锡	38.80	40.10	40.95	41.30	42.80	44.03	45.17	46.02	48.40	49.11	51.34	57.86	51.14
徐州	35.46	36.02	36.64	37.29	39.71	40.55	41.47	42.50	45.21	46.24	47.38	53.26	49.03
常州	35.85	36.96	37.98	39.62	41.43	42.40	43.90	45.22	48.05	49.51	50.90	51.80	51.50
苏州	32.66	34.56	36.36	39.41	41.38	42.75	44.24	45.73	48.43	49.94	51.54	51.70	50.81
南通	34.42	35.09	35.06	35.81	37.25	38.52	40.04	41.08	44.24	45.80	47.74	52.25	48.43
连云港	35.95	36.24	36.30	37.30	39.02	39.14	39.60	40.26	41.42	42.53	43.13	47.07	44.69
淮安	34.11	34.79	35.00	36.49	39.26	39.78	40.80	41.75	44.08	45.93	47.74	47.65	48.16
盐城	33.42	34.07	34.28	34.58	36.95	37.82	38.17	38.85	40.77	42.08	43.53	43.05	45.15
扬州	35.00	35.28	35.47	36.06	37.62	38.70	40.01	41.02	42.86	43.89	44.96	49.13	47.01
镇江	35.37	36.39	36.48	37.32	39.52	40.59	41.63	42.66	46.12	46.90	47.62	51.85	47.78
泰州	32.10	33.19	34.17	35.17	37.64	38.77	39.80	40.80	43.44	44.96	47.00	46.15	46.86
宿迁	31.58	32.01	32.99	34.39	37.39	37.60	38.00	38.43	38.90	39.35	39.81	43.18	42.55
杭州	45.10	45.85	46.29	49.33	48.69	49.27	50.94	52.93	55.25	58.24	60.89	64.54	63.90
宁波	40.06	40.31	40.36	41.20	40.15	40.51	42.49	43.64	44.07	45.24	45.23	48.97	45.90
温州	41.66	42.63	43.76	44.82	44.37	45.34	46.39	46.78	50.09	53.40	56.17	58.76	58.02

续表

城市	2006 年	2007 年	2008 年	2009 年	2010 年	2011 年	2012 年	2013 年	2014 年	2015 年	2016 年	2017 年	2018 年
嘉兴	33.51	33.97	34.40	36.39	36.24	37.24	39.30	40.20	41.58	43.44	44.40	51.88	43.77
湖州	34.20	34.94	34.66	36.77	37.07	38.56	39.37	40.17	42.77	44.87	46.29	50.75	48.46
绍兴	33.65	33.95	34.96	37.47	38.60	39.78	41.24	42.12	43.56	45.10	45.59	48.95	48.16
金华	40.58	40.53	40.98	43.04	43.41	44.20	45.43	46.40	48.67	50.32	51.38	60.98	54.12
衢州	37.49	35.93	34.56	37.69	36.58	36.15	38.69	39.52	42.47	45.97	47.84	48.51	49.50
舟山	45.89	45.26	43.78	44.90	44.85	44.98	45.38	45.50	48.17	48.70	48.70	58.13	56.63
台州	39.30	39.55	40.41	41.68	41.69	42.64	44.34	45.17	47.02	49.42	49.98	52.53	49.80
丽水	41.31	41.85	40.46	41.49	40.97	40.57	40.85	40.75	43.51	46.05	47.20	57.92	51.82
合肥	46.71	45.24	43.53	42.26	41.17	39.22	39.17	39.42	39.88	42.75	44.99	52.35	50.28
芜湖	37.31	37.21	34.13	32.72	30.38	27.66	27.85	27.75	30.98	37.92	39.30	42.62	43.77
蚌埠	39.70	40.75	39.80	35.94	33.91	32.17	32.16	31.73	32.60	36.99	41.61	47.49	43.42
淮南	34.86	35.35	30.21	29.00	27.80	27.09	28.16	29.87	33.78	39.53	40.55	48.07	42.63
马鞍山	31.42	30.31	28.18	29.61	27.00	26.07	27.73	29.34	31.88	37.52	38.99	44.88	41.88
淮北	35.11	33.72	30.16	29.02	26.61	25.21	25.58	25.13	28.95	34.10	35.95	37.70	38.56
铜陵	30.14	29.60	30.30	29.51	25.19	23.36	24.66	26.10	26.98	33.07	35.38	34.60	37.66
安庆	38.63	39.51	38.52	34.59	31.23	29.80	29.72	32.61	33.49	36.53	39.97	53.59	39.70
黄山	47.04	48.30	46.86	46.04	43.20	41.99	42.33	42.66	43.06	49.73	51.35	62.85	56.71

城市	2006年	2007年	2008年	2009年	2010年	2011年	2012年	2013年	2014年	2015年	2016年	2017年	2018年
滁州	35.02	34.72	33.42	31.17	29.50	27.93	27.85	27.84	28.75	29.81	34.44	29.68	36.13
阜阳	37.35	36.84	36.02	35.30	33.49	32.64	32.79	33.25	34.26	36.67	38.65	53.08	40.44
宿州	35.13	37.43	36.89	36.51	34.23	32.30	32.64	33.24	35.29	40.35	42.82	51.42	47.60
六安	40.03	39.02	37.22	35.60	34.18	32.49	32.24	32.39	32.89	36.17	37.39	42.02	44.12
亳州	40.19	41.14	40.23	37.51	35.90	34.18	34.33	34.89	38.53	40.04	41.57	41.89	44.63
池州	40.00	40.98	38.80	40.85	38.20	35.34	36.19	36.62	39.60	40.91	44.15	41.70	46.77
宣城	41.02	41.86	38.90	38.42	35.95	32.68	33.10	33.23	35.75	38.79	40.47	47.81	41.01
南昌	39.21	39.49	38.49	38.59	41.25	36.25	38.65	39.82	40.57	41.22	42.85	48.25	45.94
景德镇	36.64	34.54	32.10	32.53	30.97	29.08	32.71	34.03	34.42	35.91	37.10	54.06	45.81
萍乡	30.47	29.81	28.83	29.62	28.56	26.70	31.96	33.61	34.28	36.42	39.29	47.33	47.61
九江	32.63	33.06	33.08	35.88	34.33	32.85	34.71	35.80	36.98	39.28	40.77	56.03	42.52
新余	30.32	28.09	27.98	34.63	30.10	27.35	31.00	36.13	36.15	38.33	41.78	42.54	45.03
鹰潭	34.27	25.41	25.49	28.89	27.71	26.49	27.96	29.37	30.17	32.90	34.23	54.16	38.08
赣州	37.85	37.23	36.24	36.92	36.72	35.34	37.08	38.36	38.92	40.93	43.21	49.75	45.34
吉安	35.93	33.40	30.03	29.29	29.67	28.36	30.33	31.67	32.51	34.16	35.53	48.27	42.71
宜春	30.33	27.52	26.28	26.20	24.47	23.67	27.47	29.38	31.14	33.71	39.43	51.24	42.83
抚州	31.88	31.50	29.83	31.00	31.06	28.28	28.74	30.63	31.65	33.84	34.90	41.95	44.64

城市	2006 年	2007 年	2008 年	2009 年	2010 年	2011 年	2012 年	2013 年	2014 年	2015 年	2016 年	2017 年	2018 年
上饶	36.11	35.09	33.48	32.30	32.18	30.17	32.40	34.94	35.99	37.84	40.11	53.24	42.08
武汉	49.37	50.06	50.19	50.42	51.44	48.94	47.89	47.72	49.00	51.02	52.84	53.25	54.61
黄石	39.07	38.90	39.10	37.13	35.01	30.19	29.79	30.44	32.01	35.80	36.00	40.59	35.41
十堰	43.45	40.79	42.02	41.69	34.87	35.53	36.02	36.14	36.60	38.96	40.17	37.09	42.69
宜昌	35.96	33.77	32.95	32.75	31.07	28.25	27.53	27.97	29.47	30.37	32.02	39.28	38.03
襄樊	38.22	38.58	37.50	35.43	32.85	29.25	28.64	29.00	29.50	31.25	32.94	39.04	38.91
鄂州	34.82	32.77	29.72	31.05	28.46	28.53	27.61	28.11	28.88	30.54	33.34	36.03	38.54
荆门	38.74	37.31	35.43	33.38	31.76	29.88	29.40	29.97	30.98	32.98	34.08	41.97	36.68
孝感	37.11	37.60	36.66	35.00	33.54	32.29	31.81	31.76	32.35	33.76	34.17	43.59	36.60
荆州	38.71	36.81	36.05	34.99	33.53	31.55	31.83	31.44	32.01	34.10	35.19	39.68	36.93
黄冈	36.77	35.06	33.95	33.05	33.30	33.32	33.13	34.11	35.36	37.20	39.21	48.75	40.64
咸宁	35.52	34.36	34.42	35.34	34.90	34.35	33.64	32.81	32.73	34.08	35.72	32.16	37.63
随州	32.05	31.59	33.05	34.11	33.22	32.90	32.49	32.77	33.56	35.24	36.75	46.41	37.41
长沙	49.18	48.70	42.03	44.64	41.96	39.58	39.61	40.70	41.81	45.06	47.80	63.69	54.75
株洲	36.01	34.39	33.27	34.81	32.52	31.03	31.44	31.96	33.04	35.05	39.10	52.97	49.28
湘潭	40.07	37.51	35.19	35.47	33.40	31.41	31.67	32.59	34.88	36.91	39.63	44.10	46.00
衡阳	35.99	36.51	35.19	36.57	35.92	34.63	35.01	36.49	38.28	40.16	43.38	51.91	55.33

城市	2006年	2007年	2008年	2009年	2010年	2011年	2012年	2013年	2014年	2015年	2016年	2017年	2018年
邵阳	41.20	41.32	40.73	39.05	37.89	35.99	36.72	38.63	40.31	41.79	43.11	50.17	48.24
岳阳	33.81	32.11	31.09	34.05	31.80	30.07	32.80	33.90	35.33	38.88	41.47	57.84	48.86
常德	33.62	33.73	32.61	36.38	35.28	34.63	35.69	37.03	38.91	41.21	44.46	48.63	51.88
张家界	59.43	59.44	59.61	63.59	62.35	61.39	62.33	62.15	64.09	65.66	67.33	77.29	72.13
益阳	43.08	41.06	38.26	38.10	36.71	34.77	35.06	35.78	37.48	39.33	42.00	44.13	47.94
郴州	35.00	34.15	34.80	37.30	33.33	31.17	31.72	32.64	33.67	35.58	38.13	54.40	46.52
永州	43.42	42.14	42.10	40.33	38.83	37.62	38.21	39.54	40.59	41.71	44.30	47.10	49.93
怀化	44.87	43.04	41.68	44.45	42.76	40.33	40.62	41.95	41.85	43.68	47.46	77.49	57.04
娄底	34.41	34.36	31.40	32.96	31.54	29.40	29.99	31.39	32.03	35.02	36.98	43.83	44.81
重庆	44.82	42.40	40.97	37.89	36.35	36.20	39.39	41.53	46.78	47.70	48.13	48.56	52.33
成都	48.85	47.68	46.51	49.59	50.17	49.36	49.46	50.22	51.62	52.81	53.11	54.56	54.12
自贡	35.77	34.06	32.21	31.23	29.67	28.54	27.82	28.31	29.39	30.68	31.43	42.08	42.76
攀枝花	24.98	23.92	22.16	24.45	22.11	20.70	20.66	21.95	23.47	25.17	26.12	33.42	34.31
泸州	35.37	33.04	30.57	31.28	28.30	25.74	25.51	26.35	27.06	27.99	28.89	35.93	36.66
德阳	27.26	26.20	26.21	26.50	25.63	24.38	24.67	26.00	27.15	30.75	33.47	42.57	40.63
绵阳	35.54	33.72	34.11	35.09	33.89	31.40	31.27	32.20	33.35	34.19	36.83	47.05	46.58
广元	37.91	35.24	35.66	39.37	37.18	34.59	33.41	33.71	35.40	36.36	37.30	39.84	40.56

续表

城市	2006年	2007年	2008年	2009年	2010年	2011年	2012年	2013年	2014年	2015年	2016年	2017年	2018年
遂宁	30.92	28.10	26.28	27.89	26.48	25.35	25.33	26.83	27.30	28.37	32.19	40.81	40.16
内江	31.45	29.27	26.30	25.53	22.94	21.17	20.93	21.67	22.75	24.17	27.09	41.80	41.20
乐山	27.87	26.14	24.72	28.08	27.07	25.72	26.03	26.88	29.16	30.10	35.00	42.25	45.04
南充	33.14	30.13	29.00	29.00	27.14	25.80	25.44	25.79	27.85	29.00	32.44	42.96	39.89
眉山	27.13	26.15	24.86	28.16	26.28	25.59	25.28	26.07	27.60	28.36	32.30	41.55	41.01
宜宾	29.26	27.35	25.51	27.07	25.01	23.11	23.08	24.56	26.19	27.50	31.09	42.60	38.05
广安	36.44	35.71	34.68	33.06	31.28	29.64	29.19	29.66	30.56	32.03	32.58	43.63	40.11
达州	31.21	28.84	28.69	28.64	26.20	24.39	24.77	25.46	27.06	29.79	37.03	52.14	44.97
雅安	31.65	30.53	28.20	29.34	27.48	26.53	26.15	27.39	28.47	29.69	32.55	47.50	39.82
巴中	37.35	35.62	34.40	38.99	37.13	34.39	33.29	34.97	36.30	36.61	36.87	41.97	35.80
资阳	28.40	27.03	25.66	25.35	23.97	22.86	22.36	22.85	23.78	24.92	29.32	32.35	36.77
贵阳	45.32	47.02	47.21	54.20	54.18	53.05	53.56	55.40	56.57	57.17	57.06	62.99	58.75
六盘水	33.07	34.27	30.78	33.10	33.60	32.11	33.01	36.31	38.35	39.33	40.21	52.04	41.67
遵义	35.30	35.85	34.34	44.16	42.79	42.52	41.41	39.92	39.81	39.12	40.37	49.01	57.65
安顺	39.90	39.94	40.08	46.18	44.65	45.03	46.06	47.47	48.42	48.72	49.93	48.59	50.32
昆明	47.09	47.30	50.29	48.10	49.01	48.40	48.93	50.03	53.67	55.28	56.73	59.95	56.59
曲靖	27.87	27.23	26.96	29.78	29.37	27.86	28.21	28.81	30.30	29.75	31.41	44.67	43.50

续表

城市	2006年	2007年	2008年	2009年	2010年	2011年	2012年	2013年	2014年	2015年	2016年	2017年	2018年
玉溪	30.03	28.20	27.05	29.96	28.37	27.72	27.87	29.50	30.00	33.27	37.47	32.14	38.66
保山	39.66	39.66	39.66	38.83	38.85	36.88	36.70	36.90	37.38	39.48	40.44	44.55	39.09
昭通	32.51	32.66	32.57	36.62	34.34	32.38	30.89	29.82	30.75	36.65	38.41	39.59	37.00
丽江	46.45	45.20	44.55	44.36	43.54	41.24	40.47	38.65	40.06	44.83	45.79	64.29	45.70
普洱	37.83	37.90	36.13	37.04	36.54	34.13	32.82	31.78	35.97	37.35	38.74	50.49	38.44
临沧	30.88	30.67	30.91	32.84	31.95	29.57	26.85	26.45	26.58	37.24	38.19	50.89	40.08

资料来源：《中国城市统计年鉴》（2006~2018年，历年）。

附表 22　长江经济带 108 个地级及以上城市科学技术支出占比（2006~2018 年）

单位：%

城市	2006年	2007年	2008年	2009年	2010年	2011年	2012年	2013年	2014年	2015年	2016年	2017年	2018年
上海	2.18	3.19	3.26	3.74	3.61	4.00	4.43	4.34	4.06	4.14	4.20	4.20	4.11
南京	1.12	1.59	1.79	1.84	1.81	1.94	2.22	2.07	2.06	2.37	2.44	2.51	2.60
无锡	0.93	1.33	1.37	1.59	1.75	1.85	1.92	1.94	1.81	1.91	1.90	1.97	1.89
徐州	1.43	2.25	2.33	2.27	2.24	2.83	3.09	3.07	3.01	3.22	3.20	3.20	2.90
常州	0.95	1.55	1.52	1.63	1.62	1.88	2.14	2.03	1.83	1.93	1.87	1.97	1.83
苏州	0.84	1.53	1.63	1.70	1.72	1.91	2.06	2.09	2.03	2.20	2.31	2.55	2.50
南通	0.95	1.80	1.85	2.01	2.16	2.50	2.81	3.01	2.90	3.07	2.63	2.47	2.21

353

续表

城市	2006 年	2007 年	2008 年	2009 年	2010 年	2011 年	2012 年	2013 年	2014 年	2015 年	2016 年	2017 年	2018 年
连云港	1.81	3.20	2.93	2.77	2.93	3.44	4.05	4.04	3.90	3.96	3.53	3.31	3.32
淮安	1.76	2.64	2.77	2.67	2.96	3.52	3.86	3.81	3.31	3.31	2.86	2.92	2.48
盐城	1.73	2.43	2.24	2.19	2.37	3.25	3.52	3.58	3.33	3.71	3.54	3.29	3.04
扬州	1.16	1.72	1.72	1.80	1.93	2.15	2.21	2.07	2.07	2.20	2.18	2.20	2.00
镇江	0.98	1.42	1.46	1.56	1.62	1.74	2.14	2.06	2.05	2.19	2.10	2.06	2.33
泰州	1.39	2.00	1.94	1.99	2.10	1.99	2.38	2.15	1.98	2.17	2.13	2.02	1.76
宿迁	2.54	4.02	3.69	3.92	4.07	4.05	4.64	4.53	4.53	4.26	3.31	3.13	3.18
杭州	1.26	1.83	1.94	2.13	2.26	2.38	2.40	2.50	2.55	2.92	2.90	3.04	3.21
宁波	1.33	2.16	2.09	2.17	2.16	2.41	2.65	2.61	2.66	2.97	2.94	2.95	2.81
温州	1.85	2.37	2.58	2.94	2.94	2.95	3.06	3.16	3.17	3.46	3.45	3.56	3.45
嘉兴	1.48	1.92	2.08	2.13	2.19	2.43	2.61	2.63	2.68	2.99	2.79	2.93	2.96
湖州	1.49	1.98	2.02	2.25	2.21	2.41	2.54	2.64	2.73	2.96	2.95	3.01	3.15
绍兴	1.20	1.56	1.75	1.94	1.95	2.05	2.20	2.18	2.26	2.56	2.51	2.45	2.80
金华	1.87	2.33	2.45	2.70	2.65	2.75	3.05	3.00	2.97	3.45	3.18	3.17	3.31
衢州	2.61	3.13	2.98	3.25	3.23	3.30	3.58	3.65	3.68	4.29	4.23	3.99	4.05
舟山	1.84	2.38	2.34	2.37	2.26	2.46	2.91	2.90	2.86	2.88	2.82	2.87	3.13
台州	1.77	2.12	2.19	2.43	2.36	2.47	2.81	2.74	2.77	3.25	3.08	3.21	3.11

城市	2006 年	2007 年	2008 年	2009 年	2010 年	2011 年	2012 年	2013 年	2014 年	2015 年	2016 年	2017 年	2018 年
丽水	3.48	4.05	4.18	4.33	3.99	3.91	4.50	4.31	4.45	5.23	5.40	5.83	5.61
合肥	1.20	1.56	1.78	1.85	2.04	2.37	2.94	2.79	2.66	2.77	3.52	3.09	3.27
芜湖	1.45	1.90	1.91	2.31	2.39	3.03	3.49	3.67	3.69	3.80	4.09	4.42	4.09
蚌埠	1.99	2.32	2.92	2.98	3.22	3.78	3.93	4.08	3.74	4.55	4.54	4.32	3.73
淮南	1.66	2.28	2.27	2.34	2.33	3.04	3.34	3.15	2.82	2.86	4.17	4.70	4.37
马鞍山	0.81	1.33	1.24	1.63	1.79	2.49	2.83	2.89	2.43	2.86	2.77	2.81	2.55
淮北	1.86	2.46	2.59	2.84	2.48	3.24	3.06	2.52	2.53	3.10	3.33	3.14	3.15
铜陵	0.99	1.45	1.68	1.86	1.66	1.70	2.97	2.78	3.09	2.56	3.32	3.07	2.65
安庆	2.97	3.46	3.95	4.35	3.89	4.37	4.29	4.42	4.16	4.94	4.66	4.87	4.62
黄山	1.88	2.28	2.64	2.87	3.11	3.36	3.73	3.41	3.48	3.67	3.74	3.86	3.82
滁州	2.57	2.95	3.20	3.07	3.12	3.70	4.26	4.02	3.87	4.17	4.45	4.60	4.57
阜阳	3.57	4.48	4.66	4.97	4.36	5.70	6.96	5.84	5.61	6.83	6.95	6.90	6.36
宿州	3.74	4.33	5.19	4.82	4.43	5.13	4.92	4.39	4.15	4.71	5.03	4.88	4.90
六安	3.97	4.08	4.83	4.97	4.64	5.76	6.57	6.01	5.96	7.17	6.29	6.39	6.84
亳州	2.85	3.68	3.99	4.02	4.13	4.86	5.83	5.00	4.33	5.06	5.14	5.59	5.43
池州	3.09	3.07	3.88	3.43	3.55	4.12	4.79	4.52	3.80	3.97	3.66	3.42	3.59
宣城	2.37	2.65	2.95	3.34	3.33	4.89	4.16	4.56	4.46	4.53	4.46	4.57	4.31

续表

城市	2006年	2007年	2008年	2009年	2010年	2011年	2012年	2013年	2014年	2015年	2016年	2017年	2018年
南昌	0.85	1.36	1.51	1.63	1.74	2.04	2.26	2.36	2.43	2.34	2.30	2.56	2.62
景德镇	1.70	2.24	2.14	2.26	2.24	2.76	3.04	3.07	2.54	3.57	3.35	3.49	3.87
萍乡	1.44	1.81	1.77	2.10	1.95	2.66	3.06	3.30	3.06	3.34	3.37	3.52	4.45
九江	2.11	2.73	2.76	2.86	2.40	3.38	4.01	4.30	4.29	4.60	4.24	4.30	4.13
新余	1.28	1.80	1.52	1.50	1.49	2.02	2.39	2.43	2.33	2.37	2.27	2.12	2.42
鹰潭	1.50	1.78	1.87	2.33	1.78	2.47	2.75	2.91	2.98	3.26	3.08	3.27	3.66
赣州	2.35	3.20	3.44	4.05	3.73	4.71	6.35	6.33	6.23	6.38	6.77	7.28	7.26
吉安	3.18	3.87	3.95	4.00	3.58	4.44	5.58	6.00	5.94	6.33	5.91	5.99	6.03
宜春	2.35	3.17	3.21	3.67	3.42	4.09	4.51	4.66	4.95	5.37	5.27	5.49	5.57
抚州	2.51	3.10	3.34	3.86	3.36	4.39	5.30	5.30	5.25	5.52	5.18	5.32	5.68
上饶	3.15	4.04	4.10	4.45	4.13	4.81	5.63	6.11	5.89	5.92	5.57	5.51	5.57
武汉	1.23	1.74	1.63	1.66	1.56	1.49	1.93	1.87	2.00	2.31	2.67	2.96	2.66
黄石	1.56	1.85	2.03	2.20	2.29	2.01	2.65	2.03	2.29	2.76	3.15	2.92	2.77
十堰	2.33	2.81	3.08	3.25	2.53	2.98	3.93	3.03	3.25	3.44	3.72	3.76	3.34
宜昌	1.51	2.14	2.10	1.93	1.92	1.70	2.02	1.96	1.91	2.26	2.40	2.17	2.07
襄樊	1.77	2.22	2.24	2.17	2.01	2.03	2.40	2.19	2.79	2.96	2.75	2.77	2.84
鄂州	1.35	1.82	1.86	1.90	1.73	1.76	2.13	1.84	1.83	2.01	2.51	2.46	2.24

续表

城市	2006 年	2007 年	2008 年	2009 年	2010 年	2011 年	2012 年	2013 年	2014 年	2015 年	2016 年	2017 年	2018 年
荆门	1.43	1.89	1.81	1.88	1.66	1.97	2.24	1.99	2.13	2.50	2.43	2.54	2.25
孝感	2.25	2.90	2.74	3.38	3.02	3.10	3.86	3.34	3.50	3.87	4.26	4.15	3.56
荆州	2.06	2.80	3.08	2.92	2.48	2.86	3.54	3.00	3.24	3.16	4.16	4.09	3.68
黄冈	3.17	3.64	4.26	4.38	4.29	4.50	5.31	4.90	5.49	5.68	5.60	5.54	4.88
咸宁	1.94	2.56	2.74	3.29	2.76	2.60	3.66	3.18	3.14	3.50	3.71	3.36	3.00
随州	1.93	2.27	2.72	2.69	2.53	2.32	2.97	2.46	2.55	2.78	2.93	2.85	2.50
长沙	0.95	1.77	1.61	1.55	1.48	1.56	2.08	1.94	1.90	1.98	1.94	2.04	2.10
株洲	1.25	1.73	1.94	2.10	1.89	3.68	2.62	2.12	2.12	2.15	2.41	2.47	2.96
湘潭	1.09	1.74	1.78	2.04	1.91	1.92	1.99	2.10	1.84	1.89	1.91	2.15	2.33
衡阳	1.57	1.89	2.47	2.37	2.18	2.18	2.94	2.77	2.72	2.99	3.15	3.05	3.06
邵阳	2.59	3.48	3.87	4.50	3.92	3.73	5.72	5.08	4.77	5.59	5.15	5.19	5.18
岳阳	1.34	1.91	2.07	2.04	1.86	1.87	2.33	2.13	2.02	1.95	2.00	2.13	2.26
常德	1.33	2.11	2.27	2.12	2.06	2.01	2.65	2.33	2.13	2.25	2.32	2.33	2.33
张家界	2.46	3.20	3.58	3.58	3.18	3.29	5.44	4.66	4.33	4.46	4.46	4.00	4.19
益阳	2.71	3.26	3.36	3.28	2.89	2.86	3.44	3.31	3.20	3.41	3.51	3.59	3.47
郴州	2.00	2.61	3.03	3.30	3.15	3.34	3.94	3.82	3.68	3.47	3.40	3.20	3.31
永州	2.52	3.31	3.84	4.27	4.03	4.35	4.98	4.53	4.41	4.55	4.74	4.74	4.94

续表

城市	2006年	2007年	2008年	2009年	2010年	2011年	2012年	2013年	2014年	2015年	2016年	2017年	2018年
怀化	2.56	3.26	3.55	2.89	3.70	3.52	5.11	4.56	4.34	4.61	4.84	4.91	5.44
娄底	1.61	1.44	1.15	3.84	2.47	2.60	3.64	3.38	3.04	2.93	3.40	3.27	3.50
重庆	2.29	3.22	3.31	3.15	3.26	3.43	4.39	3.76	3.56	3.70	3.53	3.50	3.68
成都	1.03	1.67	1.98	1.98	1.95	1.93	2.23	2.19	2.07	2.48	2.25	2.30	2.21
自贡	1.45	1.94	1.90	1.97	2.08	1.91	2.66	2.49	2.46	2.94	2.58	2.87	2.97
攀枝花	1.45	1.99	1.85	2.41	2.37	2.97	3.27	3.16	2.81	2.99	2.53	2.41	2.26
泸州	2.12	2.99	2.89	3.32	3.44	3.79	4.75	4.94	4.54	4.75	4.76	4.46	4.45
德阳	1.12	1.66	1.84	2.04	1.88	1.98	2.38	2.22	2.16	2.43	2.09	2.01	1.81
绵阳	1.38	2.31	2.41	2.78	2.65	2.85	3.58	3.39	3.35	3.43	3.31	3.35	3.79
广元	3.99	5.00	6.43	5.89	5.74	5.55	7.28	6.79	6.18	5.97	5.83	5.87	5.06
遂宁	2.45	2.89	2.92	3.35	3.23	3.24	4.35	3.69	3.44	3.76	3.56	3.65	3.59
内江	2.05	2.81	2.18	2.47	2.43	2.13	3.08	2.96	2.88	3.44	3.00	2.96	3.11
乐山	1.98	2.13	2.06	2.36	2.37	2.32	3.06	3.10	2.82	3.09	2.82	2.89	2.75
南充	3.37	4.15	4.67	4.94	4.65	4.57	5.80	4.92	4.34	4.85	4.56	4.61	4.31
眉山	1.88	2.47	2.70	2.48	2.73	2.53	3.45	3.64	3.23	3.42	3.45	3.56	2.99
宜宾	2.13	2.90	2.85	3.14	3.09	3.33	4.06	4.00	4.14	4.65	4.17	4.20	4.07
广安	2.38	3.31	3.08	3.42	3.68	3.81	4.47	4.34	4.40	4.58	5.10	5.10	4.80

续表

城市	2006年	2007年	2008年	2009年	2010年	2011年	2012年	2013年	2014年	2015年	2016年	2017年	2018年
达州	2.50	3.17	3.60	3.59	3.37	3.56	4.55	4.60	4.43	5.28	5.46	5.20	4.49
雅安	1.99	2.94	3.01	2.98	2.88	2.95	4.22	4.01	3.67	4.02	3.35	3.33	3.29
巴中	3.99	5.19	6.90	6.76	6.53	6.39	10.49	8.43	8.32	8.76	8.72	8.53	7.69
资阳	2.35	2.79	2.86	2.80	3.01	2.87	3.33	3.26	3.07	3.29	3.18	3.44	3.08
贵阳	2.02	3.13	3.54	3.14	3.47	3.86	4.07	3.86	3.72	3.92	3.69	3.44	3.84
六盘水	2.48	3.49	3.69	4.17	4.78	4.81	4.87	4.37	4.40	4.45	4.64	5.01	5.18
遵义	4.01	5.00	5.46	4.90	4.88	5.09	5.73	5.05	4.84	5.31	5.27	4.96	4.72
安顺	5.11	6.24	7.48	6.63	6.62	6.83	7.74	7.04	6.57	6.99	6.59	6.32	6.29
昆明	1.57	1.94	2.18	2.37	1.76	2.97	3.36	3.13	2.64	2.70	2.89	2.78	2.84
曲靖	3.05	3.71	3.65	4.35	4.61	4.68	5.04	4.90	4.72	5.41	5.45	6.01	6.16
玉溪	2.41	2.36	2.16	2.65	2.82	2.69	2.71	3.01	2.93	3.18	3.43	3.88	3.21
保山	4.51	4.69	4.93	6.04	5.13	6.31	7.59	6.86	6.07	6.13	6.61	6.57	6.78
昭通	6.57	7.36	7.46	9.12	8.91	9.00	10.60	9.41	9.01	9.92	11.20	12.07	13.14
丽江	5.87	6.28	6.12	6.66	7.16	7.07	9.23	8.21	7.89	7.55	7.88	8.39	8.26
普洱	6.52	6.32	6.32	7.08	7.36	7.37	8.01	6.91	6.20	6.97	5.23	7.82	7.56
临沧	5.55	5.64	5.99	7.58	7.76	8.76	8.90	8.03	7.25	7.22	6.97	7.24	8.03

资料来源：笔者测算并整理。

附表 23　长江经济带 108 个地级及以上城市对外开放水平（2006～2018 年）

单位：%

城市	2006 年	2007 年	2008 年	2009 年	2010 年	2011 年	2012 年	2013 年	2014 年	2015 年	2016 年	2017 年	2018 年
上海	6.41	5.96	6.32	6.00	5.69	5.68	6.23	6.31	6.33	6.10	6.10	3.81	3.50
南京	4.94	5.27	5.19	4.61	4.76	5.13	5.20	4.48	3.29	3.09	3.19	2.18	1.99
无锡	7.41	6.17	5.73	5.11	4.61	4.18	4.25	3.25	2.60	2.71	2.86	2.50	2.14
徐州	1.43	2.15	2.28	2.35	2.97	3.61	3.62	2.84	2.81	2.24	2.33	1.84	1.86
常州	7.22	8.73	7.89	8.80	7.97	7.75	7.48	7.01	4.31	2.86	4.08	2.40	2.27
苏州	11.09	10.70	9.86	8.80	7.99	7.19	6.49	5.57	4.77	3.32	3.30	1.83	1.61
南通	13.21	13.13	9.97	5.87	5.29	4.74	4.22	3.88	3.51	3.26	3.28	2.24	2.03
连云港	5.33	9.43	9.65	9.29	8.58	4.01	4.19	4.37	4.32	3.32	2.26	1.87	1.44
淮安	1.47	3.00	3.84	4.47	6.66	8.65	9.78	5.25	4.32	4.02	3.77	2.43	2.17
盐城	2.33	4.81	4.52	4.34	4.72	5.17	5.61	3.63	2.19	1.53	1.33	1.10	1.10
扬州	6.17	5.85	9.26	10.54	10.44	7.26	6.46	5.24	3.32	1.86	2.58	1.70	1.48
镇江	5.98	7.19	6.58	6.83	6.69	6.37	6.76	8.33	3.12	2.91	2.93	2.23	1.42
泰州	5.95	5.59	6.29	5.47	6.16	5.46	4.85	3.90	2.48	2.59	3.18	2.58	1.95
宿迁	0.93	1.16	1.20	1.23	1.74	1.54	3.18	3.13	3.66	1.52	2.23	0.97	0.91
杭州	5.76	5.96	5.80	6.28	6.03	5.67	5.34	5.21	5.74	5.93	5.85	3.65	3.35
宁波	7.34	6.28	5.28	4.23	3.92	4.11	3.79	3.94	4.46	4.41	4.68	2.93	2.66
温州	2.06	2.29	0.82	0.66	0.44	0.22	0.80	0.91	0.89	0.47	0.38	0.44	0.58

城市	2006年	2007年	2008年	2009年	2010年	2011年	2012年	2013年	2014年	2015年	2016年	2017年	2018年
嘉兴	7.56	8.57	5.78	5.11	5.37	4.95	4.61	5.15	5.37	5.47	5.47	4.85	4.27
湖州	8.17	7.59	5.96	5.38	5.39	4.75	4.62	4.31	3.67	3.29	3.46	2.86	3.10
绍兴	4.79	4.55	2.90	2.52	2.64	1.92	2.03	1.55	1.19	1.58	1.36	1.69	1.65
金华	3.40	2.81	2.35	1.65	1.28	0.73	0.79	0.62	0.64	0.59	0.73	0.74	0.51
衢州	0.89	0.74	0.86	0.84	0.71	0.45	0.45	0.53	0.52	0.42	0.43	0.36	0.33
舟山	1.42	1.74	2.93	1.73	0.98	1.35	2.03	2.09	1.79	0.65	1.68	2.03	2.10
台州	2.24	1.40	0.90	0.64	0.39	0.38	1.14	0.87	0.56	0.22	0.64	0.70	0.39
丽水	0.47	0.45	1.32	0.42	0.48	0.48	1.00	1.10	1.43	1.67	1.68	1.15	0.51
合肥	7.44	8.42	7.78	4.64	6.53	6.84	5.38	5.45	5.59	5.89	6.46	2.98	2.73
芜湖	6.40	7.08	6.90	6.78	6.39	7.39	8.17	8.76	9.58	10.12	10.74	6.14	5.89
蚌埠	3.78	4.48	4.24	3.86	3.78	5.89	8.12	8.81	9.80	10.03	10.57	7.17	5.40
淮南	5.49	4.34	2.14	2.13	1.54	2.15	2.50	2.65	2.15	2.18	2.33	1.57	1.67
马鞍山	1.89	5.89	5.83	7.03	7.46	8.93	10.53	12.83	11.71	12.12	12.81	9.45	8.58
淮北	1.42	2.27	2.56	3.40	4.23	5.63	6.10	6.41	6.88	7.36	8.08	5.39	1.73
铜陵	4.80	4.58	6.45	7.23	7.48	4.74	5.85	6.33	2.77	2.93	3.12	1.76	1.78
安庆	1.01	2.07	2.10	1.73	2.15	2.10	2.20	2.86	1.53	0.99	0.97	0.79	0.88
黄山	3.40	4.51	4.63	4.55	4.81	4.91	4.50	4.60	4.67	2.56	2.55	1.88	1.95

续表

城市	2006年	2007年	2008年	2009年	2010年	2011年	2012年	2013年	2014年	2015年	2016年	2017年	2018年
滁州	2.55	3.18	1.44	1.02	1.10	2.84	3.64	4.31	4.97	5.26	5.55	5.23	5.12
阜阳	1.52	1.47	1.53	0.78	1.24	0.77	1.10	1.25	1.39	1.45	1.56	0.98	1.55
宿州	0.65	1.23	1.30	1.74	1.86	3.25	3.74	4.36	4.76	5.08	5.37	3.59	3.73
六安	0.91	1.25	1.91	1.72	1.80	2.48	2.94	2.66	2.83	2.96	2.89	2.46	2.59
亳州	0.40	1.65	1.89	2.25	2.78	3.79	4.50	5.26	6.04	6.18	6.66	4.61	4.67
池州	4.00	4.87	5.01	4.81	5.57	5.26	5.32	5.88	6.16	6.61	6.78	4.23	3.83
宣城	2.38	2.58	2.51	2.48	3.07	3.82	4.63	5.37	5.88	6.36	6.74	5.46	5.65
南昌	8.34	8.08	7.35	7.18	7.95	7.61	7.63	7.56	7.41	5.77	6.39	5.50	4.38
景德镇	2.21	2.42	2.15	2.13	2.21	1.14	1.60	1.73	1.74	1.85	1.93	1.51	1.74
萍乡	2.31	2.92	3.12	2.90	2.79	2.72	2.97	3.04	3.05	3.12	3.34	2.28	2.63
九江	5.87	5.94	5.09	5.25	5.82	5.69	6.36	6.89	7.29	7.58	8.18	5.86	5.33
新余	5.51	10.82	12.84	10.57	11.24	10.58	8.61	4.78	4.80	4.74	5.08	2.61	3.06
鹰潭	5.24	4.37	4.43	4.22	3.96	4.09	4.12	4.02	4.08	4.24	4.58	2.60	2.55
赣州	10.88	10.11	9.05	8.33	6.89	6.49	6.26	5.98	5.95	6.17	6.65	4.65	4.35
吉安	5.65	5.53	5.19	5.16	5.71	5.51	5.44	5.79	5.99	6.25	6.73	4.54	4.45
宜春	5.21	4.95	4.37	4.20	4.05	4.08	3.95	3.89	3.91	4.00	4.24	2.67	2.56
抚州	3.82	4.00	3.30	2.56	2.46	2.42	2.38	2.31	2.37	3.43	3.66	1.81	1.84

续表

城市	2006 年	2007 年	2008 年	2009 年	2010 年	2011 年	2012 年	2013 年	2014 年	2015 年	2016 年	2017 年	2018 年
上饶	3.97	4.67	4.35	4.37	5.45	5.41	5.40	5.36	5.36	5.57	6.01	3.87	3.73
武汉	6.37	5.91	5.36	5.29	5.13	4.96	5.15	5.28	5.63	6.22	7.14	5.06	4.87
黄石	4.85	4.38	4.17	4.14	3.39	2.76	3.12	3.24	3.30	0.73	0.84	0.75	0.76
十堰	0.88	0.86	0.87	0.85	0.77	1.13	1.26	1.29	1.35	1.65	1.89	1.31	1.25
宜昌	2.16	1.27	1.15	1.12	1.09	0.80	0.86	0.89	0.92	0.98	1.06	0.45	0.45
襄樊	1.05	1.02	1.28	1.62	1.80	1.42	1.73	1.85	1.71	2.03	2.26	1.57	1.35
鄂州	2.97	2.97	2.71	2.69	2.73	2.50	2.55	2.19	2.58	2.80	3.07	2.28	0.25
荆门	1.57	1.54	1.42	1.42	1.43	1.35	1.37	1.47	1.49	1.59	1.73	1.73	1.65
孝感	1.61	1.59	1.55	1.50	1.42	1.38	1.43	1.77	1.47	1.52	1.63	1.26	1.21
荆州	1.39	1.36	1.28	1.25	0.47	0.52	0.56	0.59	0.60	0.61	0.66	0.11	0.09
黄冈	1.48	1.54	1.39	1.36	1.05	0.15	0.21	0.34	0.39	0.44	0.54	0.15	0.17
咸宁	2.02	1.59	1.97	1.96	2.30	2.10	2.26	2.26	0.49	0.50	0.54	0.18	0.20
随州	0.75	0.98	0.96	0.94	0.88	0.94	0.95	1.01	1.04	1.11	1.24	1.04	1.00
长沙	6.80	6.99	6.64	6.43	6.07	5.88	5.82	5.84	6.12	6.27	6.67	3.50	3.48
株洲	2.86	2.92	2.95	3.05	2.91	2.98	3.08	3.25	3.46	3.67	4.05	2.83	3.41
湘潭	3.82	3.84	3.90	4.13	4.09	4.09	4.31	4.47	4.76	4.89	5.52	4.04	4.17
衡阳	2.65	2.72	3.00	2.72	2.63	2.69	2.85	3.19	3.40	3.65	3.99	2.80	3.10

续表

城市	2006年	2007年	2008年	2009年	2010年	2011年	2012年	2013年	2014年	2015年	2016年	2017年	2018年
邵阳	1.32	1.26	1.07	0.88	0.85	0.83	1.32	0.98	1.18	1.13	1.31	1.09	1.12
岳阳	0.82	0.95	0.99	1.19	1.05	0.88	0.93	1.00	1.08	1.11	1.26	0.98	1.08
常德	1.76	1.84	1.65	1.62	1.48	1.52	1.76	1.93	2.06	2.35	2.77	2.27	2.44
张家界	0.85	1.10	1.08	1.17	1.26	1.24	1.35	1.55	1.68	1.79	1.95	1.49	1.49
益阳	0.99	1.20	1.29	1.29	1.22	1.25	1.28	1.35	1.48	1.47	1.58	1.15	1.17
郴州	4.76	5.03	5.06	5.09	4.98	5.18	5.13	6.15	6.36	6.83	7.55	4.87	5.27
永州	4.58	4.70	4.18	3.98	4.05	4.00	4.15	4.23	4.58	4.72	5.34	4.29	4.45
怀化	0.44	0.52	0.65	0.70	0.74	0.70	0.71	0.71	0.78	0.76	0.27	0.23	0.25
娄底	2.39	1.41	1.14	1.43	1.66	1.94	2.00	2.50	2.38	2.65	3.03	2.02	2.32
重庆	1.76	2.26	4.54	5.72	7.65	10.40	8.95	7.97	7.15	6.61	6.71	3.51	3.34
成都	5.36	2.73	4.39	4.69	7.02	7.85	8.90	10.19	7.25	5.85	4.62	5.12	5.30
自贡	0.18	0.55	0.26	0.04	0.19	0.21	0.18	0.17	0.15	0.15	0.07	0.03	0.05
攀枝花	0.25	0.88	3.60	3.46	3.46	2.09	1.22	1.19	1.08	0.91	0.28	0.19	0.77
泸州	0.50	0.25	0.26	0.28	0.37	0.39	0.44	0.40	0.43	0.44	0.49	0.52	0.62
德阳	0.92	1.38	1.59	1.19	1.29	1.35	1.18	1.11	1.03	0.94	0.56	0.29	0.27
绵阳	2.04	2.47	1.15	2.27	1.14	1.99	1.14	1.18	1.03	0.97	0.75	0.35	0.83
广元	0.06	0.71	0.14	0.49	0.52	0.55	0.76	0.85	0.92	0.58	0.25	0.33	0.19

364

续表

城市	2006 年	2007 年	2008 年	2009 年	2010 年	2011 年	2012 年	2013 年	2014 年	2015 年	2016 年	2017 年	2018 年
遂宁	1.17	1.46	0.33	0.20	0.39	0.48	0.61	0.61	0.60	0.65	0.49	0.25	0.22
内江	0.16	0.17	0.63	0.11	0.59	1.30	1.34	0.81	0.52	0.49	0.32	0.13	0.21
乐山	1.07	1.17	1.23	1.18	1.11	1.20	1.08	0.81	0.75	0.76	0.32	0.14	0.24
南充	0.67	0.55	0.46	0.13	0.20	0.75	0.42	0.39	0.50	0.42	0.30	0.27	0.28
眉山	0.57	2.75	3.21	1.98	2.08	2.09	2.16	1.93	1.76	1.11	0.85	0.59	0.54
宜宾	0.22	0.21	0.22	0.21	0.38	0.38	0.30	0.27	0.27	0.28	0.21	0.15	0.13
广安	0.06	0.04	0.02	0.05	0.37	0.43	0.43	0.39	0.36	0.43	0.39	0.27	0.26
达州	0.07	0.23	0.22	0.22	0.54	0.45	0.41	0.33	0.38	0.49	0.31	0.41	0.12
雅安	0.07	1.22	1.11	0.82	0.92	0.79	0.76	0.20	0.32	0.29	0.08	0.06	0.11
巴中	0.02	0.03	0.02	0.02	0.03	0.19	0.21	0.28	0.34	0.37	0.29	0.16	0.05
资阳	0.10	0.05	0.15	0.16	0.19	0.42	0.52	0.34	0.79	0.88	0.50	0.66	0.51
贵阳	0.98	0.93	0.87	0.91	0.94	1.59	2.28	2.43	2.56	2.80	3.28	2.57	2.77
六盘水	0.10	0.36	1.49	0.17	0.38	0.50	1.27	3.25	3.93	1.94	2.72	1.67	1.13
遵义	0.03	0.04	0.60	0.32	0.28	0.25	0.21	0.44	0.58	0.65	1.44	0.97	0.91
安顺	0.23	0.20	0.26	0.32	0.96	1.34	1.42	1.78	1.92	2.08	2.58	1.73	0.73
昆明	1.47	1.79	2.93	3.10	3.72	3.93	4.20	4.11	4.70	4.46	1.43	1.11	1.08
曲靖	0.39	0.33	0.49	0.43	0.22	0.24	0.29	0.37	0.37	0.39	0.42	0.08	0.05

续表

城市	2006年	2007年	2008年	2009年	2010年	2011年	2012年	2013年	2014年	2015年	2016年	2017年	2018年
玉溪	0.32	0.33	0.11	0.06	0.36	0.36	0.38	0.49	0.50	0.48	0.01	0.05	0.02
保山	0.26	0.35	0.41	0.71	1.13	1.49	1.76	2.18	2.16	1.92	0.19	0.10	0.21
昭通	0.07	0.07	0.07	0.08	0.07	0.08	0.15	0.21	0.28	0.06	0.01	0.04	0.03
丽江	2.39	2.11	0.52	0.02	0.18	0.47	1.30	1.51	0.28	0.11	0.03	0.00	0.75
普洱	1.50	1.37	0.86	0.14	1.16	0.69	1.34	0.92	0.01	0.03	1.90	0.12	0.95
临沧	0.40	0.94	0.51	1.24	0.92	1.07	1.14	1.16	1.46	1.43	0.03	0.05	0.05

资料来源：笔者测算并整理。

附表24　长江经济带108个地级及以上城市存贷款规模占比（2006~2018年）

单位：%

城市	2006年	2007年	2008年	2009年	2010年	2011年	2012年	2013年	2014年	2015年	2016年	2017年	2018年
上海	4.35	4.27	4.36	4.94	5.03	4.97	4.78	5.26	5.17	6.26	5.58	5.52	5.51
南京	3.93	3.97	4.12	4.72	4.49	4.08	3.95	3.97	4.06	4.54	4.70	4.80	4.85
无锡	1.94	1.91	2.05	2.50	2.54	2.36	2.35	2.39	2.50	2.59	2.66	2.59	2.41
徐州	1.23	1.24	1.25	1.38	1.38	1.33	1.35	1.41	1.41	1.47	1.57	1.73	1.78
常州	2.12	2.05	2.12	2.49	2.48	2.32	2.38	2.45	2.36	2.43	2.53	2.65	2.46
苏州	2.12	2.18	2.19	2.51	2.57	2.52	2.61	2.73	2.81	2.95	3.09	3.04	2.96
南通	1.89	1.82	1.87	2.17	2.22	2.15	2.22	2.35	2.38	2.55	2.65	2.65	2.47

续表

城市	2006年	2007年	2008年	2009年	2010年	2011年	2012年	2013年	2014年	2015年	2016年	2017年	2018年
连云港	1.58	1.67	1.72	1.80	1.84	1.69	1.68	1.70	1.73	1.81	1.91	2.09	2.22
淮安	1.30	1.29	1.25	1.42	6.93	1.36	1.39	1.44	1.48	1.53	1.76	1.90	1.93
盐城	1.26	1.24	1.26	1.40	1.42	1.40	1.45	1.55	1.63	1.76	1.96	2.11	2.02
扬州	1.53	1.53	1.55	1.77	1.76	1.72	1.81	1.90	1.89	1.95	1.99	2.03	1.94
镇江	1.56	1.50	1.55	1.84	1.89	1.83	1.87	1.93	1.91	1.98	2.13	2.13	2.34
泰州	1.50	1.48	1.57	1.83	1.85	1.78	1.87	1.96	1.99	2.08	2.18	2.22	2.13
宿迁	1.05	1.13	1.18	1.30	1.35	1.33	1.46	1.62	1.60	1.65	1.77	1.87	1.93
杭州	4.12	4.22	4.38	5.39	5.41	4.94	4.72	4.81	4.81	5.11	5.12	5.22	5.53
宁波	2.89	2.99	3.00	3.69	3.71	3.52	3.48	3.54	3.54	3.79	3.68	3.72	3.52
温州	2.73	2.82	3.06	3.89	4.11	4.08	3.89	3.71	3.52	3.61	3.57	3.55	3.61
嘉兴	2.03	1.99	2.09	2.70	2.76	2.76	2.72	2.84	2.96	2.98	3.06	3.19	3.05
湖州	1.65	1.63	1.72	2.31	2.51	2.51	2.45	2.62	2.60	2.66	2.72	2.91	3.08
绍兴	2.38	2.39	2.56	3.16	3.18	2.99	2.95	2.98	2.90	2.86	2.79	2.80	2.90
金华	2.51	2.52	2.64	3.23	3.36	3.43	3.51	3.76	3.80	3.77	3.70	3.68	3.87
衢州	2.03	1.87	1.81	2.21	2.30	2.27	2.42	2.57	2.76	2.88	2.84	2.93	3.16
舟山	2.46	2.56	2.79	3.36	3.35	3.21	3.03	2.98	2.97	2.88	2.65	2.70	3.03
台州	2.01	2.03	2.16	2.67	2.74	2.71	2.83	3.01	3.11	3.27	3.25	3.25	3.22

续表

城市	2006年	2007年	2008年	2009年	2010年	2011年	2012年	2013年	2014年	2015年	2016年	2017年	2018年
丽水	2.26	2.16	2.18	2.94	2.94	2.82	2.75	2.92	2.99	3.02	2.96	3.09	3.16
合肥	3.36	3.26	3.22	3.44	3.24	3.03	3.13	3.27	3.34	3.64	3.94	3.91	3.71
芜湖	1.75	1.76	1.70	1.95	2.03	1.84	1.90	1.92	1.91	2.05	2.13	2.16	2.17
蚌埠	1.71	1.67	1.60	1.72	1.72	1.69	1.81	2.05	1.82	2.24	2.35	2.32	2.28
淮南	2.27	2.37	2.07	2.42	2.50	2.36	2.43	2.55	2.69	2.63	3.06	3.26	3.10
马鞍山	1.48	1.39	1.36	1.64	1.63	1.66	1.71	1.89	1.93	2.05	2.13	2.12	1.98
淮北	1.82	1.69	1.58	1.92	1.89	1.99	2.09	2.10	2.12	2.29	2.65	2.66	2.45
铜陵	1.49	1.53	1.57	1.92	1.70	1.62	1.74	1.78	1.84	1.73	2.26	2.27	2.09
安庆	1.63	1.62	1.55	1.79	1.72	1.72	1.88	2.15	2.26	2.79	2.69	2.79	2.67
黄山	1.74	1.80	1.82	2.19	2.44	2.40	2.53	2.58	2.66	2.79	2.83	3.00	3.09
滁州	1.50	1.46	1.43	1.73	1.80	1.75	1.87	2.00	2.03	2.20	2.39	2.51	2.55
阜阳	2.09	2.01	1.91	2.03	2.06	2.09	2.21	2.38	2.53	2.87	3.26	3.67	3.81
宿州	1.35	1.33	1.32	1.52	1.55	1.53	1.62	1.69	1.75	1.86	2.02	2.21	2.36
六安	1.65	1.59	1.52	1.81	1.97	1.99	2.13	2.32	2.44	2.99	2.95	3.30	3.52
亳州	1.21	1.26	1.22	1.47	1.54	1.60	1.73	1.83	1.93	2.17	2.51	2.78	2.96
池州	1.96	1.85	1.82	1.86	2.04	2.02	2.12	2.16	2.19	2.25	2.34	2.43	2.36
宣城	1.37	1.45	1.33	1.66	1.83	1.73	1.85	1.94	2.04	2.17	2.35	2.54	2.42

续表

城市	2006年	2007年	2008年	2009年	2010年	2011年	2012年	2013年	2014年	2015年	2016年	2017年	2018年
南昌	2.54	2.78	2.76	3.35	3.47	3.40	3.48	3.62	3.71	3.93	4.16	4.26	4.28
景德镇	1.51	1.34	1.20	1.37	1.36	1.36	1.42	1.52	1.58	1.70	1.80	1.93	2.31
萍乡	1.02	0.96	0.96	1.14	1.19	1.10	1.17	1.25	1.31	1.46	1.56	1.69	2.03
九江	1.37	1.37	1.38	1.64	1.67	1.61	1.70	1.76	1.75	1.91	2.07	2.18	2.18
新余	1.46	1.34	1.22	1.33	1.24	1.20	1.29	1.42	1.44	1.66	1.62	1.64	1.91
鹰潭	1.87	1.49	1.39	1.73	1.70	1.38	1.44	1.44	1.53	1.63	1.74	1.76	1.78
赣州	1.59	1.55	1.57	1.87	2.10	2.16	2.35	2.52	2.61	2.86	3.16	3.37	3.25
吉安	1.66	1.58	1.52	1.73	1.71	1.70	1.84	1.96	2.07	2.25	2.44	2.63	2.69
宜春	1.56	1.53	1.49	1.69	1.72	1.65	1.75	1.89	1.98	2.13	2.24	2.46	2.56
抚州	1.55	1.49	1.44	1.57	1.56	1.57	1.71	1.82	1.95	2.02	2.29	2.49	2.66
上饶	1.72	1.63	1.55	1.76	1.72	1.67	1.76	1.91	2.03	2.26	2.45	2.72	2.82
武汉	3.23	3.15	2.95	3.53	3.60	3.21	3.09	3.06	3.05	3.35	3.46	3.62	3.54
黄石	1.21	1.26	1.27	1.63	1.71	1.50	1.56	1.64	1.71	1.85	1.96	1.93	1.86
十堰	2.24	1.66	1.67	1.82	1.71	1.75	1.89	2.01	2.11	2.20	2.22	2.26	2.16
宜昌	1.81	1.90	1.66	2.25	2.15	1.38	1.38	1.45	1.45	1.46	1.48	1.62	1.67
襄樊	1.41	1.31	1.20	1.31	1.29	1.10	1.12	1.22	1.28	1.29	1.32	1.36	1.33
鄂州	1.11	0.97	0.88	0.93	1.01	0.96	1.02	1.06	1.10	1.16	1.22	1.28	1.24

续表

城市	2006年	2007年	2008年	2009年	2010年	2011年	2012年	2013年	2014年	2015年	2016年	2017年	2018年
荆门	1.37	1.30	1.21	1.32	1.37	1.22	1.32	1.40	1.46	1.60	1.66	1.75	1.69
孝感	1.50	1.34	1.26	1.41	1.47	1.49	1.57	1.67	1.77	1.90	1.97	2.02	1.93
荆州	1.78	1.71	1.66	1.77	1.79	1.70	1.76	1.90	1.97	2.08	2.16	2.30	2.28
黄冈	1.71	1.62	1.48	1.49	1.57	1.56	1.67	1.78	1.92	2.09	2.23	2.40	2.41
咸宁	1.21	1.19	1.12	1.28	1.27	1.24	1.32	1.40	1.48	1.62	1.74	1.86	1.81
随州	1.24	1.27	1.16	1.39	1.50	1.40	1.46	1.58	1.72	1.82	1.91	2.01	2.03
长沙	2.91	2.85	2.46	2.81	2.81	2.64	2.66	2.72	2.74	3.09	3.13	3.27	3.36
株洲	1.33	1.25	1.21	1.40	1.32	1.29	1.36	1.43	1.47	1.42	1.56	1.72	1.90
湘潭	1.44	1.22	1.36	1.53	1.48	1.41	1.51	1.64	1.69	1.78	1.83	1.90	1.82
衡阳	1.45	1.37	1.29	1.34	1.29	1.23	1.27	1.36	1.40	1.48	1.60	1.68	1.81
邵阳	1.60	1.61	1.60	1.80	1.78	1.70	1.79	1.90	1.97	2.13	2.29	2.47	2.40
岳阳	0.91	0.81	0.76	0.82	0.79	0.76	0.78	0.81	0.84	0.91	1.03	1.18	1.28
常德	1.01	0.95	0.89	0.97	0.97	0.94	1.00	1.07	1.13	1.23	1.35	1.44	1.44
张家界	1.53	1.53	1.42	1.72	1.74	1.71	1.74	1.89	1.95	2.04	2.23	2.52	2.62
益阳	1.39	1.28	1.24	1.32	1.29	1.23	1.27	1.36	1.36	1.46	1.60	1.70	1.70
郴州	1.16	1.17	1.23	1.32	1.21	1.17	1.23	1.29	1.31	1.43	1.57	1.57	1.59
永州	1.33	1.28	1.30	1.49	1.42	1.32	1.38	1.47	1.52	1.67	1.84	2.02	2.00

续表

城市	2006年	2007年	2008年	2009年	2010年	2011年	2012年	2013年	2014年	2015年	2016年	2017年	2018年
怀化	1.51	1.46	1.42	1.50	1.53	1.47	1.50	1.56	1.64	1.81	1.91	1.97	2.07
娄底	1.43	1.22	1.38	1.62	1.55	1.45	1.43	1.47	1.51	1.60	1.67	1.69	1.88
重庆	2.84	2.84	2.81	3.02	3.07	2.88	2.99	3.13	3.12	3.21	3.16	3.14	3.29
成都	3.31	3.16	3.52	4.95	4.94	4.50	4.42	4.53	4.63	4.76	4.64	4.75	4.44
自贡	1.32	1.22	1.19	1.28	1.25	1.26	1.35	1.42	1.49	1.69	1.81	1.91	1.93
攀枝花	1.65	1.54	1.54	1.94	1.81	1.71	1.75	1.74	1.68	1.68	1.65	1.63	1.57
泸州	1.61	1.53	1.47	1.67	1.73	1.67	1.79	1.91	2.01	2.16	2.34	2.41	2.57
德阳	1.42	1.33	1.85	2.20	2.15	1.96	1.96	1.97	1.97	1.96	2.00	1.97	1.87
绵阳	1.74	1.61	2.17	2.69	2.77	2.44	2.39	2.52	2.54	2.60	2.65	2.72	2.61
广元	1.96	1.78	2.51	2.98	2.97	2.55	2.49	2.60	2.64	2.79	2.93	2.98	2.86
遂宁	1.55	1.43	1.43	1.61	1.61	1.58	1.68	1.89	1.98	2.11	2.18	2.26	2.14
内江	1.48	1.32	1.20	1.33	1.26	1.22	1.32	1.49	1.51	1.58	1.62	1.64	1.81
乐山	1.69	1.54	1.51	1.79	1.95	1.88	2.00	2.16	2.32	2.28	2.26	2.31	2.34
南充	1.86	1.68	1.74	1.85	1.84	1.83	1.97	2.06	2.23	2.54	2.74	2.73	2.62
眉山	1.44	1.37	1.41	1.59	1.62	1.64	1.75	1.92	1.99	2.05	2.16	2.39	2.49
宜宾	1.43	1.32	1.28	1.51	1.60	1.58	1.68	1.74	1.79	1.94	2.15	2.24	2.28
广安	1.57	1.48	1.45	1.40	1.66	1.60	1.70	1.84	1.94	2.00	2.15	2.19	2.14

续表

城市	2006年	2007年	2008年	2009年	2010年	2011年	2012年	2013年	2014年	2015年	2016年	2017年	2018年
达州	1.55	1.41	1.41	1.56	1.54	1.52	1.63	1.80	1.89	2.23	2.56	2.61	2.62
雅安	2.03	1.97	2.14	2.45	2.42	2.27	2.32	3.00	3.13	3.02	2.88	2.87	2.76
巴中	1.51	1.50	1.58	1.66	1.72	1.82	1.98	2.27	2.46	2.75	3.10	3.20	3.04
资阳	1.34	1.27	1.28	1.45	1.45	1.34	1.36	1.47	1.58	1.65	1.74	1.91	1.99
贵阳	4.47	4.40	4.46	4.66	5.01	4.78	4.63	4.76	5.43	5.76	6.04	6.01	6.26
六盘水	1.55	1.56	1.47	1.70	1.72	1.62	1.60	1.54	1.46	1.46	1.63	1.66	1.64
遵义	1.69	1.69	1.70	1.81	1.93	1.89	1.96	2.16	2.18	2.41	2.73	2.74	2.74
安顺	2.33	2.21	2.21	2.47	2.54	2.44	2.36	2.43	2.27	2.34	2.54	2.49	2.40
昆明	4.36	4.97	5.54	6.25	6.20	5.91	5.65	5.63	5.60	6.01	6.10	5.82	5.74
曲靖	1.51	1.46	1.41	1.56	1.64	1.58	1.62	1.53	1.72	1.88	1.86	1.81	1.86
玉溪	1.62	1.53	1.42	1.68	1.74	1.67	1.63	1.67	1.67	1.74	1.84	1.95	2.00
保山	1.94	1.90	1.78	2.00	2.21	2.14	2.04	2.06	2.17	2.40	2.58	2.64	2.51
昭通	1.66	1.66	1.70	1.87	2.12	2.10	2.14	2.08	2.35	2.58	2.67	2.65	2.66
丽江	3.01	2.88	2.84	3.08	3.42	3.36	3.40	3.34	3.44	3.34	3.34	3.36	3.55
普洱	2.18	2.25	2.05	2.19	2.40	2.32	2.23	2.35	2.40	2.55	2.61	2.53	2.52
临沧	1.63	1.57	1.57	1.86	1.88	1.90	1.75	1.74	1.77	1.88	1.85	1.80	1.79

资料来源：笔者测算并整理。

长江经济带 108 个地级及以上城市人口密度（2006～2018 年）

单位：人/平方千米

城市	2006 年	2007 年	2008 年	2009 年	2010 年	2011 年	2012 年	2013 年	2014 年	2015 年	2016 年	2017 年	2018 年
上海	2157.68	2174.86	2194.07	2209.31	2227.63	2238.74	2250.68	2259.21	2269.23	2275.67	2286.71	2294.59	2305.63
南京	922.56	937.66	948.74	956.81	960.10	966.08	969.30	976.30	984.85	991.35	1006.53	1033.85	1058.14
无锡	956.14	964.37	969.51	972.54	1008.34	1011.37	1015.93	1020.60	1031.21	1039.55	1050.36	1065.49	1074.13
徐州	830.28	835.81	841.06	850.60	864.10	867.45	879.77	894.26	869.97	874.63	884.83	883.13	888.23
常州	810.67	815.01	818.11	820.57	825.25	829.96	834.33	836.94	843.18	848.58	857.53	866.48	873.74
苏州	725.82	735.66	741.93	746.10	751.25	756.75	763.21	770.31	763.64	770.47	783.18	798.20	813.21
南通	962.12	957.54	954.53	953.21	953.53	955.98	956.38	958.02	727.68	727.08	727.08	724.24	723.29
连云港	639.23	642.97	651.00	654.19	663.64	663.40	671.03	683.10	691.42	697.31	701.25	699.93	701.25
淮安	528.95	530.18	533.07	530.34	534.89	539.36	542.90	549.01	558.57	562.31	566.30	559.32	559.32
盐城	474.15	477.13	478.26	478.65	480.86	483.56	484.56	485.37	489.36	489.04	490.82	487.86	487.27
扬州	691.35	692.27	693.08	691.59	696.59	698.00	695.52	697.68	699.95	699.44	700.96	697.92	696.40
镇江	698.70	698.67	698.65	701.53	703.69	706.68	705.48	706.39	708.52	708.33	708.33	705.73	705.73
泰州	868.73	863.72	864.05	869.38	872.04	876.31	874.98	877.48	878.71	877.83	877.83	872.65	869.19
宿迁	618.90	621.31	624.87	631.91	638.55	648.80	654.89	671.18	681.30	687.47	694.51	693.34	693.34
杭州	401.49	405.13	408.32	411.77	415.23	419.20	422.74	425.77	431.28	436.25	443.48	454.33	459.27
宁波	598.45	575.14	578.68	581.66	584.83	587.20	588.54	591.02	594.72	598.00	602.08	608.19	614.30
温州	641.96	648.82	655.12	660.93	667.57	677.38	673.92	685.03	674.42	671.19	676.98	682.78	684.56

续表

城市	2006年	2007年	2008年	2009年	2010年	2011年	2012年	2013年	2014年	2015年	2016年	2017年	2018年
嘉兴	857.09	860.31	863.52	867.43	872.54	876.25	880.00	883.60	889.25	891.44	833.53	843.00	852.47
湖州	443.26	443.11	444.31	445.46	446.85	448.52	449.11	450.70	453.23	453.61	455.33	457.04	458.76
绍兴	527.50	528.39	529.38	530.21	530.15	532.96	533.95	533.47	535.14	535.09	537.50	538.71	539.92
金华	417.63	419.70	421.73	423.78	426.51	428.69	430.11	432.60	434.17	436.85	439.59	444.16	446.90
衢州	279.02	280.21	281.47	282.62	284.17	285.54	285.85	287.41	289.06	289.43	290.56	291.69	291.69
舟山	670.69	671.46	672.01	671.96	672.01	673.54	667.90	668.80	670.03	666.67	666.21	664.84	664.84
台州	600.00	605.03	609.99	614.67	619.64	623.52	627.94	631.22	634.47	634.36	637.55	641.80	601.99
丽水	145.99	146.83	147.66	148.80	150.10	145.29	151.80	152.48	153.57	153.78	154.93	155.72	156.30
合肥	668.45	681.32	690.69	697.36	702.36	617.79	620.82	621.67	622.81	627.35	637.83	649.19	662.30
芜湖	690.47	694.78	695.78	693.70	691.89	643.55	640.33	642.18	638.08	638.90	643.88	643.88	645.54
蚌埠	592.19	596.89	602.00	605.91	609.71	614.00	617.96	615.93	623.59	631.83	638.55	640.23	645.27
淮南	920.31	926.19	931.84	938.18	943.87	950.62	943.42	941.52	941.76	952.01	703.18	704.99	704.99
马鞍山	750.71	755.16	759.79	762.81	765.72	565.59	564.02	564.09	561.20	565.57	565.57	565.57	565.57
淮北	774.17	779.53	787.23	794.38	801.02	809.27	796.35	782.56	785.48	791.68	791.68	791.68	795.33
铜陵	656.87	661.73	663.88	664.78	664.96	666.22	618.42	618.07	614.32	616.15	571.72	571.72	571.72
安庆	394.79	398.87	400.76	402.06	401.89	403.87	405.03	405.84	403.12	403.84	390.75	392.08	390.01
黄山	150.46	150.89	151.27	151.52	150.96	151.02	150.17	150.32	150.60	152.92	152.92	152.92	153.96

续表

城市	2006年	2007年	2008年	2009年	2010年	2011年	2012年	2013年	2014年	2015年	2016年	2017年	2018年
滁州	325.36	328.30	330.82	332.95	333.36	334.90	334.29	332.53	332.65	332.20	335.90	335.90	335.90
阜阳	1046.38	996.72	1010.53	1023.53	1035.13	1049.25	1063.65	1077.37	1075.51	1030.84	1049.61	1057.52	1058.51
宿州	623.21	630.60	639.69	649.01	656.04	663.23	665.84	655.90	646.26	653.99	658.01	660.03	661.03
六安	382.03	386.91	390.32	392.68	392.09	394.75	395.14	397.93	391.60	390.24	379.91	391.35	381.21
亳州	670.71	688.30	703.09	712.84	717.41	721.54	731.49	755.82	744.45	745.22	759.30	763.99	771.04
池州	189.91	191.03	192.15	193.28	193.98	195.15	195.73	195.73	194.20	192.88	192.88	192.88	192.88
宣城	222.52	223.32	224.58	225.41	225.89	226.91	224.50	225.01	227.27	227.40	227.40	227.40	226.59
南昌	653.82	663.75	668.37	671.89	678.53	682.18	686.13	689.11	699.45	702.51	706.57	709.27	718.72
景德镇	292.28	276.13	301.05	304.83	310.43	313.15	316.84	316.06	319.03	317.43	321.23	321.17	323.07
萍乡	475.86	482.87	485.80	488.83	491.87	497.72	502.19	505.25	517.41	516.84	522.06	522.06	522.06
九江	251.11	254.78	257.49	260.87	264.52	266.92	270.21	266.32	268.96	261.14	262.65	272.47	263.44
新余	353.38	357.91	387.30	391.73	371.33	375.65	379.17	382.22	384.83	390.18	390.18	383.89	393.33
鹰潭	317.81	323.30	326.70	337.14	342.47	334.30	348.34	350.17	356.46	356.74	359.55	359.55	362.36
赣州	218.68	222.71	225.74	227.78	230.39	233.19	235.33	235.79	241.90	244.14	246.68	247.44	249.22
吉安	188.99	192.49	194.71	193.54	195.80	197.68	199.24	201.37	208.33	208.88	210.85	211.26	212.44
宜春	286.19	288.76	291.38	294.56	298.85	303.63	306.98	309.65	319.06	319.78	322.46	322.46	324.07
抚州	203.80	204.62	206.03	212.08	214.64	218.91	222.01	223.19	227.41	212.25	213.31	229.27	229.80

续表

城市	2006年	2007年	2008年	2009年	2010年	2011年	2012年	2013年	2014年	2015年	2016年	2017年	2018年
上饶	302.98	308.96	314.31	319.54	324.83	329.17	333.61	333.32	339.21	339.61	343.12	344.07	346.71
武汉	964.02	975.05	980.97	983.69	985.08	973.90	967.40	967.80	965.47	967.44	973.28	996.62	1031.63
黄石	555.01	557.26	561.44	564.17	567.25	567.25	570.21	572.27	578.53	584.77	589.13	591.32	595.68
十堰	146.33	147.32	148.24	149.16	149.15	147.11	146.09	146.41	146.52	146.03	146.96	146.20	146.62
宜昌	190.15	190.74	190.44	190.69	189.03	189.17	189.23	189.76	189.91	187.47	185.59	184.64	184.64
襄樊	293.45	295.07	296.28	298.56	299.67	300.89	301.09	301.65	301.85	300.08	301.09	300.08	300.08
鄂州	707.71	711.50	710.24	713.03	680.43	686.51	686.07	687.91	691.22	690.09	696.36	695.49	695.49
荆门	237.74	240.70	241.95	242.70	242.18	243.39	243.72	242.49	242.09	241.05	241.86	237.02	236.21
孝感	577.61	579.98	589.29	593.41	596.02	593.61	591.40	591.95	590.03	590.35	586.98	582.88	581.76
荆州	455.54	458.83	463.57	466.07	467.05	470.30	471.50	468.83	467.02	451.45	453.56	450.75	450.08
黄冈	417.83	419.00	421.38	423.94	425.28	427.48	428.58	429.71	424.72	426.19	427.91	423.90	424.47
咸宁	285.73	290.11	292.27	294.73	295.06	299.41	296.44	299.70	304.03	307.66	308.29	311.73	312.76
随州	261.14	263.83	265.78	267.51	267.65	269.20	266.61	267.32	266.82	260.48	261.52	259.44	260.48
长沙	533.89	539.27	545.85	551.31	552.13	555.70	559.09	560.94	568.22	575.49	589.03	600.03	616.96
株洲	334.66	337.30	339.69	339.48	347.00	347.94	351.91	354.80	351.39	357.52	357.30	358.29	358.29
湘潭	581.54	583.65	586.22	588.75	576.23	579.94	582.98	578.79	582.09	577.08	579.07	575.31	577.31
衡阳	474.53	476.30	477.78	483.56	517.43	520.66	522.90	513.57	517.22	522.12	522.12	522.91	523.56

续表

城市	2006年	2007年	2008年	2009年	2010年	2011年	2012年	2013年	2014年	2015年	2016年	2017年	2018年
邵阳	358.32	359.87	362.02	366.85	381.17	382.87	384.70	388.05	393.17	394.14	398.46	396.54	397.50
岳阳	357.06	359.87	365.55	370.31	374.91	377.26	379.78	376.89	379.11	379.59	384.30	381.61	382.96
常德	334.11	336.44	337.64	343.56	342.56	330.88	332.63	334.07	321.87	322.05	335.90	333.39	332.84
张家界	169.66	170.65	172.93	173.68	173.13	177.00	178.78	179.60	180.87	178.65	179.36	178.31	178.31
益阳	381.26	383.11	385.10	387.48	392.26	388.59	391.11	389.64	392.22	390.42	392.86	388.80	387.99
郴州	238.82	240.56	240.83	242.93	254.87	256.70	263.55	264.74	268.24	268.65	272.21	276.08	276.60
永州	257.34	258.53	258.53	261.42	272.11	281.28	270.89	279.70	283.44	285.27	289.76	288.41	289.76
怀化	181.00	181.73	184.24	184.22	184.52	185.90	186.98	186.78	189.35	186.63	188.41	189.32	190.05
娄底	507.63	512.65	522.10	518.09	533.44	536.91	539.20	540.36	548.62	551.79	558.64	559.87	561.10
重庆	390.06	394.50	393.24	395.48	398.83	402.01	405.89	407.70	409.74	409.35	411.64	411.40	413.10
成都	890.56	897.72	907.96	940.21	947.14	959.72	967.99	979.14	998.88	1013.12	975.93	1001.05	1029.65
自贡	731.65	737.37	744.52	751.18	745.39	748.19	749.74	752.64	753.30	746.40	746.40	739.56	737.27
攀枝花	146.52	147.96	149.44	149.97	149.70	150.17	151.14	151.33	151.17	149.98	149.98	147.28	145.93
泸州	395.28	399.40	402.86	406.53	410.79	411.36	412.89	415.51	415.89	413.53	415.17	416.94	416.94
德阳	644.61	647.14	650.60	657.08	658.35	660.63	662.49	663.35	664.03	659.79	663.17	656.40	654.71
绵阳	262.89	265.18	267.03	268.98	267.60	267.84	269.36	270.34	271.03	269.16	269.16	265.21	264.72
广元	187.57	188.43	190.25	191.69	190.51	190.73	191.12	190.19	190.14	186.99	186.90	185.67	184.45

城市	2006 年	2007 年	2008 年	2009 年	2010 年	2011 年	2012 年	2013 年	2014 年	2015 年	2016 年	2017 年	2018 年
遂宁	708.71	720.08	722.89	726.85	716.30	718.70	706.54	712.45	714.33	712.14	710.26	695.23	685.83
内江	783.75	786.91	789.18	790.22	790.07	791.27	792.16	792.65	791.01	779.80	779.94	770.66	765.09
乐山	272.98	274.79	275.61	275.39	275.50	276.33	279.12	279.81	279.60	278.24	279.02	276.66	275.88
南充	588.16	594.69	600.60	603.82	602.39	605.99	608.83	608.28	608.34	594.69	593.89	587.48	583.47
眉山	475.93	485.19	482.30	484.37	485.78	488.17	490.73	493.25	494.43	488.80	490.20	483.19	483.19
宜宾	393.86	396.73	399.62	403.08	406.16	409.10	411.85	414.77	417.67	415.94	418.96	418.21	415.94
广安	721.22	729.08	735.26	740.89	734.80	738.49	738.83	741.84	743.84	736.48	736.71	733.55	728.82
达州	389.55	391.84	395.38	396.34	413.17	416.61	419.50	414.52	414.84	411.74	412.35	405.11	401.50
雅安	100.37	100.42	100.99	101.39	101.23	103.52	104.02	104.33	104.47	103.02	103.02	102.35	101.69
巴中	301.15	304.22	324.01	326.14	315.43	316.53	317.23	317.42	311.64	309.12	305.05	305.87	299.36
资阳	614.67	619.47	624.40	629.68	629.40	632.83	635.49	637.31	637.25	633.17	617.61	607.17	601.95
贵阳	441.27	447.87	452.99	456.91	419.67	468.16	466.18	471.33	476.08	487.38	498.57	507.27	519.71
六盘水	301.49	309.77	313.77	321.08	320.32	324.20	325.33	328.23	331.19	335.89	342.95	344.97	352.03
遵义	238.05	240.36	241.86	244.09	254.91	250.94	250.77	253.06	255.84	257.79	260.71	261.69	261.69
安顺	281.71	288.51	291.68	295.12	301.92	304.59	306.85	308.21	312.92	319.41	323.73	324.81	324.81
昆明	244.78	246.39	253.71	254.10	277.89	258.92	258.65	260.23	261.99	301.86	266.34	264.56	264.56
曲靖	205.82	208.62	210.38	213.18	216.72	218.75	220.52	222.07	223.65	224.18	225.91	228.44	228.44

续表

城市	2006 年	2007 年	2008 年	2009 年	2010 年	2011 年	2012 年	2013 年	2014 年	2015 年	2016 年	2017 年	2018 年
玉溪	137.80	138.86	139.34	140.24	150.87	151.65	140.07	140.48	141.31	141.32	142.45	146.57	146.57
保山	124.41	125.49	126.40	127.43	128.69	129.45	130.14	130.83	131.80	131.89	132.91	133.93	133.93
昭通	239.22	243.41	242.44	247.62	254.46	255.68	257.84	261.38	264.87	266.93	275.07	279.58	279.58
丽江	54.39	55.62	56.31	56.80	56.76	57.11	56.06	56.60	57.11	57.02	58.99	59.84	59.84
普洱	53.05	53.94	56.87	55.00	56.10	56.43	55.47	56.94	55.91	55.08	55.30	57.15	57.15
临沧	90.16	91.04	91.81	97.92	99.38	96.32	96.61	100.09	100.69	99.49	100.34	101.19	101.19

资料来源：笔者测算并整理。

附表 26　　长江经济带 108 个地级及以上城市环境规制（2006~2018 年）

单位：%

城市	2006 年	2007 年	2008 年	2009 年	2010 年	2011 年	2012 年	2013 年	2014 年	2015 年	2016 年	2017 年	2018 年
上海	94.66	97.10	95.53	95.67	96.16	96.56	97.34	97.12	97.51	96.15	95.70	94.00	93.05
南京	88.50	95.00	92.40	91.37	88.82	90.40	92.00	91.20	91.90	90.50	85.80	90.40	88.40
无锡	97.40	97.10	98.73	98.61	97.12	91.20	91.00	91.00	91.10	94.40	94.90	91.00	91.00
徐州	96.80	85.90	99.58	99.26	99.98	100.00	93.20	99.20	99.00	99.40	96.90	99.72	98.00
常州	98.50	96.10	98.55	95.48	94.90	93.50	98.00	98.20	98.20	98.32	98.10	99.60	100.00
苏州	98.40	97.20	97.34	98.59	98.71	91.50	94.70	97.90	96.70	98.11	88.80	93.40	94.00
南通	98.20	96.00	98.44	98.68	98.20	97.50	97.90	98.00	98.30	98.87	95.60	96.00	95.25

379

续表

城市	2006 年	2007 年	2008 年	2009 年	2010 年	2011 年	2012 年	2013 年	2014 年	2015 年	2016 年	2017 年	2018 年
连云港	91.30	92.70	91.56	92.05	91.89	91.50	92.10	95.30	93.70	93.40	93.60	97.40	94.60
淮安	99.80	94.50	99.78	99.83	99.73	99.10	95.50	97.70	99.50	97.30	80.00	93.55	98.20
盐城	96.90	95.00	94.90	94.93	93.00	97.30	83.30	79.60	93.90	95.56	94.50	90.60	98.20
扬州	83.20	97.60	97.32	97.43	97.43	98.50	98.90	97.70	92.30	97.50	97.30	97.00	96.00
镇江	89.00	91.70	91.12	92.52	92.85	98.10	98.30	98.10	98.60	95.18	91.00	97.22	96.00
泰州	99.30	98.00	99.46	99.74	99.80	95.40	98.20	98.20	98.30	98.51	98.90	94.95	91.00
宿迁	100.00	94.80	99.92	99.83	99.99	98.10	83.30	89.80	94.00	95.51	90.50	79.80	66.20
杭州	94.29	98.67	95.06	95.43	94.13	92.70	91.77	94.00	91.10	88.60	85.12	77.06	87.03
宁波	91.20	95.61	85.70	83.50	89.66	89.76	91.59	90.06	90.76	94.80	94.86	95.55	95.00
温州	87.58	92.96	93.19	93.86	95.00	93.60	96.15	98.99	98.15	97.96	97.63	97.74	98.49
嘉兴	98.31	97.44	97.95	97.88	97.60	91.08	95.31	95.00	96.01	94.37	92.12	97.94	99.17
湖州	97.78	80.39	99.00	96.85	96.49	96.34	96.03	96.27	96.59	97.87	99.25	99.25	99.64
绍兴	73.28	78.14	80.43	80.88	93.15	91.09	92.00	92.70	97.20	96.90	94.58	91.11	93.39
金华	96.43	96.48	98.92	98.59	98.59	96.94	98.97	98.20	97.20	94.95	96.80	96.27	97.73
衢州	97.00	95.47	96.66	96.70	97.20	95.52	94.88	93.11	94.55	92.79	92.79	97.98	99.00
舟山	98.77	96.54	97.97	99.27	99.75	93.44	98.74	99.83	99.80	99.60	92.70	95.00	97.30
台州	95.48	96.42	97.52	92.98	97.61	89.82	94.20	96.44	95.32	97.58	95.36	91.00	95.00

续表

城市	2006 年	2007 年	2008 年	2009 年	2010 年	2011 年	2012 年	2013 年	2014 年	2015 年	2016 年	2017 年	2018 年
丽水	82.10	73.95	85.07	90.35	94.99	92.54	95.70	96.77	95.34	95.14	90.20	86.54	98.75
合肥	99.86	99.16	99.17	98.71	98.76	93.90	93.95	93.27	93.02	91.65	73.65	84.26	94.87
芜湖	97.20	97.10	94.57	96.31	96.61	72.69	95.67	98.10	93.32	86.44	91.62	79.94	73.67
蚌埠	88.77	86.39	91.00	98.00	99.94	99.11	99.11	99.05	94.87	96.36	98.42	95.64	92.86
淮南	90.22	91.74	91.19	90.50	91.34	91.70	88.37	88.82	89.10	86.10	81.43	84.41	87.39
马鞍山	64.36	73.66	61.35	60.40	65.17	68.40	93.50	70.21	71.06	86.51	91.02	92.56	94.10
淮北	91.76	82.80	93.41	91.04	96.45	88.10	95.14	92.52	92.77	92.70	95.39	92.96	94.55
铜陵	72.23	71.79	82.41	82.41	76.01	72.30	83.13	83.12	83.16	90.58	92.37	91.81	85.44
安庆	97.20	76.85	100.00	96.68	99.24	97.10	98.21	96.90	96.54	96.80	97.33	94.61	91.89
黄山	88.15	61.78	88.42	87.60	87.60	74.16	75.00	74.76	74.79	74.80	79.50	93.40	97.90
滁州	91.90	95.28	90.87	97.62	97.52	81.00	96.36	96.77	96.56	96.36	77.31	92.21	97.11
阜阳	100.00	62.75	87.79	89.83	92.86	98.70	99.97	99.97	99.79	99.26	85.16	95.35	95.54
宿州	100.00	96.56	100.00	96.95	90.90	46.50	46.00	60.33	65.71	68.92	87.52	95.83	95.14
六安	71.40	81.19	74.48	71.23	71.97	78.00	74.49	77.00	73.50	75.84	87.07	98.30	90.00
亳州	98.97	98.88	99.82	99.75	99.88	99.80	99.85	99.84	99.45	97.50	97.15	97.39	98.00
池州	97.11	74.57	82.59	84.93	86.22	74.33	81.29	100.00	85.22	93.97	88.34	95.74	94.91
宣城	94.57	95.08	96.23	94.48	100.00	97.72	79.75	83.97	85.18	90.46	77.15	91.98	94.60

续表

城市	2006年	2007年	2008年	2009年	2010年	2011年	2012年	2013年	2014年	2015年	2016年	2017年	2018年
南昌	90.45	87.62	90.50	96.88	93.62	98.34	98.70	97.80	95.91	97.10	95.00	93.18	91.35
景德镇	89.58	88.44	63.63	94.21	91.70	94.94	95.03	97.51	98.72	98.94	93.46	90.20	89.18
萍乡	88.66	89.43	91.08	87.80	88.17	91.77	96.37	95.45	97.09	97.64	97.45	97.25	96.77
九江	45.66	44.91	51.05	60.02	60.39	53.71	47.85	47.40	60.38	60.36	64.10	53.80	51.30
新余	69.31	58.54	59.30	64.10	85.00	90.97	91.74	92.40	89.53	89.70	94.44	79.90	84.75
鹰潭	60.97	67.65	79.73	87.74	92.48	95.10	91.10	92.30	86.10	87.97	90.16	88.27	84.23
赣州	79.71	81.43	79.38	79.17	82.10	77.40	83.60	83.00	82.05	82.74	73.13	74.89	86.41
吉安	69.20	71.63	96.16	96.23	96.57	96.28	96.40	97.26	97.60	95.61	95.94	83.40	98.26
宜春	90.80	90.80	98.11	92.36	97.00	100.00	90.41	99.00	89.86	93.76	98.00	92.70	99.60
抚州	65.98	68.51	69.54	57.52	86.81	88.76	95.00	89.00	89.23	76.75	84.33	91.90	100.00
上饶	98.61	94.44	93.80	95.04	95.47	90.60	93.30	98.36	98.97	90.11	97.32	91.20	91.80
武汉	88.07	88.12	89.56	89.60	98.59	95.96	95.05	95.00	98.71	97.96	95.60	97.04	98.48
黄石	42.67	45.50	49.76	49.75	62.47	93.00	79.81	94.31	93.42	92.03	90.38	93.46	73.86
十堰	87.19	83.24	79.40	80.56	71.54	96.36	52.23	39.60	39.82	52.82	96.94	64.10	80.70
宜昌	69.25	51.14	46.98	42.01	47.34	43.85	46.52	47.90	62.88	26.27	39.13	25.11	36.72
襄樊	83.45	99.66	99.74	98.85	94.31	97.20	97.43	98.10	97.70	92.19	90.05	41.53	48.09
鄂州	81.24	90.02	96.60	98.00	98.51	90.02	90.78	90.22	88.75	98.16	85.29	80.15	75.01

续表

城市	2006 年	2007 年	2008 年	2009 年	2010 年	2011 年	2012 年	2013 年	2014 年	2015 年	2016 年	2017 年	2018 年
荆门	92.10	92.71	78.39	85.91	96.33	88.77	90.97	92.21	91.10	94.00	96.49	33.27	34.67
孝感	86.70	98.86	99.16	99.21	99.08	99.21	99.75	69.31	61.79	66.35	89.70	64.23	66.17
荆州	86.53	86.00	100.00	100.00	100.00	100.00	100.00	84.64	98.21	83.90	89.71	88.27	86.83
黄冈	92.40	88.00	94.30	95.70	80.93	95.04	95.85	92.33	91.44	90.35	67.40	85.63	93.86
咸宁	88.73	95.51	94.21	98.33	98.56	91.27	45.30	56.20	54.71	69.86	85.00	85.59	86.18
随州	87.92	98.43	98.99	97.92	97.32	97.32	97.32	99.90	99.90	97.45	95.00	76.00	89.13
长沙	90.30	93.00	88.50	90.60	99.70	98.40	91.48	85.67	85.50	86.20	100.00	82.42	82.03
株洲	61.27	70.39	79.36	80.97	82.66	82.61	89.57	88.86	90.12	90.52	93.58	93.40	92.20
湘潭	92.20	95.80	95.07	95.61	96.90	95.20	95.74	96.56	98.15	96.10	93.60	96.17	93.79
衡阳	58.96	73.25	73.65	75.00	80.54	94.08	81.08	82.02	87.27	86.49	81.00	76.68	72.65
邵阳	93.00	87.00	91.10	87.31	91.75	95.00	64.74	63.95	66.00	74.00	83.00	70.00	83.80
岳阳	90.32	90.40	90.51	90.72	96.12	96.12	91.94	93.00	88.20	85.54	77.65	76.00	74.35
常德	87.70	91.19	98.13	98.49	93.39	94.18	96.49	97.96	97.42	95.26	91.00	98.57	98.93
张家界	78.50	90.28	93.24	96.32	93.00	90.00	96.46	97.24	97.30	99.30	83.37	100.00	99.80
益阳	100.00	60.13	66.68	68.72	99.96	82.00	99.00	88.85	84.98	85.00	93.71	87.00	91.00
郴州	75.65	74.49	74.98	74.24	70.87	71.00	49.08	47.97	48.50	56.80	93.10	79.06	76.21
永州	85.70	90.83	90.50	93.20	94.00	84.80	82.21	83.00	82.20	82.80	87.47	98.36	78.72

续表

城市	2006年	2007年	2008年	2009年	2010年	2011年	2012年	2013年	2014年	2015年	2016年	2017年	2018年
怀化	62.83	61.79	58.96	41.40	37.95	23.00	30.58	30.19	89.00	45.00	86.16	87.96	99.30
娄底	86.00	90.96	90.99	99.14	99.15	60.18	91.00	98.48	97.00	96.00	90.15	88.50	86.85
重庆	72.50	76.89	80.10	79.80	80.40	76.86	81.65	84.00	84.49	84.45	95.37	70.00	60.98
成都	97.24	97.88	98.26	99.00	99.57	98.76	98.65	99.00	97.44	96.06	94.68	83.93	73.17
自贡	73.52	71.60	74.39	84.90	92.46	92.46	100.00	90.60	82.44	95.02	89.66	88.54	97.56
攀枝花	30.01	30.92	33.29	19.98	16.89	29.72	22.38	17.60	20.00	22.00	39.80	29.69	19.58
泸州	86.40	74.79	77.90	76.40	76.49	97.76	92.91	90.00	97.01	97.15	74.71	97.20	97.24
德阳	47.50	52.08	65.94	73.89	81.00	80.69	99.99	99.99	99.98	94.80	76.06	56.13	36.20
绵阳	78.84	80.75	81.00	81.48	88.03	95.82	98.93	98.18	99.56	99.66	89.68	93.75	97.81
广元	82.70	90.01	90.05	94.20	93.04	94.81	99.31	100.00	100.00	99.00	97.49	97.86	99.60
遂宁	99.78	99.97	100.00	100.00	99.99	100.00	100.00	99.00	100.00	100.00	93.99	90.50	87.00
内江	88.59	88.69	90.14	91.50	90.28	94.74	83.13	90.60	86.15	91.72	89.22	97.93	96.70
乐山	94.41	95.00	93.60	98.20	93.79	81.69	93.00	95.42	96.09	95.36	88.32	80.48	67.20
南充	99.47	99.66	99.40	100.00	99.67	98.16	98.70	81.00	99.00	92.96	88.77	70.64	52.50
眉山	93.00	96.00	95.77	89.00	99.64	100.00	100.00	100.00	100.00	100.00	100.00	95.55	91.10
宜宾	71.50	73.10	83.86	92.80	92.04	84.10	89.93	91.09	73.45	96.44	68.02	71.54	98.62
广安	39.80	71.12	72.21	97.29	99.16	99.34	95.16	74.33	33.54	83.84	100.00	86.00	63.45

续表

城市	2006 年	2007 年	2008 年	2009 年	2010 年	2011 年	2012 年	2013 年	2014 年	2015 年	2016 年	2017 年	2018 年
达州	85.24	96.50	99.60	99.83	99.77	99.60	98.93	99.81	98.90	98.70	98.50	86.00	85.00
雅安	85.80	77.30	66.25	66.59	64.24	73.82	100.00	48.78	93.14	79.81	94.82	72.02	49.22
巴中	61.03	54.00	64.15	98.30	94.00	96.90	95.70	95.70	95.18	85.00	74.82	79.02	83.22
资阳	98.78	98.40	100.00	100.00	99.99	99.52	99.30	99.32	99.36	99.18	86.29	92.62	98.94
贵阳	48.39	53.34	46.29	45.83	56.17	56.20	59.10	60.75	48.86	48.15	47.44	33.86	47.67
六盘水	42.65	43.14	41.70	44.60	43.96	45.48	58.70	43.08	54.40	57.94	67.38	57.74	63.96
遵义	65.79	81.31	62.43	82.77	66.00	96.39	97.12	98.80	94.33	63.00	94.89	62.63	30.37
安顺	32.53	37.77	54.79	57.66	76.52	99.29	77.00	75.51	98.00	96.00	92.11	86.26	80.41
昆明	37.83	35.42	39.70	95.11	96.11	44.10	43.29	40.90	36.87	36.36	91.48	61.54	31.60
曲靖	45.14	45.83	44.49	49.86	51.43	60.37	62.77	62.77	63.14	92.00	94.00	62.61	70.19
玉溪	48.11	39.83	50.84	56.76	53.00	56.00	34.86	26.76	36.13	39.62	43.11	54.92	58.14
保山	62.60	63.47	65.17	62.47	67.74	68.09	67.80	90.94	76.61	81.02	92.00	76.81	80.74
昭通	47.48	53.47	49.51	42.36	44.13	48.00	47.20	39.74	42.10	100.00	76.12	60.82	61.47
丽江	77.77	88.35	80.19	75.03	74.38	80.00	76.20	91.70	89.00	81.30	88.61	83.29	77.97
普洱	81.37	62.37	81.37	80.40	81.89	82.05	41.86	42.50	43.40	66.79	90.18	82.96	82.15
临沧	95.10	92.70	92.75	97.96	93.01	76.00	77.04	79.17	79.98	80.48	88.49	90.05	73.27

资料来源：笔者测算并整理。

后　记

　　本书是在我主持完成的国家社科基金一般项目《空间异质性视角下长江经济带生态效率评价及提升路径研究》（项目编号：19BJY087）研究报告的基础上整理而成的。本项目于2019年7月立项，2021年2月结项，鉴定等级为"良好"。在项目进展过程中，部分相关成果已先后发表在《统计研究》《数量经济技术经济研究》《中国软科学》《中国人口·资源与环境》《资源科学》等CSSCI核心期刊。为了便于读者"可重复"所有研究结果，本书附录部分列出了项目研究涉及的全部数据。刘文斐、岳海珺、王山、郝云飞、刘玉鑫、李倩、王哲、谢琳霄同学共同参与了本书的撰写。

　　同时，借此机会向所有支持我们的人表示衷心的感谢！感谢国家社科基金的资助！感谢山东省社科规划办的支持！感谢山东财经大学在申报和结题过程中给予的帮助！感谢匿名评审专家在申报和结题过程中给予的建议！感谢山东财经大学经济增长与绿色发展科研团队！感谢刘华军、杨骞两位同事的无私帮助！当然，也要感谢经济科学出版社在本书出版过程中给予的支持和帮助！

　　最后，感谢我的家人！将本书献给艺嘉、博文两位小朋友，希望你们健康成长！